Michel Foucault
Ética, Sexualidade,
Política

O GEN | Grupo Editorial Nacional – maior plataforma editorial brasileira no segmento científico, técnico e profissional – publica conteúdos nas áreas de ciências humanas, exatas, jurídicas, da saúde e sociais aplicadas, além de prover serviços direcionados à educação continuada e à preparação para concursos.

As editoras que integram o GEN, das mais respeitadas no mercado editorial, construíram catálogos inigualáveis, com obras decisivas para a formação acadêmica e o aperfeiçoamento de várias gerações de profissionais e estudantes, tendo se tornado sinônimo de qualidade e seriedade.

A missão do GEN e dos núcleos de conteúdo que o compõem é prover a melhor informação científica e distribuí-la de maneira flexível e conveniente, a preços justos, gerando benefícios e servindo a autores, docentes, livreiros, funcionários, colaboradores e acionistas.

Nosso comportamento ético incondicional e nossa responsabilidade social e ambiental são reforçados pela natureza educacional de nossa atividade e dão sustentabilidade ao crescimento contínuo e à rentabilidade do grupo.

coleção Ditos & Escritos V

Michel Foucault
Ética, Sexualidade, Política

3ª EDIÇÃO

Organização, seleção de textos e revisão técnica:
Manoel Barros da Motta

Tradução:
Elisa Monteiro
Inês Autran Dourado Barbosa

Dits et écrits
Edição francesa preparada sob a direção de Daniel Defert e
François Ewald com a colaboração de Jacques Lagrange

- O autor e a editora se empenharam para citar adequadamente e dar o devido crédito a todos os detentores de direitos autorais de qualquer material utilizado neste livro, dispondo-se a editora a possíveis acertos posteriores caso, inadvertida e involuntariamente, a identificação de algum deles tenha sido omitida.
- **Atendimento ao cliente: (11) 5080-0751 | faleconosco@grupogen.com.br**
- Traduzido de:
  Dits et écrits
  Copyright © **Éditions Gallimard, 1994**
  All rights reserved.
  Sale is forbidden in Portugal.
- Direitos exclusivos para o Brasil para a língua portuguesa
  Copyright © 2012, 2025 (4ª impressão) by
  Forense Universitária, um selo da Editora Forense Ltda.
  Uma editora integrante do GEN | Grupo Editorial Nacional
  Travessa do Ouvidor, 11
  Rio de Janeiro – RJ – 20040-040
  www.grupogen.com.br
  Venda proibida em Portugal.
- Reservados todos os direitos. É proibida a duplicação ou reprodução deste volume, no todo ou em parte, em quaisquer formas ou por quaisquer meios (eletrônico, mecânico, gravação, fotocópia, distribuição pela Internet ou outros), sem permissão, por escrito, da Editora Forense Ltda.
  3ª edição brasileira – 2012
  3ª edição brasileira – 4ª tiragem – 2025
  Organização, seleção de textos e revisão técnica: Manoel Barros da Motta
  Tradução: Elisa Monteiro e Inês Autran Dourado Barbosa
  Foto da capa: Jacques Robert
- **CIP – Brasil. Catalogação-na-fonte.
  Sindicato Nacional dos Editores de Livros, RJ.**

F86d
3.ed

Foucault, Michel, 1926-1984
Ditos e escritos, volume V: ética. sexualidade. política/Michel Foucault; organização, seleção de textos e revisão técnica Manoel Barros da Motta; tradução Elisa Monteiro, Inês Autran Dourado Barbosa. – 3. ed. [4ª Reimp.] - Rio de Janeiro : Forense Universitária, 2025.
        (Ditos e escritos; 5)
Tradução de: Dits et écrits
Edição francesa preparada sob a direção de Daniel Defert e François Ewald com a colaboração de Jacques Lagrange
ISBN 978-85-218.0488-8

1. Filosofia francesa – Séc. XX. I. Título. II. Série.

12-1612.   CDD: 194
                                                                        CDU 1(44)

Sumário

Apresentação à Edição Brasileira VII

1978 – A Evolução da Noção de "Indivíduo Perigoso" na Psiquiatria Legal do Século XIX 1
1978 – Sexualidade e Política 25
1978 – A Filosofia Analítica da Política 36
1978 – Sexualidade e Poder 55
1979 – É Inútil Revoltar-se? 76
1980 – O Verdadeiro Sexo 81
1981 – Sexualidade e Solidão 91
1982 – O Combate da Castidade 102
1982 – O Triunfo Social do Prazer Sexual: uma Conversação com Michel Foucault 116
1983 – Um Sistema Finito diante de um Questionamento Infinito 123
1983 – A Escrita de Si 141
1983 – Sonhar com seus Prazeres. Sobre a "Onirocrítica" de Artemidoro 158
1983 – O Uso dos Prazeres e as Técnicas de Si 187
1984 – Política e Ética: uma Entrevista 212
1984 – Polêmica, Política e Problematizações 219
1984 – Foucault 228
1984 – O Cuidado com a Verdade 234
1984 – O Retorno da Moral 246
1984 – A Ética do Cuidado de Si como Prática da Liberdade 258
1984 – Uma Estética da Existência 281
1988 – Verdade, Poder e Si mesmo 287
1988 – A Tecnologia Política dos Indivíduos 294

Índice de Obras 311
Índice Onomástico 312
Índice de Lugares 315
Índice de Períodos Históricos 316
Organização da Obra Ditos e Escritos 317

Apresentação à Edição Brasileira

Construída sob o signo do novo, a obra de Michel Foucault subverteu, transformou, modificou nossa relação com o saber e a verdade. A relação da filosofia com a razão não é mais a mesma depois da *História da loucura*. Nem podemos pensar da mesma forma o estatuto da punição em nossas sociedades. A intervenção teórico-ativa de Michel Foucault introduziu também uma mudança nas relações de poder e saber da cultura contemporânea, a partir de sua matriz ocidental na medicina, na psiquiatria, nos sistemas penais e na sexualidade. Pode-se dizer que ela colabora para efetuar uma mudança de *episteme*, para além do que alguns chamam de pós-estruturalismo ou pós-modernismo.

A edição francesa dos *Ditos e escritos* em 1994 pelas Edições Gallimard desempenha um papel fundamental na difusão de uma boa parte da obra do filósofo cujo acesso ao público era difícil, ou em muitos casos impossível. Além de suas grandes obras, como *As palavras e as coisas*, *História da loucura*, *Vigiar e punir*, *O nascimento da clínica*, *Raymond Roussel* e *História da sexualidade*, Foucault multiplicou seus escritos e a ação dos seus ditos, na Europa, nas Américas, na Ásia e no Norte da África. Suas intervenções foram das relações da loucura e da sociedade, feitas no Japão, a reportagens sobre a revolução islâmica em Teerã, e debates no Brasil sobre a penalidade e a política. Este trabalho foi em parte realizado através de um grande número de textos, intervenções, conferências, introduções, prefácios e artigos publicados numa vasta gama de países que vai do Brasil aos Estados Unidos, à Tunísia, à Itália e ao Japão. As Edições Gallimard recolheram esses textos numa primeira edição em quatro volumes, com exceção dos livros. A estes seguiu-se uma outra edição em dois volumes, que conserva a totalidade dos textos da primeira. A edição francesa pretendeu a exaustividade, organizando a totalidade dos textos publicados quando Michel Foucault vivia, embora seja provável que alguma pequena lacuna exista neste trabalho. O testamento de

Foucault, por outro lado, excluía as publicações póstumas. Daniel Defert e François Ewald realizaram, assim, um monumental trabalho de edição e estabelecimento dos textos, situando de maneira nova as condições de sua publicação; controlaram as circunstâncias das traduções, verificaram as citações e erros de tipografia. Jacques Lagrange ocupou-se da bibliografia. Defert elaborou uma cronologia, na verdade uma microbiografia de Foucault para o primeiro volume, que mantivemos na edição brasileira, em que muitos elementos novos sobre a obra e a ação de Michel Foucault aparecem. Ela aponta para a correspondência de Foucault, inédita até hoje.

Este trabalho eles o fizeram com uma visada ética que, de maneira muito justa, parece-me, chamaram de intervenção mínima. Para isso, a edição francesa de Defert e Ewald apresentou os textos segundo uma ordem puramente cronológica. Esse cuidado não impediu os autores de reconhecerem que a reunião dos textos produziu algo de inédito. A publicação do conjunto destes textos constitui um evento tão importante quanto o das obras já publicadas, pelo que complementa, retifica ou esclarece. As numerosas entrevistas – quase todas nunca publicadas em português – permitem atualizar os ditos de Foucault com relação a seus contemporâneos e medir o efeito das intervenções que permanecem atuais, no ponto vivo das questões da contemporaneidade, sejam elas filosóficas, literárias ou históricas. A omissão de textos produz, por outro lado, efeitos de interpretação, inevitáveis, tratando-se de uma seleção.

A edição brasileira dos *Ditos e escritos* é uma ampla seleção que tem como objetivo tornar acessível ao público leitor brasileiro o maior número possível de textos de Foucault que não estivessem ainda editados em português. Como não nos era possível editar integralmente todos os textos, optamos por uma distribuição temática em alguns campos que foram objeto de trabalho de Foucault.

O quinto volume da série nos apresenta um conjunto de textos que versam sobre a problemática do último Foucault. Eles tratam da constituição de uma história da sexualidade que vai desembocar numa genealogia da ética e da constituição do sujeito na cultura ocidental. Foucault vai realizar aí o que Henry Joly chamou, num paralelo com Heidegger, de "retorno aos gregos". Este percurso se realiza por meio de um conjunto de textos, entrevistas e intervenções que acompanham os dois volumes da *História da sexualidade*: *Uso dos prazeres* e *Cuidado de si*, publicados bem perto de sua morte. Sob o signo de uma ontologia da atualidade, Foucault elabora uma problematização múltipla da subjetividade que vai além do estudo das disciplinas.

Percurso da psiquiatria: da monomania e da monstruosidade à noção de indivíduo perigoso

Depois de estudar o poder psiquiátrico que retifica em muitos aspectos suas análises da história da loucura a partir de uma nova analítica do poder, Foucault passou a estudar de forma detalhada a noção de anormalidade, cuja genealogia remonta à noção de monstro, noção jurídica que se refere seja às leis da sociedade, seja às da natureza. Neste sentido, ele estudará no seu curso o desenvolvimento da *expertise* médico-legal em matéria penal a partir de um amplo dossiê que cobre o século XIX. A noção de monomania ocupa aí um lugar estratégico. O estudo do caso de Pierre Rivière, realizado por Foucault e um grupo de pesquisadores a ele associados, será objeto de uma publicação à parte. Pierre Rivière será filmado por René Allio. Os dossiês que Foucault estuda não se limitam ao século XIX, cobrindo também o século XVII, o que Foucault chama de Idade Clássica na França no estudo dos casos de hermafroditismo. Esses estudos desembocam no estado atual da intervenção psiquiátrica na prática penal. Eles interrogam as implicações da noção de indivíduo perigoso ante uma ordem social inteiramente pensada em termos de objetivos de segurança e perigo.

Foucault trabalhou a noção de indivíduo perigoso numa comunicação no simpósio de Toronto, sobre lei e psiquiatria, em outubro de 1978, no Clarke Institute of Psychiatry. Trata-se de uma síntese de seu seminário sobre as *expertises* médico-legais.

Foucault parte, assim, da atualidade. A questão que retorna é a das Luzes: "'O que somos hoje?' Este é, a meu ver, o campo da reflexão histórica sobre nós mesmos. Kant, Fichte, Hegel, Nietzsche, Max Weber, Husserl, Heidegger e a Escola de Frankfurt tentaram responder a essa questão. Inscrevendo-me nessa tradição, meu objetivo é trazer respostas muito parciais e provisórias a essa questão através da história do pensamento ou, mais precisamente, através da análise histórica das relações entre nossas reflexões e nossas práticas na sociedade ocidental" (ver p. 294 neste volume). O questionamento da justiça também parte de hoje. É o tribunal contemporâneo que ele interroga. O que exige hoje o tribunal? Na contemporaneidade, quando vai julgar um réu, não exige dele *apenas* que responda: "sou o autor dos crimes. Isso é tudo. Julguem-me, já que vocês devem fazê-lo, e me condenem, se quiserem" (ver p. 2 neste volume). É o que mostra Michel Foucault no seu diagnóstico da máquina penal hoje. Bem mais do que isso é pedido a ele: "além do reconhecimento, é preciso uma confissão, um exame de consciência, uma explicação de si, um esclarecimento daquilo que se é" (ver p. 2 neste volume). É um suplemento ao universo que é necessário para os juízes e os jurados, para os advogados e o Ministério Público. Um outro tipo de discurso tem de lhes ser fornecido: "aquele que o acusado sustenta sobre si mesmo, ou aquele que ele permite, por suas confissões, lembranças, confidências etc., que se sustente a seu respeito" (ver p. 2 neste volume). Quando esse discurso falta, produz a obstinação de quem preside o tribunal e a irritação do júri; considera-se, diz Foucault, que o réu não joga o jogo. Foucault estabelece um paralelo entre os condenados à morte que é preciso levar à cadeira elétrica ou à guilhotina porque tremem de medo. Para serem executados, devem andar um pouco com suas próprias pernas, se desejam de fato sê-lo, assim como é preciso que "eles falem um pouco de si mesmos se quiserem ser julgados" (ver p. 2 neste volume). Este elemento suplementar é, assim, "indispensável à cena judiciária". Impossível julgar, condenar, sem que ele forneça de uma maneira ou de outra o material sobre si. Foucault alega como exemplo o argumento de um advogado francês em um caso de rapto e assassinato de uma criança. Nesse processo, em que Badinter foi advogado de defesa, seu argumento era: "Pode-se condenar à morte alguém que não se conhece?" Na medida em que pouco se conhecia dele, Badinter pleiteava mais contra a pena de morte do que pelo réu. Foucault traça o quadro histórico da intervenção da psiquiatria no âmbito penal, a partir do início do século XIX. Trata-se de uma série de casos que ocorreram entre 1800 e 1835 e cuja forma era aproximadamente igual. São os casos relatados por Metzger; o caso Sélestat; o caso de Henriette Cornier, em Paris; o de Catherine Ziegler, em Viena;

o de John Howison, na Escócia; e o de Abraham Prescott. Foucault alude ainda a outros do mesmo tipo a que se referem os psiquiatras da época: Metzger, Hoffbauer, Esquirol, Georget, William Ellis e Andrew Combe. A questão que levanta Foucault sobre esses crimes é por que foram eles que estiveram em jogo nos debates e discussões entre médicos e juristas. São casos inicialmente bastante diversos do que fora até então a jurisprudência da loucura criminal. Como se colocava até o fim do século XVIII a questão da loucura para o direito penal? Foucault observa que ela apenas se colocava nos casos em que "o Código Civil e o direito canônico também a colocavam" (ver p. 5 neste volume). Isto é, "quando ela se apresentava na forma de demência e de debilidade mental, ou sob a forma do furor". Em ambos os casos, tratando-se de um estado definitivo ou de um surto, a manifestação da loucura fazia-se por muitos sinais que eram facilmente reconhecíveis, no entanto "o desenvolvimento da psiquiatria criminal não se realizou através do aperfeiçoamento do problema tradicional da loucura" (ver p. 5 neste volume), quer seja sob a modalidade de sua evolução, parcialidade ou generalidade de seu caráter, ou ainda pela análise minuciosa dos sintomas do furor. Toda essa problemática com os debates que acompanhou foi substituída por um novo problema: o dos "crimes que não são precedidos, acompanhados ou seguidos de nenhum dos sintomas tradicionais, reconhecidos, visíveis da loucura" (ver p. 5 neste volume). O que se vai acentuar é que previamente cada caso é a ausência, antes da passagem ao ato, de qualquer "perturbação anterior do pensamento ou da conduta, nenhum delírio; tampouco havia agitação ou desordem como no furor" (ver p. 5 neste volume). Michel Foucault diz de uma forma significativa, marcante, que o "crime havia surgido dentro do que se poderia chamar de grau zero da loucura" (ver p. 5 neste volume). Um segundo ponto vai ser ressaltado; é um traço comum no qual se insiste de maneira mais demorada. Não são delitos leves; trata-se de crimes graves: "quase todos assassinatos, às vezes acompanhados de estranhas crueldades (o canibalismo da mulher de Sélestat)" (ver p. 5 neste volume). Foucault ressalta que a psiquiatrização da delinquência se fez "pelo alto". A intervenção da psiquiatria se deu não pela psiquiatrização das pequenas violências e da vagabundagem, onde se admitia antes existir toda uma área comum à loucura e à ilegalidade. Sua penetração "à força" na justiça penal se deu, diz Foucault, "criticando o grande acontecimento criminal, extremamente violento e raro" (ver p. 5 neste volume). O terceiro aspecto comum desses casos é que esses grandes assassinatos se realizaram na família, no cenário doméstico ou em suas redondezas. Trata-se de filhos que mataram os pais; pais que mataram seus próprios filhos; empregados que mataram o filho do patrão. Neles estão presentes na sua maior parte o par criança-adulto, ou ainda adolescente-adulto. São as relações que na época eram as "mais sagradas e mais naturais" e também as mais inocentes, as que deveriam ser menos investidas de paixão e interesse. Na verdade são "crimes contra a natureza, contra essas leis que acreditamos imediatamente escritas no coração humano e que ligam as famílias e as gerações" (ver p. 6 neste volume). Foucault conclui então dizendo que "a forma de crimes que, no início do século XIX, parece pertinente para que se coloque a seu respeito a questão da loucura é, portanto, o crime contra a natureza" (ver p. 6 neste volume). Não é o homem que se move nos limites da lei e da norma que coloca a questão da loucura e da criminalidade associadas, mas "o grande monstro". Assim, a psiquiatria do crime vai iniciar sua história do século XIX por meio de uma "patologia do monstruoso".

Foucault ressalta que todos esses crimes são cometidos sem razão, ainda que baseados numa ilusão delirante; crimes que aparecem sem interesse, sem paixão, sem motivo; o grande assassinato monstruoso sem motivo nem antecedente. Como diz Foucault: "A irrupção súbita da contranatureza na natureza é então a forma singular e paradoxal sob a qual se apresenta a loucura criminal ou o crime patológico" (ver p. 7 neste volume). Foucault chama essa forma de paradoxal na medida em que a loucura manifesta-se apenas na forma do crime e cujo sintoma é o crime. Isso produz o que Foucault chama de invenção: surge a figura da monomania homicida.

E sobre a figura da monomania homicida, entidade "clínica", que é para Foucault absolutamente fictícia, "de um crime louco, um crime que seria inteiramente louco, uma loucura que nada mais é do que crime" (ver p. 7 neste volume). Foucault ressalta que, apesar de todas as reticências ante a noção dessa figura, ela foi aceita pelos magistrados, isto é, a análise psiquiátrica dos crimes a partir dessa noção aparentemente inaceitável foi integrada. A questão que levanta Foucault é para a cruzada que se realizou em prol da patologização do crime, tendo como bandeira a noção de monomania homicida.

O paradoxo é grande porque, lembra Foucault, no fim do século XVIII, Pinel, sobretudo, mas também o conjunto dos primeiros alienistas protestavam contra o internamento confuso que não separava delinquentes e doentes. A questão que Foucault levanta situa-se do lado dos magistrados e do aparelho judiciário, que aceitou senão a noção, "pelo menos os problemas a ela relacionados" (ver p. 10 neste volume). Foucault ressalta que, de forma obstinada, os magistrados de tudo fizeram para afastar essa noção proposta pelos médicos e da qual se serviam os advogados. O que ocorreu foi que, através do debate sobre os crimes monstruosos, gradativamente foi-se integrando a ideia de um parentesco "sempre possível entre loucura e delinquência" (ver p. 10 neste volume). A questão que Foucault levanta é: por que a instituição penal, que durante tanto tempo prescindiu da intervenção da medicina sem colocar nunca o problema da loucura, passou a recorrer ao saber médico a partir da segunda década do século XIX? Sua resposta é que não se trata do lugar que foi concedido ao perito psiquiatra nem da importância nova concedida ao problema da irresponsabilidade patológica. Não foi por intermédio do código nem dos princípios teóricos que a medicina legal penetrou na penalidade. Diz Foucault que foi por baixo, do lado dos mecanismos de punição e do sentido que lhes foi atribuído. Punir tornou-se "um conjunto de procedimentos orquestrados para modificar os infratores" (ver p. 11 neste volume). Isto é, procura-se adaptar as formas de punição à natureza do delinquente ou criminoso. Anteriormente, para punir, bastava encontrar o autor; agora, na era em que a punição implica o trabalho obrigatório, a vigilância permanente, o estado de isolamento completo ou parcial, a punição deve agir não propriamente sobre o crime, mas sobre o criminoso. Será "aquilo que o torna criminoso, seus motivos, aquilo que o move, sua motivação profunda, suas tendências, seus instintos". Estes serão o ponto de intervenção, de mira, da ação punitiva reformadora. No entanto, os grandes crimes sem motivo colocam para o juiz um grande problema, no quadro atual da penalidade reformadora: "como é possível punir alguém de quem se ignoram todos os motivos, e que permanece mudo diante dos seus juízes – exceto para reconhecer os fatos, e para convir que estava perfeitamente consciente daquilo que fazia?"

(ver p. 11 neste volume). De um lado, há o gesto voluntário, consciente e racional, que apresenta todos os elementos que exige uma condenação legal, e, por outro, não há motivo, o réu não tem vantagem nem apresenta nenhuma má tendência que permitisse tornar claro o que era preciso punir. Assim, esses crimes monstruosos valorizados pelos psiquiatras tornavam-se graves problemas para o aparelho judiciário. Os médicos vão ser chamados, então, para integrar o ato criminoso à conduta global do sujeito, e será na medida em que essa integração aparecer melhor que o sujeito aparecerá como suscetível de punição. Ajustam-se, então, duas necessidades: a da medicina como higiene pública e a da punição legal como técnica de transformação individual. O crime monstruoso vai ser a forma sob a qual coincidem, de um lado, as demonstrações médicas de que enfim a loucura surge sempre como perigosa e, de outro, a impotência da justiça para determinar a punição de um crime do qual não pode determinar seus motivos, surgindo, assim, a figura inscrita simultaneamente no aparelho judiciário e penal do homem perigoso. A prática da penalidade nos séculos XIX e XX vai fazer "do indivíduo perigoso o principal alvo da intervenção punitiva" (ver p. 14 neste volume). Essa temática do indivíduo perigoso vai produzir na Itália a antropologia do homem criminoso, com Lombroso e sua escola, e, na Bélgica, a teoria da defesa social. Foucault situa-se em seguida no período do século XIX, em que surge na cena internacional a antropologia criminal, com seu primeiro congresso em 1885, e a edição do texto de Prins, em 1910 (*A defesa social e as transformações do direito penal*, em Bruxelas, 1910).

Foucault lembra que a noção de monomania passou a ser abandonada um pouco antes de 1870. A monomania foi substituída como loucura parcial pela ideia de uma doença mental que afetava a afetividade, os instintos, os comportamentos automáticos. Na concepção da monomania, diz Foucault, a hipótese patológica formava-se onde não havia motivo para um ato, mas, com a nova análise do instinto e da afetividade que irá produzir na psiquiatria legal novas figuras patológicas, como as da necrofilia, da cleptomania, do exibicionismo, ou ainda com a análise de comportamentos, como a pederastia ou o sadismo, "haverá a possibilidade de uma análise causal de todas as condutas, delinquentes ou não, qualquer que seja o grau de sua criminalidade" (ver p. 16 neste volume). Essa análise vai produzir o que Michel Foucault chama de labirinto infinito do problema jurídico e psiquiátrico do crime. De um lado, a determinação do ato por um nexo causal; de outro, o ato livre. Surge a questão crucial: "para que se possa condenar alguém, é necessário que seja impossível reconstruir a inteligibilidade causal de seu ato?" (ver p. 16 neste volume). Foucault situa como pano de fundo para essa nova modalidade de colocação do problema o que ele chama, em termos kantianos, de condições de possibilidade: o desenvolvimento intenso da Europa Ocidental e o esquadrinhamento policial da sociedade e do mundo urbano. E ele acrescenta que os conflitos sociais, as lutas de classes, os conflitos políticos, as revoltas armadas, desde os luddistas até a Comuna, levaram os poderes a assimilar "os delitos políticos ao crime de direito comum" (ver p. 16 neste volume). E Foucault acrescenta ainda um novo elemento capital: o fracasso constantemente referido do aparelho penitenciário. Em lugar da recuperação dos condenados, a prisão tornava-se uma escola de delinquência, que tinha como efeito não uma proteção contra o crime, mas um reforço do meio criminoso. Assim, a antropologia criminal vai propor o abandono da noção jurídica de responsabilidade e situar como questão básica o grau de periculosidade que ele constitui para a sociedade. Para ela, os réus reconhecidos pela lei como os responsáveis, isto é, os doentes, os loucos, os anormais, vítimas de impulsos irresistíveis, são de fato os mais perigosos. A pena não deve ser uma punição, mas um mecanismo de defesa da sociedade. Assim, vai-se considerar que há três tipos fundamentais de reação social ao crime, isto é, ao perigo representado pelo criminoso: o primeiro, sua eliminação definitiva, com a morte ou encarceramento; o segundo, pelo tratamento, com eliminação provisória; e, por fim, a eliminação relativa e parcial, com a esterilização e a castração. Agora, diz Foucault, a "noção de degeneração permitia ligar o menor dos criminosos a todo um perigo patológico para a sociedade, e finalmente para toda a espécie humana" (ver p. 18 neste volume). É comum dizer, observa Foucault, que as teses da antropologia criminal passaram rapidamente a ser desqualificadas, e isto por múltiplas razões: sua ligação com o cientificismo e uma certa ingenuidade positivista do qual o próprio século XIX se libertou, seu parentesco com o evolucionismo, que fora também rapidamente desacreditado, e, ainda, o desmantelamento que a psicanálise e a neurologia operaram da teoria neuropsiquiátrica da degeneração. A tese de Foucault é diversa: é que a antropologia criminal não desapareceu de forma tão radical e que suas teses mais exorbitantes e principais "foram se enraizando no pensamento e na prática penal" (ver p. 18 neste volume). Foi, na verdade, uma mutação no campo jurídico o sustentáculo maior dessa permanência. Foucault analisa essa mudança a partir da noção de responsabilidade. Ela vem do direito civil, e não da criminologia. Foi esta, diz Foucault, que permitiu que "o pensamento penal se multiplicasse em dois ou três pontos capitais". Foi o direito civil que tornou possível que se enxertassem no direito criminal as principais teses da criminologia da época. Diz Foucault que foi o direito civil "que possibilitou, no direito penal, a articulação entre o Código e a ciência" (ver p. 19 neste volume). É a noção de acidente, risco e responsabilidade que produz a mudança do direito civil.

Importância especial assume o problema do acidente, a partir principalmente do século XIX. Neste, com o desenvolvimento do assalariamento, das técnicas industriais, da mecanização da produção, com a expansão dos meios de transporte, do mundo urbano, surgem dois fenômenos importantes: o primeiro é o dos riscos, que terceiros ficam sujeitos a correr, como, por exemplo, o dos transportadores que se expõem a acidentes, os passageiros e também outros que estiverem próximos. O segundo fato é que os acidentes poderiam ter uma correlação com o tipo de falta que, no entanto, poderia ser mínima, por descuido ou desatenção, e que podia ser cometida por um indivíduo incapaz de arcar com sua responsabilidade civil e o pagamento dos danos a ela conexos. Assim, tratava-se de fundamentar uma responsabilidade sem culpa que levou os civilistas a defender certos princípios importantes. Em primeiro lugar, a responsabilidade diz respeito ao encadeamento das causas e efeitos, e não à sequência dos erros cometidos. A responsabilidade gira em torno da causa, e não do erro. As causas têm duas ordens: encadeamento de fatos e criação de riscos inerentes a determinado tipo de ação, de equipamento, de empreendimento. Os riscos precisam ser diminuídos de forma sistemática e rigorosa, mas não poderão ser eliminados. E Foucault cita Saleilles: "Uma relação de causalidade que se relaciona a um fato puramente material, que em si mesmo se apresenta como um fato arriscado, (...) não contrário aos usos da vida moderna,

(...) e consequentemente desafiando as aversões e aceitando os riscos, é a lei da vida de hoje, é a regra comum, e o direito é feito para refletir essa concepção atual do espírito" (ver p. 20 neste volume). Então, essa responsabilidade sem culpa, ligada ao risco, "jamais poderá desaparecer completamente, a indenização não será feita para sancioná-la como uma quase punição, mas para reparar seus efeitos, (...) e tender (...) a diminuir seus riscos no futuro" (ver p. 21 neste volume). Eliminando o elemento culpa do sistema de responsabilidade, no direito, foi introduzida pelos civilistas a noção de probabilidade causal e de risco. O que cabe à sanção? Ela deve defender, proteger e fazer pressão sobre os inevitáveis riscos.

Foucault então afirma que é de forma estranha que essa descriminalização da responsabilidade decidiu que vai se tornar um modelo para o direito penal. Isto vai ocorrer a partir das proposições da antropologia criminal. Assim, há uma resposta para o que é um criminoso nato ou degenerado com uma personalidade criminosa. É "alguém que, conforme um encadeamento causal difícil de reconstituir, porta um índice particularmente elevado de probabilidade criminal, sendo em si mesmo um risco de crime" (ver p. 21 neste volume). Assim, se é possível, sem estabelecer a culpabilidade, determinar uma responsabilidade civil apenas pela avaliação do risco criado, igualmente "se pode tornar um indivíduo penalmente responsável sem ter que determinar se ele era livre e se havia culpa, mas correlacionando o ato cometido ao risco de criminalidade que constitui sua própria personalidade" (ver p. 21 neste volume). Diz Foucault: "A punição não terá então por finalidade punir um sujeito de direito que terá voluntariamente infringido a lei; ela terá o papel de diminuir, na medida do possível – seja pela eliminação, pela exclusão, por restrições diversas, ou ainda por medidas terapêuticas –, o risco de criminalidade representado pelo sujeito em questão" (ver p. 21 neste volume).

Assim, a ideia de defesa social que vai ser exposta por Prins no começo do século XX vai se formar por esse processo de deslocamento para a justiça criminal do que foi elaborado no campo do novo direito civil. Encontrou-se no fim do século XIX o que Foucault chama de comutador, que era necessário entre a criminologia acessível ao direito e uma penalidade capaz de dar conta do saber criminológico. Esse comutador, diz Foucault, é a noção capital de risco instituída pelo direito com a ideia de uma responsabilidade sem culpa. Então, por meio da antropologia, da psicologia e da psiquiatria, pode ser instituída a ideia de uma imputabilidade sem liberdade. Foucault data de maneira precisa o ponto de emergência da noção de ser perigoso ou periculosidade: Prins a teria introduzido na sessão de 12 de setembro de 1905 da União Internacional de Direito Penal, no X Congresso Internacional de Direito Penal, realizado em Hamburgo. Assim, Foucault ressalta que o que foi elaborado tendo como ponto de partida os grandes crimes foi o conceito de indivíduo perigoso mais do que a questão da liberdade. Sua tese é de que não há a evolução de uma moral da liberdade para uma "ciência do determinismo psíquico". O que fez o direito penal foi, para Foucault, compreender, organizar e codificar "a suspeita e a identificação dos indivíduos perigosos, da figura rara e monstruosa do monomaníaco àquela, frequente, cotidiana, do degenerado, do perverso, do desequilibrado nato, do imaturo etc." (ver p. 22 neste volume). Ele considera que essa mudança se operou através do que chama "um contínuo mecanismo de apelação e de interação entre o saber médico ou psicológico e a instituição judiciária" (ver p. 23 neste volume). Foucault ressalta que quem cedeu não foi a instituição judiciária. As noções que se formaram a partir das fronteiras e trocas entre essas instâncias, diz Foucault, "são operatórias para a medicina legal e para os peritos psiquiátricos em matéria penal" (ver p. 23 neste volume). A questão que ele ressalta é que, para além das incertezas de um saber problemático da antropologia criminal ou da criminologia, no direito introduziram-se os rudimentos de um outro direito. A partir de Beccaria, a penalidade moderna só dá à sociedade direito sobre os indivíduos com base no que eles fazem: "somente um ato, definido como infração pela lei, pode ocasionar uma punição, sem dúvida modificável de acordo com as circunstâncias ou as intenções". Foucault ressalta que, ao se colocar de forma progressiva, no primeiro plano, não o criminoso como sujeito do ato, mas também o indivíduo perigoso como virtualidade de atos, passar-se-ia a dar à sociedade direitos sobre o indivíduo a partir do que ele é. Agora ele é definido não pelo seu *status*, como no Antigo Regime, mas segundo sua "constituição, seus traços de caráter ou suas variáveis patológicas" (ver p. 23 neste volume). Trata-se de algo exorbitante, diz Foucault, ante o direito penal imaginado pelos reformadores do século XVIII, e que deveria exercer a punição de forma totalmente igualitária de acordo com as infrações que a lei define de forma prévia e explícita. À objeção de que, mesmo no século XIX, os infratores estavam tão presentes quanto suas infrações, Foucault diz que é real. Mas ele observa que o princípio que regeu a penalidade moderna do ponto de vista jurídico e moral foi de que a penalidade devia apenas se exercer apenas sobre o que se faz. Insidiosamente, no entanto, formou-se uma penalidade sobre o que se é, a partir da noção de indivíduo perigoso presente de forma virtual na monomania dos primeiros alienistas. Passar a autorizar o direito a intervir sobre os indivíduos em função do que eles são pode fazer-nos entrever o que daí pode advir: uma sociedade assustadora, diz Foucault. Porém, no nível do funcionamento, "os juízes necessitam acreditar que eles julgam um homem tal como ele é e segundo aquilo que ele é" (ver p. 24 neste volume).

Sobre a problematização do indivíduo criminoso, é importante ressaltar a forma como Foucault aborda essa questão, de maneira bem ampla no quadro de suas pesquisas em relação à política. Diz ele, em relação ao crime e à punição: "Seria errôneo, naturalmente, imaginar que a política nada tem a ver com a prevenção do crime e com seu castigo, portanto ela nada teria a ver com um certo número de elementos que modificam sua forma, seu sentido, sua frequência, mas também seria totalmente falso pensar que existe uma fórmula política capaz de resolver a questão do crime e terminar com ele" (ver p. 222 neste volume). O mesmo, diz ele, para a sexualidade: ela tem relação com estruturas, e também exigências, leis, regulamentações políticas cuja importância é para ela capital; mas se há algo que não se pode esperar da política é que haja "formas nas quais a sexualidade deixaria de ser problemática" (ver p. 222 neste volume).

O problema então será "pensar as relações dessas diferentes experiências com a política; o que não significa que se buscará na política o princípio constituinte dessas experiências ou a solução que regulará definitivamente seu destino. É preciso elaborar os problemas que experiências desse tipo colocam para a política" (ver p. 222 neste volume). Foucault ressalta a necessidade da determinação do que significa "colocar um problema" na política. Ele comenta a observação de R. Rorty, que "observa que, nessas análises, não recorro a nenhum 'nós' – a nenhum desses 'nós' cujo consenso, valores, tradição formam o enquadre de um pensamento e definem as condições nas quais é possível validá-lo" (ver p. 222 neste volume).

Ele diz que é aí exatamente que está o problema: "Saber se efetivamente é dentro de um 'nós' que convém se colocar para defender os princípios que são reconhecidos e os valores que são aceitos". E ele formula a alternativa que propõe, isto é, que é preciso, "ao elaborar a questão, tornar possível a formação futura de um 'nós'". Para Foucault "o 'nós' não deve ser prévio à questão: ele só pode ser o resultado – e o resultado necessariamente provisório – da questão, tal como ela se coloca nos novos termos em que é formulada". Ele cita o caso da *História da loucura*, dizendo que para ele não existia um "nós" preexistente e acolhedor. Diz ele: "Entre Laing, Cooper, Basaglia e eu, não havia nada em comum, nem relação alguma" (ver p. 223 neste volume). Formou-se uma comunidade de ação a partir de um trabalho feito: este foi o resultado de um problema que se colocou, diz Foucault, "para nossos leitores, e também para alguns dentre nós" (ver p. 223 neste volume).

E ele resume de forma iluminadora suas relações com a política a partir da interrogação dos problemas que a atualidade coloca: "Jamais procurei analisar seja lá o que for do ponto de vista da política; mas sempre interrogar a política sobre o que ela tinha a dizer a respeito dos problemas com os quais ela se confrontava" (ver p. 223 neste volume).

Liberar a sexualidade? De *O império dos sentidos* à experiência do budismo zen

No Japão, em 1978, Michel Foucault pronunciou uma conferência sobre o filósofo e o poder no mundo ocidental. Essa conferência foi realizada no quadro de uma temporada cuja organização foi feita pelos serviços culturais do Ministério das Relações Exteriores. Daniel Defert comenta que Foucault falou em Tóquio, Kioto, Kiushu, visitou uma prisão em Fukuoka e passou pelo templo de Seiongi, em Uenohara, no sopé do Monte Fuji. Foucault discutiu com o presidente do partido socialista japonês, Ichio Sukata, sobre as experiências administrativas na Europa e no Japão. Ele leu antes de ir para o Japão Paul Demiéville, Allan Watts e Shunyu Suzuki.

Nessa conferência, como diz Watanabe, tradutor de uma parte do primeiro volume da *História da sexualidade* no Japão, Foucault analisa o papel desempenhado na Europa pelas técnicas do poder utilizadas pela Igreja Católica, cujo objeto era a formação do indivíduo. Watanabe propõe discutir com Foucault sobre sexualidade e política e sobre as propostas e hipóteses apresentadas por ele em *Vontade de saber*, primeiro volume da *História da sexualidade*. Este livro, publicado em dezembro de 1976, já nasceu sob o signo de uma revisão permanente, pois, como diz Daniel Defert, Foucault lhe confidenciara que não tinha a intenção de escrever os seis volumes planejados inicialmente (ver p. 50, v. I da edição brasileira desta obra). Ele considera que, ao falarmos da liberação sexual e da injustiça da censura, os mais importantes fenômenos atuais que envolvem a sexualidade nos escapam. Trata-se da hipótese repressiva que Foucault critica. Diz ele que essa hipótese "oculta o fenômeno da proliferação anormal dos discursos a respeito do sexo" (ver p. 25 neste volume). De fato, trata-se de um fenômeno essencial para dar conta das relações entre o poder e a sexualidade. Watanabe ressalta que isso não significa subestimar a injustiça da censura. Trata-se, no entanto, da necessidade de "situá-la como uma peça de um aparelho de poder mais importante" (ver p. 26 neste volume), que Michel Foucault chama de dispositivo de sexualidade. Ele supõe que na França devem existir censuras diversas e exclusões apesar da suspensão das proibições relativas à pornografia feita por Giscard d'Estaing. Diz que no Japão a censura funciona de uma maneira nitidamente mais arbitrária do que na França, e que isso torna evidente tratar-se de uma estratégia de poder. Censuram-se por demais as imagens e menos os discursos. Quanto à imagem, a censura se concentra nos pelos pubianos e no sexo. Quanto aos discursos, censuram-se as obras literárias, mas os textos exibicionistas das revistas semanais são tolerados. Ele resume dizendo que existia no Japão, de um lado, uma verdadeira avalanche de discursos sobre sexo, e, de outro, a ação da censura burra, que impede até a importação de revistas de moda se os pelos pubianos não são eliminados. Foucault discute, em seguida, o filme de Nagisa Oshima, *O império dos sentidos*, que Foucault diz ter visto duas vezes. No Japão via-se, diz Watanabe, a imagem separada em duas no meio da tela, pois as partes proibidas tinham sido cortadas. Foucault diz que não acredita que "as imagens mostradas nesse filme nunca tenham sido mostradas anteriormente" (ver p. 27 neste volume). O que não quer dizer que se trate de um filme qualquer. Novas maneiras de ver o corpo humano, seja a cabeça, o braço, e não necessariamente as imagens sexuais, são mostradas de um ângulo inteiramente novo em filmes recentes. Não é disso que se trata no filme de Oshima. O que Foucault ressalta, e com que ficou "bastante impactado, [foi] pela forma das relações entre o homem e a mulher, mais precisamente pelas relações desses dois personagens com o sexo do homem" (ver p. 27 neste volume). Diz ele que o falo, que esse "objeto é a ligação entre os dois, tanto para o homem como para a mulher, e ele parece pertencer aos dois de maneira diferente" (ver p. 27 neste volume). A amputação que aparece no final do filme é, para Foucault, absolutamente lógica. Ele situa a forma específica ou particular com que na cultura francesa e, em geral, no Ocidente o sexo do homem aparece. O sexo do homem é seu atributo; com ele se identifica e mantém relações absolutamente privilegiadas. Quanto às mulheres, estas se "beneficiam do sexo masculino unicamente no caso em que esse direito lhes é concedido pelos homens, seja porque eles o emprestam ou porque o impõem a elas" (ver p. 27 neste volume). Assim, o gozo masculino situa-se num primeiro plano e é essencial.

No filme de Oshima, ressalta Foucault de maneira diversa, "o sexo masculino é um objeto que existe entre os dois personagens, e cada um possui ao seu modo um direito a esse objeto. É um instrumento de prazer para os dois e, já que eles obtêm prazer dele, cada um ao seu modo, aquele que obtém mais prazer acaba tendo mais direito a ele. É precisamente por isso que, no final do filme, a mulher possui exclusivamente esse sexo; ele pertence somente a ela, e o homem permite ser privado dele" (ver p. 27-28 neste volume). Foucault ressalta que não se trata de castração no sentido comum; diz ser preferível dizer que o homem foi destacado de seu sexo, foi dele separado. Watanabe comenta que esse acontecimento causou sensação devido à ilusão mítica e coletiva que os japoneses conservam do sexo masculino desde a época antiga, e ressaltando que o que aparece em *O império dos sentidos* é diferente da simples castração. Referindo-se à conferência de Foucault na Universidade de Tóquio, Watanabe lembra que o ponto inicial da *História da sexualidade* era uma análise comparada entre a expansão do número de histéricas no fim do século XVIII e início do século XIX e as abordagens médicas desenvolvidas no século XIX. De um lado, desenvolve-se a histeria, esquecimento dos sexos, e, de outro, "intensificam-se os esforços para incluir todas as manifestações do sexo em um discurso da sexualidade" (ver p. 28 neste volume). Foi o que Michel Foucault chamou *scientia sexualis*: atitude própria do Ocidente, desde a Idade Média, a respeito do sexo. Por outro lado, lembra Watanabe, Foucault emitiu a hipótese de que, no mundo grego, no Império Romano e na Ásia, o sexo "era praticado como *ars erotica*, unicamente para intensificar e aumentar os prazeres dos atos sexuais" (ver p. 28 neste volume). Watanabe apresenta alguns elementos para definir a situação japonesa dizendo que, desde a era Meiji, o ascetismo confucionista e um certo ascetismo protestante produziram tabus que eram anteriormente desconhecidos dos japoneses. Portanto, lembra ele, antes da modernização, ou da europeização, o sexo no Japão parecia poder "se classificar no domínio da *ars erotica*", enquanto na atualidade articula-se "curiosamente com a *scientia sexualis* da Europa" (ver p. 29 neste volume). Watanabe lembra ainda, citando as revistas femininas, nas quais se percebe que estão inundadas de discursos segundo o princípio da liberação sexual de estilo europeu, que se pretende "que mais saber sobre o sexo garante mais gozo" (ver p. 29 neste volume). Ele declina alguns títulos que vão desde a "Tudo o que você não sabe sobre o corpo masculino" até "Aquilo que você ignora a respeito da homossexualidade". Transforma-se o sexo em discurso a respeito de tudo e qualquer coisa. A superabundância do saber sobre o sexo, para Watanabe, engendra frustração e torna difícil estabelecer a fronteira entre *ars erotica* e *scientia sexualis* atualmente. Foucault argumenta que, quando o saber mais pseudocientífico do que científico sobre o sexo não é dispensado apenas aos médicos e sexólogos, mas a todo mundo, e esse conhecimento passa a ser aplicado aos seus atos sexuais por todos e cada um, trata-se de um saber situado entre a *ars erotica* e a *scientia sexualis*. Ele se refere ao caso de Reich e seus discípulos, considerando, assim, a posição dos reichianos: "Se você conhece verdadeiramente o seu inconsciente e o seu desejo, você pode atingir o orgasmo, e este orgasmo é bom e deve lhe dar muito prazer" (ver p. 29 neste volume). Foucault considera que neste caso a *scientia sexualis* é um elemento extremamente rudimentar da *ars erotica*, porque toma como critério exclusivo o orgasmo. Há de se ressaltar que, mais do que de desejo, trata-se aqui de gozo, e também ver que neste se esquece o que ele comporta de para além do princípio do prazer, isto é, também de desprazer. Watanabe lembra a ligação estabelecida por Foucault entre a *scientia sexualis* e a confissão, na qual ele situa de forma contínua a posição cristã e a da psicanálise, de tal maneira que o padre-pastor apreende tudo o que se passa no interior de cada crente, sendo esta uma modalidade de estabelecimento do sujeito no Ocidente. Ele lembra que no Japão a questão do sujeito era a mais importante no plano filosófico e ético ante a modernização segundo o modelo europeu no século XIX. Muitos japoneses devem ter se chocado com o fato de que a "formação do sujeito-indivíduo tenha sido apreendida do ponto de vista da técnica do poder" (ver p. 30 neste volume). Ele lembra que o próprio Foucault indicou que nem o budismo nem o xintoísmo perceberam a humanidade dessa forma. Na atualidade, quem vai ao Japão percebe, diz Foucault, que esse país "assimilou perfeitamente a tecnologia do mundo ocidental moderno" (ver p. 30 neste volume). No entanto, no nível humano, "a mentalidade e as relações humanas são muito diferentes" (ver p. 30 neste volume). Em *Vontade de saber*, uma hipótese de política ante o sexo-desejo foi formulada por Foucault. Como apoio antagônico ao desejo estavam o corpo e o prazer. Watanabe ressalta, no entanto, que o próprio corpo é ambíguo, e "podemos pensá-lo como um dispositivo atravessado pelo poder" (ver p. 30 neste volume). Respondendo a Watanabe, Foucault sintetiza sua posição ante o que chama o *slogan* – "Liberem o desejo" – dos movimentos de liberação da sexualidade. Esse *slogan*, diz ele, "parece não só carecer de força de persuasão, mas também ser um pouco perigoso, pois este desejo que se exige ser liberado é na verdade (...) apenas aquilo que foi diferenciado do resto na forma de desejos carnais pela disciplina da Igreja Católica e pela técnica do exame da consciência" (ver p. 30 neste volume). Neste momento de sua análise, Foucault situa na Idade Média o momento em que, no mundo cristão, passou-se a analisar os elementos do desejo pensando que ele constituía o prenúncio do pecado. Ele ressalta que não se fala nessa perspectiva de prazer. Nessa viagem, Foucault visitou um templo budista zen e lá pôde verificar a significação específica da prática do corpo no zen. Se na prática da confissão no cristianismo o corpo é objeto de exame, tendo em vista apenas saber o que de indecente se produz nele, no zen, exercício religioso totalmente diferente, o corpo serve de suporte, de instrumento. Na prática zen o corpo "é submetido a regras estritas (...) para atingir alguma coisa através dele" (ver p. 31 neste volume). Referindo-se aos problemas com que se depara a sociedade francesa contemporânea para além das disputas partidárias, Foucault ressalta que alguns problemas sensibilizaram intensamente as pessoas. Ele se refere a alguns programas da televisão e a certas publicações que trataram do problema da morte, do problema do poder, que as instituições médicas exerciam sobre o corpo, a vida e a morte. Trata-se aí não da ignorância médica, mas de um temor do saber médico e do excesso de poder a ele vinculado. Vinculadas a essa questão e a essas lutas que ultrapassam o quadro do sistema de partidos e a polaridade direita-esquerda, Foucault afirma que, na Europa, os "pretensos partidos de extrema esquerda apresentam o que se pode chamar de uma 'propensão para o fracasso'" (ver p. 33 neste volume). Ele cita o caso dos movimentos em relação à prisão que com muita intensidade sacudiram a França de 1972 a 1974. E quando Giscard d'Estaing foi eleito para a presidência, realizou inúmeras reformas originais e "criou o cargo de subsecretário de Estado adjunto ao Ministério da Justiça dedicado exclusivamente aos problemas da prisão". Imediatamente a posição da extrema esquerda foi de crítica: "Trata-se de uma encampação pelo sistema!" Foucault ressalta que as diferenças entre os movimentos supostamente revolucionários e as lutas contra o poder cotidiano existem precisamente porque os pretensos revolucionários não querem o sucesso e de tudo fazem para que jamais ele seja obtido. Em oposição a essa perspectiva, a luta contra o poder cotidiano tem o objetivo de ter êxito. Os pretensos revolucionários acreditam que vão ganhar. Se pensam que a construção de um aeroporto ou de uma central elétrica em tal ou tal lugar é prejudicial, eles a impedem até o fim. Foucault resume o que pensa ser atualmente a maior parte das funções de poder, contra as quais o indivíduo resiste. Ela se difunde pelas vias do saber. Saber que "não se limita ao saber da ciência"; saber em sentido amplo que compreende todos os saberes especializados, tais como os da tecnologia e os da tecnocracia. Referindo-se ao hospital, Foucault leva em conta a melhoria dos tratamentos médicos, a eficácia dos produtos da medicina; mas, por outro lado, há ocasiões em que se reforça o poder médico e aumenta o seu caráter arbitrário. A resistência ao poder não pode então negligenciar a medicina ou o próprio conhecimento do tratamento médico. Pelo contrário, na medida em que os intelectuais estão ligados à rede de saber e de poder, na área médica ou jurídica, eles podem desempenhar um papel importante que consiste em oferecer e difundir as informações que até agora se mantinham confidenciais, como um saber de especialistas. Foucault conclui dizendo que o desvelamento desses segredos vai permitir o controle da "função do poder", esta nova função dos intelectuais específicos que ele contrapõe àquela da consciência universal, do tipo Zola, que para Foucault é um caso típico.

Se Foucault se opõe à pretensão de o filósofo legislar sobre tudo, ele propõe no entanto a possibilidade de uma prática dos governados. Diz ele que "é possível exigir dos governos uma certa verdade em relação aos projetos finais, às escolhas gerais de sua tática, a um certo número de pontos particulares de seu programa: é a *parrhesia* (a livre fala) do governado que pode, que deve interpelar o governo em nome do saber, da experiência que ele tem, a partir do fato de que ele é um cidadão, sobre o que o outro faz, sobre o sentido de sua ação, sobre as decisões que ele tomou" (ver p. 285 neste volume).

Em outubro/novembro de 1983, em Berkeley, Foucault continuou seus estudos sobre o mundo antigo tratando da história da *parrhesia*, o dizer livre, a partir de Eurípides, e estudando a crise das democracias antigas, como recorda Daniel Defert. Ele analisa a *parrhesia* do ponto de vista de suas práticas. Por prática da *parrhesia* ele entende duas coisas: em primeiro lugar, o uso da *parrhesia* em tipos específicos de relacionamentos humanos, e, em segundo, os procedimentos e as técnicas usados nessas relações. Nas relações humanas, a *parrhesia* ocorre como atividade no contexto de pequenos grupos de pessoas, como era realizada, por exemplo, pelos epicuristas. Em segundo lugar, ela pode ser vista no quadro da vida pública. O cinismo a realizava como uma atividade pública. Por fim, a *parrhesia* ocorre como um elemento de relações pessoais entre indivíduos; era um traço comum do estoicismo.

É interessante observar também o que Foucault diz a respeito da existência e da experiência histórica do movimento ecológico: "Houve todo um movimento dito 'ecológico' – aliás, muito antigo, e que não remonta apenas ao século XX – que manteve em um certo sentido e frequentemente uma relação de hostilidade com uma ciência, ou em todo caso com uma tecnologia garantida em termos de verdade. Mas, de fato, essa ecologia também falava um discurso de verdade: era possível fazer a crítica em nome de um conhecimento da natureza, do equilíbrio dos processos do ser vivo. Escapava-se então de uma dominação da verdade, não jogando um jogo totalmente estranho ao jogo da verdade, mas jogando-o de outra forma ou jogando um outro jogo, uma outra partida, outros trunfos no jogo da verdade" (ver p. 274 neste volume).

Dos jogos da linguagem aos jogos do poder

Em *A Filosofia analítica da política*, Foucault retifica o objeto inicial da conferência que ia realizar em Tóquio, na sede do jornal *Asahi*. Ele propusera inicialmente como tema da conferência abordar o problema particular das prisões. Mas, tendo tido a experiência de uma prisão, pois visitou duas na região de Fukuoka, que, "em relação ao que conhecemos na Europa, (...) representa não apenas um aperfeiçoamento, um progresso, mas uma verdadeira mutação que necessitaria ser pensada e discutida com especialistas japoneses" (ver p. 36 neste volume), Foucault sentiu-se pouco à vontade para tratar do problema penal tal como ele se configura na Europa. Por isso ele dá à sua comunicação mais generalidade, não se limitando ao problema penal.

Foucault discute a partir de sua surpresa diante do que um jornalista escreveu no *Le monde*: "Por que tantas pessoas colocam hoje o problema do poder?", e o jornalista prossegue: "Um dia certamente irão se espantar com o fato de que esta questão do poder nos tenha preocupado tão intensamente em todo esse final do século XX".

Foucault diz não acreditar que nossos sucessores, "se refletirem um pouquinho, possam espantar-se por muito tempo com o fato de que, justamente nesse final do século XX, as pessoas de nossa geração tenham colocado, com tanta insistência, a questão do poder" (ver p. 37 neste volume). Diz ele que essa questão nos foi posta por nossa atualidade e também por nosso passado, "tão recente", diz ele, "que mal parece ter terminado" (ver p. 37 neste volume).

Foucault caracteriza as duas manifestações exasperadas do poder no século XX, o fascismo e o stalinismo, como grandes epidemias. Ambos levaram seus efeitos a dimensões desconhecidas até então, mas ele ressalta que essas duas modalidades de superpoder "apenas fizeram prolongar toda uma série de mecanismos que já existiam nos sistemas sociais e políticos do Ocidente. Primeiramente, a organização dos grandes partidos, o desenvolvimento de aparelhos policiais, a existência de técnicas de repressão como os campos de trabalho, tudo isso foi uma herança efetivamente instituída pelas sociedades ocidentais liberais, e que o stalinismo e o fascismo apenas incorporaram" (ver p. 37 neste volume). Foucault opõe-se assim à ideia de que o fascismo e o stalinismo seriam apenas respostas a conjunturas e situações particulares, mas que existem "virtualidades de qualquer modo estruturais, intrínsecas a nossos sistemas, que podem se revelar à menor oportunidade, tornando perpetuamente possíveis essas espécies de grandes excrescências do poder", nas quais Foucault inclui o sistema do Chile, de Pinochet, e o sistema do Camboja. Se no século XIX o grande problema era de como a expansão da produção da riqueza podia ser acompanhada da pauperização absoluta ou relativa daqueles mesmos que as produziam, no século XX as sociedades ocidentais são atravessadas pelo que Foucault chama de surda apreensão e mesmo "movimentos de revolta totalmente explícitos que questionam essa espécie de superprodução do poder" (ver p. 38 neste volume) encarnada pelo fascismo e pelo stalinismo de forma nua e monstruosa.

Foucault lembra que uma das mais antigas funções do filósofo ou do sábio no Ocidente era "colocar um limite ao excesso de poder, (...) a cada vez e em todos os casos em que havia o risco de ele se tornar perigoso". Foucault diz que no Ocidente o filósofo teve o perfil de um antidéspota para mais ou para menos, e ele situa as modalidades sobre as quais isto se delineia, a partir do início da filosofia grega.

A primeira figura do filósofo antidéspota foi "definindo, ele próprio, o sistema das leis segundo as quais (...) o poder deveria ser exercido" (ver p. 39 neste volume). Este é o papel do filósofo legislador, assumido na cultura grega por Solon, o que coincide com o momento em que a filosofia começa a separar-se da poesia. É a figura do filósofo moderador do poder.

Uma segunda possibilidade se delineia quando o filósofo exercita o antidespotismo "tornando-se conselheiro do príncipe, ensinando-lhe essa sabedoria, essa virtude, essa verdade que serão capazes, quando ele tiver que governar, de impedi-lo de abusar de seu poder" (ver p. 39 neste volume). Trata-se do filósofo pedagogo, encarnado por Platão indo a Siracusa, aos domínios de Dênis, o Tirano.

A terceira e última possibilidade do antidespotismo do filósofo será de dizer que "sejam quais forem os abusos que o poder pode exercer sobre ele ou sobre os outros, ele, como filósofo, em sua prática filosófica e em seu pensamento filosófico, permanecerá, em relação ao poder, independente" (ver p. 39 neste volume). Diz Foucault que ele rirá do poder; é Diógenes diante de Alexandre.

Foucault emite a hipótese de lançarmos um olhar etnológico a partir da Grécia sobre o Ocidente. Diz ele que então "veríamos essas três figuras do filósofo girarem, se substituírem umas às outras; veríamos se delinear uma oposição significativa entre o filósofo e o príncipe, entre a reflexão filosófica e o exercício do poder" (ver p. 39 neste volume). Foucault considera a oposição entre reflexão filosófica e o exercício do poder o que melhor caracteriza a filosofia, e diz ele que "o papel de moderação em relação ao poder talvez ainda mereça ser desempenhado" (ver p. 39 neste volume). No entanto, Foucault considera que, se na Antiguidade houve filósofos legisladores ou conselheiros do príncipe, nunca existiu cidade platônica, e, embora Alexandre fosse discípulo de Aristóteles, seu império não foi aristotélico, assim como o Império Romano não foi estoico, ainda que o estoicismo tenha influenciado todo o mundo e principalmente a elite imperial. A referência a Marco Aurélio é significativa; o estoicismo era uma maneira de ser imperador para ele, e não uma arte de governar.

Foucault distingue a experiência do Ocidente da que se passou na China e no Japão, quer dizer, no Oriente; assim, na cultura oriental nunca houve uma "filosofia capaz de se incorporar a uma prática política, a uma prática moral de uma sociedade inteira" (ver p. 40 neste volume). Foucault opõe o papel do confucionismo no Oriente ao do aristotelismo na Idade Média. A perspectiva confucionista permitiu ao Oriente experimentar "uma forma de pensamento que, refletindo a ordem do mundo ou estabelecendo-a, prescrevesse ao mesmo tempo a estrutura do Estado, a forma das relações sociais, as condutas individuais, e as prescrevesse efetivamente na própria realidade da história" (ver p. 40 neste volume). Assim, Aristóteles não foi o Confúcio do Ocidente, e neste, pelo menos até o fim do século

XVIII, não existiu um "Estado filosófico". Foucault ressalta que a Revolução Francesa veio mudar esse quadro. Passam a existir então regimes políticos que têm relações não apenas ideológicas, mas organizacionais, com filosofias, e ele situa quatro exemplos paradigmáticos. A Revolução Francesa e o império napoleônico tinham, com o pensamento de Rousseau, ligações orgânicas. O Estado prussiano e Hegel também mantiveram um laço dessa natureza. O terceiro modelo é a ligação orgânica, por mais paradoxal que seja, entre o Estado hitlerista, Wagner e Nietzshe. Foucault considera que no século XIX surgiu na Europa algo que jamais existira, Estados filosóficos, ou o que ele chama também de Estados-filosofias, isto é, "filosofias que são simultaneamente Estados, e Estados que pensam sobre si, que refletem sobre si mesmos, que se organizam e definem suas escolhas fundamentais a partir de proposições filosóficas, dentro de sistemas filosóficos e como a verdade filosófica da história" (ver p. 40 neste volume). Fenômeno surpreendente e perturbador para Foucault, porque todas essas filosofias que se tornaram Estados eram filosofias da liberdade desde o século XVIII até Marx e, no entanto, "essas filosofias da liberdade instituíram, a cada vez, formas de poder que, seja na forma do terror, da burocracia ou ainda do terror burocrático, eram o próprio oposto do regime da liberdade, o contrário mesmo da liberdade tornada história" (ver p. 41 neste volume).

Foucault caracteriza como de cômica amargura a posição desses filósofos ocidentais modernos: pensando-se numa relação de oposição essencial ao poder, quanto mais foram ouvidos e investidos nas instituições políticas, mais "serviam para autorizar formas excessivas de poder" (ver p. 41 neste volume). Ele se refere ao tragicômico de Hegel no regime bismarckiano e mais terrível, o "tragicômico de Nietszche, cujas obras completas foram presenteadas por Hitler a Mussolini por ocasião de sua viagem a Veneza que devia sancionar o *Anschluss*". Foucault chega a dizer que, mais do que o apoio dogmático das religiões, a filosofia autenticou Estados sem freio. Marcante é o exemplo do stalinismo. Neste, Foucault chega a dizer que o Estado filosófico torna-se "literalmente inconsciente na forma do Estado puro" (ver p. 41 neste volume). O que era paradoxo torna-se crise nessa forma-Estado que, diz Foucault, mais do que qualquer outra, era ao mesmo tempo "uma filosofia que havia justamente anunciado e previsto a decadência do Estado" (ver p. 41 neste volume). E, no entanto, "tornou-se um Estado verdadeiramente privado, impedido de qualquer reflexão filosófica e de qualquer possibilidade de reflexão" (ver p. 41 neste volume).

Torna-se então legítima, e Foucault diz mesmo recomendável, a interrogação histórica sobre essas relações estranhas que o Ocidente deixou que se estabelecessem entre esses filósofos e o poder. E tudo isso no momento em que a filosofia tomava como princípio ao menos o de moderador do poder se não tomava o ponto de vista do contrapoder quando podia dizer ao poder: detenha-se, não vá adiante. Algumas perguntas possíveis seriam: Há uma traição da filosofia? Ou teria sido ela sempre filosofia do poder? E a questão de dizer ao poder que se detenha não seria tomar de forma virtual ou secreta o lugar do poder tornando-se a lei da lei? Pelo contrário, outras questões poderiam ser evocadas, como formular que "a filosofia nada tem a ver com o poder, que a vocação profunda, essencial da filosofia, é se relacionar com a verdade, ou interrogar o ser" (ver p. 42 neste volume); e que, portanto, perdendo-se nesses domínios empíricos, como a questão da política e do poder, não lhe resta outra alternativa que não se comprometer. Se foi traída é porque se traiu, colocando questões que não eram dela.

Foucault levanta a possibilidade de um outro caminho que a filosofia podia desempenhar em relação ao poder. Este papel não seria o de fundação ou de recondução do poder. Seria possível para a filosofia "desempenhar um papel ao lado do contrapoder". Este novo papel pode ser desempenhado como condição de que ele não consista em impor ante o poder a própria lei da filosofia. Então, o filósofo como profeta, pedagogo ou legislador não pode ser mais a posição do filósofo. Cabe à filosofia a tarefa de "analisar, elucidar, tornar visível, e, portanto, intensificar as lutas que se desenrolam em torno do poder, as estratégias dos adversários no interior das relações de poder, as táticas utilizadas, os focos de resistência" (ver p. 42 neste volume). Não se trata mais de situar o poder nem aquém nem além, nem em termos de bem ou mal, mas situá-lo em "termos de existência". As perguntas sobre se o poder é bom ou mau, legítimo ou ilegítimo, se ele é uma questão de direito ou de moral não devem mais ser feitas. Trata-se pura e simplesmente de tentar de formas múltiplas e mesmo de todas as formas "aliviar a questão do poder de todas as sobrecargas morais e jurídicas pelas quais ela foi até agora afetada" (ver p. 42 neste volume). A pergunta que deve ser feita, aparentemente ingênua, é: "em que consistem, na verdade, as relações de poder?" (ver p. 43 neste volume). A função da filosofia não é agora descobrir o que está oculto, mas tornar visível o que precisamente é visível, ou, ainda, "é fazer ver aquilo que vemos", diz Foucault, fazer aparecer o que está tão próximo, tão ligado a nós mesmos, que em função disso não o percebemos. Surge então como tarefa possível da filosofia elucidar "quais são as relações de poder às quais estamos presos e nas quais a própria filosofia, pelo menos há 150 anos, está paralisada" (ver p. 43 neste volume). Foucault diz que existe um modelo desse uso da filosofia na filosofia analítica anglo-saxônica, quando "pensa o uso cotidiano que se faz da língua nos diferentes tipos de discursos" (ver p. 43 neste volume). Sua tarefa é realizar uma leitura crítica do pensamento "a partir da maneira como as coisas são ditas". Homologamente, Foucault diz ser possível imaginar uma filosofia cuja função é analisar o que se passa cotidianamente nas relações de poder. Sua tarefa seria situar quais são as formas, articulações e objetivos com que se tecem as relações de poder no cotidiano. Foucault desloca, para a análise das relações de poder, o que a filosofia analítica faz dos jogos de linguagem. Atuaria então a filosofia mais nas relações que atravessam "o corpo social do que nos efeitos de linguagem, que atravessam e sustentam o pensamento". Foucault propõe, então, uma filosofia analítico-política.

Situando o quadro da filosofia analítica anglo-saxônica, Foucault a contrapõe a Humboldt ou Bergson. Essas posições filosóficas superqualificam ou desqualificam maciçamente a linguagem. Em Humboldt, a linguagem surge como "criadora de qualquer relação possível entre o homem e o mundo, portanto a própria criadora do mundo como aquele do ser humano" (ver p. 43 neste volume). Em Bergson, pelo contrário, a linguagem é impotente, imóvel, morta, espacial, e sempre trai a experiência da consciência e do tempo. Para a filosofia inglesa, que não cai nesses excessos positivos ou negativos, a filosofia nem engana nem revela; a linguagem é um jogo. A noção de jogo desempenha, então, um papel estratégico. Não há mais lugar para uma qualificação negativa ou encomiástica, parcial, global, "definitiva, absoluta, unilateral", nem se pode dizer "que as relações de poder somente podem fazer uma coisa, que é coagir e obrigar" (ver p. 44 neste volume).

O enunciado estratégico de Foucault é: as relações de poder funcionam, e o que é preciso estudar precisamente são "os jogos de poder em termos de tática e estratégia, de norma e de acaso, de aposta e de objetivo" (ver p. 44 neste volume). Foucault afirma que foi nessa linha que procurou trabalhar. Ele realiza uma autoclínica quando diz que preferiu estudar jogos de poder bem mais limitados do que o grande jogo do Estado com os cidadãos ou com os outros Estados. Diz que o fez "certamente por causa de uma tendência de caráter ou talvez de uma inclinação para a neurose obsessiva" (ver p. 44 neste volume). Os jogos de poder mais limitados e humildes a que ele se refere são os que giram em torno "da loucura, da medicina, da doença, do corpo doente, jogos de poder em torno da penalidade e da prisão".

O que está em questão nesses jogos de poder é o *status* da razão e da desrazão, da vida e da morte, do crime e da lei. Coisas, diz Foucault, que "constituem a trama de nossa vida cotidiana, e a partir das quais os homens construíram seu discurso da tragédia" (ver p. 44 neste volume). Ante o jogo dos partidos políticos nas campanhas eleitorais, que afirmam irem jogar nas eleições uma partida capital para o seu futuro, seja qual for o número de eleitores e o resultado das eleições, há a surpresa que a sensibilidade das pessoas não coincide com a avaliação dos políticos, de algo historicamente decisivo ou mesmo trágico. Por outro lado, há um frêmito ininterrupto em torno de questões que atravessam a sociedade contemporânea, e não apenas a França, quanto a "saber como se vai morrer, saber o que será feito de você quando for jogado em um hospital, saber o que ocorrerá com sua razão ou com seu julgamento a partir do que disserem sobre sua sanidade, saber o que se é quando se fica louco, saber o que se é e o que ocorrerá quando uma infração for cometida e quando se começar a entrar na máquina da penalidade" (ver p. 45 neste volume). É a angústia, a vida, o afeto que atingem nossos contemporâneos, diz Foucault, "a loucura e a razão, a morte e a doença, a penalidade, a prisão, o crime, a lei, tudo isso faz parte do nosso cotidiano, e é esse cotidiano que nos parece essencial" (ver p. 45 neste volume). Atualmente, não se trata apenas de confronto no interior desses jogos, mas, num sentido mais forte de resistência, do jogo e mesmo de recusa do próprio jogo. Foucault situa então o problema da prisão e, por outro lado, a luta encarniçada em torno da construção do novo aeroporto de Tóquio, na região de Narita.

Foucault situa ainda outra característica do movimento que ele analisa: seus fenômenos são difusos e descentralizados. A última característica dessas lutas é que são lutas imediatas.

Da moral cristã ao retorno aos gregos

Foucault fala que teve a oportunidade de ver a maior parte de seus livros e artigos traduzidos em japonês quando da conferência "Sexualidade e poder", realizada na Universidade de Tóquio, em 1978. Ele diz que vai falar não das etapas de seu trabalho, mas das hipóteses. A reformulação do plano dessa pesquisa prometida em seis volumes já está presente para ele, embora diga que não chegará ao sexto volume prometido, diz ele, com a maior imprudência. A questão que formula Foucault é: por que escrever uma história da sexualidade? Foucault diz partir de uma surpresa: o fato de que Freud e a psicanálise tiveram como ponto de partida um fenômeno que no fim do século XIX tinha grande importância no mundo ocidental, na sociedade e na psiquiatria. Esse fenômeno que fascinara médicos e pesquisadores era a histeria. Foucault não leva em conta o problema propriamente médico da histeria: o fato de que o sujeito possa ignorar através de seu sintoma histérico toda uma parte de seu passado ou de seu corpo. Freud ancorou a psicanálise nesse desconhecimento pelo sujeito por ele próprio, revelando não um desconhecimento geral do sujeito em si mesmo, mas "um desconhecimento de seu desejo ou de sua sexualidade". Assim, Foucault situa o ponto de partida da psicanálise, do desconhecimento pelo sujeito do seu próprio desejo e como "meio geral simultaneamente de análise teórica e de investigação prática dessas doenças" (ver p. 57 neste volume). Foucault ainda questiona: o que é o desconhecimento de seus próprios desejos? Ele diz que essa é a pergunta de Freud e que ele não parou de formulá-la. No entanto, ante essa questão, ele situa um outro fenômeno que diz ser quase o oposto deste e que ele chama, pedindo licença por inventar um neologismo, de fenômeno de supersaber, isto é, "um saber de qualquer forma excessivo, um saber ampliado, um saber ao mesmo tempo intenso e extenso da sexualidade, não no plano individual, mas no plano cultural, no plano social, em formas teóricas ou simplificadas" (ver p. 57 neste volume). Foucault menciona, assim, a surpresa da cultura ocidental de um tipo de "hiperdesenvolvimento do discurso da sexualidade, da teoria da sexualidade, da ciência sobre a sexualidade, do saber sobre a sexualidade" (ver p. 57 neste volume). Assim, no fim do século XIX, surge no Ocidente um fenômeno duplo bastante importante para o Ocidente e mesmo para uma parte do Oriente. Foucault explica, assim, a referência que fizera à *scientia sexualis* e à *ars erotica*, isto é, a oposição entre as sociedades em que domina um discurso científico ou pseudocientífico sobre o sexo, tal como no Ocidente, e as sociedades em que se procura manter um discurso sobre a sexualidade muito extenso, abundante e difundido, mas que não visa a instaurar uma ciência. Busca de fato instituir uma arte – arte que visaria a produzir, "através da relação sexual ou com os órgãos sexuais, um certo tipo de prazer que se procura tornar o mais intenso, o mais forte ou o mais duradouro possível" (ver p. 60 neste volume). Encontra-se, assim, na Grécia e na antiga Roma, bem como em muitas sociedades orientais, na China e no Japão, um conjunto muito numeroso de discursos em que se buscam métodos para intensificar o prazer sexual (por outro lado, no Ocidente, não existe a arte erótica, ou, como disse Foucault, "não se ensina a fazer amor, a obter prazer, a dar prazer aos outros"). A iniciação à arte erótica é clandestina e basicamente interindividual.

Por outro lado, tem-se ou se tenta ter o que Foucault chama de *scientia sexualis* sobre a sexualidade das pessoas. Visa-se não ao prazer delas, não se trata de maximizar o prazer, mas sim de uma questão: qual é a verdade no indivíduo do que é seu sexo e a sua sexualidade? Trata-se, então, da verdade do sexo, e não da intensificação do prazer. Foucault chega a dizer que seria muito interessante fazer a história comparada sobre a *ars erotica* no Oriente e a *scientia sexualis* no Ocidente. Ele diz que o que ele procura fazer na *História da sexualidade* é exatamente a história dessa ciência sexual no Ocidente. A questão de Foucault é: por que as sociedades europeias tiveram tanta necessidade de uma ciência sexual? Isto é, por que queremos saber preferentemente sobre a verdade do sexo mais do que atingir a intensidade do prazer? A resposta a essa pergunta tem um esquema habitual conhecido. Foi graças a Freud e a partir dele e também por meio de um conjunto de movimentos políticos, sociais e culturais múltiplos que se começou aos poucos a "libertar a sexualidade dos grilhões que a prendiam, começou-se a lhe permitir falar, ela que até então tinha sido, durante séculos, votada ao silêncio" (ver p. 61 neste volume). Assim, simultaneamente, estaríamos liberando a própria sexualidade e criando condições para tomar consciência dela. Esse fenômeno moderno se contrapõe, nos séculos anteriores, ao peso da moral burguesa, por um lado, e ao da moral cristã, por outro. Esta última seria continuada pela primeira; assim, as morais cristãs e burguesas teriam "impedido o Ocidente de se interessar pela sexualidade" (ver p. 61 neste volume). Há um esquema histórico triádico, ou seja, desenvolvido em três tempos, três períodos. A primeira época ou o primeiro período é a Antiguidade greco-romana. Nesta, a sexualidade era supostamente livre e, diz Foucault, "se expressava sem dificuldades e efetivamente se desenvolvia, sustentava em todo caso um discurso na forma de arte erótica" (ver p. 61 neste volume). Em seguida, intervém o cristianismo. Este, pela primeira vez na história do mundo ocidental, teria interposto "uma grande interdição à sexualidade, que teria dito não ao prazer e por aí mesmo ao sexo" (ver p. 61 neste volume). Esse não, esse interdito, produzirá "um silêncio sobre a sexualidade" (ver p. 61 neste volume). Entra em cena então a burguesia, que, ao se tornar hegemônica, encontrando-se em uma posição de "dominação econômica e de hegemonia cultural, teria retomado de qualquer forma a seu cargo, para aplicá-lo mais severamente ainda e com meios ainda mais rigorosos, esse ascetismo cristão" (ver p. 61 neste volume). A recusa cristã do sexo iria se prolongar até o fim do século XIX, quando Freud começaria a levantar seu véu. A história da sexualidade é feita, assim, estudando-se os mecanismos de repressão, de interdição, do que se rejeita, exclui e recusa. Faz-se cair a responsabilidade dessa recusa, no Ocidente, sobre o cristianismo, com seu dizer não à sexualidade. Foucault considera que este esquema é inexato e que não se sustenta por múltiplas razões. Ele pensa que uma história mais rica da sexualidade pode ser feita a partir de uma positividade, isto é, a partir do que a motivou e impulsionou, mais do que a proibiu. Foucault acrescenta uma segunda objeção não metodológica, que retirou dos estudos sobre a Antiguidade romana feitos por Paul Veyne, a qual ele diz ser preciso levar em conta por ser muito importante.

Quais são as características da moral cristã quanto ao sexo, quando é oposta à moral pagã greco-romana? Foucault resume essa problemática em três pontos principais: "O cristianismo teria imposto às sociedades antigas a regra da monogamia; em segundo, o cristianismo teria atribuído como função, não somente privilegiada ou principal, mas como função exclusiva, como única função da sexualidade, a reprodução – somente fazer amor com a finalidade de ter filhos" (ver p. 62 neste volume). Em terceiro lugar, diz Foucault, há um ponto a partir do qual ele poderia ter começado sua análise: que o prazer sexual é desqualificado completamente. Ele é um mal e, portanto, deve ser evitado, e a ele é necessário atribuir o mínimo de importância; e assim utilizar-se desse prazer a despeito dele mesmo para procriar. As relações sexuais devem produzir prazer no casamento, em sua forma única, legítima, na monogamia. O que mostram os trabalhos de Paul Veyne é que esses três princípios da moral sexual existiam na cultura romana antes do aparecimento do cristianismo. O estoicismo e sua moral baseada em estruturas sociais ideológicas do Império Romano haviam começado bem antes do cristianismo a "inculcar esses princípios nos habitantes do mundo romano" (ver p. 63 neste volume). Assim, "casar-se e respeitar sua mulher, fazer amor com ela para ter filhos, libertar-se o mais possível das tiranias do desejo sexual já eram uma coisa aceita pelos cidadãos, pelos habitantes do Império Romano, antes do surgimento do cristianismo" (ver p. 63 neste volume). Foucault ressalta que o cristianismo não pode ser responsabilizado por toda essa série de interditos, desqualificações e limitações da sexualidade que a ele são imputados habitualmente.

Ele pergunta então se o cristianismo não teria desempenhado nenhum papel na história da sexualidade. Diz ele que seu papel não foi introduzir novas interdições, mas trazer novas técnicas, "um conjunto de novos mecanismos de poder para inculcar esses novos imperativos morais" no momento em que penetrou no mundo romano, no Império, e tornou-se depressa a religião do Estado (ver p. 63 neste volume). Foucault ressalta que é mais do lado dos mecanismos de poder do que do lado das ideias morais e das proibições éticas que ele pretende estabelecer a história da sexualidade no Ocidente, a partir da presença do cristianismo no mundo romano. Quais são os mecanismos de poder introduzidos pelo cristianismo? Esse poder é o que Foucault chama de poder pastoral.

Na modalidade do poder pastoral, surge uma categoria de indivíduos singulares bem específicos que vão desempenhar na sociedade cristã o papel de condutores em relação aos outros, que são, diz Foucault, "como suas ovelhas ou o seu rebanho" (ver p. 64 neste volume). Essa nova função, a introdução desse novo tipo de poder ou dependência, Foucault considera como um fenômeno de extrema importância. Jamais na Antiguidade greco-romana houve ideias semelhantes. Em Platão, por exemplo, há a metáfora que explica o político: ela não se refere a um pastor, mas a um tecelão. Este "agencia os diferentes indivíduos da sociedade como se fossem os fios que ele tece para fabricar um belo tecido" (ver p. 64 neste volume). Assim, a cidade-estado é um tecido do qual os cidadãos são os fios. Não se trata nem de rebanho nem de pastor. Porém, no Egito, na Mesopotâmia e na Síria, no mundo do Mediterrâneo Oriental e na sociedade hebraica, o tema do pastoreio, que se desdobra nos aspectos religioso, político, moral e social, é um tema absolutamente fundamental. Assim, Davi, que Foucault chama de o primeiro rei de Israel, recebe a tarefa de Deus de se tornar o pastor. Foucault opõe o poder pastoral ao poder político tradicional. Não se trata do domínio sobre um território, mas sobre um conjunto de indivíduos; sua função mais importante não é nem a da vitória nem a da conquista, e também não as riquezas ou escravos que pode obter através de guerras. Ele não visa a fazer mal aos inimigos, mas o "bem em relação àqueles de que cuida", devendo assegurar simultaneamente a subsistência dos indivíduos e do grupo; não visa ao triunfo, mas a ser benfazejo.

Esse poder é uma incumbência: o bom pastor sacrifica-se pelo bem de suas ovelhas. É o inverso do poder tradicional, do bom súdito ou do bom cidadão figurado na muito conhecida máxima "*dulce et decorum est pro patria more*", que desde a época de Felipe, o Belo, ou Felipe IV, da França, supõe o sacrifício pela pátria e pela coroa por que é responsável (Ernst Kantorowicz, *Os dois corpos do rei*).

É a Kantorowicz que Foucault dedica *Vigiar e punir*, em que trata do menos-corpo do condenado, que fala ainda da fórmula *morrer pelo rei e pela pátria*, de Guilherme de Nogaret, que sobreviveu até a época moderna. A ideia de sacrifício cujos limites extremos aparecem no horror moderno dos campos de concentração é tematizada na ideia de sacrifício pela comunidade, no que Enéas Silvio Piccolomini, futuro papa Pio II, "considera que não se deve ver como uma crueldade, já que pela saúde do corpo deve amputar-se um pé e uma mão, e que, mesmo o príncipe, cabeça do corpo místico da República, deve sacrificar sua vida quando o bem comum o exige" (*Os dois corpos do rei*, p. 249). A temática cristã do sacrifício vem modular aqui a ideia do poder do príncipe, o poder de vida e morte do príncipe, recaindo sobre sua própria pessoa.

Foucault considera que a organização do pastorado no cristianismo desde o século III produziu um dispositivo de poder muito importante na história do Ocidente e com um impacto muito particular na história da sexualidade. Mas o que significa o poder pastoral para Foucault? Para o homem da civilização do Ocidente? Ele ressalta que o primeiro aspecto do pastorado é que a salvação é para todo indivíduo uma obrigação. De um lado, no mundo cristão ocidental, salvar-se é um assunto individual, porém a salvação não é objeto de uma escolha livre, na medida em que todos os indivíduos e cada um têm de fazer tudo o que for necessário para se salvar. Disso advém o poder do pastor; ele se ocupa da salvação obrigatória das ovelhas, e sua autoridade provém de que ele deve obrigar as pessoas a fazer tudo para se salvarem. Foucault nota, em segundo lugar, que essa salvação obrigatória é procurada pelo indivíduo e somente pode ser alcançada se ele aceitar a autoridade de um outro. Assim, cada uma das ações do indivíduo poderá ser conhecida pelo pastor, isto é, este poderá dizer sim ou não em relação a ela. Surge então, diz Foucault, para além das estruturas jurídicas já conhecidas pela sociedade, "uma outra forma de análise do comportamento, uma outra forma de culpabilização, um outro tipo de condenação muito mais refinado, muito mais estrito, muito mais sustentado: aquele que é garantido pelo pastor" (ver p. 67 neste volume). Sua posição lhe permite, diz Foucault, "vigiar, ou pelo menos exercer sobre as pessoas uma vigilância e um controle contínuos" (ver p. 67 neste volume).

O terceiro ponto é que o pastor estava na posição de exigir dos outros uma obediência absoluta. Esse fenômeno é totalmente novo porque, no mundo romano, se o poder imperial foi absolutamente autocrático, não existia a ideia de exigir de alguém uma obediência total, absoluta e incondicional. A obediência ao cristianismo não visa a um hábito, uma aptidão ou um mérito; o mérito absoluto é, observa Foucault, ser obediente, e obediente ao pastor, sendo a humildade a forma interiorizada dessa obediência.

Foucault finaliza essa série de considerações dizendo que no pastorado há algo que remete à história da sexualidade, na medida em que o advento do pastorado trouxe consigo um conjunto de procedimentos e de técnicas que dizem respeito à verdade e à produção da verdade. Quanto a esse ponto, ele se inclui na tradição dos mestres da sabedoria e da verdade, como foram, por exemplo, os filósofos da era pré-socrática e os pedagogos. O pastor como mestre ensina a escritura, os mandamentos, quer seja de Deus ou da Igreja, e a moral. Há, porém, um outro sentido em que o pastor cristão é o mestre da verdade. Foucault observa que o pastor cristão precisa saber "tudo o que fazem as suas ovelhas, tudo o que faz o seu rebanho e cada um dos membros do rebanho a cada instante, mas ele deve também conhecer o interior do que se passa na alma, no coração, no mais profundo dos segredos do indivíduo" (ver p. 68 neste volume). O pastorado cristão, no seu exercício, exige de forma absoluta esse conhecimento da interioridade dos indivíduos. De que se trata? Qual o sentido de conhecer a interioridade dos indivíduos? Há uma bipolaridade de significações aqui: por um lado, o pastor vai dispor de meios de análise, de reflexão, de detecção daquilo que se passa; por outro, ele deverá ser obrigado a dizer a seu pastor tudo o que se passa no âmago de sua alma, "será obrigado a recorrer, do ponto de vista do seu pastor, a essa prática tão específica do cristianismo: a confissão exaustiva e permanente" (ver p. 68 neste volume). Esse procedimento gera como resultado a produção de uma verdade. É essa verdade, diz Foucault, "que se desenvolve durante a direção de consciência, a direção das almas, que irá, de qualquer modo, constituir a ligação permanente do pastor com o seu rebanho e com cada um dos membros do seu rebanho" (ver p. 68 neste volume). Assim, a produção dessa verdade interior subjetiva é um elemento decisivo do poder pastoral.

O cristianismo se relacionava com o mundo romano, que já havia incorporado sua moral da monogamia da sexualidade e da reprodução, por volta do século II ou III d.C. Por outro lado, diz Foucault, o cristianismo se deparava com um modelo de vida religiosa intensa sob duas modalidades: a do monaquismo hindu e a do monaquismo budista; além dos monges cristãos, que se espalharam por todo o Oriente mediterrâneo, retomando, em grande parte, as práticas ascéticas. Existe, segundo Foucault, uma hesitação da posição cristã entre o ideal de ascetismo integral e "uma sociedade civil que havia incorporado um certo número de imperativos morais". Assim, o cristianismo vai tentar dominar o modelo de ascetismo budista, e, por outro lado, vai controlá-lo "para poder dirigir, do interior, essa sociedade civil do Império Romano" (ver p. 69 neste volume). Foucault pensa que foi a concepção da carne que assegurou os meios para isso ocorrer, isto é, estabelecer um equilíbrio entre um ascetismo que recusava o mundo e o domínio de uma sociedade civil laica na sua estrutura.

Foi a sexualidade pensada como algo de que era preciso desconfiar o meio encontrado pelo cristianismo para controlar os indivíduos instaurando um novo tipo de poder. A sexualidade introduzia permanentemente no indivíduo possibilidades de tentação e queda. No entanto, observa Foucault, não se tratava de recusar de forma absoluta tudo o que viesse do corpo como sendo de caráter maléfico ou nocivo. Não optando por um ascetismo radical, o corpo, os prazeres, a sexualidade, era preciso fazê-los funcionar numa sociedade que possuía organização familiar e necessidades de reprodução. A carne cristã não era um mal absoluto do qual devíamos nos liberar, mas era uma fonte permanente no interior do indivíduo, em sua subjetividade, de uma tentação. Esta, diz Foucault, "corria o risco de levar o indivíduo a ultrapassar as limitações impostas pela moral corrente, ou seja: o casamento, a monogamia, a sexualidade para reprodução e a limitação e a desqualificação do prazer" (ver p. 69 neste volume). É uma moral que ele considera relativamente moderada, que oscila entre o ascetismo e o funcionamento da sociedade civil; que opera através do dispositivo ou aparelho do pastorado; que se funda no conhecimento, no saber, ao mesmo tempo exterior e interior dos indivíduos, mediante um conhecimento meticuloso e detalhado por si mesmo e pelos outros. E por meio de um mecanismo de subjetivação da construção de uma consciência de si advertida de suas próprias fraquezas, suas tentações, "sua própria carne, é pela constituição dessa subjetividade que o cristianismo conseguiu fazer funcionar essa moral" (ver p. 70 neste volume). Foucault condensa sua tese dizendo que a técnica de interiorização, a técnica de tomada de consciência, a técnica do despertar de si sobre si mesmo em relação "às suas fraquezas, ao seu corpo, à sua sexualidade, à sua carne, foi a contribuição essencial do cristianismo à história da sexualidade" (ver p. 70 neste volume). O que é a carne então? Ela é a própria subjetividade do corpo ou, ainda, é a sexualidade presa no interior dessa subjetividade, dessa forma de sujeição nova do indivíduo assim mesmo. Ela é um efeito, o primeiro da introdução do poder pastoral no mundo romano. Para Foucault, não se trata da introdução de um mecanismo negativo de interdição e recusa. Trata-se de pôr em ação um mecanismo de controle e poder que é, ao mesmo tempo, um mecanismo de saber dos indivíduos, sobre eles próprios e em relação a eles próprios. Um dos interlocutores de Foucault refere-se ao contraponto da aula inaugural no Collège de France, em que o discurso da sexualidade era marcado pela repressão e pela interdição, enquanto a partir da vontade de saber esse discurso é não mais objeto de repressão, mas manifestação de uma positividade, "alguma coisa que prolifera no âmbito científico" (ver p. 71 neste volume). Foucault responde que não se trata de construir uma teoria geral do poder. O que ele faz se dá no nível empírico; sua questão não é de onde vem o poder, mas "por onde ele passa, e como isso se passa (...), de que modo se podem descrever algumas das principais relações de poder exercidas em nossa sociedade" (ver p. 72 neste volume). Ele diz que não foi o primeiro a tentar fazer isso e que os psicanalistas, Freud e seus sucessores, assim como toda uma série de figuras, como Marcuse e Reich, tentaram ver como o poder se passa no psiquismo do sujeito, no inconsciente do indivíduo ou na economia de seu desejo. Questões às quais Foucault se refere nessas análises tocam no papel do pai, no desejo do indivíduo ou ainda na interdição da masturbação e como ela vem se inscrever no psiquismo das crianças. O que surpreende Foucault nessas análises é que nelas o poder tinha sempre o papel de dizer não, de proibir, de interditar, de traçar um limite. Assim, os principais efeitos do poder eram "todos esses fenômenos de exclusão, de histericização, de obliteração, de segredos, de esquecimento ou, se vocês quiserem, de constituição do inconsciente" (ver p. 72 neste volume). Assim, nessa concepção, em que Foucault diz que – para os psicanalistas ele ia muito depressa – o inconsciente era constituído a partir de uma relação de poder, o poder surgia a partir de mecanismos de proibição. Quanto a essa tese, Foucault muda a partir do estudo preciso da emergência do sistema penal, da prisão e dos sistemas de vigilância e punição no Ocidente nos séculos XVIII e XIX. Desenvolve-se no Ocidente, ao mesmo tempo que o capitalismo, "toda uma série de técnicas para vigiar, controlar, se encarregar do comportamento dos indivíduos, dos seus atos, de sua maneira de fazer, de sua localização, de sua residência, de suas aptidões, mas esses mecanismos não tinham como função essencial proibir" (ver p. 73 neste volume). Seu objetivo principal, o fundamento de sua eficácia e solidez, era obrigar os indivíduos a aumentar sua força, sua aptidão para o aparelho produtivo da sociedade. Diz Foucault: "Investir nos indivíduos, situá-los onde eles são mais úteis, formá-los para que tenham esta ou aquela capacidade, é isso que se tentou fazer no exército, a partir do século XVII, quando as grandes disciplinas foram impostas, o que não era feito outrora" (ver p. 73 neste volume). Foucault ressalta que o mesmo ocorreu com a classe operária, que foi produzida através de mecanismos disciplinares de poder cujo mecanismo essencial não era negativo. A tese de Foucault é que os mecanismos de poder que têm uma inscrição mais forte em nossa sociedade são aqueles que produzem algo, que conseguem se ampliar, se intensificar. A questão que ele se propôs foi: será que em nossa sociedade o poder teve por forma e finalidade interditar e dizer não? Sua tese é que o mecanismo principal não é o de interdição, mas o de produção, intensificação e multiplicação. A sexualidade, assim, muito mais "do que um elemento do indivíduo que seria excluído dele, é constitutiva dessa ligação que obriga as pessoas a se associarem com sua identidade na forma da subjetividade" (ver p. 75 neste volume).

Todos os conceitos de Freud – o recalque, a repressão, a função da censura etc. – estão marcados pela época da disciplina dominante. Aliás, se a obra de Freud e de Marx puderam ser acopladas – se surgiu o freudo-marxismo, de Marcuse e Reich –, isso se deu, sem dúvida, graças à sua dupla dependência em relação ao dispositivo da disciplina. Não foi por acaso que Michel Foucault criticou a hipótese repressiva para definir o poder sobre o sexo, substituindo-a por um dispositivo de sexualidade que permitia situar a emergência dos discursos sobre o sexo. Ele ironiza o hino "franciscano" sobre a liberação da sexualidade.

J.-A. Miller descreve a época lacaniana da psicanálise a partir de Michael Hardt e Antonio Negri no livro *Império*: "Neste período de crise dos anos 1960 e 1970, a expansão da proteção social e a universalização da disciplina, ao mesmo tempo nos países dominantes e nos países subordinados, criaram uma nova margem de liberdade para a multidão laboriosa. Em outras palavras, os trabalhadores utilizaram a era disciplinar a fim de estender os poderes sociais do trabalho, aumentar o valor da força de trabalho etc." (A. Negri; M. Hardt, *Império*, Rio de Janeiro, Record, 2001, p. 293). A etapa atual do que eles chamam império não procede mais pelo interdito e pela repressão, tornando problemática a ideia de liberação ou de revolução.

Lacan pensou inicialmente a psicanálise na época disciplinar, mas antecipou também a psicanálise na época chamada imperial. Três momentos, três etapas, podem ser citadas, segundo a periodização original, proposta por J.-A. Miller.

O primeiro Lacan, o da época disciplinar, "formalizou o inconsciente a partir do algoritmo saussuriano do signo, deu uma estrutura formal unificante ao Édipo, ao mecanismo da castração e ao recalque, através da elaboração dos conceitos de nome-do-pai e de metáfora" (J.-A. Miller, *Cours de orientation lacanienne III*, p. 245). E ainda a libido pelos conceitos de desejo e de metonímia. Essa formulação possui um enunciado fundamental: o inconsciente é estruturado como uma linguagem. Essa versão de Freud foi, aliás, acompanhada pela proposta de um retorno a ele, ao *tranchant* da descoberta freudiana, àquilo que Lacan chamou "seu diamante de subversão".

Na segunda fase do ensino de Lacan, considerada por Jacques-Alain Miller como de transição, opera-se uma subversão de Freud. Na primeira fase de seu ensino, há uma função disciplinar central: a instância paterna, o nome-do-pai. Nesse segundo momento, Lacan subverte o nome-do-pai por uma pluralização. Há ainda um outro deslocamento: a operação do recalcamento não é mais atribuída à interdição paterna, à interdição do pai, mas à própria ação da linguagem. Lacan introduz uma reviravolta mais decisiva, na medida em que subverte o conceito de desejo pelo de gozo. Agora, em vez de ressaltar a falta, Lacan vai enfatizar o que preenche a falta.

Cabe ressaltar aqui que é uma mudança do conceito de sujeito e mesmo sua substituição que está em questão.

O conceito de sujeito que apareceu em Lacan no discurso de Roma – com a fórmula: o sujeito finalmente em questão – é essencialmente uma falta-a-ser e o oposto ou o negativo de um ser. Isso é figurado por um *s* barrado ($). Porém, Lacan, no seminário "Mais ainda", substituiu o sujeito por algo totalmente diverso, que é o ser falante ou o *falasser*, o *parlêtre*.

O sujeito surge particularmente separado do corpo, e Lacan o correlaciona com a palavra e o significante. Já o ser falante, *falasser* ou *parlêtre*, é uma instância cuja ancoragem se dá no corpo; portanto o corpo aqui é que produz a diferença. Quando se trata do sujeito, são os efeitos do significante como significação que contam, e os mecanismos da metáfora e da metomínia são particularmente importantes aí. Por outro lado, a teoria do ser falante trata os efeitos do significante como afetos, isto é, os seus efeitos no corpo, e não como significação. O efeito maior, para Lacan, é o que ele chamou gozo, que precisa do suporte corporal. Assim, Lacan o denominou substância a partir de Aristóteles enquanto o sujeito se dá numa modalidade diversa da substância, isto é, não é substancial. É interessante articular isto com a elaboração feita por Foucault entre o corpo e os prazeres. Com o conceito de ser falante, Lacan renuncia ao sujeito, lembra-nos Jacques-Alain Miller: existe agora um corpo afetado pelo significante. Todas as categorias do seu ensino são abaladas por essa nova fórmula, e Lacan chega a dizer que o inconsciente pode ser substituído pela palavra *falasser*. Por isso é que ele lembra que a função que Lacan chamou de sujeito é algo que se distingue de qualquer instância da subjetividade. Ele manteve esse termo para transferi-lo a uma função do significante com o fim de proibir o retorno do sujeito clássico. Trata-se de uma nadificação da subjetividade clássica.

Há, por fim, o terceiro Lacan com seu último ensino, cuja elaboração cobre a década de 1970, a mesma, aliás, em que Michel Foucault publicou *Vigiar e punir* e construiu o conceito de sociedade disciplinar. O conceito fundamental dessa terceira fase é o de gozo, mas gozo na medida em que ele não tem contrário. Antes dessa nova definição e formalização, o conceito de gozo estava em tensão com o significante mortífero. Do ponto de vista do significante, dizia-se que o sujeito estava morto e o gozo, interdito a quem fala. Agora, a própria linguagem torna-se aparelho de gozo; o significante é o operador de gozo. Na psicanálise, tínhamos aprendido a opor o gozo ao prazer. Na nova formalização de Lacan, não existe essa oposição prazer/gozo. Ela se dissolve. O prazer se transforma em um regime de gozo.

Na última fase, os conceitos herdados da linguística estrutural cederão lugar a um novo *organon*, pulsional, abandonado pela leitura estruturalista inicial. Lacan pensa agora no nível da pulsão. Diferentemente do desejo, a pulsão não está articulada a uma defesa; ele a resumiu numa fórmula, num aforismo de televisão: "o sujeito é feliz". No nível pulsional, o sujeito está sempre feliz. É um axioma: a pulsão sempre se satisfaz, quer seja de forma direta, de maneira econômica, dolorosa ou agradável. Essa tese corresponde à saída da época disciplinar, organizada a partir do interdito e da transgressão. Agora só há arranjos, modos de gozos, não há mais exterior.

A sociedade disciplinar, pensada no livro *Império*, a partir da leitura deuleziana de Foucault, supõe a saída do regime disciplinar e sua substituição pelo regime de controle. De qualquer forma, sujeitos estão numa relação de exterioridade com os aparelhos e dispositivos que os dominam, e o poder disciplinar apoiava-se nos aparelhos em que Foucault traçou a genealogia no Antigo Regime, sobre os quais já editamos um bom número de textos no quarto volume dessa edição. Quando Foucault passou a estudar a genealogia do sujeito e sua hermenêutica, ele passou a estudar de forma mais marcada as formas de subjetivação. Se o poder disciplinar foi constitutivo das relações de poder no capitalismo, na época atual os mecanismos de dominação são interiorizados porque a sociedade capitalista se orientou para uma sociedade de comunicação ou informação e difundiu, de maneira mais plástica, móvel, fugidia, a dominação. O que existe são redes em que o domínio não é mais exterior, o que Negri chama de alienação autônoma, porque não é mais uma dominação externa, e que Jacques-Alain Miller chamou de dominação êxtima, a que opera no mais íntimo da subjetividade.

Essa leitura da história da psicanálise supõe, na verdade, a tese que foi desenvolvida por Lacan na sua ética da psicanálise: "O movimento no qual é arrastado o mundo em que vivemos, promovendo até às suas últimas consequências a instalação dos serviços dos bens, implica uma amputação, sacrifícios, a saber, este estilo de puritanismo na relação com o desejo que se instalou historicamente" (J. Lacan, *Le séminaire*, Livro VII: *L'éthique de la psychanalyse*, Paris, Éditions du Seuil, 1986, p. 350-351).

De fato, em 1960, o movimento do capitalismo – que, atualmente, em escala global, parece não ter oposto – parecia ordenado nessa formulação de Lacan por uma ética e uma prática puritanas. Trata-se, evidentemente, de uma referência a Max Weber, que ligava a emergência do capitalismo a uma repressão do gozo, no qual a prática da acumulação supunha não gozar. Porém, no avesso da psicanálise, o que Lacan vai estabelecer, em 1970, 10 anos depois do seminário sobre a ética, um pouco antes de Foucault começar o movimento do Grupo de Informações sobre as Prisões, é o caráter ultrapassado do diagnóstico sobre o movimento do mundo como marcado pelo estilo puritano. Na atualidade, pelo contrário, o que marca o estilo novo é a permissividade, e o difícil é a interdição interditar, isto que, em sua versão nacional, tomou a forma conhecida do "é proibido proibir". Trata-se de um movimento pelo qual o capitalismo separou-se do puritanismo. Essa interpretação integra na leitura da sociedade disciplinar a formação da psicanálise, não propriamente a partir do dispositivo de sexualidade pensado em continuidade com a confissão, mas a partir do poder – repressão, poder e recalcamento.

A insurreição na história: a irredutibilidade do ato

Ante o fenômeno da revolução iraniana, Foucault situa o sentido ético da revolta das massas. Ele foi muito criticado por seu apoio à revolução, como por maior parte das posições que tomou em vários campos. Assim, diz ele: "Alguns marxistas disseram que eu era um perigo para a democracia ocidental – isso foi escrito –, um socialista escreveu que o pensador mais próximo de mim era Adolf Hitler em *Mein Kampf*. Fui considerado pelos liberais um tecnocrata agente do governo gaullista; pelas pessoas de direita, gaullistas ou outros, um perigoso anarquista de esquerda; um professor americano perguntou por que, nas universidades americanas, se convidaria um criptomarxista como eu, que seria manifestadamente um agente da KGB etc." (ver p. 215 neste volume).

A posição de Foucault localiza-se ante o que há de irredutível no ato da revolta. Diante do dito dos iranianos "para que o xá se vá, estamos prontos para morrer aos milhares", ele comenta que, ainda que pertencendo à história, as insurreições dela escapam, vão além. Trata-se de um movimento irredutível para Foucault quando "um só homem, um grupo, uma minoria ou todo um povo diz: 'Não obedeço mais', e joga na cara de um poder que ele considera injusto o risco de sua vida" (ver p. 76 neste volume). Irredutível, diz Foucault, porque poder algum é capaz de tornar absolutamente impossível a revolta. O homem rebelde não tem definitivamente explicação, seu dilaceramento interrompe o fio da história e suas cadeias de razões quando prefere "o risco da morte à certeza de ter de obedecer" (ver p. 76 neste volume). A possibilidade da insurreição é o ponto último de sustentação; para Foucault, mais importante mesmo que os direitos naturais, e constitui o sustentáculo de todas as liberdades e direitos reivindicados, exercidos ou adquiridos. Se o poder nas sociedades não é absoluto e, para além "das ameaças, violências e persuasões, há possibilidade desse momento (...) em que os poderes nada mais podem e no qual, na presença dos patíbulos e das metralhadoras, os homens se insurgem" (ver p. 76 neste volume), se nesse instante os sujeitos estão fora da história e na história, é porque ali se aposta na vida e na morte e por isso as insurreições encontraram "nas formas religiosas sua expressão e sua dramaturgia". As insurreições eram vividas durante séculos, como espera do salvador ou advento do reino dos últimos dias, do domínio exclusivo do bem, retorno do tempo, promessa do além. E era assim a própria maneira de viver as insurreições. Com o advento da era das revoluções, há dois séculos, e sua projeção sobre a história, ela "organizou nossa percepção do tempo, polarizou as esperanças" (ver p. 77 neste volume). Realizou-se, assim, um gigantesco esforço para que a insurreição se aclimatasse no âmbito de uma história racional. A revolução definiu as leis do desenvolvimento da insurreição, deu-lhe legitimidade, determinou suas condições prévias, suas finalidades e modos de se concluir, além de estabelecer quais eram as boas e más insurreições. Neste contexto, lembra Foucault, "chegou-se mesmo a definir a profissão de revolucionário" (ver p. 77 neste volume). À tese de que a insurreição foi colonizada na *Real-Politik*, Foucault prefere a pergunta de Horckheimer: "Mas será ela assim tão desejável, essa revolução?" (ver p. 77 neste volume).

Referindo-se à revolução iraniana, Foucault centra-se no enigma da insurreição. O que era surpreendente no Irã? Foucault observa que os homens e mulheres iranianos, quando arriscavam suas vidas, escreviam "a fome, as humilhações, o ódio pelo regime e a vontade de mudá-lo (...) nos confins do céu e da terra, em uma história sonhada que era tão religio-

Apresentação à Edição Brasileira   XLIX

sa quanto política" (ver p. 77 neste volume). Ele ressalta que as famosas manifestações, cujo papel era muito importante, e visavam a responder à ameaça do exército até paralisá-lo, desenvolviam-se segundo um ritmo de cerimônias religiosas e remetiam "a uma dramaturgia intemporal na qual o poder é sempre maldito" (ver p. 77 neste volume). Superposição espantosa, diz ele, que lembra indiretamente a Idade Média, ao notar que ela parece próximo "dos velhos sonhos que o Ocidente conheceu outrora, quando se queria escrever as figuras da espiritualidade no terreno da política" (ver p. 78 neste volume). Referindo-se ao papel da religião, diz ele que aparentemente os anos de censura e perseguição, a tutelagem da classe política, a proibição dos partidos, o massacre dos grupos revolucionários levariam a pensar que a população só podia apoiar sua revolta depois dos traumas do desenvolvimento, da reforma e da urbanização, e de todos os fracassos do regime. Foucault considera verdadeiro esse aspecto; por outro lado, considera o papel da espiritualidade islâmica uma realidade intensa e complexa, por isso não se deveria pensar que o elemento religioso na revolução rapidamente apagar-se-ia em benefício de ideologias supostamente menos arcaicas. Foucault ressalta a solidez institucional do clero xiita cujo domínio da população era forte e movido por vigorosas ambições políticas, e ainda o contexto do movimento islâmico, que ocupa posição estratégica e em expansão em dois continentes. O que Foucault chama de transposição na cena política iraniana combina e funde o que ele diz ser "o mais importante e o mais atroz: a estupenda esperança de fazer novamente do Islã uma grande civilização viva, e as formas de xenofobia virulenta; os riscos mundiais e as rivalidades regionais. E o problema dos imperialismos. E a submissão das mulheres etc." (ver p. 78 neste volume). Foucault distingue o que ele chama "a parte mais íntima e intensamente vivida da insurreição" (ver p. 78 neste volume) do tabuleiro político sobrecarregado que lhe era contíguo. Foucault nota que esse contato não significava identidade, e que a "espiritualidade à qual se referiam aqueles que iam morrer não tem comparação com o governo sangrento de um clero fundamentalista" (ver p. 78 neste volume). Desqualificar a insurreição por haver hoje um governo de mulás não é diferente do que fizeram estes quando quiseram autenticar seu regime pelas significações que tinha a insurreição. Foucault diz que tanto em uma posição quanto na outra existe medo. Trata-se de tornar evidente "o que há de irredutível em um movimento dessa ordem. E de profundamente ameaçador também para qualquer despotismo, tanto o de hoje quanto o de antigamente" (ver p. 79 neste volume). Ser hoje contra as mãos cortadas depois de ter sido antes contra as torturas da polícia secreta do xá não constitui vergonha. Não é vergonhoso mudar de opinião. Foucault afirma que ninguém tem o direito de dizer para que se revoltem por alguém em nome da libertação final de todos os homens. Ele não concorda, no entanto, com os que dizem que é "inútil se insurgir, sempre será a mesma coisa". Assim, "não se impõe a lei a quem arrisca sua vida diante de um poder" (ver p. 79 neste volume). Foucault inclui aqui a questão: existe ou não motivo para se revoltar? Questão que ele deixa aberta diante do fato mesmo de que as insurreições existem de fato. Lugar importante e decisivo onde "a subjetividade (não a dos grandes homens, mas a de qualquer um) se introduz na história e se lhe dá seu alento" (ver p. 79 neste volume). Ele declina as modalidades em que essa ação da subjetividade se faz presente hoje: "Um delinquente arrisca sua vida contra castigos abusivos; um louco não suporta mais estar preso e decaído; um povo recusa o regime que o oprime" (ver p. 79 neste volume). Por outro lado, esse ato não inocenta o delinquente, não cura o louco e nem garante ao povo que se insurgir que virão os dias prometidos. E Foucault prossegue: "Ninguém, aliás, é obrigado a ser solidário a eles. Ninguém é obrigado a achar que aquelas vozes confusas cantam melhor do que as outras e falam da essência do verdadeiro." A conclusão de Foucault é simples: sua existência basta "e que tenham contra elas tudo o que se obstina em fazê-las calar" (ver p. 79 neste volume). Torna-se importante então ouvi-las e buscar o que elas querem dizer; trata-se mais de uma questão de realidade do que de moral. Foucault ressalta de forma bastante enfática que "todas as desilusões da história de nada valem". A existência de tais vozes faz com que o tempo dos homens não tenha "a forma da evolução, mas justamente a da 'história'" (ver p. 79 neste volume). Foucault considera isso inseparável de um outro princípio, o caráter sempre perigoso do poder de um homem sobre o outro. Não se trata de considerar o poder um mal, mas ele é em seus mecanismos interminável, e não bastam as regras. Ele diz que sua moral teórica é inversa do pensamento estratégico que dissesse: "Que importa tal morte, tal grito, (...) em relação à grande necessidade do conjunto (...)." Se para um o que importa é o princípio geral na situação particular em que estamos, para Foucault é necessário "ser respeitoso quando uma singularidade se insurge, intransigente quando o poder infringe o universal". É o papel de quem espreita, "por baixo da história, o que a rompe e a agita", e vigia "um pouco por trás da política o que deve incondicionalmente limitá-la" (ver p. 80 neste volume).

Na ética do cuidado de si, um exemplo: a escrita

Pasquale Pasquino comenta que Foucault sempre pensou, desde seu primeiro livro sobre a *História da loucura*, que não existem objetos naturais. Neste sentido, a sexualidade não constituiria um invariante, mas ela se inscreve numa história. Esta história, diz Pasquino, não é nem o desdobramento de uma substância nem a busca de uma origem. Esta história se interroga pela maneira como o Ocidente pensou no curso do tempo "esse campo de relações entre os sujeitos (mulheres e/ou homens) ao qual se deu, a partir do século XIX, o nome de sexualidade" (*Le débat*, n. 41, set./nov. 1986, Paris, Edições Gallimard). Tal história da sexualidade desemboca em uma história da ética entendida, lembra Pasquino, não como história dos comportamentos ou dos códigos morais, como diz Foucault, "o conjunto dos valores e das regras de ação que são propostas aos indivíduos e aos grupos por intermédio de aparelhos prescritivos" (Michel Foucault, *L'usage des plaisirs*, Collection Bibliothèque des Histoires, Paris, Edições Gallimard, 1984, p. 32). Na verdade, ela pesquisa "as formas da relação consigo próprio, tais como "foram definidas, modificadas, reelaboradas e diversificadas" (*L'usage des plaisirs*, p. 38-39) no curso da história do Ocidente. O que, no entanto, ressalta Pasquino, e é fundamental, é que "essa história da ética ou da conduta da vida sexual se apresenta como história *das problematizações da subjetividade*, a saber, como reconstrução das formas das condutas de vida, consideradas aqui do ponto de vista 'do governo de si', e não daquele 'das disciplinas'" (Pasquale Pasquino, "La volonté de savoir", *Le débat*, n. 41, set./nov. 1986, Paris, Edições Gallimard, p. 94). E Pasquino lembra que Foucault realiza um deslocamento radical de três conceitos de nossa história do pensamento: verdade, sujeito e poder. Cabe ressaltar o deslocamento efetuado em torno do conceito de sujeito, e é em torno deste que giram os cursos do fim de sua vida e também seus dois últimos livros. Se antes havia quase uma estrutura sem sujeito, e se Pasquino o localiza como corpo dócil fabricado pelas disciplinas, o sujeito surge efetivamente na história da sexualidade como "lugar de uma problematização, objeto de uma preocupação, o eixo em torno do qual vai se concentrar toda uma reflexão relativa à relação consigo mesmo e os outros, reflexão constitutiva da conduta de vida" ("La volonté de savoir", p. 95).

Em maio de 1968, Michel Foucault assistiu a uma sessão do seminário de Lacan que tratava de constituir uma leitura do quadro de Velásquez *Las meninas*, objeto de uma análise fulgurante de Foucault em *As palavras e as coisas*. Lacan, então, além de dizer que na psicanálise não se trata de outra coisa senão da relação das palavras e das coisas, propõe a Foucault o seguinte: "Não sei se você aceitará o título; cabe a você dizer-me se o que tentamos fazer sobre um ponto preciso, ou por alguma via, é algo que se pode chamar história da subjetividade. Definiríamos um campo como você já o fez para *O nascimento da clínica* ou para a *História da loucura*, um campo histórico" (Jacques Lacan, Seminário inédito "O objeto da psicanálise", p. 35 da lição de 18 de maio de 1968).

Escrevendo sobre si mesmo como se fosse um outro, sob o pseudônimo de Maurice Florence, Michel Foucault assim fala de seu novo percurso e do sentido de sua nova investigação: "Michel Foucault tenta agora, sempre dentro do mesmo projeto geral, estudar a constituição do sujeito como objeto para ele próprio: a formação dos procedimentos pelos quais o sujeito é levado a se observar, se analisar, se decifrar e se reconhecer como campo de saber possível. Trata-se, em suma, da história da 'subjetividade', se entendermos essa palavra como a maneira pela qual o sujeito faz a experiência de si mesmo em um jogo de verdade, no qual ele se relaciona consigo mesmo. A questão do sexo e da sexualidade pareceu constituir para Michel Foucault não, certamente, o único exemplo possível, mas pelo menos um caso bastante privilegiado: é efetivamente a esse respeito que, através de todo o cristianismo e talvez mais além, os indivíduos foram chamados a se reconhecerem como sujeitos de prazer, de desejo, de concupiscência, de tentação e, por diversos meios (exame de si, exercícios espirituais, reconhecimento de culpa, confissão), foram solicitados a desenvolver, a respeito deles mesmos e do que constitui a parte mais secreta, mais individual de sua subjetividade, o jogo do verdadeiro e do falso" (ver p. 230 neste volume).

Foucault vai nos revelar que da Antiguidade ao cristianismo passa-se de uma moral que era essencialmente a busca de uma ética pessoal para uma moral como obediência a um sistema de regras. O interesse que ele manifestou pela Antiguidade deu-se por uma razão atual: "Foi porque, por toda uma série de razões, a ideia de uma moral como obediência a um código de regras está desaparecendo, já desapareceu. E a esta ausência de moral corresponde, deve corresponder uma busca que é aquela de uma estética da existência" (ver p. 283 neste volume). Assim, esta análise não trata nem do comportamento nem das ideias, nem das sociedades nem das ideologias, mas o que se formula como problematizações que dizem respeito ao ser, isto é, como diz Foucault, "as *problematizações* através das quais o ser se apresenta como podendo e devendo ser pensado, e as *práticas* a partir das quais elas se formam" (ver p. 194 neste volume).

Foucault chegou a planejar a edição de um livro, *Le gouvernement de soi et des autres*, na coleção que codirigia com Paul Veyne e François Wahl, como nos informa Daniel Defert. Esse projeto tomava várias formas, tinha várias possibilidades, com estudos sobre Alcibíades e com a noção de preocupação de si e de vida política. Seu interesse intenso pelos estoicos o levara a trabalhar também em Epícteto, escutar, escrever e práticas de si.

Neste sentido, o texto sobre a escrita de si é um exemplo bastante significativo de um conjunto de estudos que Foucault passou a elaborar na última etapa de sua obra sobre as artes de si mesmo, ou a estética da existência e o domínio de si e dos outros na cultura greco-romana. Esse trabalho, na verdade, desorganizara o programa de edição que ele havia programado a partir de *Vontade de saber*, e nesse sentido ele agradeceu a seus ouvintes do Collège de France e a seu editor Pierre Nora por terem tido paciência de seguir os trajetos e desvios do seu trabalho. Quanto a isso, ele formula o que poderíamos chamar de ética do pesquisador ante um certo tipo de imobilismo intelectual. Diz ele: "Quanto àqueles para quem se esforçar, começar e recomeçar, tentar, enganar-se, retomar tudo de fio a pavio, e ainda encontrar meios de hesitar a cada passo, àqueles para quem, em suma, trabalhar – ou seja, manter-se em reserva e na inquietação – equivale à demissão, é evidente que não somos do mesmo planeta" (ver p. 191 neste volume).

Foucault elaborou um enorme manuscrito sobre o segundo volume da *História da sexualidade*, em que se volta para o mundo antigo greco-romano. Daniel Defert nos informa que ele comportava, em março de 1983, quatro partes: a primeira, consagrada ao que se chamava o uso dos prazeres, estava dividida em dois grandes capítulos: "Noções e princípios" e "A onirocrítica de Artemidoro de Daldes"; a segunda tratava das "Práticas da temperança"; a terceira, da cultura de si; e a quarta, das exigências de austeridade que, como refere Defert, estava dividida em três capítulos: 1) o corpo; 2) a esposa; 3) os garotos.

A referência inicial de Michel Foucault é a *Vita Antonii*, que apresenta a notação escrita das ações e dos pensamentos como um elemento fundamental da vida ascética. Atanásio diz: "Eis uma coisa a ser observada para nos assegurarmos de não pecar. Consideremos e escrevamos, cada um, as ações e os movimentos de nossa alma, como para nos fazer mutuamente esquecê-los, e estejamos certos de que, por vergonha de sermos conhecidos, deixaremos de pecar, e nada teremos de perverso no coração. Pois quem, quando peca, consente em ser visto e, quando pecou, não consegue mentir para esconder sua falta? Ninguém fornicaria diante de testemunhas. Da mesma forma, escrevendo nossos pensamentos como se devêssemos comunicá-los mutuamente, estaremos mais protegidos dos pensamentos impuros, por vergonha de tê-los conhecidos. Que a escrita substitua o olhar dos companheiros de ascese: enrubescendo tanto por escrever quanto por sermos vistos, abstenhamo-nos de qualquer mau pensamento. Disciplinando-nos dessa maneira, podemos forçar o corpo à submissão e frustrar as armadilhas do inimigo" (ver p. 141 neste volume). Foucault figura aqui a função da escrita; ela aparece claramente em sua relação de complementaridade com a anacorese, e seus efeitos são múltiplos: atenuar os perigos da solidão, oferecer o que se faz ou pensa a um olhar possível. A escrita tem o papel de um companheiro, suscitando o respeito humano e a vergonha. Diz Foucault que é possível então fazer primeiro uma analogia: o que numa comunidade são os outros para o asceta, "o caderno de notas será para o solitário" (ver p. 142 neste volume). Ele nota que uma segunda analogia se levanta simultaneamente: "o constrangimento que a presença do outro exerce na ordem da conduta, a escrita o exercerá na ordem dos movimentos interiores da alma" (ver p. 142 neste volume). A escrita ocupa aqui um papel próximo à confissão ao diretor espiritual, que Foucault analisou nos textos de Cassiano como sendo reveladora de todos os movimentos da alma. Essa escrita dos movimentos interiores em Atanásio surge como a arma do combate espiritual: "Enquanto o demônio é uma potência que engana e faz com que o sujeito se engane sobre si mesmo (toda uma grande parte da *Vita Antonii* é consagrada a essas astúcias), a escrita constitui uma experiência e uma espécie de pedra de toque: revelando os movimentos do pensamento, ela dissipa a sombra interior onde se tecem as tramas do inimigo" (ver p. 142 neste volume). Foucault considera que esse texto, dos mais antigos produzidos pelo cristianismo sobre o problema da escrita espiritual, não esgota todos os sentidos e modalidades que ela vai assumir posteriormente, mas torna possível detectar de forma retrospectiva alguns dos aspectos que a função da escrita vai desempenhar na cultura filosófica sobre si antes do cristianismo. Foucault detecta nesses três elementos "sua estreita ligação com a corporação dos companheiros, seu grau de aplicação aos movimentos do pensamento, seu papel de prova da verdade" (ver p. 142 neste volume). Em Plutarco, Sêneca e Marco Aurélio, com procedimentos completamente diferentes e com uma valorização também totalmente diversa, diz Foucault, esses elementos já se encontram.

Foucault considera que nenhuma técnica, nenhuma habilidade profissional, pode ser adquirida sem exercício: a arte de viver, *technê tou biou*, não pode ser aprendida sem uma *askêsis*. Como deve esta ser compreendida? Trata-se de um treino de si por si mesmo. Muito mais tarde, pitagóricos, socráticos e cínicos iriam lhe dar muita importância. O treino de si por si, que compreendia abstinências, memorizações, exames de consciência, meditação e escuta do outro, entre todas as formas que tomava a escrita para si e para o outro, desempenhou papel significativo por um tempo bastante extenso. Referindo-se aos textos da era imperial, Foucault diz que os "que se relacionam com as práticas de si constituem boa parte da escrita" (ver

p. 143 neste volume). E ele cita Sêneca, que dizia a Lucilius: "É preciso ler (...) mas também escrever". O próprio Epícteto, cujo ensino era oral, insistia no papel da escrita, e muitas vezes como exercício pessoal: "que possa a morte me apanhar pensando, escrevendo, lendo" (ver p. 143 neste volume). E continuava: "Mantenha os pensamentos noite e dia à disposição (...); coloque-os por escrito, faça sua leitura; que eles sejam o objeto de tuas conversações contigo mesmo, com um outro" (ver p. 143 neste volume). Foucault nota que em Epícteto a "escrita aparece regularmente associada à 'meditação', ao exercício do pensamento sobre ele mesmo que reativa o que ele sabe, torna presentes um princípio, uma regra ou um exemplo, reflete sobre eles, assimila-os, e assim se prepara para encarar o real" (ver p. 143 neste volume). Foucault afirma que a escrita está associada ao exercício do pensamento de duas formas diversas. A primeira é de uma série que ele considera linear: "vai da meditação à atividade da escrita e desta ao *gummazein*, quer dizer, ao adestramento na situação real e à experiência" (ver p. 143 neste volume), o que quer dizer: trabalho de pensamento, trabalho pela ação da escrita, trabalho no real. A segunda modalidade é circular, diz Foucault: a meditação vem antes das notas; estas permitem a releitura, a qual vai revigorar a meditação. De qualquer maneira, seja qual for o ciclo de exercícios em que se dá, é a escrita uma etapa fundamental no movimento para o qual todas as *askêsis* se voltam ou se dirigem: isto é a "elaboração dos discursos recebidos e reconhecidos como verdadeiros em princípios racionais de ação". Foucault chama de *etopoiéitica* a função da escrita. Esta expressão ele retirou de Plutarco, isto é, a escrita opera a "transformação da verdade em *êthos*". Onde se localiza a escrita *etopoiéitica*? Nos documentos dos séculos I e II, parece encontrar-se no exterior de duas formas já conhecidas e utilizadas para outros fins: os *hupomnêmata* e a correspondência. O que constituía os *hupomnêmata*? Diz Foucault que, no "sentido técnico, podiam ser livros de contabilidade, registros públicos, cadernetas individuais que serviam de lembrete" (ver p. 144 neste volume). Todo um público culto os utilizava como guia de conduta, onde as citações eram anotadas, assim como fragmentos de obras, ações e exemplos que haviam sido vistos ou de que se conhecera a narrativa, e ainda pensamentos e reflexões escutados ou que vieram à lembrança. Eram, diz Foucault, "uma memória material das coisas lidas, ouvidas ou pensadas" (ver p. 144 neste volume). E podiam também se oferecer como um tesouro que se reunira tendo em vista futuras releituras e meditações. Constituíam também o que se podia considerar como matéria-prima para a elaboração mais sistemática de tratados em que se davam meios e argumentos para lutar e se pôr contra um certo tipo de falta, tal como: a inveja, a cólera, a adulação, o blablablá; ou ainda uma circunstância difícil: um luto, um exílio, uma desgraça. Foucault cita o exemplo de Plutarco, que, não tendo tempo para escrever um tratado da forma adequada, envia os *hupomnêmata* a Fundanus, que lhe pedira conselhos para lutar contra as agitações da alma. Estes ele os redigira sobre si mesmo a respeito do tema da tranquilidade da alma. É uma amostra do que eram essas cadernetas de anotações. Para Foucault, os *hupomnêmata* não devem ser considerados meros suportes da memória cuja conquista deve ser feita de tempos em tempos ou para substituir as eventuais falhas da memória. Eles são, na verdade, "um material e um enquadre para exercícios a serem frequentemente executados: ler, reler, meditar, conversar consigo mesmo e com outros etc." (ver p. 145 neste volume). Devem estar "*prokheiron, ad manum, in promptu*", isto é, à mão, não no sentido de poderem vir à consciência, mas na acepção de que "devem poder ser utilizados, tão logo seja necessário, na ação" (ver p. 145 neste volume). Tratar-se-á, então, de constituir um "*logos bioèthikos*", um aparato de discursos auxiliares que podem (e aqui Foucault cita Plutarco) "levantar eles mesmos a voz e (...) fazer calar as paixões como um dono que, com uma palavra, acalma o rosnar dos cães" (ver p. 145 neste volume). Os *hupomnêmata*, como lembra Sêneca, não estão meramente colocados num armário de lembranças, mas implantados na alma de forma profunda, nela arquivados fazendo "parte de nós mesmos". E Foucault conclui: "que a alma os faça não somente seus, mas si mesmo" (ver p. 145 neste volume). A escrita dos *hupomnêmata* é um elemento "importante nessa subjetivação do discurso". Embora possuam um caráter pessoal, os *hupomnêmata* não devem ser entendidos como diários ou narrativas de experiências espirituais. Não são uma narrativa de si mesmo que vise a esclarecer os arcanos da consciência e por isso purificá-los. Diz Foucault que seu movimento é inverso daquele, não visa a buscar o indizível, nem revelar o oculto, ou ainda dizer o não dito. Eles vão no sentido contrário, procurando captar o já dito, "reunir o que se pôde ouvir ou ler, e isso com uma finalidade que nada mais é que a constituição de si" (ver p. 145 neste volume). Os *hupomnêmata* devem ser situados no quadro de uma tensão presente naquele momento histórico com uma cultura muito marcada pela tradição, pelo valor do já dito, pelo discurso recorrente e a prática da citação consagrada pela Antiguidade e pela autoridade. A ética que se desenvolve então se orienta de formas muito explícitas para o cuidado de si, visa a objetivos muito precisos, tais como: "recolher-se em si, atingir a si mesmo, viver consigo mesmo, bastar-se a si mesmo, aproveitar e gozar de si mesmo" (ver p. 146 neste volume). Foucault diz que este é o objetivo dos *hupomnêmata*: "fazer do recolhimento do *logos* fragmentário e transmitido pelo ensino, pela escuta ou pela leitura um meio para o estabelecimento de uma relação de si consigo mesmo", o mais possível adequada e equilibrada. Há aí, diz ele, algo de paradoxal para nós: "como se confrontar consigo por meio da ajuda de discursos imemoriais e recebidos de todo lado". Foucault diz que se a redação dos *hupomnêmata* pode contribuir para a formação de si por esses *logoi*, isso se deve a três razões básicas: "os efeitos da limitação devidos à junção da escrita com a leitura, a prática regrada do disparate que determina as escolhas e a apropriação que ela efetua" (ver p. 146 neste volume). Quanto ao primeiro ponto, isto é, a articulação da prática de si e da leitura, Foucault nos remete à insistência de Sêneca. Que a prática de si implique a leitura advém do fato de que não seria possível extrair "tudo do seu próprio âmago". E nem por si mesmo prover os princípios cuja racionalidade precisamos sempre para nos conduzir: quer sejamos guia ou exemplo, a ajuda dos outros é necessária; no entanto, não é preciso dissociar a leitura e a escrita. A elas se deve recorrer de forma alternada e "moderar uma por intermédio da outra", diz Foucault, citando Sêneca. Ficamos esgotados pelo excesso da escrita quando o trabalho do estilo o exige, diz Sêneca. Mas, se o excesso de leitura dispersa, diz ele a Lucilius: "Abundância de livros, conflitos da mente" (ver p. 146 neste volume). Passando incessantemente de livro para livro sem se deter, sem tomar notas, o risco é nada reter, dispersar-se e mesmo esquecer de si mesmo; assim, a escrita será uma forma de recolher a leitura e se recolher nela. O grande defeito da *stultitia* se dá pela agitação da mente, pela instabilidade da tensão, pela mudança de opiniões e vontades, e, consequentemente, pela fragilidade diante dos acontecimentos, que se opõe à escrita como exercício racional. Um outro aspecto importante da escrita dos *hupomnêmata* e que se propõe a *stultitia* é que ela fixa os elementos adquiridos para com eles constituir "o passado", ao qual se pode retornar ou dele se afastar sempre, enquanto a *stultitia* dirige a mente para o futuro, torna-a ávida de novidades e impede que o espírito dê a si próprio um ponto de mira que assegure a posse de uma verdade adquirida. Foucault diz que a prática dos *hupomnêmata* é comum "à moral dos estoicos e à dos epicuristas: a recusa de uma atitude de pensamento voltada para o futuro (que, devido à sua incerteza, suscita a inquietude e a agitação da alma) e o valor positivo atribuído à posse de um passado, do qual se pode gozar soberanamente e sem perturbação" (ver p. 147 neste volume). Assim, os *hupomnêmata* contribuem para que a alma seja afastada da preocupação com o futuro, dirigindo sua reflexão para o passado. O segundo ponto que Foucault ressalta em oposição à dispersão da *stultitia* é que a escrita dos *hupomnêmata* é e mesmo deve ser o que ele chama "uma prática regrada e voluntária do disparate". Trata-se da escolha de elementos por natureza heterogêneos, seu trabalho sendo oposto ao dos gramáticos, que pretendem conhecer o conjunto das obras de um autor ou uma obra inteira. Opõe-se também ao ensino dos filósofos profissionais, que impõem, na doutrina de uma escola, uma perspectiva unificada. Foucault cita quanto a isso Epícteto, que diz que "pouco importa que se tenha lido ou não todo Zenão ou Crisipo; pouco importa que se tenha aprendido exatamente aquilo que eles quiseram dizer, e que se seja capaz de reconstituir o conjunto de sua argumentação" (ver p. 147 neste volume).

Foucault diz que na caderneta de notas dois princípios dominam, um que ele chama "a verdade local da sentença" e "seu valor circunstancial de uso". O exemplo citado é o de Sêneca, mais uma vez, que anota para si mesmo e para seus correspondentes textos de filósofos de sua própria corrente, mas que recorre também aos materialistas, como Demócrito, ou a Epicuro. O que importa de fato é que se possa considerar a frase que é extraída como "uma sentença verdadeira no que ela afirma, adequada no que prescreve, útil de acordo com as circunstâncias em que nos encontramos" (ver p. 148 neste volume). A escrita aparece então como um exercício pessoal; ela é feita por si e para si e tem a forma de uma arte da verdade díspar. Trata-se, diz Foucault, de uma modalidade racional de "combinar a autoridade tradicional da coisa já dita com a singularidade da verdade que nela se afirma e a particularidade das circunstâncias que determinam seu uso" (ver p. 148 neste volume). E novamente Foucault recorre a Sêneca dirigindo-se a Lucilius, que recomenda a este que leia sempre autores cuja autoridade é reconhecida, e retornar a eles mesmo que se deseje avançar em outros. A leitura deve ser uma defesa contra a pobreza, a morte e outros flagelos. Dela, diz Sêneca, "de tudo que tiveres percorrido, extrai um pensamento para digerir bem esse dia". É o que ele diz fazer, escolhendo de tudo o que acaba de ler um pensamento: "Eis meu ganho de hoje; é em Epicuro que o encontrei, pois também gosto de invadir o terreno alheio. Como trânsfuga? Não; como explorador [*tanquam explorator*]" (ver p. 148 neste volume). Esse disparate deliberado não vai excluir a unificação, é o terceiro ponto ressaltado por Foucault. No entanto, a unificação não se realiza no que ele chama a arte de compor um conjunto. É no próprio copista que ela se estabelece, sendo o resultado dos *hupomnêmata*. É, diz Foucault, no próprio gesto de escrever, na sua leitura e releitura que isto se dá. Ele distingue aí dois processos: de um lado, unifica esses fragmentos, subjetivando-os na prática da escrita pessoal. Essa unificação é referida por Sêneca com metáforas da coleta do néctar pelas abelhas, a digestão alimentar ou o processo da soma. Diz ele que devemos digerir a matéria, porque, caso contrário, ela vai entrar na memória, e não na inteligência; é preciso unirmo-nos ao pensamento dos outros e fazê-lo nosso. A ideia de adição completa sua proposta, "visando a unificar cem elementos diversos tal como a adição faz, de números isolados, um número único" (ver p. 148 neste volume). Assim, a função da escrita será de constituir um corpo. Mas de que corporeidade se trata? Não é um corpo de doutrina, mas, como diz Foucault, o próprio corpo daquele "que, transcrevendo suas leituras, delas se apropriou e fez sua a verdade delas" (ver p. 149 neste volume). Aí está a função transformadora da escrita. Ela transforma as coisas vistas ou ouvidas "em forças e em sangue" (*in vires in sanguinem*), mas, pelo lado inverso, o copista, através dessa nova coleta do que é dito, vai produzir sua própria identidade. Foucault cita a carta

84 de Sêneca, que é para ele um tratado das relações entre leitura e escrita. Nela, Sêneca se volta para a questão ética da semelhança, da fidelidade e da originalidade. Quando se elabora o que vamos guardar de um autor, isso deve ser feito de tal forma que ele não possa ser reconhecido; nas notas em que se reconstitui o que se leu, não se trata de criar uma série de retratos mortos, diz Foucault, referindo-se a esta carta: "É sua própria alma que é preciso criar no que se escreve; porém, assim como um homem traz em seu rosto a semelhança natural com seus ancestrais, também é bom que se possa perceber no que ele escreve a filiação dos pensamentos que se gravaram em sua alma" (ver p. 149 neste volume). Pelas leituras escolhidas e por uma escrita assimiladora, é possível formar uma identidade, e por meio dela pode-se ler o que Foucault chama de genealogia espiritual. Pode-se dizer que se forma aí um coro, com vozes ora agudas, graves e médias, timbres de mulheres e de homens: "Nenhuma voz individual pode nele se distinguir; somente o conjunto se impõe ao ouvido [...]. Gostaria que fosse assim com nossa alma, que ela tivesse boa provisão de conhecimentos, preceitos, exemplos retirados de muitas épocas, mas convergindo em uma unidade" (ver p. 149 neste volume).

Observemos quanto à função das cartas, quando elas evocam o hábito de fazer a revisão do dia, prática corrente no pitagorismo, no epicurismo e no estoicismo. A revisão do dia era, ao que parece, mais um exercício mental do que algo que tomasse a forma de um texto escrito. Será na combinação da correspondência como um exercício de si que isso vai aparecer. No exercício, nota-se, diz Foucault, a união sutil de um conjunto de anotações sobre o corpo, a saúde, as sensações físicas, a dieta, os sentimentos no qual se dá uma extrema vigilância da atenção focalizada em si mesmo: "Nós nos sentimos bem. Eu pouco dormi por causa de um pequeno tremor que, no entanto, parece ter se acalmado. Passei o tempo, desde as primeiras horas da noite até a terceira do dia, parte lendo a *Agricultura* de Caton, parte escrevendo felizmente, na verdade, menos do que ontem. Depois, após ter saudado meu pai, sorvi água com mel até a goela; e, cuspindo-a, adocei minha garganta, embora eu não tenha 'gargarejado'; pois posso empregar essa palavra, usada por Novius e por outros. Minha garganta restabelecida, fui para perto de meu pai e assisti à sua oferenda. A seguir, fomos almoçar. O que pensas que jantei? Um pouco de pão, enquanto eu via os outros devorarem ostras, cebolas e sardinhas bem gordas. Depois, começamos a amassar as uvas; suamos e gritamos bastante [...]. Na sexta hora, voltamos para casa. Estudei um pouco, sem resultado; a seguir conversei um pouco com minha mãezinha que estava sentada no leito [...]. Enquanto conversávamos assim, e disputávamos qual dos dois amaria mais o outro [...], o disco soou e anunciaram que meu pai entrara no banho. Ceamos então, após termos nos banhado no lagar; não tomando banho no lagar, mas após termos nos banhado, ceamos e ouvimos com prazer as alegres conversas dos camponeses. De volta para casa, antes de me virar de lado para dormir, executo minha tarefa [*meum pensum explico*]; presto conta do meu dia ao meu dulcíssimo mestre [*diei rationem meo suavissimo magistro reddo*] a quem eu gostaria – mesmo que tivesse de perder sua influência – de desejar ainda mais..." (ver p. 156-157 neste volume). Foucault ressalta o que no fim da carta aparece como a sua articulação com a prática do exame de consciência: no término do dia, imediatamente antes de adormecer, dá-se uma espécie de leitura do dia decorrido; "desenrola-se aí em pensamento o rolo em que estão inscritas as atividades do dia, e é este livro imaginário da memória que é reproduzido no dia seguinte na carta", escrita ao mestre e amigo. Foucault ressalta que essa formulação está muito longe do combate espiritual descrito por Atanásio, na *Vita Antonii*. O que aparece em Marco Aurélio é diferente também de uma correspondência como a de Cícero ou dos *hupomnêmata*, que visavam à constituição de si mesmo como objeto de ação racional e a subjetivação de um já dito fragmentário e objeto de escolha. No monasticismo, tratava-se de desalojar do interior da alma os movimentos mais recônditos para deles se libertar. No relato epistolar, aquilo do que se trata é fazer coincidir "o olhar do outro e aquele que se lança sobre si mesmo ao comparar suas ações cotidianas com as técnicas de uma técnica de vida" (ver p. 157 neste volume).

Sobre a edição brasileira

A edição brasileira é bem mais ampla do que a americana, publicada em três volumes, e também do que a italiana. Sua diagramação segue praticamente o modelo francês. A única diferença significativa é que na edição francesa a cada ano abre-se uma página e os textos entram em sequência numerada (sem abrir página). Na edição brasileira, todos os textos abrem página e o ano se repete. Abaixo do título há uma indicação de sua natureza: artigo, apresentação, prefácio, conferência, entrevista, discussão, intervenção, resumo de curso. Essa indicação, organizada pelos editores, foi mantida na edição brasileira, assim como a referência bibliográfica de cada texto, que figura sob seu título.

A edição francesa possui um duplo sistema de notas: as notas numeradas foram redigidas pelo autor, e aquelas com asterisco foram feitas pelos editores franceses. Na edição brasileira, há também dois sistemas, com a diferença de que as notas numeradas compreendem tanto as originais de Michel Foucault quanto as dos editores franceses. Para diferenciá-las, as notas do autor possuem um (N.A.) antes de iniciar-se o texto. Por sua vez, as notas com asterisco, na edição brasileira, se referem àquelas feitas pelo tradutor ou pelo revisor técnico, e vêm com um (N.T.) ou um (N.R.) antes de iniciar-se o texto.

Esta edição permite o acesso a um conjunto de textos antes inacessíveis, fundamentais para pensar questões cruciais da cultura contemporânea, e, ao mesmo tempo, medir a extensão e o alcance de um trabalho, de um *work in progress* dos mais importantes da história do pensamento em todas as suas dimensões, éticas, estéticas, literárias, políticas, históricas e filosóficas.

Manoel Barros da Motta

1978

A Evolução da Noção de "Indivíduo Perigoso" na Psiquiatria Legal do Século XIX

"About the concept of the 'dangerous individual' in 19th century legal psychiatry" ("A evolução da noção de 'indivíduo perigoso' na psiquiatria legal do século XIX"), *Journal of law and psychiatry*, v. I, 1978, p. 1-18.

Comunicação ao simpósio de Toronto "Law and Psychiatry", Clarke Institute of Psychiatry, 24-26 de outubro de 1977.

Iniciarei relatando algumas frases que foram trocadas recentemente no tribunal do júri de Paris. Julgava-se um homem, acusado de cinco estupros e de seis tentativas de estupro, distribuídas entre fevereiro e junho de 1975. O réu se mantinha praticamente mudo. O presidente lhe pergunta:
"Você tentou refletir sobre o seu caso?"
Silêncio.
"Por que, aos 22 anos, desencadearam-se em você essas violências? É preciso que você faça um esforço de análise. Apenas você tem a chave de si mesmo. Explique-me."
Silêncio.
"Por que você recomeçou?"
Silêncio.
Um jurado toma então a palavra e exclama: "Mas, afinal, defenda-se!"
Nada há de excepcional em tal diálogo, ou melhor, nesse monólogo inquisitivo. Poderíamos ouvi-lo seguramente em muitos tribunais e em vários países. Porém, se tomamos um certo distanciamento, ele só pode suscitar o espanto do historiador, pois temos aqui um aparelho judiciário destinado a estabelecer fatos delituosos, a determinar seu autor e a punir esses atos, infligindo ao autor as penas previstas pela lei. Ora, temos aqui fatos estabelecidos, um indivíduo que os reconhece e que, portanto, aceita a pena que lhe será infligida. Tudo parecia ir da melhor maneira no melhor dos mundos judiciários.

Os legisladores, os redatores do Código do final do século XVIII e início do XIX, não poderiam imaginar situação mais cristalina. E, no entanto, a máquina tende a travar, as engrenagens emperram. Por quê? Porque o réu se cala. Ele silencia a respeito de quê? Dos fatos? Das circunstâncias? Da maneira pela qual eles se desenrolaram? Sobre aquilo que, naquele momento, teria podido provocá-los? De forma alguma. O réu se furta ante uma questão essencial para o tribunal de hoje, mas que teria soado de maneira bem estranha há 150 anos: "Quem é você?"

E o diálogo que eu citava há pouco prova claramente que, a essa questão, não basta que o réu responda: "Pois bem, sou o autor dos crimes. Isso é tudo. Julguem-me, já que vocês devem fazê-lo, e me condenem, se quiserem." Pede-se a ele bem mais: além do reconhecimento, é preciso uma confissão, um exame de consciência, uma explicação de si, um esclarecimento daquilo que se é. A máquina penal não pode mais funcionar apenas com uma lei, uma infração e um autor responsável pelos fatos. Ela necessita de outra coisa, de um material suplementar; os juízes e os jurados, assim como os advogados e o Ministério Público, só podem realmente desempenhar seus papéis se um outro tipo de discurso lhes é fornecido: aquele que o acusado sustenta sobre si mesmo, ou aquele que ele permite, por suas confissões, lembranças, confidências etc., que se sustente a seu respeito. E se esse discurso vem a faltar, o presidente se obstina, o júri se irrita; pressiona-se, incita-se o réu – ele não joga o jogo. Ele se assemelha aos condenados que é preciso levar à guilhotina ou à cadeira elétrica porque eles tremem de medo. É preciso, certamente, que andem um pouco com suas próprias pernas se quiserem verdadeiramente ser executados; é preciso que eles falem um pouco de si mesmos se quiserem ser julgados.

E aquilo que mostra claramente que esse elemento é indispensável à cena judiciária, que não é possível julgar, condenar, sem que ele tenha sido fornecido de uma maneira ou de outra, é esse argumento empregado recentemente por um advogado francês em um caso de rapto e assassinato de uma criança. Por uma série de razões, esse caso teve grande repercussão, não somente pela gravidade dos fatos, mas porque se jogava nesse processo a manutenção ou o abandono da pena de morte. Pleiteando mais contra a pena de morte do que pelo réu, o advogado argumentou que se conhecia pouca coisa a respeito dele, e que o que ele era quase não havia transparecido nos interrogatórios ou nos exames psiquiátricos. E fez esta reflexão espantosa (eu a cito de modo aproximativo): "Pode-se condenar à morte alguém que não se conhece?"[1]

A intervenção da psiquiatria no âmbito penal ocorreu no início do século XIX, a propósito de uma série de casos que tinham aproximadamente a mesma forma e se desenrolaram entre 1800 e 1835.

Caso relatado por Metzger: um velho militar que vive retirado se apega ao filho de sua locadora. Certo dia, "sem nenhum motivo, sem que nenhuma paixão, como a cólera, o orgulho, a vingança, estivesse em jogo", ele se atira sobre a criança, atingindo-a, sem matá-la, com dois golpes de martelo.

Caso de Sélestat: na Alsácia, durante o inverno muito rigoroso de 1817, no qual a miséria ronda, uma camponesa se aproveita da ausência de seu marido que havia saído para trabalhar e mata sua filhinha, corta-lhe a perna e a cozinha na sopa.[2]

Em Paris, em 1825, uma criada, Henriette Cornier, procura a vizinha de seus patrões e lhe pede insistentemente para que ela lhe confie sua filha durante algum tempo. A vizinha hesita, mas consente; mais tarde, quando ela vem buscar a criança, Henriette Cornier acabara de matá-la cortando-lhe a cabeça, que jogou pela janela.[3]

Em Viena, Catherine Ziegler mata seu filho bastardo. No tribunal, explica que uma força irresistível a impeliu a isso. Considerada louca, é absolvida e libertada da prisão. Mas ela

---

1 Trata-se do caso Patrick Henry, sustentado pela Sra. Badinter, ver n. 205, v. III da edição francesa desta obra.
2 Caso relatado primeiramente pelo Dr. Reisseisen de Estrasburgo, "Examen d'un cas extraordinaire d'infanticide", *Jahrbuch der Staatsarzneikunde*, J. H. Koop editor, v. XI, 1817, retomado por Charles Marc in *De la folie considérée dans ses rapports avec les questions médico-judiciaires*, Paris, Baillière, 1840, t. II, p. 130-146.
3 Em 4 de novembro de 1825, Henriette Cornier corta a cabeça de Fanny Belon, de 19 meses, que estava sob sua guarda. Após uma primeira vistoria conduzida por Adelon, Esquirol e Léveillé, seus advogados solicitaram um parecer médico-legal a Charles Marc. Marc (C.), *Consultation médico-légale pour Henriette Cornier, accusée d'homicide commis volontairement et avec préméditation* (1826), retomado in *De la folie*, op. cit., t. II, p. 71-130. Cf. também Georget (E.), *Discussion médico-légale sur la folie, ou aliénation mentale, suivie de l'examen du procès criminel d'Henriette Cornier et de plusiers autres procès dans lesquels cette maladie a été alléguée comme moyen de défense*, Paris, Migneret, 1826, p. 71-130.

declara que seria melhor mantê-la ali, pois recomeçará. Dez meses depois engravida, e também mata a criança; no processo, declara que apenas havia ficado grávida para matar seu filho. É condenada à morte e executada.

Na Escócia, um tal John Howison entra em uma casa onde mata uma velha que não conhecia, e vai embora sem nada roubar e sem se esconder. Preso, nega o crime, apesar de todas as evidências; porém a defesa argumenta que se trata de um crime de um louco, já que é um crime sem interesse. Howison é executado; retrospectivamente, considera-se como um sinal suplementar de loucura o fato de ele ter dito, nessa ocasião, a um funcionário presente, que tinha vontade de matá-lo.

Na Nova Inglaterra, Abraham Prescott mata, em campo aberto, sua mãe adotiva, com quem sempre mantivera boas relações. Volta para casa e se põe a chorar diante do pai adotivo; este o interroga e Prescott confessa sem dificuldade seu crime. A seguir, explica que havia sido tomado por uma súbita dor de dente e que não se lembrava de mais nada. O inquérito estabelecerá que ele já havia atacado seus pais adotivos durante a noite, mas isso foi atribuído a uma crise de sonambulismo. Prescott é condenado à morte, porém o júri recomenda ao mesmo tempo uma comutação da pena. Apesar disso, ele é executado.

São a esses casos e a outros do mesmo tipo que se referem insistentemente os psiquiatras da época: Metzger, Hoffbauer, Esquirol Georget, William Ellis e Andrew Combe.[4]

Por que, em todo o universo de crimes cometidos, foram estes que pareceram importantes? Por que eles foram o que estava em jogo nas discussões entre médicos e juristas?

---

4 Metzger (J. D.), *Gerichtlich-medicinische Beobachtungen*, Königsberg, J. Kanter, 1778-1780, 2 vol. Hoffbauer (J. C.), *Untersuchungen über die Krankheiten der Seele und der verwandten Zustände*, Halle, Trampen, 1802-1807, 3 vol. Esquirol (J. E. D.), *Des maladies mentales considérées sous les rapports médical, hygiénique et médico-légal*, Paris, Baillière, 1838, 2 vol. Georget (E.), *Examen des procès criminels des nommés Léger, Feldtmann, Lecouffe, Jean-Pierre et Papavoine, suivi de quelques considérations médico-légales sur la liberté morale*, Paris, Migneret, 1825. Hellis (W. C.), *A treatise on the nature, symptoms, causes and treatment of insanity, with practical observations on lunatic asylums*, Londres, Holdsworth, 1838 (*Traité de l'aliénation mentale, ou De la nature, des causes, des symtômes et du traitement de la folie*, trad. T. Archambault, com notas de Esquirol, Paris, J. Rouvier, 1840). Combe (A.), *Observations on mental Derangement*, Edimburgo, J. Anderson, 1831.

1) Inicialmente, é preciso observar que eles apresentam um quadro muito diferente do que havia constituído, até então, a jurisprudência da loucura criminal. Esquematicamente, até o final do século XVIII, o direito penal apenas colocava a questão da loucura nos casos em que o Código Civil e o direito canônico também a colocavam. Ou seja, quando ela se apresentava na forma de demência e de debilidade mental, ou sob a forma do furor. Nos dois casos, quer se tratasse de um estado definitivo ou de um surto passageiro, a loucura se manifestava por sinais numerosos e muito facilmente reconhecíveis (a ponto de se discutir se havia verdadeiramente necessidade de um médico para confirmá-la). Ora, o importante é que o desenvolvimento da psiquiatria criminal não se realizou através do aperfeiçoamento do problema tradicional da loucura (por exemplo, discutindo sobre sua evolução progressiva, seu caráter geral ou parcial, sua relação com as incapacidades inatas dos indivíduos) ou analisando mais pormenorizadamente a sintomatologia do furor (suas interrupções, recidivas, intervalos). Todos esses problemas, com as discussões que prosseguiram durante anos, foram substituídos pelo novo problema dos crimes que não são precedidos, acompanhados ou seguidos de nenhum dos sintomas tradicionais, reconhecidos, visíveis da loucura. Em cada caso, acentua-se o fato de que nada havia previamente, nenhuma perturbação anterior do pensamento ou da conduta, nenhum delírio; tampouco havia agitação ou desordem como no furor; e de que o crime havia surgido dentro do que se poderia chamar de grau zero da loucura.

2) O segundo traço comum é muito evidente para que se insista nele mais demoradamente. Não se trata de delitos leves, mas de crimes graves: quase todos assassinatos, às vezes acompanhados de estranhas crueldades (o canibalismo da mulher de Sélestat). É importante notar que essa psiquiatrização da delinquência se fez, de qualquer forma, "pelo alto". Ela se realizou também em ruptura com a tendência fundamental da jurisprudência precedente. Quanto mais grave fosse o crime, menos convinha colocar a questão da loucura (durante muito tempo recusou-se a levá-la em consideração quando se tratava de um crime de sacrilégio ou de lesa-majestade). Admitia-se de bom grado que existia toda uma área comum à loucura e à ilegalidade para os delitos mais leves – pequenas violências, vagabundagem – e se reagia a ela, pelo menos em certos países

como a França, pela medida ambígua da internação. Ora, não foi absolutamente através dessa zona confusa da desordem cotidiana que a psiquiatria pôde penetrar à força na justiça penal, mas sim criticando o grande acontecimento criminal, extremamente violento e raro.

3) Esses grandes assassinatos têm ainda em comum o fato de se desenrolarem no cenário doméstico. São crimes na família, em casa, ou ainda na redondeza. Pais que matam sua prole, filhos que matam seus pais ou protetores, empregados que matam o filho do patrão ou do vizinho etc. Como vemos, são crimes que colocam frente a frente parceiros de diferentes gerações. O par criança-adulto ou adolescente-adulto quase sempre está presente. Isso porque as relações de idade, de lugar, de parentesco valem, na época, como as relações ao mesmo tempo mais sagradas e mais naturais, também como as mais inocentes, aquelas que, de todas, devem ser as menos investidas de interesse e de paixão. Menos do que crimes contra a sociedade e suas regras, esses são crimes contra a natureza, contra essas leis que acreditamos imediatamente inscritas no coração humano e que ligam as famílias e as gerações. A forma de crimes que, no início do século XIX, parece pertinente para que se coloque a seu respeito a questão da loucura é, portanto, o crime contra a natureza. O indivíduo, no qual loucura e criminalidade se associam e colocam o problema de suas relações, não é o homem da pequena desordem cotidiana, a pálida silhueta que se move nos confins da lei e da norma, mas sim o grande monstro. No século XIX, a psiquiatria do crime se inaugurou por uma patologia do monstruoso.

4) Por fim, todos esses crimes têm em comum terem sido cometidos "sem razão", isto é, sem interesse, sem paixão, sem motivo, embora baseados em uma ilusão delirante. Em todos os casos que citei, os psiquiatras insistem, para justificar sua intervenção, no fato de que não havia entre os parceiros do drama nenhuma relação que permitisse tornar o crime inteligível. No caso de Henriette Cornier, que decapitara a filhinha de seus vizinhos, houve o cuidado de estabelecer que ela não havia sido amante do pai da menina, e que não tinha agido por vingança. No caso da mulher de Sélestat que havia cozinhado a coxa de sua filha, um elemento importante da discussão foi: havia ou não miséria na época? A acusada era pobre ou não,

estava faminta ou não? O procurador dissera: se ela fosse rica seria possível considerá-la louca, mas, sendo miserável, ela estava com fome; cozinhar a perna com couve era uma conduta com interesse; portanto, ela não era louca.

No momento em que se funda a nova psiquiatria e em que se aplicam, em quase toda parte na Europa e na América, os princípios da reforma penal, o grande assassinato monstruoso, sem motivo nem antecedente, a irrupção súbita da contranatureza na natureza é então a forma singular e paradoxal sob a qual se apresenta a loucura criminal ou o crime patológico. Digo paradoxal, já que o que se tenta apreender é um tipo de loucura que apenas se manifestaria no momento e nas formas do crime, uma loucura que só teria por sintoma o próprio crime, e que poderia desaparecer uma vez que este fosse cometido. E, inversamente, trata-se de situar crimes que têm por motivo, para o autor, para o "responsável jurídico", aquilo que, de qualquer forma, no sujeito, está fora de sua responsabilidade; ou seja, a loucura que nele se esconde e que ele não pode dominar, pois muito frequentemente não tem consciência dela. O que a psiquiatria do século XIX inventou foi esta entidade absolutamente fictícia de um crime louco, um crime que seria inteiramente louco, uma loucura que nada mais é do que crime. Aquilo que, por mais de meio século, foi chamado de monomania homicida. Não se trata de retraçar aqui os antecedentes teóricos dessa noção, nem de acompanhar os inúmeros debates que ela propiciou entre homens de lei e médicos, advogados e juízes. Gostaria apenas de enfatizar este fato estranho: os psiquiatras buscaram, com muita obstinação, tomar parte dos mecanismos penais, reivindicaram seu direito de intervenção não indo buscar, em torno dos crimes mais cotidianos, os mil pequenos sinais visíveis de loucura que podem acompanhá-los, mas sim pretendendo – o que era exorbitante – que havia loucuras que apenas se manifestavam nos crimes exorbitantes, e em nenhum outro lugar. Gostaria de sublinhar este outro fato: apesar de todas as reticências em aceitar a noção de monomania, os magistrados da época acabaram aceitando a análise psiquiátrica dos crimes a partir dessa noção tão estranha e para eles tão inaceitável.

Por que essa grande ficção da monomania homicida foi a noção-chave na proto-história da psiquiatria criminal?

A primeira série de questões a propor é sem dúvida a seguinte: no início do século XIX, quando a tarefa da psiquiatria era definir sua especificidade no domínio da medicina e fazer reconhecer sua cientificidade entre as outras práticas médicas, nesse momento então em que a psiquiatria se institui como especialidade médica (até então ela era mais um aspecto do que um campo da medicina), por que ela quis se intrometer em uma área na qual, até então, ela havia intervindo com muita discrição? Por que os médicos se obstinaram tanto em reivindicar como loucos sujeitos que tinham sido até então considerados, sem nenhum problema, simples criminosos? Por que os vemos, em tantos países, protestar contra a ignorância médica dos juízes e jurados, solicitar o perdão ou a comutação da pena de certos condenados, reclamar o direito de serem ouvidos como peritos pelos tribunais, publicar centenas de pareceres e estudos para mostrar que este ou aquele criminoso era louco? Por que essa cruzada em prol da patologização do crime, e isto sob a bandeira dessa noção de monomania homicida? O fato é ainda mais paradoxal porque, bem pouco tempo atrás, no final do século XVIII, todos os primeiros alienistas (Pinel, sobretudo) protestam contra a confusão, praticada em muitos locais de internação, entre delinquentes e doentes. Por que voltar a atar um parentesco que fora tão difícil desatar?

Não basta invocar não sei qual imperialismo dos psiquiatras (buscando anexar um novo campo), ou mesmo um dinamismo interno do saber médico (buscando racionalizar o campo confuso em que se mesclam a loucura e o crime). Se o crime se tornou uma aposta importante para os psiquiatras é porque se tratava menos de um campo a conquistar do que uma modalidade de poder a garantir e a justificar. Se a psiquiatria se tornou tão importante no século XVIII não foi simplesmente porque ela aplicava uma nova racionalidade médica às desordens da mente ou da conduta, foi também porque ela funcionava como uma forma de higiene pública. O desenvolvimento, no século XVIII, da demografia, das estruturas urbanas, do problema da mão de obra industrial havia feito aparecer a questão biológica e médica das "populações" humanas, com suas condições de vida, de moradia, de alimentação, com sua natalidade e mortalidade, com seus fenômenos patológicos (epidemias, endemias, mortalidade infantil). O "corpo" social deixa de ser simples metáfora jurídico-política (como a que encontramos no *Leviat*)⁵ para surgir como uma realidade biológica e um campo de intervenção médica. O médico deve ser então o técnico do corpo social, e a medicina, uma higiene pública. A psiquiatria, na virada entre os séculos XVIII e XIX, conseguiu sua autonomia e se revestiu de tanto prestígio pelo fato de ter podido se inscrever no âmbito de uma medicina concebida como reação aos perigos inerentes ao corpo social. Os alienistas da época puderam discutir interminavelmente sobre a origem orgânica ou psíquica das doenças mentais, propor terapêuticas físicas ou psicológicas: através de suas divergências, todos eles tinham consciência de tratar um "perigo" social, seja porque a loucura lhes parecia ligada a condições insalubres de vida (superpopulação, promiscuidade, vida urbana, alcoolismo, libertinagem), seja ainda porque ela era percebida como fonte de perigos (para si mesmo, para os outros, para o meio e também para a descendência, através da hereditariedade). A psiquiatria do século XIX, pelo menos tanto quanto uma medicina da alma individual, foi uma medicina do corpo coletivo.

Compreende-se a importância que podia ter para essa psiquiatria demonstrar a existência de alguma coisa tão fantástica como a monomania homicida. Compreende-se porque, durante meio século, se tentou incessantemente aplicar essa noção, apesar de sua pequena justificativa científica. De fato, a monomania homicida, se existe, mostra que:

1) em algumas de suas formas puras, extremas, intensas, a loucura é inteiramente crime, e nada mais do que crime; portanto, pelo menos nos limites últimos da loucura, há o crime;

2) a loucura é capaz de acarretar não simplesmente desordens da conduta, mas o crime absoluto, aquele que ultrapassa todas as leis da natureza e da sociedade;

3) essa loucura, que pode ser de uma intensidade extraordinária, pode permanecer invisível até o momento em que eclode; portanto, ninguém pode prevê-la, exceto aquele que tem um olhar adestrado, uma longa experiência, um saber bem armado. Em suma, apenas um médico especialista pode perceber a monomania (eis por que, de uma maneira que só é

---

5 Hobbes (T.), *Leviathan, or The matter, form and power of a commonwealth ecclesiastical and civil*, Londres, Andrew Crooke, 1651 (*Léviathan. Traité de la matière, de la forma et du pouvoir de la république ecclésiastique et civile*, trad. F. Tricaud, Paris, Sirey, 1971).

contraditória aparentemente, os alienistas definiram a monomania como uma doença que apenas se manifesta no crime, reservando-se, no entanto, o poder de determinar seus sinais premonitórios, suas condições predisponentes).

É preciso, porém, colocar uma outra questão, situando-se dessa vez do lado dos magistrados e do aparelho judiciário. Por que eles aceitaram, senão a noção de monomania, pelo menos os problemas a ela relacionados? Poderíamos dizer que seguramente a grande maioria dos magistrados recusou reconhecer essa noção, que permitia fazer de um criminoso um louco que apenas tinha por doença cometer crimes. Com muita obstinação e – podemos dizer – com um certo bom-senso, eles fizeram de tudo para afastar essa noção que os médicos lhes propunham e da qual os advogados se serviam espontaneamente para defender seus clientes. E, no entanto, através desse debate sobre os crimes monstruosos, sobre os crimes "sem motivo", a ideia de um parentesco sempre possível entre loucura e delinquência pouco a pouco foi aclimatada ao próprio exterior da instituição judiciária. Por que, em suma, essa aclimatação se deu tão facilmente? Ou, em outras palavras, por que a instituição penal que tinha podido durante tantos séculos prescindir da intervenção médica, que tinha podido julgar e condenar sem que jamais o problema da loucura tivesse sido posto, exceto em alguns casos evidentes, por que ela recorreu ao saber médico a partir da década de 1820? Pois não devemos nos enganar: juízes ingleses, alemães, italianos, franceses, da época, muito frequentemente se recusaram a seguir as conclusões dos médicos, rejeitaram muitas noções que estes lhes propunham. No entanto, eles não foram violentados pelos médicos. Eles próprios solicitaram – de acordo com as leis, as regras, as jurisprudências que variam de país para país – o parecer devidamente formulado dos psiquiatras, e eles o solicitaram sobretudo a propósito desses famosos crimes sem motivo. Por quê?

É porque os novos Códigos redigidos e postos em prática, um pouco por todo canto, nesse início do século XIX, davam lugar ao perito psiquiátrico, ou davam uma nova importância ao problema da irresponsabilidade patológica? De forma alguma. É mesmo surpreendente constatar que essas novas legislações quase não modificaram o estado de coisas precedente: a maioria dos Códigos do tipo napoleônico retomava o velho princípio de que o estado de loucura é incompatível com a responsabilidade, e que ele exclui suas consequências; do mesmo modo, a maior parte retomava as noções tradicionais de demência e de furor que tinham sido utilizadas nos antigos sistemas de direito. Nem os grandes teóricos, como Beccaria e Bentham, nem os que de fato redigiram as novas leis penais buscaram elaborar essas noções tradicionais, nem organizar novas relações entre punição e medicina do crime – a não ser para afirmar, de modo muito geral, que a justiça penal deve curar esta doença das sociedades que é o crime. Não foi "por cima" – por intermédio dos Códigos ou dos princípios teóricos – que a medicina mental penetrou na penalidade. Foi antes "por baixo" – do lado dos mecanismos da punição e do sentido que lhes foi atribuído. Punir tornou-se, dentre todas as novas técnicas de controle e de transformação dos indivíduos, um conjunto de procedimentos orquestrados para modificar os infratores: o exemplo aterrorizante dos suplícios ou a exclusão pelo banimento não podiam mais bastar em uma sociedade na qual o exercício do poder implicava uma tecnologia racional dos indivíduos. As formas de punição, às quais aderem todos os reformadores do final do século XVIII e todos os legisladores do início do século XIX – ou seja, o aprisionamento, o trabalho obrigatório, a vigilância constante, o isolamento parcial ou total, a reforma moral, o ajustamento da punição menos ao estado moral do criminoso e aos seus progressos –, tudo isso implica que a punição aja, mais do que sobre o crime, sobre o próprio criminoso: ou seja, sobre aquilo que o torna criminoso, seus motivos, aquilo que o move, sua motivação profunda, suas tendências, seus instintos. Nesses antigos sistemas, o esplendor do castigo devia corresponder à enormidade do crime; doravante se procura adaptar as modalidades da punição à natureza do criminoso.

Compreende-se que, nessas condições, os grandes crimes sem motivos tenham colocado para o juiz um difícil problema. Outrora, para que se pudesse punir um crime bastava que se tivesse encontrado seu autor, que ele não tivesse desculpa e que não se encontrasse em um estado de furor nem de demência. Mas como é possível punir alguém de quem se ignoram todos os motivos, e que permanece mudo diante dos seus juízes – exceto para reconhecer os fatos, e para convir que estava perfeitamente consciente daquilo que fazia? O que fazer quando se apresenta diante do tribunal uma mulher como Henriette Cornier, que mata uma criança que ela mal conhecia, a filha de pessoas que ela não podia odiar nem amar, que decapita a menininha sem ser capaz de dar a menor justificativa, que não busca, nem por um instante, ocultar o assassinato e que, no entanto, preparou seu gesto, tendo escolhido o momento, procurado uma faca, e que havia se obstinado para encontrar a ocasião de estar sozinha por um instante com sua vítima. Em alguém que jamais tinha apresentado nenhum sinal de loucura surge um gesto simultaneamente voluntário, consciente e racional – tudo o que é necessário para uma condenação nos termos da lei –, e, no entanto, nenhum motivo, nenhuma vantagem, nenhuma má tendência que permitisse determinar o que era preciso punir na ré. Percebe-se bem que era preciso condenar, mas não se entende bem por que punir – o motivo não era, é claro, totalmente exterior, mas insuficiente como exemplo. Tendo o motivo do crime se tornado agora o motivo de punir, como punir se o crime era sem motivo? Para punir se necessita saber qual é a natureza do culpado, sua insensibilidade, o grau de sua maldade, quais são seus interesses ou tendências. Porém, se temos apenas o crime, de um lado, e o autor, de outro, a responsabilidade jurídica nua e crua autoriza formalmente a punição, mas ela não permite lhe atribuir um sentido.

Compreende-se que esses grandes crimes sem motivos que os psiquiatras tinham tantas razões para valorizar tenham sido, pelas mais diferentes razões, problemas tão importantes para o aparelho judiciário. Obstinadamente, os procuradores aplicavam a lei: nenhuma demência, nenhum furor, nenhuma loucura estabelecida por sinais reconhecidos, mas, pelo contrário, atos perfeitamente organizados; portanto, era preciso aplicar a lei. Porém, por mais que tentassem, eles não podiam deixar de colocar a questão do motivo; pois eles sabem bem que, desde então, na prática dos juízes a punição está ligada, pelo menos por um lado, à determinação dos motivos: talvez Henriette Cornier tivesse sido amante do pai da menininha e quisesse se vingar dele; talvez ela tivesse inveja – por ter tido que abandonar seus filhos – dessa família feliz que vivia ao seu lado. Todos os requisitórios o provam: para que a mecânica punitiva possa funcionar não basta a realidade da infração e de sua imputabilidade a um culpado; também é preciso estabelecer um motivo, digamos, uma ligação psicologicamente inteligível entre o ato e o autor. O caso de Sélestat, em que se executou uma mulher antropófaga porque ela poderia ter tido fome, parece-me bem significativo.

Os médicos, que só deviam ser convocados para constatar os casos sempre muito evidentes de demência ou de furor, vão começar a ser chamados de "especialistas do motivo"; eles deverão avaliar não somente o motivo do sujeito, mas a racionalidade do ato, o conjunto das relações que ligam o ato aos interesses, aos cálculos, ao caráter, às inclinações, aos hábitos do sujeito. E se aos magistrados frequentemente repugna aceitar o diagnóstico de monomania, ao qual os médicos tanto se aferram, eles não podem em compensação deixar de acolher de bom grado o conjunto de problemas levantados por essa noção: ou seja, em termos mais modernos, a integração do ato à conduta global do sujeito. Quanto mais essa integração aparecer, mais o sujeito aparecerá como punível. Quanto menos ela for evidente, mais o ato parecerá irromper no sujeito como um mecanismo súbito e incontrolável, e menos o responsável aparecerá como punível. E a justiça então aceitará se desincumbir dele por ser louco, confiando-o à prisão psiquiátrica.

É possível tirar disso várias conclusões:
1) A intervenção da medicina mental na instituição penal, a partir do século XIX, não é a consequência ou o simples desenvolvimento da teoria tradicional da irresponsabilidade dos dementes e dos furiosos.

2) Ela é consequência do ajustamento de duas necessidades que decorriam, uma, do funcionamento da medicina como higiene pública, e outra, do funcionamento da punição legal como técnica de transformação individual.

3) Essas duas novas exigências se ligam ambas à transformação do mecanismo de poder através do qual, desde o século XVIII, tenta-se controlar o corpo social nas sociedades de tipo industrial. Porém, apesar dessa origem comum, os motivos da intervenção da medicina no âmbito criminal e os motivos da justiça penal de recorrer à psiquiatria são essencialmente diferentes.

4) O crime monstruoso, simultaneamente contra a natureza e sem motivo, é a forma sob a qual acabam coincidindo a demonstração médica de que a loucura é, no limite, sempre perigosa e a impotência judiciária em determinar a punição de um crime sem ter determinado seus motivos. A bizarra sinto-

matologia da monomania homicida foi esboçada no ponto de convergência desses dois mecanismos.

5) Encontra-se assim inscrito, tanto na instituição psiquiátrica como na judiciária, o tema do homem perigoso. Cada vez mais a prática, e depois a teoria penal, tenderá, no século XIX e mais tarde no XX, a fazer do indivíduo perigoso o principal alvo da intervenção punitiva. Cada vez mais, por seu lado, a psiquiatria do século XIX tenderá a procurar os estigmas patológicos que podem marcar os indivíduos perigosos: loucura moral, loucura instintiva, degeneração. Esse tema do indivíduo perigoso dará origem, por um lado, à antropologia do homem criminoso com a escola italiana e, por outro, à teoria da defesa social representada inicialmente pela escola belga.

6) Porém – outra consequência importante – veremos se transformar consideravelmente a antiga noção de responsabilidade penal. Esta, pelo menos em certos lugares, ainda estava próxima do direito civil: por exemplo, a necessidade, para a imputabilidade de uma infração, de que seu autor fosse livre, consciente, não atingido pela loucura, sem nenhuma crise de furor. Atualmente, a responsabilidade não está mais ligada apenas a essa forma da consciência, mas sim à inteligibilidade do ato referida à conduta, ao caráter, aos antecedentes do indivíduo. O indivíduo aparecerá tanto mais responsável por seu ato quanto mais estiver ligado a este por uma determinação psicológica. Quanto mais um ato for psicologicamente determinado, mais seu autor poderá ser considerado penalmente responsável por ele. Quanto mais um ato for de alguma forma gratuito e indeterminado, mais existirá a tendência a desculpá-lo. Paradoxo, portanto: a liberdade jurídica de um sujeito é demonstrada pelo caráter determinado de seu ato; sua irresponsabilidade é provada pelo caráter aparentemente não necessário de seu gesto. Com esse paradoxo insustentável da monomania e do ato monstruoso, a psiquiatria e a justiça penal entraram em uma fase de incerteza, da qual ainda estamos longe de sair: os jogos da responsabilidade penal e da determinação psicológica se tornaram a cruz do pensamento jurídico e médico.

*

Gostaria de me situar agora em um outro momento particularmente fecundo para as relações entre a psiquiatria e o direito penal: os últimos anos do século XIX e os primeiros do XX, entre o I Congresso de Antropologia Criminal (1885) e a publicação por Prins da *Défense sociale* (1910).[6] O que se passou entre o período que eu evocava anteriormente e este do qual gostaria de falar agora?

Inicialmente, na ordem da psiquiatria propriamente dita, a noção de monomania foi abandonada, não sem hesitação e retorno, pouco antes de 1870. Abandonada por duas razões. Em primeiro lugar porque a ideia, em suma negativa, de uma loucura parcial, agindo apenas em um ponto e se desencadeando somente em certos momentos, foi substituída pela ideia de uma doença mental que não era necessariamente um dano do pensamento ou da consciência, mas que pode prejudicar a afetividade, os instintos, os comportamentos automáticos, deixando quase intactas as formas do pensamento (o que foi chamado de loucura moral, loucura instintiva, aberração dos instintos e, finalmente, perversão corresponde a essa elaboração que, desde a década de 1840 aproximadamente, escolheu como exemplo privilegiado os desvios da conduta sexual). Mas a monomania foi também abandonada por outro motivo: a ideia de doenças mentais com evolução complexa e polimorfa que podem apresentar esse ou aquele sintoma particular em tal ou tal estágio de seu desenvolvimento, e isto não apenas na escala de um indivíduo, mas também na escala das gerações – ou seja, a ideia de degeneração.

Pelo fato de se poder definir essa grande ramificação evolutiva, já não era mais preciso opor os grandes crimes monstruosos e misteriosos, que remeteriam à violência incompreensível da loucura e ao pequeno delito, muito frequente e familiar para que se tenha necessidade de recorrer ao patológico. Desde então, quer se tratasse de incompreensíveis massacres ou de pequenos delitos (relativos à propriedade ou à sexualidade), de qualquer modo, é possível supor uma perturbação mais ou menos grave dos instintos ou dos estágios de um desenvolvimento interrompido (assim, vemos surgir no campo da psiquiatria legal as novas categorias da necrofilia, por volta de 1840, da cleptomania, em torno de 1860, do exibicionismo, em 1876; ou ainda a con-

---

6 I Congresso Internacional de Antropologia Criminal (Roma, novembro de 1885), *Actes du congrès*, Turim, 1886. Prins (A.), *La défense sociale et les transformations du droit pénal*, Bruxelas, Misch e Thron, 1910.

sideração, por essa psiquiatria, de comportamentos tais como a pederastia ou o sadismo). Há, portanto, pelo menos em princípio, um *continuum* psiquiátrico e criminológico, que permite interrogar em termos médicos qualquer grau da escala penal. A questão psiquiátrica não é mais situada em alguns grandes crimes; mesmo que se deva dar a ela uma resposta negativa, convém situá-la dentre todo um domínio das infrações.

Ora, isso tem consequências importantes para a teoria jurídica da responsabilidade. Na concepção da monomania, a hipótese patológica se formava ali onde, justamente, não havia motivo para um ato; a loucura era a causa daquilo que não tinha sentido, e a irresponsabilidade se estabelecia nessa defasagem. Porém, com essa nova análise do instinto e da afetividade, haverá a possibilidade de uma análise causal de todas as condutas, delinquentes ou não, qualquer que seja o grau de sua criminalidade. Daí o labirinto infinito em que se viu envolvido o problema jurídico e psiquiátrico do crime: se um ato é determinado por um *nexus* causal, é possível considerá-lo livre; ele implicaria a responsabilidade? Para que se possa condenar alguém, é necessário que seja impossível reconstruir a inteligibilidade causal de seu ato?

Ora, no pano de fundo dessa nova maneira de colocar o problema, é preciso mencionar as inúmeras transformações que foram, pelo menos em parte, sua condição de possibilidade. Inicialmente, um desenvolvimento intenso do esquadrinhamento policial na maior parte dos países da Europa, o que acarretou, em particular, um remanejamento e a instituição da vigilância urbana, o que também redundou na perseguição muito mais sistemática e eficaz da pequena delinquência. É preciso acrescentar que os conflitos sociais, as lutas de classes, os confrontos políticos, as revoltas armadas – desde os destruidores de máquinas do início do século aos anarquistas dos últimos anos, passando pelas greves violentas, as revoluções de 1848 e a Comuna de 1870 – incitaram os poderes a assimilar, para desacreditá-los, os delitos políticos ao crime de direito comum.

É preciso acrescentar a isso um outro elemento: o fracasso renovado e constantemente apontado do aparelho penitenciário. O sonho dos reformadores do século XVIII e dos filantropos da época seguinte era o de que a prisão, desde que ela fosse racionalmente dirigida, tivesse o papel de uma verdadeira terapêutica penal; a recuperação dos condenados deveria ser seu resultado. Ora, logo se percebeu que a prisão levava a um resultado exatamente oposto, que ela era antes escola de delinquência, e que os mais refinados métodos do aparelho policial e judiciário, longe de garantirem uma melhor proteção contra o crime, levavam, pelo contrário, por intermédio da prisão, a um reforço do meio criminoso.

Havia, assim, por toda uma série de motivos, uma situação tal em que existia uma fortíssima demanda social e política de reação ao crime e de repressão, e na qual essa demanda incluía uma originalidade pelo fato de que ela devia ser pensada em termos jurídicos e médicos; no entanto, a peça central da instituição penal, desde a Idade Média – ou seja, a responsabilidade –, parecia totalmente inadequada para pensar esse domínio tão amplo e complexo da criminalidade médico-legal.

Essa inadequação apareceu, tanto no nível das concepções como no das instituições, no conflito que opôs, por volta da década de 1890, a dita escola de "antropologia criminal" à Associação Internacional de Direito Penal. Isso porque, diante dos princípios tradicionais da legislação criminal, a escola italiana ou os antropólogos da criminalidade exigiam nada menos do que um abandono do direito – uma verdadeira "despenalização" do crime pela instituição de um aparelho que fosse diferente do previsto pelos Códigos. Esquematizando bastante, tratava-se, para a antropologia criminal, de: 1) abandonar completamente a noção jurídica de responsabilidade e colocar como questão fundamental não absolutamente o grau de liberdade do indivíduo, mas o grau de periculosidade que ele constitui para a sociedade; 2) enfatizar, além disso, que os réus que o direito reconhece como irresponsáveis porque doentes, loucos, anormais, vítimas de impulsos irresistíveis são realmente os mais perigosos; 3) demonstrar que aquilo que chamamos de "pena" não deve ser uma punição, mas um mecanismo de defesa da sociedade; marcar, portanto, que a diferença não está entre responsáveis a condenar e irresponsáveis a soltar, mas sim entre sujeitos absoluta e definitivamente perigosos e aqueles que, por meio de certos tratamentos, deixam de sê-lo; 4) concluir que devem existir três grandes tipos de reações sociais ao crime, ou melhor, ao perigo que o criminoso constitui: a eliminação definitiva (pela morte ou pelo encarceramento em uma instituição), a eliminação provisória (com tratamento), a eliminação de qualquer modo relativa e parcial (esterilização, castração).

Vemos claramente a série de deslocamentos exigidos pela escola antropológica: do crime ao criminoso, do ato efetivamente cometido ao perigo virtualmente implícito no indivíduo, da punição modulada do réu à proteção absoluta dos outros.

É possível dizer que se chegava ali a um ponto de ruptura: a criminalidade, desenvolvida a partir da antiga monomania, em uma proximidade frequentemente tempestuosa com o direito penal, corria o risco de ser dele excluída, por excesso de radicalismo. E nos encontraríamos em uma situação semelhante à do ponto de partida: um saber técnico incompatível com o direito, sitiando-o desde o exterior e apenas podendo se fazer ouvir a partir dele. E um pouco como a noção de monomania podia servir para recobrir de loucura um crime cujos motivos não se via, a noção de degeneração permitia ligar o menor dos criminosos a todo um perigo patológico para a sociedade, e finalmente para toda a espécie humana. Todo o campo das infrações podia se sustentar em termos de perigo, e, portanto, de proteção a garantir. O direito nada tinha mais a fazer senão calar-se ou tapar os ouvidos e se recusar a escutar.

Dizem de modo bastante habitual que as proposições fundamentais da antropologia criminal foram muito rapidamente desqualificadas por inúmeras razões: sua ligação com um cientificismo, com uma certa ingenuidade positivista da qual o próprio desenvolvimento das ciências se encarregou, no século XX, de nos curar; seu parentesco com um evolucionismo histórico e social, que também foi rapidamente desacreditado; o fundamento que elas encontravam em uma teoria neuropsiquiátrica da degeneração, que a neurologia, por um lado, e a psicanálise, por outro, rapidamente desmantelaram; sua incapacidade de se tornar operatória na forma de legislação penal e na prática judiciária. A era da antropologia criminal, com suas ingenuidades radicais, parece ter desaparecido com o século XIX, e uma psicossociologia da delinquência, muito mais sutil e bem mais aceitável pelo direito penal, parece ter tomado a dianteira.

Ora, creio que, de fato, a antropologia criminal, pelo menos em suas formas gerais, não desapareceu tão completamente como se pretende afirmar; e que algumas de suas teses mais fundamentais, e também as mais exorbitantes em relação ao direito tradicional, foram se enraizando no pensamento e na prática penal. Porém, isso não teria podido ocorrer unicamente pelo valor de verdade ou, pelo menos, unicamente pela força de persuasão dessa teoria psiquiátrica do crime. Isso porque se produziu de fato toda uma mutação do lado do direito. Quando digo "do lado do direito", isso talvez seja, sem dúvida, dizer demais: pois as legislações penais – com algumas exceções (como o Código norueguês, mas aí se tratava afinal de um novo Estado) e com a ressalva de alguns projetos que, aliás, permaneceram no limbo (como o projeto de Código Penal suíço) – permaneceram pouco a pouco parecidas consigo mesmas: as leis sobre o *sursis*, a reincidência ou o exílio foram as principais modificações realizadas, não sem hesitações, na legislação francesa. Mas não é deste lado que examinarei as mutações, mas sim do lado de uma peça, simultaneamente teórica e essencial: a noção de responsabilidade. E se ela pôde ser modificada não foi tanto por causa de algum abalo de pressão interna, mas sobretudo porque, na mesma época, se produziu no domínio do direito civil uma evolução considerável. Minha hipótese seria: foi o direito civil, e não a criminologia, que permitiu que o pensamento penal se modificasse em dois ou três pontos capitais; foi ele que possibilitou o enxerto no direito criminal daquilo que havia de essencial nas teses da criminologia da época. É bem possível que, nessa reelaboração realizada primeiramente no direito civil, os juristas tivessem permanecido surdos às proposições fundamentais da antropologia criminal, ou pelo menos jamais teriam tido o instrumento capaz de fazê-las passar para o sistema do direito. De uma maneira que pode parecer estranha à primeira vista, foi o direito civil que possibilitou, no direito penal, a articulação entre o Código e a ciência.

Essa transformação no direito civil gira em torno da noção de acidente, de risco e de responsabilidade. De modo muito geral, é preciso enfatizar a importância assumida pelo problema do acidente, sobretudo na segundo metade do século XIX, e não apenas para o direito, mas também para a economia e a política. Vão me responder que, desde o século XVI, o sistema de seguridades havia mostrado a importância que já se atribuía às eventualidades. Porém essas seguridades se referiam apenas a riscos de qualquer forma individuais e, por outro lado, excluíam inteiramente a responsabilidade do interessado. Ora, no século XIX, com o desenvolvimento do assalariamento, das técnicas industriais, da mecanização, dos meios de transporte, das estruturas urbanas, surgiram duas coisas importantes: primeiramente, os riscos que se faziam correr terceiros (o empregador expondo seus empregados a acidentes de trabalho, os transportadores expondo a acidentes não apenas os passageiros, mas também pessoas que por acaso estivessem ali); a seguir, o fato de que os acidentes podiam ser frequentemente correlacionados a um tipo de falta – porém uma falta mínima (desatenção, descuido, negligência) e ainda mais cometida por alguém que não podia arcar com a sua responsabilidade civil e com o pagamento dos danos a ela relacionados.

O problema era fundamentar juridicamente uma responsabilidade sem culpa. Este foi o esforço dos civilistas ocidentais e, sobretudo, dos juristas alemães, impelidos pelas exigências da sociedade bismarckiana – sociedade não apenas de disciplina, mas também de segurança. Nessa pesquisa de uma responsabilidade sem culpa, os civilistas defendiam um certo número de princípios importantes:

1) Essa responsabilidade deve ser estabelecida de acordo não com a série de erros cometidos, mas com o encadeamento das causas e dos efeitos. A responsabilidade está mais do lado da causa do que do erro: é a *Causalhaftung* dos juristas alemães.

2) Essas causas são de duas ordens, não excludentes entre si: o encadeamento de fatos precisos e individuais que foram induzidos uns a partir dos outros; e a criação de riscos inerentes a um tipo de ação, de equipamento, de empreendimento.

3) Esses riscos devem ser por certo diminuídos da maneira mais sistemática e rigorosa possível. Porém é verdade que eles não poderão ser eliminados, e que nenhum dos empreendimentos da sociedade moderna deixará de ter risco. Como dizia Saleilles, "uma relação de causalidade que se relaciona a um fato puramente material, que em si mesmo se apresenta como um fato arriscado, não irregular em si mesmo, não contrário aos usos da vida moderna, mas que desdenha da extrema prudência que paralisa a ação, em harmonia com a atividade que se impõe hoje e consequentemente desafiando as aversões e aceitando os riscos, é a lei da vida de hoje, é a regra comum, e o direito é feito para refletir essa concepção atual do espírito, de acordo com sua evolução sucessiva".[7]

---

7 Saleilles (R.), *Les accidents de travail et la responsabilité civile. Essai d'une théorie objective de la responsabilité délictuelle*, Paris, A. Rousseau, 1897, p. 36.

4) Quanto a essa responsabilidade sem culpa, ligada a um risco que jamais poderá desaparecer completamente, a indenização não é feita para sancioná-la como uma quase punição, mas para reparar seus efeitos, por um lado, e para tender, por outro, de uma maneira assintótica, a diminuir seus riscos no futuro.

Ao eliminar o elemento da culpa no sistema da responsabilidade, os civilistas introduziram no direito a noção de probabilidade causal e de risco, e fizeram aparecer a ideia de uma sanção que teria a função de defender, de proteger, de fazer pressão sobre inevitáveis riscos.

Ora, de maneira bastante estranha, é essa descriminalização da responsabilidade civil que vai constituir um modelo para o direito penal. E isso a partir das proposições fundamentais formuladas pela antropologia criminal. No fundo, o que é um criminoso nato ou um degenerado, ou uma personalidade criminosa senão alguém que, conforme um encadeamento causal difícil de reconstituir, porta um índice particularmente elevado de probabilidade criminal, sendo em si mesmo um risco de crime? Pois bem, tal como é possível determinar uma responsabilidade civil sem estabelecer a culpa, mas unicamente pela avaliação do risco criado contra o qual é preciso se defender sem que seja possível anulá-lo, da mesma forma se pode tornar um indivíduo penalmente responsável sem ter que determinar se ele era livre e se havia culpa, mas correlacionando o ato cometido ao risco de criminalidade que constitui sua própria personalidade. Ele é responsável, já que apenas por sua existência ele é criador de risco, mesmo que não seja culpado já que não preferiu, com toda liberdade, o mal ao bem. A punição não terá então por finalidade punir um sujeito de direito que terá voluntariamente infringido a lei; ela terá o papel de diminuir, na medida do possível – seja pela eliminação, pela exclusão, por restrições diversas, ou ainda por medidas terapêuticas –, o risco de criminalidade representado pelo indivíduo em questão.

A ideia geral da *Défense sociale*, tal como exposta por Prins no início do século XX, formou-se pela transposição para a justiça criminal das elaborações próprias ao novo direito civil. A história dos congressos de antropologia criminal e dos congressos de direito penal, na virada entre os dois séculos, a crônica dos conflitos entre cientistas positivistas e juristas tradicionais, e a brusca parada produzida na época de Liszt, de

Saleilles, de Prins, o rápido desaparecimento da escola italiana a partir desse momento, mas também a diminuição da resistência dos juristas à psicologia do criminoso, a constituição de um relativo consenso em torno de uma criminologia que seria acessível ao direito e de uma penalidade que daria conta do saber criminológico, tudo isso parece indicar claramente que se havia encontrado neste momento o "comutador" de que se necessitava. Esse comutador é a noção capital de *risco*, que o direito instituiu com a ideia de uma responsabilidade sem culpa, e que a antropologia, ou a psicologia, ou a psiquiatria puderam instituir com a ideia de uma imputabilidade sem liberdade. O termo – aliás, central – "ser perigoso" ou "periculosidade" teria sido introduzido por Prins, na sessão de setembro de 1905 da União Internacional de Direito Penal.[8]

Não farei aqui uma relação das inúmeras legislações, regulamentos, circulares que, em todas as instituições penais do mundo inteiro, se utilizaram, de um modo ou de outro, dessa noção de *estado perigoso*. Gostaria apenas de enfatizar duas ou três coisas.

A primeira é que, a partir dos grandes crimes sem motivo do início do século XIX, não é tanto em torno da liberdade que se desenvolveu de fato o debate, embora essa questão sempre estivesse presente. O verdadeiro problema, aquele que foi efetivamente elaborado, foi o do indivíduo perigoso. Há indivíduos intrinsecamente perigosos? Como é possível reconhecê-los e como podemos reagir à sua presença? O direito penal, ao longo do século passado, não evoluiu de uma moral da liberdade a uma ciência do determinismo psíquico; ele antes compreendeu, organizou, codificou a suspeita e a identificação dos indivíduos perigosos, da figura rara e monstruosa do monomaníaco àquela, frequente, cotidiana, do degenerado, do perverso, do desequilibrado nato, do imaturo etc.

---

[8] A União Internacional de Direito Penal, fundada em 1889 pelo belga Prins, o alemão von Liszt e pelo holandês Van Hamel, promoveu um movimento de pesquisa criminológica e organizou, até a guerra de 1914, numerosos congressos. M. Foucault faz referência à introdução da noção de "estado perigoso" por Adolphe Prins em sua comunicação no X Congresso Internacional de Direito Penal (Hamburgo, 12 de setembro de 1905): "Les difficultés actuelles du problème répressif", *Actes du Xe Congrès*, in *Bulletin de l'Union internationale de droit pénal*, v. XIII, Berlim, J. Guttentag, 1906, p. 362.

É preciso enfatizar também que essa transformação não se realizou somente da medicina para o direito, como pela pressão de um saber racional sobre antigos sistemas prescritivos; mas ela se operou por um contínuo mecanismo de apelação e de interação entre o saber médico ou psicológico e a instituição judiciária. Não foi esta que a cedeu. Ela se constituiu como um domínio de objeto e um conjunto de conceitos que se originaram nas suas fronteiras, a partir de suas trocas.

Ora – e é sobre este ponto que gostaria de me deter –, me parece que a maioria dessas noções que se formaram dessa maneira são operatórias para a medicina legal ou para os peritos psiquiátricos em matéria criminal.

Porém, será que não foi introduzido no direito algo mais do que as incertezas de um saber problemático, ou seja, os rudimentos de um outro direito? Pois a penalidade moderna – e isto da maneira mais retumbante desde Beccaria – apenas dá à sociedade direito sobre os indivíduos através daquilo que eles fazem: somente um ato, definido como infração pela lei, pode ocasionar uma punição, sem dúvida modificável de acordo com as circunstâncias ou as intenções. Entretanto, ao colocar cada vez mais no primeiro plano não apenas o criminoso como sujeito do ato, mas também o indivíduo perigoso como virtualidade de atos, será que não se dão à sociedade direitos sobre o indivíduo a partir do que ele é? Não mais, é claro, a partir do que ele é por *status* (como era o caso nas sociedades do Antigo Regime), mas do que ele é por natureza, segundo a sua constituição, seus traços de caráter ou suas variáveis patológicas. Uma justiça que tende a se exercer sobre aquilo que se é: aqui está o que é exorbitante em relação a este direito penal que os reformadores do século XVIII haviam imaginado, e que deveria punir, de maneira absolutamente igualitária, as infrações explícita e previamente definidas pela lei.

Certamente vão me responder que, apesar desse princípio geral, o direito de punir, mesmo no século XIX, foi modulado não somente a partir do que os homens fazem, mas a partir do que eles são ou daquilo que se supõe que eles sejam. Tão logo os grandes Códigos modernos foram instituídos, procurou-se flexibilizá-los por legislações, tais como aquela sobre as circunstâncias atenuantes, a reincidência ou a liberdade condicional; tratava-se então de levar em conta, por trás dos atos, aquele que os havia cometido. E certamente o estudo minucioso e comparado das decisões de justiça mostraria facilmente que, no cenário penal, os infratores estavam pelo menos tão presentes quanto suas infrações. Uma justiça que apenas se exerceria sobre o que se faz não passa sem dúvida de uma utopia, e não é necessariamente desejável. Porém, pelo menos desde o século XVIII, ela constituiu o princípio norteador, o princípio jurídico-moral que rege a penalidade moderna. Ele não era então questionado, e ainda não se pode colocá-lo, de um golpe, entre parênteses. Foi insidiosamente, lentamente e como por baixo e por fragmentos que se organizou uma penalidade sobre o que se é: foram necessários quase 100 anos para que essa noção de "indivíduo perigoso", que estava virtualmente presente na monomania dos primeiros alienistas, fosse aceita no pensamento jurídico e, ao cabo de 100 anos, se ela se tornou um tema central nas perícias psiquiátricas (na França, é muito mais da periculosidade de um indivíduo do que de sua responsabilidade de que falam os psiquiatras nomeados como peritos), o direito e os Códigos parecem hesitar em dar-lhe espaço: a reforma do Código Penal atualmente em preparo na França foi a solução encontrada para justamente substituir a antiga noção de "demência", que tornava irresponsável o autor de um ato, por noções de discernimento e de controle, que são, no fundo, apenas a sua versão modernizada. Talvez se entreveja o que haveria de terrível em autorizar o direito a intervir sobre os indivíduos em função do que eles são: uma sociedade assustadora poderia advir daí.

Não resta dúvida de que, cada vez mais, no nível do funcionamento, os juízes necessitam acreditar que eles julgam um homem tal como ele é e segundo aquilo que ele é. A cena que evoquei ao iniciar demonstra isso: quando um homem chega diante de seus juízes somente com seus crimes, quando ele nada mais tem a dizer, quando ele não faz o favor ao tribunal de entregar-lhe algo como o segredo de si mesmo, então...

1978

Sexualidade e Política

"Sei to seiji wo Kataru" ("Sexualidade e política"; entrevista com C. Nemoto e M. Watanabe, em 27 de abril de 1978, no jornal *Asahi*), *Asahi Jaanaru*, 20º ano, n. 19, 12 de maio de 1978, p. 15-20.

M. Watanabe: Sr. Foucault, hoje, 27 de abril, o senhor deu uma conferência muito interessante sobre "O filósofo e o poder no mundo ocidental" na sala de conferências do *Asahi*. Nos próximos números desta revista, iremos publicar um resumo de sua análise a respeito do papel desempenhado na Europa pela técnica do poder da Igreja Católica, o que o senhor chama de "poder morfológico do padre", ao longo da formação do indivíduo e na função do poder, cujo objeto era o indivíduo. Já que o senhor parte amanhã para Paris, esta será a última entrevista de sua estada no Japão, e gostaria que discutíssemos aqui sobre sexualidade e política.

Ora, seria possível dizer que a sexualidade e a política, ou melhor, a sexualidade e o poder são o principal tema, o motivo inicial da *História da sexualidade* que o senhor está escrevendo. O primeiro volume, *A vontade de saber*, foi publicado no ano passado. Traduzi parte dele para inseri-la em *Umi* de Chuoo Koron, e a tradução da totalidade está em andamento. Gostaria de lhe fazer algumas perguntas sobre certas propostas e hipóteses que o senhor apresentou.

Um tema como a sexualidade e o poder evoca de imediato os problemas da censura e, a seguir, aqueles sobre a liberdade sexual, estreitamente relacionados entre si.

Uma das propostas mais importantes em *A vontade de saber* é que, ao falarmos desta maneira sobre a liberação sexual e a injustiça da censura, nos escapa o essencial dos fenômenos atuais que envolvem a sexualidade. Ou seja, que a hipótese repressiva oculta o fenômeno da proliferação anormal dos discursos a respeito do sexo. De fato, este fenômeno é essencial para analisar as relações entre a sexualidade e o poder. Isso não significa que se subestime a injustiça da censura, mas que seria preciso situá-la como uma peça de um aparelho de poder mais importante.

Apesar da suspensão das interdições relativas à pornografia pelo governo do presidente Giscard d'Estaing, suponho que também haja na França censuras diversas e sistemas de exclusão nesse campo. No Japão, a censura funciona de uma maneira nitidamente mais absurda, embora seja natural que a perspectiva da liberação sexual seja um objetivo para aqueles que se opõem ao poder.

A norma da censura é totalmente arbitrária, e nos parece evidente que se trata de uma estratégia do poder. Talvez o senhor tenha ouvido falar, por exemplo, que a censura em relação às imagens é excessiva se comparada àquela referente aos discursos; quanto às imagens, a censura atua somente nos pelos pubianos e nos sexos; em relação aos discursos, os textos exibicionistas destinados às revistas semanais são tolerados, enquanto as obras literárias são censuradas. Como em seus outros livros, *A vontade de saber* esclareceu coisas que justamente não examinamos, ou melhor, que não soubemos situar em seus devidos lugares, embora pensemos nelas e as percebamos na vida do dia a dia. Por outro lado, o senhor recolocou essas coisas em seu sistema. No Japão há, por um lado, a censura burra, que impede até mesmo a importação de revistas de moda se não forem eliminados os pelos pubianos, e, por outro, somos inundados de discursos sobre sexo. Gostaria de voltar a isso mais adiante.

C. Nemoto: Para começar, vamos falar de *O império dos sentido*,[1] filme de Nagisa Oshima, que teve sucesso na França e ganhou uma reputação graças à censura no Japão. O senhor viu esse filme?

M. Foucault: Claro que sim; eu o vi duas vezes.

C. Nemoto: O senhor sabe o que ocorreu no Japão quando esse filme foi importado?

M. Watanabe: Via-se a imagem separada em duas no meio da tela, pois as partes proibidas tinham sido cortadas.

---

1 1975.

M. Foucault: Não sou muito bom em anatomia e não consigo imaginar claramente o que poderia resultar disso, mas de qualquer forma isso é um escândalo.

M. Watanabe: Qual foi a sua impressão sobre o filme?

M. Foucault: Pessoalmente, nada posso dizer sobre o problema das imagens proibidas e das toleradas no Japão, e também sobre o fato de que aquilo que foi mostrado nesse filme tenha sido considerado, no Japão, particularmente escandaloso, pois, na França, há um sistema de censura completamente diferente. De qualquer forma, o sistema de censura existe... Porém não creio que as imagens mostradas nesse filme nunca tenham sido mostradas anteriormente. Isso não significa de forma alguma que seja um filme anódino. Quando falo de "imagens que nunca foram vistas" não se trata necessariamente de imagens sexuais, de imagens de sexos. Em filmes recentes, pode-se ver o corpo humano em geral, seja a cabeça, o braço, a pele, mostrada sob um ângulo inteiramente novo; trata-se, portanto, de novos pontos de vista. Nesse filme não vemos imagens que jamais foram mostradas.

Em troca, fiquei bastante impactado pela forma das relações entre o homem e a mulher, mais precisamente pelas relações desses dois personagens com o sexo do homem: esse objeto é a ligação entre os dois, tanto para o homem como para a mulher, e ele parece pertencer aos dois de maneira diferente. Essa amputação que se produz no final do filme é absolutamente lógica, e é uma coisa que jamais ocorrerá em filmes franceses ou na cultura francesa.

Para os franceses, o sexo do homem é literalmente o atributo do homem; os homens se identificam com seu sexo, e mantêm relações absolutamente privilegiadas com ele. Este é um fato incontestável. Assim, as mulheres se beneficiam do sexo masculino unicamente no caso em que esse direito lhes é concedido pelos homens, seja porque eles o emprestam ou porque o impõem a elas; daí a ideia de que o gozo masculino está em primeiro plano e de que ele é essencial.

Nesse filme, pelo contrário, o sexo masculino é um objeto que existe entre os dois personagens, e cada um possui ao seu modo um direito a esse objeto. É um instrumento de prazer para os dois e, já que eles obtêm prazer dele, cada um ao seu modo, aquele que obtém mais prazer acaba tendo mais direito a ele. É precisamente por isso que, no final do filme, a mulher possui exclusivamente esse sexo; ele pertence somente a ela, e o homem permite ser privado dele. Não se trata da castração no sentido corriqueiro, pois o homem não estava à altura dos prazeres que seu sexo dava à mulher. Creio que é preferível dizer que ele foi destacado de seu sexo, que seu sexo foi separado dele.

M. Watanabe: Sua interpretação é muito interessante. Se esse acontecimento ultrapassava amplamente o quadro dos fatos diversos e provocava a sensação, se ele incitava a imaginação dos japoneses da época como também dos de hoje, talvez seja porque existe uma ilusão mítica e coletiva que os japoneses conservam sobre o sexo masculino desde a época antiga. De qualquer forma, creio que é diferente da simples castração.

Sobre a hipótese repressiva e a multiplicação dos discursos sobre sexo, como o senhor explicou em seu seminário sobre "O sexo e o poder" na Universidade de Tóquio, o ponto de partida da *História da sexualidade* era uma comparação entre o aumento do número de histéricas no fim do século XVIII e no século XIX e as abordagens médicas da sexualidade desenvolvidas no século XIX. Ou seja, por um lado, desenvolve-se a histeria, que é um esquecimento do sexo, e, por outro, intensificam-se os esforços para incluir todas as manifestações do sexo em um discurso da sexualidade.

O senhor viu nisso a atitude característica do mundo ocidental a respeito do sexo, desde a Idade Média, e que o apreende como saber, chamado pelo senhor de *scientia sexualis*. Em contrapartida, o senhor faz a hipótese de que na Grécia antiga, no Império Romano e na Ásia o sexo, sob um outro ponto de vista, era praticado como *ars erotica*, unicamente para intensificar e aumentar os prazeres dos atos sexuais.

O senhor mesmo afirma que essa divisão não passa de um ponto de referência. Desde a era Meiji, o asceticismo confucionista e um certo asceticismo protestante produziram tabus que eram anteriormente desconhecidos pelos japoneses. Não vivemos absolutamente de acordo com o princípio das gravuras pornográficas, e há coisas julgadas perversas em nossa sociedade, sem que haja interdição religiosa ou legal – por exemplo, a homossexualidade. Em uma sociedade desse tipo, não se pode explicar de maneira simples a interdição e a incitação sexuais, pois elas estão ligadas à estrutura estratificada dos momentos históricos. O sexo no Japão, antes da modernização, portanto da europeização, parece se classificar no domínio da *ars erotica* e, atualmente, ele se relaciona curiosamente com a *scientia sexualis* da Europa. Por exemplo, se folheamos as revistas femininas, percebemos que elas estão inundadas de discursos, segundo o princípio da liberação sexual de estilo europeu, que pretende que mais saber sobre o sexo garante mais gozo. Começando pelos números especiais, do tipo "Tudo o que você não sabe sobre o corpo masculino", e terminando por "Aquilo que você ignora a respeito da homossexualidade", a transformação do sexo em discurso é praticada a propósito de tudo. Por outro lado, esse tipo de discurso se limita às revistas dirigidas às mulheres; quanto às revistas masculinas, ele se torna vulgar, do tipo: "Em que sauna..." Você disse, em tom de brincadeira, que a primeira categoria pertence à *scientia sexualis*, e a segunda, à *ars erotica*; de qualquer forma, vejo duas coisas: de um lado, a proliferação de discursos do tipo *scientia sexualis* – ou seja, a superabundância do saber sobre o sexo engendra novamente a frustração; por outro lado, nas circunstâncias atuais, a *scientia sexualis* e a *ars erotica* dificilmente se distinguem.

M. Foucault: De fato, é difícil mensurar esses tipos de funções. Em suma, quando o saber científico, ou melhor, pseudocientífico sobre o sexo não é mais dispensado apenas aos médicos e sexólogos mas às pessoas comuns, e estas passam a aplicar esse conhecimento aos seus atos sexuais, esse saber se situa entre *ars erotica* e *scientia sexualis*. É o caso de Reich e de seus adeptos. Segundo eles, se você conhece verdadeiramente o seu inconsciente e o seu desejo, você pode atingir o orgasmo, e este orgasmo é bom e deve lhe dar muito prazer. Nesse caso a *scientia sexualis* é um elemento muito rudimentar da *ars erotica*, rudimentar porque o orgasmo é o único critério.

M. Watanabe: Seria preciso acrescentar que, em sua análise, a transformação do sexo em discurso é apreendida na tradição europeia da confissão, que começa pela confissão católica e desemboca na psicanálise; ela está indissoluvelmente ligada a uma técnica do poder cristão, ou seja, ao que o senhor chamou na conferência de hoje de "poder morfológico do padre". A responsabilidade pela salvação das almas assumida pelo padre-pastor em relação aos crentes-rebanho de ovelhas exige apreender tudo o que se passa no interior de cada crente de modo que o sujeito e a subjetividade sejam estabelecidos no mundo ocidental.

No Japão, que se modernizou seguindo o modelo da sociedade europeia no século XIX, essa questão do sujeito era a mais importante no plano filosófico, ético, e muitos japoneses devem ter sido perturbados pelo fato de que a formação do sujeito-indivíduo tenha sido apreendida do ponto de vista da técnica do poder, como o senhor mostrou hoje em sua conferência. Colocando este problema à parte, o senhor mesmo indicou que nem o budismo nem o xintoísmo perceberam a humanidade dessa maneira; penso que a questão é mais complexa.

M. *Foucault*: Certamente. O que surpreende os europeus que vêm ao Japão é que o Japão assimilou perfeitamente a tecnologia do mundo ocidental moderno; consequentemente, nada mudou em relação à sociedade em que eles viviam; contudo, no nível humano, a mentalidade e as relações humanas são muito diferentes. Aqui, a maneira de pensar anterior à modernização e aquela do tipo da Europa moderna coexistem, e espero trabalhar na análise dessas questões com especialistas japoneses.

M. *Watanabe*: Em A *vontade de saber*, o senhor escreveu que é "no corpo e no prazer" que se poderia encontrar um apoio, talvez antagônico, a respeito do sexo encarnando o desejo. Porém o próprio corpo é ambíguo, e podemos pensá-lo como um dispositivo atravessado pelo poder.

M. *Foucault*: É difícil responder a esta pergunta, pois até para mim mesmo isso não está muito claro; porém, acredito poder dizer o seguinte: o *slogan* lançado pelos movimentos de liberação da sexualidade – que é "Liberem o desejo" – parece não só carecer de força de persuasão, mas também ser um pouco perigoso, pois este desejo que se exige ser liberado é na verdade apenas um elemento constitutivo da sexualidade, sendo apenas aquilo que foi diferenciado do resto na forma de desejos carnais pela disciplina da Igreja Católica e pela técnica de exame da consciência. Assim, desde a Idade Média, se começou, no mundo do cristianismo, a analisar os elementos do desejo, e pensou-se que este constituía precisamente o prenúncio do pecado, e sua função era reconhecida não apenas nos atos sexuais, mas também em todos os campos do comportamento humano. O desejo era, assim, um elemento constitutivo do pecado. E liberar o desejo nada mais é do que você próprio decifrar o seu inconsciente, como os psicanalistas e muito antes a disciplina da prática da confissão católica puseram em prática. Uma coisa da qual não se fala nessa perspectiva é o prazer.

Neste sentido, escrevi que se quiserem se libertar da ciência do sexo deveriam encontrar sustentação no prazer, no *maximum* de prazer.

M. Watanabe: Parece que o senhor se recolheu a um templo budista zen. Foi para verificar *in loco* que, na prática do zen, a significação do corpo é diferente?

M. Foucault: Naturalmente. A atitude em relação ao corpo é completamente diferente no zen e no cristianismo, embora ambos sejam práticas religiosas. Na prática cristã da confissão o corpo é objeto de exame, e nada além disso. Ele é, em suma, examinado para sabermos que coisas indecentes se preparam e se produzem nele. Nesse sentido, a maneira de examinar na disciplina da confissão o problema da masturbação é muito interessante. Trata-se certamente do corpo, mas considerado justamente como o princípio de movimentos que influem na alma tomando a forma do desejo. O desejo é presumido e, portanto, o corpo se torna o problema.

Ora, o zen é um exercício religioso totalmente diferente, e nele o corpo é considerado como uma espécie de instrumento. Nessa prática, o corpo serve de suporte, e se o corpo é submetido a regras estritas é para atingir alguma coisa através dele.

C. Nemoto: Fui à França em março passado para recolher informações sobre as eleições gerais. Fiquei surpreso com o fracasso inesperado da esquerda. Ouvindo sua conferência, tive a impressão de que talvez o senhor atribua mais importância ao novo tipo de lutas cotidianas conduzidas pelos cidadãos do que às campanhas eleitorais dos partidos políticos existentes. Tive a impressão de que o senhor não acha o resultado das eleições muito importante.

M. Foucault: Não. Não disse absolutamente nada sobre a minha posição, nem sobre minha opinião a este respeito. Não falei que o resultado não era importante, mas o que me espantou bastante foi, primeiramente, o fato de que tanto o partido apoiado pela maioria quanto os partidos de oposição passaram a dramatizar a situação. Em segundo lugar, jamais se viram tantos votos. Porém esta percentagem de votos elevada não significa por si mesma que a situação era dramática na consciência dos eleitores. Eles votaram, porque votar é um dever do cidadão, mas não pareciam apaixonados pelas eleições gerais. Na campanha eleitoral, temia-se que houvesse muitas abstenções, pois tanto a direita como a esquerda só faziam coisas que mereciam a indiferença dos eleitores. Durante essa campanha, alguns programas televisados e certas publicações sensibilizaram intensamente as pessoas. Não me refiro ao discurso de Chirac nem ao de Mitterrand, mas àqueles que trataram do problema da morte, do problema do poder que as instituições médicas atuais exercem sobre o nosso corpo, nossa vida e nossa morte. É evidente que todo mundo experimenta uma emoção pessoal em relação ao problema da morte, mas, neste caso, ele foi tratado como um problema social. Em suma, trata-se de uma recusa a um direito médico que decide nossa morte sem levar em conta a nossa intenção. Não se trata do temor da ignorância médica, mas, pelo contrário, de um temor em relação ao saber médico. Teme-se que haja uma ligação entre esse saber e o excesso de poder.

C. Nemoto: A nova forma de luta que o senhor mencionou em sua conferência – ou seja, a luta direta contra o poder no dia a dia – não visa aos poderes políticos no plano nacional ou aos mecanismos econômicos; ela corresponde à autogestão, à ecologia ou ainda aos movimentos feministas. Parece-me que esses movimentos foram afinal de contas esmagados nas eleições gerais.

M. Foucault: A esse respeito, eis uma coisa interessante: antigamente, os partidos políticos se interessavam muitíssimo pela percentagem de votos que os ecologistas obteriam, porque nas eleições cantonais do ano passado eles conseguiram 10% dos votos em certas regiões. O surpreendente é que nesta última eleição o escore obtido pelos ecologistas foi tão baixo quanto o do partido feminista. Creio que esse fenômeno não é um retrocesso, porque as pessoas sabiam perfeitamente que tanto o método como a finalidade das lutas contra o poder no dia a dia são diferentes daquilo de que se tratava nas eleições gerais – ou seja, eleições referentes ao poder central. Não creio que os movimentos ecológicos vão ser enfraquecidos por causa do seu fracasso nas últimas eleições; é lógico que se trata de uma hipótese.

C. Nemoto: Trata-se então de lutas que não têm por objetivo final chegar ao poder no nível nacional?

M. Foucault: Não, a luta contra o poder no dia a dia não tende a tomar o poder – ela de preferência o recusa; seu objetivo não é o simples poder no nível nacional.

C. Nemoto: Entretanto, as lutas desse tipo não são utilizadas e finalmente encampadas pelos partidos ou pelos movimentos políticos, perdendo assim a sua contundência?

M. Foucault: O fato de os partidos ou de os movimentos políticos se interessarem por essas lutas prova que elas são importantes. Simplesmente, é fato que sempre haverá o risco de elas serem encampadas pelo sistema existente.

Ora, o que significa ser encampada? É natural que se desconfie de que elas sejam encampadas pelo sistema estabelecido de gestão e de controle. Não sei como isso se dá no Japão, mas, na Europa, os pretensos partidos de extrema esquerda apresentam o que se pode chamar de uma "propensão para o fracasso".

C. Nemoto: No Japão é parecido.

M. Foucault: Desde que algo tenha sucesso e se realize, eles alardeiam que isso foi encampado pelo regime estabelecido! Em suma, eles se colocam na posição de jamais serem encampados; dito de outra maneira, sempre é preciso que eles aguentem o fracasso. Por exemplo: na França, entre 1972 e 1974, existiam movimentos em relação à prisão. Quando Giscard d'Estaing foi eleito presidente e formou seu primeiro ministério, realizou inúmeras reformas originais, e, notadamente, criou o cargo de subsecretário de Estado adjunto ao Ministério da Justiça dedicado exclusivamente aos problemas da prisão, e nomeou uma mulher.

Imediatamente, os esquerdistas puros e duros criticaram: "Vejam bem! Trata-se de uma encampação pelo sistema!" Mas não concordo com isso. Isso prova que esse problema foi reconhecido como importante em um certo nível do imaginário do governo.

Uma diferença entre os movimentos revolucionários e as lutas contra o poder cotidiano é precisamente que os primeiros não querem o sucesso. O que significa ter sucesso? Significa que uma demanda, qualquer que seja ela – uma greve, por exemplo –, foi aceita. Ora, se a demanda foi aceita, isso prova que os adversários capitalistas são ainda muito flexíveis, usam muitas estratégias e são capazes de sobreviver. Os movimentos revolucionários não desejam isso. Em segundo lugar, de acordo com uma visão tática já presente no próprio Marx, imagina-se que a força revolucionária é tão mais importante quanto mais aumente o número de descontentes. Se a demanda é aceita – ou seja, se tivermos sucesso –, isso implica que a potencialidade revolucionária diminui. Todos os movimentos de extrema esquerda na França, de 1967 a 1972, seguiram esse esquema.

Em suma, tudo é feito para que jamais se tenha sucesso. A teoria é a de que, se uma pessoa fosse detida, haveria 10 manifestantes; se cinco pessoas fossem presas, haveria 300 manifestantes e assim se chegaria a mobilizar 500 mil pessoas. Mas todo mundo sabe que isso acarretou um resultado catastrófico.

A luta contra o poder cotidiano tem, pelo contrário, o objetivo de ter êxito. Eles acreditam que, de fato, vão ganhar. Se eles pensam que a construção de um aeroporto ou de uma central elétrica em tal ou tal lugar é prejudicial, eles a impedem até o fim. Eles não se contentam com um sucesso como aquele da extrema esquerda dos movimentos revolucionários, que pensam: "Nossas lutas avançaram dois passos, mas a revolução recuou um passo." Vencer é conseguir.

M. Watanabe: O senhor mesmo participou dos movimentos do *Grupo de Informação sobre as Prisões*. Nessa perspectiva, qual seria o papel dos intelectuais?

M. Foucault: Atualmente, pode-se pensar que a maior parte das funções de poder – contra as quais o indivíduo resiste – se difunde pelas vias do saber. O saber aqui em questão não se limita ao saber da ciência – é o saber em sentido amplo, que compreende todos os saberes especializados, tais como os da tecnologia, da tecnocracia. Por exemplo, na época da monarquia absolutista havia os agricultores gerais que sustentavam uma função pública que financiava o rei, permitindo-se em contrapartida receber o máximo de impostos do povo. As pessoas não suportaram isso e se revoltaram contra essa maneira de fazer, semelhante à do gângster de hoje em dia.

Atualmente, o mecanismo do poder não obedece mais a esse exemplo do gângster. Ele precisa de uma imensa rede de saber, não somente para funcionar, mas também para se esconder. Tomemos o exemplo do hospital: os próprios tratamentos médicos certamente melhoraram, porém, de tempos em tempos, o poder médico se reforça e seu caráter arbitrário aumenta. Portanto, a resistência dos intelectuais contra este tipo de poder não pode negligenciar a medicina ou o próprio conhecimento do tratamento médico. Pelo contrário, em cada disciplina, seja médica, jurídica, na medida em que os intelectuais estão ligados à rede de saber e de poder, eles podem desempenhar um papel importante, que consiste em oferecer e em difundir as informações que, até agora, se mantinham confidenciais, como um saber de especialistas. Desvelar esses segredos permitirá controlar a função do poder.

Essa mudança se produziu entre os anos 1950 e 1960; anteriormente, o papel que os intelectuais desempenharam era o de uma consciência universal.

C. Nemoto: Este não é o caso de Sartre?

M. Foucault: Não tive a intenção de criticar Sartre. Zola, sobretudo, é o caso típico. Ele não escreveu *Germinal*[2] como mineiro.

De modo geral, no que se refere à luta atual contra o poder cotidiano, as possibilidades de os intelectuais poderem desempenhar um papel e se tornarem úteis existem em sua especialização, mas não em sua consciência universal.

Ora, o que é importante e interessante é que, se pensarmos assim, o próprio quadro do intelectual se amplia bruscamente. Não é mais necessário ser um filósofo universal e escritor como no caso precedente do intelectual universal. Quer seja advogado ou psiquiatra, todo mundo pode resistir à utilização do poder ligado estreitamente ao saber do qual se falou, e contribuir no sentido de impedir que ele seja exercido.

M. Watanabe: Este é o papel do intelectual que o senhor chama de intelectual da especificidade.

---

2 Zola (É.), *Germinal*, Paris, G. Charpentier, 1885.

1978

A Filosofia Analítica da Política

"Gendai no Kenryoku wo tou" ("A filosofia analítica da política"), *Asahi Jaanaru*, 2 de junho de 1978, p. 28-35. (Conferência dada em 27 de abril de 1978 no Asahi Kodo, centro de conferências de Tóquio, sede do jornal *Asahi*.)

    Eu havia proposto, dentre os possíveis temas de conferência, uma entrevista sobre as prisões, sobre o problema particular das prisões. Fui levado a renunciar a ele por diversos motivos: o primeiro é que, após três semanas de minha estada no Japão, me dei conta de que o problema da penalidade, da criminalidade, da prisão se colocava em termos muito diferentes na nossa sociedade e na de vocês. Percebi também, tendo a experiência de uma prisão – quando digo que tive a experiência de uma prisão isso não significa que fui preso, mas que visitei uma prisão, aliás, duas, na região de Fukuoka –, que, em relação ao que conhecemos na Europa, ela representa não apenas um aperfeiçoamento, um progresso, mas uma verdadeira mutação que necessitaria ser pensada e discutida com especialistas japoneses no assunto. Sentia-me pouco à vontade em lhes falar dos problemas tais como eles se apresentam atualmente na Europa, apesar de vocês estarem fazendo experiências tão importantes. Afinal, o problema das prisões não passa, em suma, de uma parte, de uma peça em um conjunto de problemas mais gerais. As entrevistas que pude dar a vários japoneses me convenceram de que talvez fosse mais interessante evocar o clima geral em que se coloca a questão da prisão, a questão da penalidade, mas também um certo número de questões de uma atualidade tão presente e urgente. Desse modo, vocês me perdoarão por ter dado à minha exposição um pouco mais de generalidade do que se ela se limitasse ao problema da prisão. Se quiserem, poderão fazer as suas observações sobre isso.
    Vocês sabem certamente que há, na França, um jornal chamado *Le monde*, que se tem o hábito de chamar, muito so-

lenemente, de "grande jornal da noite". Nesse "grande jornal da noite", certo dia um jornalista escreveu o seguinte, que me provocou surpresa e me levou a refletir: "Por que", escrevia ele, "tantas pessoas colocam hoje o problema do poder? Um dia", continuava ele, "certamente irão se espantar com o fato de que essa questão do poder nos tenha preocupado tão intensamente em todo esse final do século XX".

Não acredito que nossos sucessores, se refletirem um pouquinho, possam espantar-se por muito tempo com o fato de que, justamente nesse final do século XX, as pessoas de nossa geração tenham colocado, com tanta insistência, a questão do poder. Porque, afinal, se a questão do poder se coloca não é absolutamente porque a tenhamos colocado. Ela se colocou, ela nos foi posta. Ela nos foi posta, é claro, por nossa atualidade, mas também por nosso passado, um passado tão recente que mal parece ter terminado. Primeiramente, o século XX conheceu duas grandes doenças do poder, duas grandes epidemias, que levaram até muito longe as manifestações exasperadas de um poder. Essas duas grandes epidemias que dominaram o âmago, o centro do século XX, são seguramente o fascismo e o stalinismo. É claro que o fascismo e o stalinismo decorriam ambos de uma conjuntura bem precisa e bem específica. Sem dúvida o fascismo e o stalinismo levaram seus efeitos a dimensões até então desconhecidas, e se pode esperar, senão entendê-los racionalmente, que pelo menos eles não serão experimentados novamente. Fenômenos singulares consequentemente, porém é preciso não negar que, em relação a muitos pontos, o fascismo e o stalinismo apenas fizeram prolongar toda uma série de mecanismos que já existiam nos sistemas sociais e políticos do Ocidente. Primeiramente, a organização dos grandes partidos, o desenvolvimento de aparelhos policiais, a existência de técnicas de repressão como os campos de trabalho, tudo isso foi uma herança efetivamente instituída pelas sociedades ocidentais liberais, e que o stalinismo e o fascismo apenas incorporaram.

Essa experiência nos obrigou a colocar a questão do poder. Pois não podemos deixar de nos interrogar e perguntar: será que o fascismo e o stalinismo não foram, e não são ainda ali onde subsistem, apenas a resposta a conjunturas ou a situações particulares? Ou, pelo contrário, é preciso considerar que, em nossas sociedades, existem permanentemente virtualidades de qualquer modo estruturais, intrínsecas a nossos sistemas, que podem se revelar à menor oportunidade, tornando perpetuamente possíveis essas espécies de grandes excrescências do poder, essas excrescências do poder dentre as quais os sistemas mussoliniano, hitlerista, stalinista, o atual sistema do Chile e o sistema do Camboja são apenas exemplos, e exemplos incontornáveis.

Creio que o grande problema do século XIX, pelo menos na Europa, foi o da pobreza e da miséria. O grande problema que foi apresentado para a maioria dos pensadores e filósofos do início do século XIX era: como é possível que essa produção de riquezas, cujos efeitos espetaculares começavam a ser reconhecidos em todo o Ocidente, como essa produção de riquezas pode ser acompanhada da pauperização absoluta ou relativa (isto é uma outra questão) daqueles mesmos que a produzem? Não digo que esse problema da pauperização dos que produzem a riqueza, da produção simultânea da riqueza e da pobreza tenha sido totalmente resolvido no Ocidente nesse final do século XX, mas sim que ele não se coloca mais com a mesma urgência. Ele se encontra duplicado por um outro problema, que não é mais aquele da escassez de riquezas, mas o do excesso de poder. As sociedades ocidentais, de modo geral as sociedades industriais e desenvolvidas do fim desse século, são sociedades atravessadas por essa surda apreensão, ou mesmo por movimentos de revolta totalmente explícitos que questionam essa espécie de superprodução do poder, que o stalinismo e o fascismo seguramente expressaram de forma nua e monstruosa. Assim, tal como o século XIX precisou de uma economia que tivesse como objetivo específico a produção e a distribuição das riquezas, poderíamos dizer que necessitamos de uma economia que não se basearia na produção e na distribuição das riquezas, mas nas relações de poder.

Uma das mais antigas funções do filósofo no Ocidente – filósofo, talvez eu devesse dizer também sábio, ou ainda, para empregar essa desprezível palavra contemporânea, intelectual –, um dos principais papéis do filósofo no Ocidente, era colocar um limite ao excesso de poder, a essa superprodução do poder, a cada vez e em todos os casos em que havia o risco de ele se tornar perigoso. No Ocidente, o filósofo teve sempre, mais ou menos, o perfil de um antidéspota. E isso nas inúmeras formas possíveis que vemos se delinearem desde o começo da filosofia grega:

– o filósofo foi antidéspota definindo, ele próprio, o sistema das leis segundo as quais, em uma cidade, o poder deveria ser exercido, definindo os limites legais dentro dos quais ele podia ser exercido sem perigo: esse é o papel do filósofo legislador. Foi o papel de Solon. Afinal, o momento em que a filosofia grega começou a se separar da poesia, o momento em que a prosa grega começou a se delinear, foi certamente aquele em que Solon, em um vocabulário ainda poético, formulou as leis que iriam se tornar a própria prosa da história grega, da história helênica;
– segunda possibilidade: o filósofo pode ser antidéspota tornando-se conselheiro do príncipe, ensinando-lhe essa sabedoria, essa virtude, essa verdade que serão capazes, quando ele tiver que governar, de impedi-lo de abusar de seu poder. É o filósofo pedagogo; é o caso de Platão fazendo sua peregrinação ao território de Dênis, o Tirano;
– finalmente, terceira possibilidade: o filósofo pode ser antidéspota dizendo que, afinal, sejam quais forem os abusos que o poder pode exercer sobre ele ou sobre os outros, ele, como filósofo, em sua prática filosófica e em seu pensamento filosófico, permanecerá, em relação ao poder, independente; ele rirá do poder. É o caso dos cínicos.

Solon legislador, Platão pedagogo, e os cínicos. O filósofo moderador do poder, o filósofo, máscara que zomba do poder. Se pudéssemos lançar um olhar etnológico sobre o Ocidente a partir da Grécia, veríamos essas três figuras do filósofo girarem, se substituírem umas às outras; veríamos se delinear uma oposição significativa entre o filósofo e o príncipe, entre a reflexão filosófica e o exercício do poder. E me pergunto se essa oposição entre reflexão filosófica e exercício do poder não caracterizaria melhor a filosofia do que sua relação com a ciência, pois, enfim, há muito tempo a filosofia não pode mais desempenhar, em relação à ciência, o seu papel de fundamento. Em contrapartida, o papel de moderação em relação ao poder talvez ainda mereça ser desempenhado.

Quando verificamos a maneira pela qual, historicamente, o filósofo desempenhou, ou quis desempenhar, o seu papel de moderador do poder, somos levados a uma conclusão um pouco amarga. Na Antiguidade houve filósofos legisladores; houve filósofos conselheiros do príncipe; contudo, jamais houve, por exemplo, uma cidade platônica. Alexandre foi certamente discípulo de Aristóteles, mas o império de Alexandre não era aristotélico. E se é verdade que, no Império Romano, o estoicismo influenciou o pensamento do mundo inteiro, ou pelo menos o de sua elite, não deixa de ser verdade que o Império Romano não era estoico. Para Marco Aurélio, o estoicismo era uma maneira de ser imperador; não uma arte nem uma técnica para governar o Império.

Em outras palavras – e aqui penso um aspecto importante –, diferentemente do que se passou no Oriente, e particularmente na China e no Japão, não houve no Ocidente, pelo menos durante muito tempo, filosofia capaz de se incorporar a uma prática política, a uma prática moral de uma sociedade inteira. O Ocidente jamais experimentou o equivalente do confucionismo, ou seja, uma forma de pensamento que, refletindo a ordem do mundo ou estabelecendo-a, prescrevesse ao mesmo tempo a estrutura do Estado, a forma das relações sociais, as condutas individuais, e as prescrevesse efetivamente na própria realidade da história. Qualquer que tenha sido a importância do pensamento aristotélico, por mais que o aristotelismo tenha sido levado pelo dogmatismo da Idade Média, jamais Aristóteles desempenhou um papel semelhante ao desempenhando por Confúcio no Oriente. No Ocidente, não existiu um Estado filosófico.

Porém as coisas – e creio que este é um acontecimento importante – mudaram a partir da Revolução Francesa, a partir do fim do século XVIII e do início do XIX. Vemos então se constituírem regimes políticos que têm ligações não simplesmente ideológicas, mas orgânicas – eu ia dizer organizacionais – com filosofias. A Revolução Francesa e, podemos até dizer, o império napoleônico tinham com Rousseau – de modo mais geral com a filosofia do século XVIII – ligações orgânicas. Ligação orgânica entre o Estado prussiano e Hegel; ligação orgânica, por mais paradoxal que seja – mas este é um outro assunto – entre o Estado hitlerista e Wagner e Nietzsche. Ligações certamente entre leninismo, o Estado soviético e Marx. O século XIX viu surgir na Europa alguma coisa que jamais existira: Estados filosóficos – eu ia dizer Estados-filosofias –, filosofias que são simultaneamente Estados, e Estados que pensam sobre si, que refletem sobre si mesmos, que se organizam e definem suas escolhas fundamentais a partir de proposições filosóficas, dentro de sistemas filosóficos e como a verdade filosófica da história. Neles existe um fenômeno evidentemente muito surpreendente e que se torna ainda mais perturbador quando pensamos que essas filosofias, todas essas filosofias que se tornaram Estados, eram sem exceção filosofias da liberdade, filosofias da liberdade certamente como aquelas do século XVIII, mas filosofias da liberdade também em Hegel, em Nietzsche, em Marx. Ora, essas filosofias da liberdade instituíram, a cada vez, formas de poder que, seja na forma do terror, da burocracia ou ainda do terror burocrático, eram o próprio oposto do regime da liberdade, o contrário mesmo da liberdade tornada história.

Uma cômica amargura caracteriza esses filósofos ocidentais modernos: eles pensaram, eles próprios se pensaram segundo uma relação de oposição essencial ao poder e ao seu exercício ilimitado, mas o destino de seu pensamento fez com que, quanto mais eles eram escutados, mais o poder, mais as instituições políticas se impregnavam de seu pensamento, mais eles serviam para autorizar formas excessivas de poder. Isso foi, afinal, o tragicômico de Hegel transformado no regime bismarckiano; isso foi o tragicômico de Nietzsche, cujas obras completas foram presenteadas por Hitler a Mussolini por ocasião de sua viagem a Veneza que devia sancionar o *Anschluss*. Mais ainda do que o apoio dogmático das religiões, a filosofia autentica poderes sem freio. Esse paradoxo se tornou crise aguda com o stalinismo, que se apresentou como um Estado que, mais do que qualquer outro, era ao mesmo tempo uma filosofia, uma filosofia que havia justamente anunciado e previsto a decadência do Estado e que, transformada em Estado, tornou-se um Estado verdadeiramente privado, impedido de qualquer reflexão filosófica e de qualquer possibilidade de reflexão. É o Estado filosófico tornado literalmente inconsciente na forma do Estado puro.

Diante dessa situação que, para nós, é justamente contemporânea, e contemporânea de uma maneira imperativa, há várias atitudes possíveis. É possível – é perfeitamente legítimo, eu diria mesmo recomendável – nos interrogarmos historicamente a respeito dessas relações estranhas que o Ocidente estabeleceu, ou deixou estabelecer entre esses filósofos e o poder: de que modo essas ligações entre a filosofia e o poder puderam se estabelecer no momento mesmo em que a filosofia assumia como princípio, senão o do contrapoder, pelo menos o de moderação do poder, no momento em que a filosofia deveria dizer ao poder: detenha-se aqui; você não irá adiante? Trata-se de uma traição da filosofia? Ou será porque a filosofia sempre foi secretamente, seja lá o que ela tenha dito, uma certa filosofia do poder? Será que, afinal, dizer ao poder: detenha-se aqui não é tomar precisamente, virtualmente, secretamente também, o lugar do poder, fazer-se a lei da lei e, consequentemente, realizar-se como lei?

É possível colocar todas essas questões. É possível pensar, pelo contrário, que, afinal, a filosofia nada tem a ver com o poder, que a vocação profunda, essencial da filosofia, é se relacionar com a verdade, ou interrogar o ser; e que ao se perder nesses domínios empíricos, que são a questão da política e do poder, a filosofia só pode se comprometer. Se ela foi tão facilmente traída é porque ela própria se traiu. Ela se traiu indo aonde ela não deveria ter ido, e colocando questões que não eram as suas.

Mas talvez houvesse ainda uma outra via. É desta que gostaria de lhes falar. Talvez fosse possível conceber que há ainda para a filosofia uma certa possibilidade de desempenhar um papel em relação ao poder, que não seria um papel de fundação ou de recondução do poder. Talvez a filosofia possa ainda desempenhar um papel do lado do contrapoder, com a condição de que esse papel não consista mais em impor, em face do poder, a própria lei da filosofia, com a condição de que a filosofia deixe de se pensar como profecia, com a condição de que a filosofia deixe de se pensar como pedagogia, ou como legislação, e que ela se dê por tarefa analisar, elucidar, tornar visível, e, portanto, intensificar as lutas que se desenrolam em torno do poder, as estratégias dos adversários no interior das relações de poder, as táticas utilizadas, os focos de resistência, em suma, com a condição de que a filosofia deixe de colocar a questão do poder em termos de bem ou de mal, mas sim em termos de existência. Não mais perguntar: o poder é bom ou mau, legítimo ou ilegítimo, questão de direito ou de moral? Porém simplesmente tentar, de todas as formas, aliviar a questão do poder de todas as sobrecargas morais e jurídicas pelas quais ela foi até agora afetada, e colocar essa questão ingênua, que não foi frequentemente colocada, embora um certo número de pessoas a tenha colocado há muito tempo: em que consistem, na verdade, as relações de poder?

Há muito tempo se sabe que o papel da filosofia não é descobrir o que está escondido, mas sim tornar visível o que precisamente é visível – ou seja, fazer aparecer o que está tão próximo, tão imediato, o que está tão intimamente ligado a nós mesmos que, em função disso, não o percebemos. Enquanto o papel da ciência é fazer conhecer aquilo que não vemos, o papel da filosofia é fazer ver aquilo que vemos. Desse ponto de vista, a tarefa da filosofia atualmente bem poderia ser: quais são as relações de poder às quais estamos presos e nas quais a própria filosofia, pelo menos há 150 anos, está paralisada?

Vocês me dirão que esta é uma tarefa bem modesta, bem empírica, bem limitada, e que temos, muito próximo de nós, um certo modelo desse uso da filosofia na filosofia analítica dos anglo-americanos. Afinal, a filosofia analítica anglo-saxônica não se atribui a tarefa de refletir sobre o ser de linguagem ou sobre as estruturas profundas da língua; ela pensa o uso cotidiano que se faz da língua nos diferentes tipos de discursos. Trata-se, para a filosofia analítica inglesa, de fazer uma análise crítica do pensamento a partir da maneira como as coisas são ditas. Creio que se poderia imaginar do mesmo modo uma filosofia que teria a tarefa de analisar o que se passa cotidianamente nas relações de poder, uma filosofia que tentaria mostrar do que se trata, quais são as formas, as articulações, os objetivos dessas relações de poder. Uma filosofia que atuaria, consequentemente, mais nas relações de poder do que nos jogos de linguagem, uma filosofia que atuaria mais em todas essas relações que atravessam o corpo social do que nos efeitos da linguagem que atravessam e sustentam o pensamento. Poderíamos imaginar, seria preciso pensar alguma coisa como uma filosofia analítico-política. Então seria preciso lembrar que a filosofia analítica da linguagem dos anglo-saxões se protege bastante dessas espécies de qualificações-desqualificações massivas da linguagem, como encontramos em Humboldt ou em Bergson – para Humboldt, a linguagem era a criadora de qualquer relação possível entre o homem e o mundo, portanto a própria criadora do mundo como aquele do ser humano, ou a desvalorização bergsoniana que não para de repetir que a linguagem é impotente, que a linguagem é imóvel, que a linguagem é morte, que a linguagem é espacial e que, portanto, ela somente pode trair a experiência da consciência e do tempo. Mais do que essas desqualificações ou qualificações massivas, a filosofia inglesa tenta dizer que a linguagem jamais engana, e que tampouco ela revela. A linguagem é simplesmente esse jogo. Importância, portanto, da noção de jogo.

Seria possível dizer, de um modo um tanto análogo, que, para analisar ou para criticar as relações de poder, não se trata de lhes atribuir uma qualificação pejorativa ou laudatória massiva, global, definitiva, absoluta, unilateral; não se trata de dizer que as relações de poder somente podem fazer uma coisa, que é coagir e obrigar. Não é mais possível imaginar que se pode escapar das relações de poder de um golpe, globalmente, maciçamente, por uma espécie de ruptura radical ou por uma fuga sem retorno. As relações de poder funcionam; seria preciso estudar os jogos de poder em termos de tática e de estratégia, de norma e de acaso, de aposta e de objetivo. Foi um pouco nessa linha que tentei trabalhar e gostaria de lhes indicar algumas das linhas de análise que poderíamos seguir.

É possível abordar esses jogos de poder por muitos ângulos. Mais do que estudar o grande jogo do Estado com os cidadãos ou com os outros Estados, preferi – certamente por causa de uma tendência de caráter ou talvez de uma inclinação para a neurose obsessiva – me interessar por jogos de poder muito mais limitados, muito mais humildes, e que na filosofia não têm o *status* nobre, reconhecido, característico dos grandes problemas: jogos de poder em torno da loucura, da medicina, da doença, do corpo doente, jogos de poder em torno da penalidade e da prisão – é um pouco sobre isso que até agora me detive, e por duas razões.

O que está em questão nesses jogos de poder, sutis, um pouco singulares, às vezes marginais? Eles implicam nada mais, nada menos, do que o *status* da razão e da desrazão; implicam o *status* da vida e da morte, do crime e da lei; ou seja, um conjunto de coisas que ao mesmo tempo constituem a trama de nossa vida cotidiana, e a partir das quais os homens construíram seu discurso da tragédia.

Há um outro motivo que me levou a me interessar por essas questões e por esses jogos de poder. Creio que são esses jogos, mais do que as grandes batalhas estatais e institucionais, que provocam em nossos dias a inquietude e o interesse das pessoas. Quando se vê, por exemplo, a maneira pela qual vem se desenrolando, na França, a campanha eleitoral para o Legislativo nos surpreendemos ao ver que ali onde os jornais, a mídia, os políticos, os responsáveis pelo governo e pelo Estado não pararam de repetir para os franceses que eles iriam jogar uma partida capital para o seu futuro, independentemente de qual fosse o resultado das eleições, de qual fosse inclusive o número de eleitores sensatos que iriam votar, ficamos surpresos com o fato de que, profundamente, as pessoas não tenham de forma alguma sentido o que poderia haver de historicamente trágico ou de decisivo nessas eleições.

Em contrapartida, há muitos anos me surpreende, em muitas sociedades e não simplesmente dentro da sociedade francesa, o frêmito ininterrupto em torno dessas questões que foram outrora secundárias e um tanto teóricas: saber como se vai morrer, saber o que será feito de você quando for jogado em um hospital, saber o que ocorrerá com sua razão ou com seu julgamento a partir do que disserem sobre sua sanidade, saber o que se é quando se fica louco, saber o que se é e o que ocorrerá quando uma infração for cometida e quando se começar a entrar na máquina da penalidade. Tudo isso atinge profundamente a vida, a afetividade, a angústia de nossos contemporâneos. Se vocês me responderem, com razão, que, afinal, isso sempre foi assim, me parece que, mesmo assim, esta é uma das primeiras vezes (não é, totalmente, a primeira). Em todo caso, estamos em um desses momentos em que essas questões cotidianas, marginais, mantidas em um relativo silêncio, atingem um nível de discurso explícito, em que as pessoas aceitam não apenas falar delas, mas entrar no jogo dos discursos e tomar partido em relação a elas. A loucura e a razão, a morte e a doença, a penalidade, a prisão, o crime, a lei, tudo isso faz parte do nosso cotidiano, e é esse cotidiano que nos parece essencial.

Penso, aliás, que seria preciso ir mais longe e dizer que não apenas esses jogos de poder em torno da vida e da morte, da razão e loucura, da lei e do crime assumiram atualmente uma intensidade que não tinham, pelo menos no período imediatamente precedente, mas que a resistência e as lutas que se desenrolam não têm mais a mesma forma. Atualmente, não se trata mais, no essencial, de participar desses jogos de poder de modo a fazer respeitar mais sua própria liberdade ou seus direitos; não se deseja simplesmente mais jogos desse tipo. Não se trata mais de confrontos no interior desses jogos, mas sim de resistências ao jogo e de recusa do próprio jogo. Esta é, de fato, a característica de um certo número dessas lutas e combates.

Considerem o caso da prisão. Após anos e anos – eu ia dizer após séculos –, em todo caso, desde que a prisão existe como tipo de punição dentro dos sistemas penais ocidentais, desde o século XIX, toda uma série de movimentos, de críticas, de oposições às vezes violentas se desenvolveu para tentar modificar o funcionamento da prisão, a condição dos prisioneiros, o *status* que eles têm, seja na prisão, seja ao sair dela. Sabemos que, atualmente, não se trata mais, e pela primeira vez, desse jogo ou dessa resistência, dessa posição dentro do próprio jogo; trata-se de uma recusa ao próprio jogo. O que se diz é: chega de prisões. E quando, diante dessa crítica maciça, as pessoas sensatas, os legisladores, os tecnocratas, os governos perguntam: "Mas, afinal, o que vocês querem então?", a resposta é: "Não nos cabe dizer com que molho queremos ser comidos; não queremos mais jogar esse jogo da penalidade; não queremos mais jogar esse jogo das sanções penais; não queremos mais jogar esse jogo da justiça." Parece-me característico, na história de Narita que se desenrola há anos e anos no Japão,[1] que o jogo dos adversários e daqueles que resistem não tem sido o de tentar obter o maior número de vantagens possíveis, fazendo aplicar a lei, obtendo indenizações. Não se quis jogar o jogo, tradicionalmente organizado e institucionalizado, entre o Estado, com suas exigências, e os cidadãos, com seus direitos. Não se quis jogar o jogo de forma alguma; impede-se que o jogo seja jogado.

 A segunda característica dos fenômenos que tento situar e analisar é a de que eles constituem fenômenos difusos e descentralizados. Eis o que quero dizer. Retomemos o exemplo da prisão e do sistema penal. No século XVIII, por volta da década de 1760, na época em que se começou a colocar o problema de uma mudança radical no sistema penal, quem colocou a questão, e a partir de quê? Foram os teóricos, os teóricos do direito, filósofos no sentido da época, que colocaram o problema, não, de forma alguma, o da própria prisão, mas sim o problema muito geral do que deveria ser a lei em um país de liberdade e de que modo a lei deveria ser aplicada, dentro de quais limites e até onde. Após essa reflexão central e teórica se chegou, ao cabo de um certo número de anos, a exigir que a punição, a única punição possível, fosse a prisão.

---

[1] A construção do novo aeroporto de Tóquio na região agrícola de Narita se choca há anos com a oposição dos camponeses e da extrema esquerda japonesa.

O problema foi posto, nos países ocidentais, em termos completamente distintos e de uma maneira totalmente diversa nesses últimos anos. O ponto de partida nunca foi uma grande reivindicação global relativa a um melhor sistema de lei. Os pontos de partida foram sempre ínfimos e minúsculos: histórias de subalimentação, de desconforto nas prisões. E, a partir desses fenômenos locais, desses pontos de partida muito particulares, e em determinados lugares, as pessoas se deram conta de que o fenômeno se propagava, e se propagava muito rapidamente, e incluía toda uma série de pessoas que não viviam a mesma situação nem tinham os mesmos problemas. Podemos acrescentar que essas resistências parecem relativamente indiferentes aos regimes políticos ou aos sistemas econômicos, às vezes mesmo às estruturas sociais dos países em que elas se desenvolvem. Assistimos, por exemplo, a lutas, resistências, greves nas prisões tanto na Suécia – que possuía um sistema penal, um sistema penitenciário extremamente progressista em comparação com o nosso – quanto em países como a Itália ou a Espanha, onde a situação é bem pior e o contexto político é completamente diverso.

Poderíamos dizer a mesma coisa do movimento das mulheres e das lutas em torno dos jogos de poder entre homens e mulheres. O movimento feminista se desenvolveu tanto na Suécia como na Itália, onde os *status* das mulheres, das relações sexuais, das relações entre marido e mulher, entre homem e mulher eram muito diferentes. Isto mostra claramente que o objetivo de todos esses movimentos não é o mesmo daquele dos movimentos políticos e revolucionários tradicionais: não se trata absolutamente de visar ao poder político ou ao sistema econômico.

Terceira característica: esse tipo de resistência e de luta tem essencialmente por objetivo os próprios fatos de poder, muito mais do que ocorreria caso se tratasse de alguma coisa como uma exploração econômica, muito mais do que ocorreria se fosse algo como uma desigualdade. O que está em questão nessas lutas é o fato de que um certo poder seja exercido, e que o simples fato de ele ser exercido seja insuportável. Tomarei como exemplo uma piada, da qual vocês poderão rir, mas que também poderão levar a sério: na Suécia existem prisões em que os presos podem receber suas mulheres e fazer amor com elas. Cada preso tem um quarto. Certo dia, uma jovem sueca, estudante e militante ardorosa, veio me procurar pedindo para ajudá-la a denunciar o fascismo nas prisões suecas. Eu lhe perguntei em que consistia esse fascismo. Ela me respondeu: os quartos em que os prisioneiros podem fazer amor com suas mulheres não podem ser trancados à chave. Certamente, isso faz rir; ao mesmo tempo é muito significativo do que é o poder que está em questão.

Da mesma forma, a série de censuras e críticas dirigidas à instituição médica – penso nas de Illich, mas também em inúmeras outras – não recaía basicamente, principalmente, no fato de que as instituições médicas exerceriam uma medicina do lucro, embora fosse possível denunciar as relações existentes entre os laboratórios farmacêuticos e certas práticas médicas, ou determinadas instituições hospitalares. O que se censura na medicina não é dispor apenas de um saber frágil e frequentemente errôneo. Creio que é, essencialmente, exercer sobre o corpo, sobre o sofrimento do doente, sobre sua vida e sua morte um poder sem limite. Não sei se a mesma coisa ocorre no Japão, mas, nos países europeus, me surpreende que o problema da morte seja colocado não sob a forma de uma crítica dirigida à medicina por ela não ser capaz de nos manter vivos por mais tempo, mas, pelo contrário, por nos manter vivos mesmo quando não queremos. Criticamos a medicina, o saber médico, a tecnologia médica por decidir por nós a respeito da vida e da morte, por nos manter em uma vida científica e tecnicamente muito sofisticada, mas que não desejamos mais. O direito à morte é o direito de dizer não ao saber médico, e não a exigência de que o saber médico seja exercido. O alvo é certamente o poder.

No caso de Narita também encontraríamos algo parecido: os agricultores de Narita certamente poderiam ter obtido vantagens nada desprezíveis se tivessem aceitado certas propostas que lhes foram feitas. Sua recusa se dirigia ao exercício sobre eles de uma forma de poder que eles não desejavam. Mais do que a vantagem econômica, o que estava em questão no caso de Narita era a própria modalidade pela qual o poder se exercia sobre eles, unicamente o fato de que se tratava de uma desapropriação decidida de cima, dessa ou daquela maneira; é a esse poder arbitrário que se responde por uma inversão violenta de poder.

A última característica sobre a qual gostaria de insistir a respeito dessas lutas é o fato de serem lutas imediatas. Em dois sentidos: por um lado, elas estão ligadas às instâncias de poder mais próximas; prendem-se a tudo aquilo que se exerce imediatamente sobre os indivíduos. Em outras palavras, não se trata, nessas lutas, de seguir o grande princípio leninista do inimigo principal ou do elo mais fraco. Essas lutas imediatas não esperam mais tampouco de um momento futuro, que seria a revolução, a libertação, que seria o desaparecimento das classes, a decadência do Estado, a solução dos problemas. Em relação a uma hierarquia teórica das explicações ou a uma ordem revolucionária que polarizaria a história e que hierarquizaria seus momentos, podemos dizer que essas lutas são anárquicas; elas se inscrevem no interior de uma história imediata, que se aceita e se reconhece como perpetuamente aberta.

Gostaria agora de voltar a essa filosofia analítico-política da qual falava há pouco. Creio que o papel de tal filosofia analítica do poder deveria ser avaliar a importância dessas lutas e desses fenômenos, aos quais, até agora, apenas se atribuiu um valor marginal. Seria necessário mostrar o quanto esses processos, agitações, lutas obscuras, medíocres, frequentemente pequenas, o quanto essas lutas são diferentes das formas de luta que foram tão intensamente valorizadas no Ocidente sob a bandeira da revolução. É absolutamente evidente que, seja qual for o vocabulário empregado, sejam quais forem as referências teóricas daqueles que participam dessas lutas, elas se referem a um processo que, apesar de ser importantíssimo, não é absolutamente um processo de forma, de morfologia revolucionária, no sentido clássico do termo "revolução", na medida em que revolução designa uma luta global e unitária de toda uma nação, de todo um povo, de toda uma classe, no sentido em que revolução designa uma luta que promete subverter de alto a baixo o poder estabelecido, anulá-lo em seu princípio, no sentido em que revolução significaria uma luta que garante uma libertação total, e uma luta imperativa já que ela, em suma, exige que todas as outras lutas lhe sejam subordinadas e permaneçam dependentes dela.

Assistimos, nesse fim do século XX, a algo que seria o fim da era da revolução? Esse tipo de profecia, essa espécie de condenação à morte da revolução, me parece um pouco ridícula. Talvez estejamos vivendo o fim de um período histórico que, de 1789 a 1793, foi, pelo menos para o Ocidente, dominado pelo monopólio da revolução, com todos os efeitos de despotismo associados que ela podia implicar, sem que, no entanto, esse desaparecimento do monopólio da revolução signifique uma revalorização do reformismo. Nas lutas às quais me refiro não se trata absolutamente de reformismo, já que o reformismo tem o papel de estabilizar um sistema de poder ao cabo de um certo número de mudanças, enquanto, em todas essas lutas, trata-se da desestabilização dos mecanismos de poder, de uma desestabilização aparentemente sem fim.

Essas lutas, descentralizadas em relação aos princípios, primados, privilégios da revolução, não são, no entanto, fenômenos circunstanciais que apenas estariam ligados a conjunturas particulares. Elas visam a uma realidade histórica que existe de uma maneira que talvez não seja aparente, mas que é extremamente sólida nas sociedades ocidentais há séculos e séculos. Creio que essas lutas visam a uma das estruturas menos conhecidas, mais essenciais de nossas sociedades. Certas formas de exercício do poder são perfeitamente visíveis e engendraram lutas que podem ser reconhecidas imediatamente, uma vez que seu objetivo é em si mesmo visível: houve lutas nacionalistas contra as formas colonizadoras, étnicas, linguísticas de dominação, houve lutas sociais cujo objetivo explícito e conhecido eram as formas econômicas de exploração; houve lutas políticas contra as formas bem visíveis, conhecidas, jurídicas e políticas de poder. As lutas às quais me refiro – e talvez seja por isso que sua análise é um pouco mais delicada de realizar do que a de outras – visam a um poder que existe no Ocidente desde a Idade Média, uma forma de poder que não é exatamente nem um poder político nem jurídico, nem um poder econômico nem um poder de dominação étnica, e que, no entanto, teve grandes efeitos estruturantes dentro das nossas sociedades. Esse poder é de origem religiosa, aquele que pretende conduzir e dirigir os homens ao longo de toda a sua vida e em cada uma das circunstâncias dessa vida, um poder que consiste em querer controlar a vida dos homens em seus detalhes e desenvolvimento, do nascimento à sua morte, e isso para lhes impor uma certa maneira de se comportar, com a finalidade de garantir a sua salvação. É o que poderíamos chamar de poder pastoral.

Etimologicamente, e tomando as palavras ao pé da letra, o poder pastoral é o poder exercido pelo pastor sobre seu rebanho. Ora, um poder desse tipo, tão atento, tão pleno de solicitude, tão ligado à salvação de todos e de cada um, não foi conhecido, e nem verdadeiramente desejado, pelas sociedades antigas, as sociedades gregas e romanas. É somente com o cristianismo – com a instituição da Igreja, sua organização hierárquica e territorial, mas também o conjunto de crenças relativas ao além, ao pecado, à salvação, à economia do mérito, com a definição do papel do padre – que surge a concepção dos cristãos como elementos de um rebanho, sobre o qual um certo número de indivíduos que gozavam de um *status* particular tem o direito e o dever de exercer os encargos do pastorado.

O poder pastoral se desenvolveu ao longo de toda a Idade Média nas relações fechadas e difíceis com a sociedade feudal. Ele se desenvolveu, mais intensamente ainda, no século XVI, com a Reforma e a Contrarreforma. Através dessa história que se inicia com o cristianismo e prossegue até o cerne da Idade Clássica, até as vésperas da Revolução, o poder pastoral manteve um caráter essencial, singular, na história das civilizações: exercendo-se inteiramente como qualquer outro poder do tipo religioso ou político sobre o grupo inteiro, o poder pastoral tem por preocupação e tarefa principal velar pela salvação de todos, apenas operando sobre cada elemento em particular, cada ovelha do rebanho, cada indivíduo, não somente para obrigá-lo a agir dessa ou daquela maneira, mas também de modo a conhecê-lo, a desvendá-lo, a fazer aparecer sua subjetividade e visando a estruturar a relação que ele estabelece consigo próprio e com sua própria consciência. As técnicas da pastoral cristã relativas à direção de consciência, ao cuidado das almas, ao tratamento das almas, a todas essas práticas que vão do exame à confissão passando pelo reconhecimento, essa relação obrigatória de si para consigo em termos de verdade e de discurso obrigatório, creio que ela é um dos pontos fundamentais do poder pastoral, sendo aquilo que faz dele um poder individualizante. O poder, nas cidades gregas e no Império Romano, não tinha a necessidade de conhecer os indivíduos um a um, de constituir a respeito de cada um uma espécie de pequeno núcleo de verdade que a confissão deveria trazer à luz e que a escuta atenta do pastor deveria recolher e julgar. O poder feudal tampouco necessitava dessa economia individualizante do poder. A monarquia absoluta e seu aparelho administrativo também não precisavam disso. Esses poderes atuavam sobre toda a cidade ou sobre grupos, territórios, categorias de indivíduos. Estas eram sociedades de grupos e de *status*; não se vivia ainda em uma sociedade individualizante. Bem antes da grande época do desenvolvimento da sociedade industrial e burguesa, o poder religioso do cristianismo trabalhou o corpo social até a constituição de indivíduos ligados a si mesmos sob a forma dessa subjetividade, à qual se exige tomar consciência de si em termos de verdade e sob a forma da confissão.

Gostaria de fazer duas observações a respeito do poder pastoral. A primeira é que valeria a pena comparar o pastorado, o poder pastoral das sociedades cristãs, com o que pôde ser o papel e os efeitos do confucionismo nas sociedades do Extremo Oriente. Seria preciso enfatizar a quase coincidência cronológica dos dois, e o quanto o papel do poder pastoral foi importante no desenvolvimento do Estado nos séculos XVI e XVII na Europa, tal como o confucionismo foi no Japão na época dos Tokutawa. Mas também seria preciso distinguir o poder pastoral do confucionismo: o pastorado é essencialmente religioso, enquanto o confucionismo não o é; o pastorado visa essencialmente a um objetivo situado no além, e apenas intervém aqui embaixo em função desse além, enquanto o confucionismo desempenha um papel essencialmente terrestre; ele visa a uma estabilidade geral do corpo social através de um conjunto de regras gerais que são impostas a todos os indivíduos ou a todas as categorias de indivíduos, enquanto o pastorado estabelece relações de obediência individualizadas entre o pastor e seu rebanho; finalmente, o pastorado obtém, através das técnicas por ele empregadas (direção espiritual, cuidado das almas etc.), efeitos individualizantes que o confucionismo não comporta. Todo um vasto e importante conjunto de estudos sobre isso poderia ser desenvolvido a partir dos trabalhos fundamentais realizados no Japão por Masao Maruyama.

Minha segunda observação é a seguinte: a partir do século XVIII, de maneira paradoxal e bastante inesperada, tanto nas sociedades capitalistas e industriais quanto nas formas modernas de Estado que as acompanharam e sustentaram, surge a necessidade de procedimentos, de mecanismos, essencialmente procedimentos de individualização que o pastorado religioso havia posto em prática. Qualquer que tenha sido a autorização dada a um certo número de instituições religiosas, quaisquer que tenham sido as mutações, que chamaremos para resumir de ideológicas, que certamente modificaram profundamente a relação do homem ocidental com as crenças religiosas, houve a implantação, a multiplicação mesmo e a difusão de técnicas pastorais no quadro laico do aparelho do Estado. Sabe-se pouco e fala-se pouco disso, seguramente porque as grandes formas de Estado que se desenvolveram a partir do século XVIII foram justificadas muito mais em termos de liberdade garantida do que de mecanismo de poder implantado, e talvez também porque esses pequenos mecanismos de poder tinham qualquer coisa de humilde e de inconfessável que não foi possível considerar como devendo ser analisados e ditos. Como diz um escritor no romance intitulado *Un homme ordinaire*, a ordem prefere ignorar o mecanismo que organiza o seu cumprimento tão evidentemente sórdido que destruiria todas as vocações de justiça.

São justamente esses pequenos mecanismos, modestos e quase sórdidos, que é preciso fazer emergir da sociedade em que eles funcionam. Durante os séculos XVIII e XIX europeus, presenciou-se toda uma reconversão, toda uma transposição do que haviam sido os objetivos tradicionais do pastorado. Fala-se frequentemente que o Estado e a sociedade moderna ignoram o indivíduo. Quando observamos um pouco mais atentamente, ficamos surpresos, pelo contrário, com a atenção que o Estado dispensa aos indivíduos; surpreendemo-nos diante de todas as técnicas criadas e desenvolvidas para que o indivíduo não escape de forma alguma ao poder, à vigilância, ao controle, ao sábio, à reeducação nem à correção. Todas as grandes máquinas disciplinares: casernas, escolas, oficinas e prisões são máquinas que permitem apreender o indivíduo, saber o que ele é, o que ele faz, o que se pode fazer dele, ou onde é preciso colocá-lo, como situá-lo entre os outros. As ciências humanas também são saberes que permitem conhecer o que os indivíduos são, quem é normal e quem não é, quem é equilibrado e quem não é, quem é apto e a fazer o quê, quais são os comportamentos previsíveis dos indivíduos, quais são aqueles que é preciso eliminar. A importância da estatística decorre justamente do fato de que ela permite mensurar quantitativamente os efeitos de massa dos comportamentos individuais. Seria preciso ainda acrescentar que os mecanismos de assistência e de seguridade, além de seus objetivos de racionalização econômica e de estabilização política, têm efeitos individualizantes: eles fazem do indivíduo, de sua existência e de seu comportamento, da vida, da existência não apenas de todos mas de cada um, um acontecimento que é pertinente, necessário mesmo, indispensável para o exercício do poder nas sociedades modernas. O indivíduo se tornou uma aposta essencial para o poder. O poder é tanto mais individualizante quanto mais, paradoxalmente, ele for burocrático e estatal. Se o pastorado perdeu, em sua forma estritamente religiosa, o essencial de seus poderes, ele encontrou no Estado um novo suporte e um princípio de transformação.

Gostaria de terminar voltando a essas lutas, a esses jogos de poder dos quais falava anteriormente, e dos quais as lutas em torno da prisão e do sistema penal não passam de um dos exemplos e de um dos casos possíveis. Essas lutas – quer se trate das relativas à loucura, à doença mental, à razão ou à loucura, quer se trate das que concernem às relações sexuais entre indivíduos, entre os sexos, quer sejam as lutas relativas ao meio e ao que se chama de ecologia, quer sejam aquelas que concernem à medicina, à saúde e à morte – têm um objeto e uma aposta muito precisa que constitui sua importância, uma aposta totalmente diferente do que é visado pelas lutas revolucionárias e que merece pelo menos, tanto quanto estas, que as levemos em consideração. É o que se chamou, desde o século XIX, de Revolução, isso a que visam os partidos e os movimentos que chamamos de revolucionários, é essencialmente isso que constitui o poder econômico...

1978

Sexualidade e Poder

"Sei to Kenryoku" ("Sexualidade e poder"; conferência na Universidade de Tóquio, em 20 de abril de 1978, seguida de um debate), *Gendai-shisô*, julho de 1978, p. 58-77.

Gostaria primeiramente de agradecer aos responsáveis pela Universidade de Tóquio que me permitiram estar aqui e ter essa reunião com vocês, que eu desejaria que fosse um seminário durante o qual pudéssemos discutir, fazer perguntas, tentar respondê-las – mais frequentemente, aliás, fazer perguntas do que respondê-las. Quero agradecer especialmente ao Sr. Watanabe que aceitou, faz agora tantos anos, manter-se em contato comigo, manter-me ao corrente das coisas do Japão, encontrar-se comigo quando ele vai à França, ocupar-se de mim com um cuidado paternal – ou maternal – quando estou no Japão, e eu não saberia como lhe expressar todo o meu reconhecimento pelo que ele fez e pelo que ainda faz agora.

Pensei que, nesta tarde, teríamos oportunidade de discutir em um pequeno grupo, em volta de uma mesa que chamamos de redonda, embora ela seja às vezes quadrada – ou seja, uma mesa que permitisse relações de igualdade e trocas contínuas. O grande número de participantes – eu, certamente, me parabenizo por isso – tem o inconveniente de me obrigar a tomar essa posição de mestre, essa posição de distância, e me obriga também a lhes falar de uma maneira que será um pouco contínua, embora eu tente torná-la o menos dogmática possível. De qualquer forma, não gostaria de lhes expor uma teoria, uma doutrina, nem mesmo o resultado de uma pesquisa, uma vez que, como o Sr. Watanabe lembrou, tive a oportunidade de ver a maioria dos meus livros e artigos traduzidos em japonês. Seria indecoroso e indelicado de minha parte retomá-los e descarregá-los em cima de vocês como um dogma. Prefiro explicar a vocês em que ponto me encontro agora e que tipos de problemas me preocupam, submetendo-lhes algumas hipóteses que me servem atualmente para sustentar o meu trabalho. Ficarei certamente contente se, após a minha exposição – que, espero, durará em torno de 30 ou 45 minutos –, pudermos discutir, e talvez nesse momento o clima esteja – como dizê-lo – mais descontraído, sendo mais fácil trocarmos perguntas e respostas. É claro que vocês poderão fazer as suas perguntas em japonês – não porque eu vá compreendê-las, mas sim porque elas serão traduzidas para mim; vocês também podem fazê-las em inglês. Eu lhes responderei em um dialeto qualquer e, mesmo assim, nos viraremos. Tentarei, uma vez que vocês tiveram a gentileza de vir aqui para ouvir uma conferência em francês, falar o mais claramente possível; sei que, com os professores competentes que vocês têm, eu não teria muito com que me preocupar com o nível linguístico de vocês, mas, afinal, a polidez exige que eu tente me fazer entender; assim, se surgirem alguns problemas ou dificuldades, se vocês não me compreenderem ou mesmo, muito simplesmente, surgir alguma questão na cabeça de vocês, eu lhes peço, me interrompam, coloquem suas questões, pois estamos aqui, essencialmente, para estabelecer contatos, para discutir e tentar romper o mais possível a forma habitual de conferência.

Gostaria de lhes expor hoje a etapa, não do meu trabalho, mas das hipóteses do meu trabalho. Ocupo-me atualmente com uma espécie de história da sexualidade, que, com a maior imprudência, prometi que teria seis volumes. Espero, na verdade, não chegar a tanto, embora acredite ainda que meu trabalho continuará a girar em torno desse problema da história da sexualidade; há um certo número de questões importantes ou que poderiam ser importantes se fossem tratadas da maneira adequada. Não estou certo de que as tratarei do modo adequado, mas talvez, apesar de tudo, apenas colocá-las já valha a pena.

Por que escrever uma história da sexualidade? Para mim, isso significava o seguinte: uma coisa me havia surpreendido: é que Freud e a psicanálise tiveram como ponto histórico de partida, como o seu ponto de partida, um fenômeno que, no fim do século XIX, tinha grande importância na psiquiatria e mesmo, de modo geral, na sociedade, e, podemos dizer, na cultura ocidental. Esse fenômeno singular – quase marginal – fascinou os médicos, fascinou de maneira geral, digamos, os pesquisadores, aqueles que se interessavam de uma forma ou de outra pelos problemas muito amplos da psicologia. Esse fenômeno era a histeria. Deixemos de lado, se quiserem, o problema propriamente médico da histeria; a histeria, essencialmente caracterizada por um fenômeno de esquecimento, de desconhecimento maciço pelo sujeito de si mesmo, que podia ignorar pelo viés de sua síndrome histérica todo um fragmento do seu passado ou toda uma parte do seu corpo. Freud mostrou que esse desconhecimento do sujeito por ele próprio era o ponto de ancoragem da psicanálise, que ele era, de fato, não um desconhecimento geral pelo sujeito de si mesmo, mas sim um desconhecimento de seu desejo, ou de sua sexualidade, para empregar uma palavra que talvez não seja muito adequada. Então, inicialmente, desconhecimento do seu desejo pelo sujeito. Eis o ponto de partida da psicanálise; a partir daí, esse desconhecimento pelo sujeito do seu próprio desejo foi situado e utilizado por Freud como meio geral simultaneamente de análise teórica e de investigação prática dessas doenças.

O que é o desconhecimento de seus próprios desejos? Essa é a pergunta que Freud não parou de fazer. Ora, seja qual for a fecundidade desse problema e a riqueza dos resultados a que se chegou, creio que existe apesar de tudo um outro fenômeno, que é quase o oposto desse, fenômeno que me surpreendeu, e que se poderia chamar – aqui, peço aos professores de francês que façam a gentileza de tapar seus ouvidos, pois eles me baniriam de seu cenáculo, me pediriam para nunca mais pôr os pés aqui, pois empregarei uma palavra que não existe – de um fenômeno de supersaber, isto é, um saber de qualquer forma excessivo, um saber ampliado, um saber ao mesmo tempo intenso e extenso da sexualidade, não no plano individual, mas no plano cultural, no plano social, em formas teóricas ou simplificadas. Creio que a cultura ocidental foi surpreendida por uma espécie de desenvolvimento, de hiperdesenvolvimento do discurso da sexualidade, da teoria da sexualidade, da ciência sobre a sexualidade, do saber sobre a sexualidade.

Talvez seja possível dizer que havia, nas sociedades ocidentais, no final do século XIX, um duplo fenômeno muito importante, que era, por um lado, um fenômeno geral mas apenas situável no nível dos indivíduos, ou seja, o desconhecimento pelo sujeito de seu próprio desejo – e isso se manifestava especialmente na histeria –, e ao mesmo tempo, pelo contrário, um fenômeno de supersaber cultural, social, científico, teórico da sexualidade. Esses dois fenômenos – de desconhecimento da sexualidade pelo próprio sujeito e de supersaber sobre a sexualidade na sociedade – não são fenômenos contraditórios. Eles coexistem efetivamente no Ocidente, e um dos problemas é certamente saber de que modo, em uma sociedade como a nossa, é possível haver essa produção teórica, essa produção especulativa, essa produção analítica sobre a sexualidade no plano cultural geral e, ao mesmo tempo, um desconhecimento do sujeito a respeito de sua sexualidade.

Vocês sabem que a psicanálise não respondeu diretamente a essa questão. Não creio que se possa dizer legitimamente que ela não tenha abordado exatamente esse problema, mas ela tampouco de fato o ignorou; a psicanálise tenderia a dizer que, no fundo, essa produção, essa superprodução teórica, discursiva em relação à sexualidade nas sociedades ocidentais é apenas o produto, o resultado de um desconhecimento da sexualidade que se produzia no nível dos indivíduos e no próprio sujeito. Ou melhor, creio que a psicanálise diria: é precisamente porque os sujeitos continuam a ignorar o que é da ordem da sua sexualidade e do seu desejo que existe toda uma produção social de discursos sobre a sexualidade, que eram também discursos errôneos, irracionais, afetivos, mitológicos. Digamos que os psicanalistas abordaram o saber sobre a sexualidade apenas por duas vias: seja tomando-o como ponto de partida, como exemplo, como matriz, de qualquer forma de saber sobre a sexualidade, as famosas teorias que as crianças inventam a respeito de seu nascimento, a respeito do fato de elas terem ou não um sexo masculino, sobre a diferença entre menino e menina. Freud tentou pensar o saber sobre a sexualidade a partir dessa produção fantasística que encontramos nas crianças, ou ainda tentou abordar o saber sobre a sexualidade em psicanálise a partir dos grandes mitos da religião ocidental, mas creio que jamais os psicanalistas levaram muito a sério o problema da produção de teorias sobre a sexualidade na sociedade ocidental.

Ora, essa produção maciça que remonta há muito tempo e vem de muito longe, pelo menos desde Santo Agostinho, desde os primeiros séculos cristãos, é um fenômeno a ser levado a sério, e que não pode ser reduzido simplesmente a esses modelos que podem ser uma mitologia, um mito ou ainda uma teoria fantasística. Embora meu projeto, ao fazer uma história da sexualidade, seja o de inverter essa perspectiva, não absolutamente para dizer que a psicanálise se engana, não absolutamente para dizer que não existe em nossas sociedades um desconhecimento pelo sujeito de seu próprio desejo, mas sim para dizer, por um lado, que é preciso tentar estudar, em si mesma, em suas origens e formas próprias, essa superprodução de saber sociocultural sobre a sexualidade e, por outro, tentar verificar em que medida a própria psicanálise, que se apresenta justamente como fundamento racional de um saber sobre o desejo, como a própria psicanálise faz parte, sem dúvida, dessa grande economia da superprodução do saber crítico a respeito da sexualidade. Eis a aposta do trabalho que pretendo realizar, que não é de forma alguma um trabalho antipsicanalítico, mas que tenta retomar o problema da sexualidade, ou melhor, do saber sobre a sexualidade a partir não do desconhecimento pelo sujeito de seu próprio desejo, mas da superprodução de saber social e cultural, o saber coletivo sobre a sexualidade.

Se quisermos estudar essa superprodução de saber teórico sobre a sexualidade, creio que a primeira coisa que encontraremos, o primeiro traço que surpreende nos discursos que a cultura ocidental manteve sobre a sexualidade, é que esse discurso assumiu muito rápida e precocemente uma forma que podemos chamar de científica. Com isso, não quero dizer que esse discurso sempre foi racional, não quero dizer que ele tenha sempre obedecido aos critérios do que atualmente chamamos de verdade científica. Bem antes da psicanálise, na psiquiatria do século XIX, mas igualmente no que podemos chamar de psicologia do século XVIII e, melhor ainda, na teologia moral do século XVII e mesmo da Idade Média, encontramos toda uma especulação sobre o que era a sexualidade, sobre o que era o desejo, sobre o que era na época a concupiscência, todo um discurso que se pretendeu um discurso racional e um discurso científico, e acredito que é nele que podemos perceber uma diferença capital entre as sociedades ocidentais e pelo menos um certo número de sociedades orientais.

Refiro-me aqui a uma análise que tentei esboçar em um primeiro volume dessa *História da sexualidade*, que o Sr. Watanabe teve a gentileza de traduzir e comentar em uma revista. Essa oposição entre as sociedades que tentam sustentar um discurso científico sobre a sexualidade, como fazemos no Ocidente, e as sociedades em que o discurso sobre a sexualidade é igualmente um discurso muito extenso, um discurso muito abundante, um discurso muito difundido, mas que não visa a instituir uma ciência, e busca, pelo contrário, definir uma arte – uma arte que visaria a produzir, através da relação sexual ou com os órgãos sexuais, um tipo de prazer que se procura tornar o mais intenso, o mais forte ou o mais duradouro possível. Encontra-se, em muitas sociedades orientais, assim como em Roma ou na Grécia antiga, toda uma série de discursos muito numerosos sobre essa possibilidade, ou em todo caso sobre a busca dos métodos por meio dos quais se poderá intensificar o prazer sexual. O discurso que encontramos no Ocidente, pelo menos desde a Idade Média, é complemente diferente deste.

No Ocidente, não temos a arte erótica. Em outras palavras, não se ensina a fazer amor, a obter o prazer, a dar prazer aos outros, a maximizar, a intensificar seu próprio prazer pelo prazer dos outros. Nada disso é ensinado no Ocidente, e não há discurso ou iniciação outra a essa arte erótica senão a clandestina e puramente interindividual. Em compensação, temos ou tentamos ter uma ciência sexual – *scientia sexualis* – sobre a sexualidade das pessoas, e não sobre o prazer delas, alguma coisa que não seria como fazer para que o prazer seja o mais intenso possível, mas sim qual é a verdade dessa coisa que, no indivíduo, é seu sexo ou sua sexualidade: verdade do sexo, e não intensidade do prazer. Penso que temos dois tipos de análise, dois tipos de pesquisa, dois tipos de discurso completamente diferentes, e que serão encontrados em dois tipos de sociedade muito diferentes. Abro novamente um pequeno parêntese: evidentemente, adoraria discutir com pessoas cujo *background* cultural e histórico é diferente do meu, e gostaria particularmente de saber, pois há muito pouco sobre isso no Ocidente, em que consiste, em sociedades como a de vocês, como a sociedade chinesa, a arte erótica, como ela se desenvolveu, a partir de que saber. Creio que, em todo caso, seria muito interessante fazer um estudo comparado entre a arte erótica nas sociedades orientais e o surgimento de uma ciência sexual no Ocidente...

Voltemos, se vocês quiserem, ao próprio Ocidente. O que gostaria de fazer nesse trabalho sobre a história da sexualidade é precisamente a história dessa ciência sexual, dessa *scientia sexualis*, não para dizer quais foram exatamente seus diferentes conceitos, teorias ou afirmações – poderíamos, aliás, fazer uma verdadeira enciclopédia sobre isso. Porém, aquilo sobre o que me interrogo é por que as sociedades ocidentais – digamos, as sociedades europeias – tiveram tanta necessidade de uma ciência sexual, ou, em todo caso, por que razão, por tantos séculos e até hoje, se tenta constituir uma ciência da sexualidade; isto é, por que queremos – nós, os europeus – e o quisemos há milênios saber de preferência sobre a verdade de nosso sexo do que atingir a intensidade do prazer? Para resolver essa questão é evidente que se encontra um esquema, um esquema habitual, que é a hipótese que vem imediatamente à cabeça, e que consiste em dizer o seguinte: pois bem, no Ocidente, e certamente agora graças a Freud – desde Freud – e igualmente a partir de toda uma série de movimentos políticos, sociais, culturais diversos, começou-se pouco a pouco a libertar a sexualidade dos grilhões que a prendiam, começou-se a lhe permitir falar, ela que até então tinha sido, durante séculos, votada ao silêncio. Estamos, simultaneamente, liberando a própria sexualidade e criando condições para poder tomar consciência dela, enquanto, nos séculos precedentes, o peso de uma moral burguesa, por um lado, e o de uma moral cristã, por outro, a primeira tomando de qualquer forma a dianteira e a continuidade da segunda, nos haviam impedido, haviam impedido o Ocidente de se interessar pela sexualidade. Em outras palavras, o esquema histórico utilizado se desenvolve frequentemente em três tempos, três termos, três períodos.

Primeiro movimento: a Antiguidade grega e romana, na qual a sexualidade era livre, se expressava sem dificuldades e efetivamente se desenvolvia, sustentava em todo caso um discurso na forma de arte erótica. Depois o cristianismo interveio, o cristianismo que teria, pela primeira vez na história do Ocidente, colocado uma grande interdição à sexualidade, que teria dito não ao prazer e por aí mesmo ao sexo. Esse não, essa proibição teria levado a um silêncio sobre a sexualidade – baseado essencialmente em proibições morais. Porém a burguesia, a partir do século XVI, encontrando-se em uma posição de hegemonia, de dominação econômica e de hegemonia cultural, teria retomado de qualquer modo a seu cargo, para aplicá-lo mais severamente ainda e com meios ainda mais rigorosos, esse ascetismo cristão, essa recusa cristã da sexualidade e consequentemente a teria prolongado até o século XIX, no qual finalmente, em seus últimos anos, se teria começado a levantar o véu com Freud.

Eis o esquema histórico que ordinariamente é utilizado quando se faz uma história da sexualidade no Ocidente, ou seja, se faz essa história estudando em primeiro lugar basicamente os mecanismos da repressão, da interdição, daquilo que rejeita, exclui, recusa, e depois fazendo recair a responsabilidade dessa grande recusa ocidental da sexualidade sobre o cristianismo. Seria o cristianismo que teria dito não à sexualidade.

Creio que esse esquema histórico tradicionalmente aceito não é exato, que não pode ser mantido por inúmeras razões. No livro, do qual o Sr. Watanabe teve a gentileza de traduzir um capítulo, me interroguei sobretudo a respeito dos problemas de método e desse privilégio da interdição e da negação quando se faz a história da sexualidade. Tentei mostrar que seria sem dúvida mais interessante e mais rico fazer a história da sexualidade a partir do que a motivou e impulsionou do que a partir daquilo que a proibiu. Enfim, deixemos isso de lado. Creio que é possível fazer ao esquema tradicional, ao qual acabo de me referir, uma segunda objeção, e é dela sobretudo que gostaria de falar: objeção não de método, mas de fato. Essa objeção de fato não sou eu que a formulo, mas sim os historiadores, sobretudo um historiador da Antiguidade romana que trabalha atualmente na França chamado Paul Veyne, que está fazendo uma série de estudos sobre a sexualidade no mundo romano antes do cristianismo. Ele descobriu uma série de coisas importantes que precisamos levar em conta.

Vocês sabem que, de modo geral, quando se quer caracterizar a moral cristã quanto à sexualidade, e se quer opô-la à moral pagã, à moral grega ou romana, se propõem as seguintes características: em primeiro lugar, o cristianismo teria imposto às sociedades antigas a regra da monogamia; em segundo, o cristianismo teria atribuído como função, não somente privilegiada ou principal, mas como função exclusiva, como única função da sexualidade, a reprodução – somente fazer amor com a finalidade de ter filhos. Finalmente, em terceiro lugar – eu teria podido, aliás, começar por aí –, há uma desqualificação geral do prazer sexual. O prazer sexual é um mal – mal que precisa ser evitado e ao qual, consequentemente, é preciso atribuir a menor importância possível. Atribuir ao prazer sexual apenas a menor parcela possível de importância, apenas utilizar-se desse prazer, de qualquer forma a despeito dele mesmo, para fazer filhos, e não fazer esses filhos, ou seja, apenas praticar as relações sexuais e encontrar nelas o prazer no casamento, no casamento legítimo e monogâmico. Essas três características definiriam o cristianismo. Ora, os trabalhos de Paul Veyne mostram que esses três grandes princípios de moral sexual existiam no mundo romano antes do surgimento do cristianismo, e que toda uma moral – em geral de origem estoica, baseada em estruturas sociais, ideológicas do Império Romano – havia começado, bem antes do cristianismo, a inculcar esses princípios nos habitantes do mundo romano, ou seja, nos habitantes do mundo existente do ponto de vista dos europeus: nessa época, casar-se e respeitar sua mulher, fazer amor com ela para ter filhos, libertar-se o mais possível das tiranias do desejo sexual já eram uma coisa aceita pelos cidadãos, pelos habitantes do Império Romano antes do surgimento do cristianismo. O cristianismo não é, portanto, responsável por toda essa série de proibições, de desqualificações, de limitações da sexualidade frequentemente atribuídas a ele. A poligamia, o prazer fora do casamento, a valorização do prazer, a indiferença em relação aos filhos já haviam desaparecido, no essencial, do mundo romano antes do cristianismo, e somente havia uma pequena elite, uma pequena camada, uma pequena casta social de privilegiados, de pessoas ricas – ricas, portanto livres – que não praticavam esses princípios, mas basicamente eles já estavam incorporados.

Isso significaria dizer que o cristianismo não desempenhou papel algum nessa história da sexualidade? Creio que, de fato, o cristianismo desempenhou certamente um papel, porém este não foi o de introduzir novas ideias morais. Não foi a introdução, o aporte, a injunção de novas interdições. Creio que aquilo que o cristianismo trouxe para essa história da moral sexual foram novas técnicas. Novas técnicas para impor essa moral ou, na verdade, um novo ou um conjunto de novos mecanismos de poder para inculcar esses novos imperativos morais, ou melhor, esses imperativos morais que haviam deixado de ser novos no momento em que o cristianismo penetrou no Império Romano e se tornou, muito rapidamente, a religião do Estado. Portanto, é mais do lado dos mecanismos de poder do que do lado das ideias morais e das proibições éticas que é preciso fazer a história da sexualidade no mundo ocidental desde o cristianismo.

A questão é então: quais são os novos mecanismos de poder que o cristianismo introduziu no mundo romano, valorizando essas proibições que já eram reconhecidas e aceitas?

Esse poder é o que chamarei – ou melhor, é o que se chama – de pastorado, ou seja, a existência dentro da sociedade de uma categoria de indivíduos totalmente específicos e singulares, que não se definiam inteiramente por seu *status*, sua profissão nem por sua qualificação individual, intelectual ou moral, mas indivíduos que desempenhavam, na sociedade cristã, o papel de condutores, de pastores, em relação aos outros indivíduos que são como suas ovelhas ou o seu rebanho. Creio que a introdução desse tipo de poder, desse tipo de dependência, desse tipo de dominação no interior da sociedade romana, da sociedade antiga, foi um fenômeno muito importante.

A primeira coisa que efetivamente é preciso enfatizar a esse respeito é que jamais, na Antiguidade grega e romana, houvera a ideia de que certos indivíduos poderiam desempenhar, em relação aos outros, o papel de pastores, guiando-os ao longo de toda a sua vida, do nascimento à morte. Na literatura greco-romana, jamais os políticos foram definidos como condutores, pastores. Quando Platão se pergunta, na *Política*, o que é um rei, o que é um patrício, o que é aquele que governa uma cidade, ele não fala de um pastor, mas sim de um tecelão que agencia os diferentes indivíduos da sociedade como se fossem os fios que ele tece para fabricar um belo tecido. O Estado, a Cidade, é um tecido; os cidadãos são os fios desse tecido. Não existe a ideia de rebanho nem de pastor.

Em compensação, encontramos a ideia de que o chefe, em relação àqueles que ele comanda, é como um pastor em relação ao seu rebanho, não no mundo romano, mas no mundo do Mediterrâneo oriental. Ela é encontrada no Egito, assim como na Mesopotâmia, na Assíria; encontramo-la sobretudo na sociedade hebraica, na qual o tema do rebanho e do pastor é um tema absolutamente fundamental, tema religioso, político, moral e social. Deus é o pastor de seu povo. O povo de Jeová é um rebanho. Davi, o primeiro rei de Israel, recebe das mãos de Deus a tarefa de se tornar o pastor de um povo que seria para ele o rebanho, e a salvação do povo judeu seria conseguida, garantida, no dia em que o rebanho finalmente tivesse chegado à sua terra natal e tivesse sido conduzido ao seio de Deus. Consequentemente, uma importância muito grande do tema pastoral em toda uma série de sociedades do Mediterrâneo oriental, enquanto este não existe nos gregos nem nos romanos.

Em que consiste e como se define esse poder pastoral, tão desenvolvido no Egito, na Assíria e nos hebreus? Podemos caracterizá-lo sucintamente dizendo que o poder pastoral se opõe a um poder político tradicional habitual, pelo fato de ele não se exercer sobre um território: o pastor não reina sobre um território; ele reina sobre uma multiplicidade de indivíduos. Ele reina sobre ovelhas, bois, animais. Reina sobre um rebanho, um rebanho em deslocamento. Reinar sobre uma multiplicidade em deslocamento é o que caracteriza o pastor. Esse será o poder pastoral típico. Sua principal função não é tanto assegurar a vitória, uma vez que ela não se exerce sobre um território. Sua manifestação essencial não é a conquista, ou ainda o montante de riquezas ou de escravos que é possível conseguir na guerra. Em outras palavras, o poder pastoral não tem por função principal fazer mal aos inimigos; sua principal função é fazer o bem em relação àqueles de que cuida. Fazer o bem no sentido mais material do termo significa alimentá-lo, garantir sua subsistência, oferecer-lhe um pasto, conduzi-lo às fontes, permitir-lhe beber, encontrar boas pradarias. Consequentemente, o poder pastoral é um poder que garante ao mesmo tempo a subsistência dos indivíduos e a subsistência do grupo, diferentemente do poder tradicional, que se manifesta essencialmente pelo triunfo sobre os dominados. Não é um poder triunfante, mas um poder benfazejo.

Terceira característica do poder pastoral que encontramos nas civilizações das quais eu falava: tendo por principal função garantir a subsistência do rebanho, ele é no fundo uma incumbência: sua característica moral é ser essencialmente devotado, sacrificar-se pelo bem de suas ovelhas. É o que encontramos em vários textos célebres da Bíblia, frequentemente retomados por seus comentadores: o bom condutor, o bom pastor, é aquele que aceita sacrificar sua vida por suas ovelhas. No poder tradicional, esse mecanismo se inverte: o que caracteriza um bom cidadão é poder se sacrificar por ele diante da ordem do magistrado ou aceitar morrer por seu rei. Aqui, é o contrário: é o rei, o pastor, que aceita morrer para se sacrificar.

Finalmente – e talvez esta seja a característica mais importante –, o poder pastoral é um poder individualista, ou seja, enquanto o rei ou o magistrado tem essencialmente como função salvar a totalidade do Estado, o território, a cidade, os cidadãos em sua totalidade, o bom condutor, o bom pastor, é capaz de cuidar dos indivíduos em particular, dos indivíduos tomados um a um. Não se trata de um poder global. É evidente que o pastor deve garantir a salvação do rebanho, porém deve garantir a salvação de todos os indivíduos. Essa temática do pastor é encontrada frequentemente nos textos hebreus e em um certo número de textos egípcios ou assírios. Portanto, um poder que atua sobre uma multiplicidade – multiplicidade de indivíduos em deslocamento, indo de um ponto para outro –, poder oblativo, poder sacrificial, poder individualista.

Creio que o cristianismo, a partir do momento em que, no interior do Império Romano, transformou-se em uma força de organização política e social, introduziu esse tipo de poder nesse mundo que ainda o ignorava totalmente. Abstenho-me de falar sobre a maneira pela qual as coisas ocorreram concretamente, como o cristianismo se desenvolveu como uma Igreja, como, no interior de uma Igreja, os padres assumiram uma condição e um *status* particulares, como eles aceitaram a obrigação de garantir um certo número de encargos, como efetivamente eles se tornaram os pastores da comunidade cristã. Creio que, através da organização do pastorado na sociedade cristã, a partir do século IV d.C., e mesmo do século III, desenvolveu-se um mecanismo de poder muito importante para toda a história do Ocidente cristão e, particularmente, para a história da sexualidade.

De modo geral, o que significava, para o homem ocidental, viver em uma sociedade em que existe um poder do tipo pastoral?

Primeiramente: o fato de haver um pastor implica que, para todo indivíduo, existe a obrigação de obter a sua salvação. Em outras palavras, a salvação é simultaneamente, no Ocidente cristão, um assunto individual – todos buscam sua salvação –, porém essa salvação não é objeto de uma escolha. A sociedade cristã, ou melhor, as sociedades cristãs não dão liberdade para os sujeitos livres dizerem: "Pois bem, eu não quero buscar a minha salvação." Cada indivíduo é instado a buscar sua salvação: "Tu serás salvo, ou melhor, será necessário que faças tudo o que é preciso para seres salvo e nós te puniremos neste mundo caso não faças aquilo que é necessário para seres salvo." O poder do pastor consiste precisamente na sua autoridade para obrigar as pessoas a fazerem tudo o que for preciso para a sua salvação: salvação obrigatória.

Em segundo lugar, essa salvação obrigatória não é procurada apenas pelo indivíduo. Seguramente, é ele próprio quem a busca, mas ela somente pode ser atingida caso aceite a autoridade de um outro. Aceitar a autoridade de alguém significa que cada uma das ações que poderá ser realizada deverá ser conhecida ou, em todo caso, poderá ser conhecida pelo pastor, que tem autoridade sobre o indivíduo e sobre vários indivíduos, e que consequentemente poderá dizer sim ou não em relação a ela: a coisa está bem feita desta forma, sabemos que ela não deve ser feita de outro modo. Ou seja, às antigas estruturas jurídicas que todas as sociedades conheciam há muito tempo – isto é, havia um certo número de leis comuns, cujas infrações eram punidas – vem se acrescentar uma outra forma de análise do comportamento, uma outra forma de culpabilização, um outro tipo de condenação muito mais refinado, muito mais estrito, muito mais sustentado: aquele que é garantido pelo pastor. Pastor que pode obrigar as pessoas a fazerem tudo o que é preciso para a sua salvação e que está em posição de vigiar, ou pelo menos de exercer sobre as pessoas uma vigilância e um controle contínuos.

Em terceiro lugar: em uma sociedade cristã, o pastor é aquele que pode exigir dos outros uma obediência absoluta – fenômeno muito importante e também bastante novo. As sociedades galo-românicas conheciam, é claro, a lei e os juízes. Elas conheciam um poder imperial que era absolutamente autocrático. Porém, na Antiguidade greco-romana, jamais houve, na verdade, a ideia de exigir de alguém uma obediência total, absoluta, incondicional em relação a quem quer que fosse. Ora, isso foi o que efetivamente ocorreu com o surgimento do pastor e do pastorado na sociedade cristã. O pastor pode impor aos indivíduos, e em função de sua própria decisão, sem que houvesse mesmo regras gerais ou leis, sua vontade, pois – isso é a coisa importante no cristianismo – não se obedece para atingir um certo resultado, não se obedece, por exemplo, para simplesmente adquirir um hábito, uma aptidão ou mesmo um mérito. No cristianismo o mérito absoluto é precisamente ser obediente. A obediência deve conduzir ao estado de obediência. Manter-se obediente é a condição fundamental de todas as outras virtudes. Ser obediente em relação a quem? Obedecer ao pastor. Estamos aqui em um sistema de obediência generalizada, e a famosa humildade cristã é apenas a forma, de qualquer modo interiorizada, dessa obediência. Sou humilde: isso significa que aceitarei as ordens de qualquer um, a partir do momento em que elas me forem dadas e que eu puder reconhecer nessa vontade do outro – eu, que sou o último dos homens – a própria vontade de Deus.

Finalmente, creio que há aqui alguma coisa que nos conduzirá ao nosso problema do início, ou seja, à história da sexualidade: o pastorado trouxe consigo toda uma série de técnicas e de procedimentos que concerniam à verdade e à produção da verdade. O pastor cristão ensina – e nisso ele se inclui, certamente, na tradição dos mestres de sabedoria ou dos mestres de verdade, que podiam ser, por exemplo, os filósofos antigos, os pedagogos. Ele ensina a verdade, ele ensina a escritura, a moral, ele ensina os mandamentos de Deus e os mandamentos da Igreja. Nisso ele é um mestre, porém o pastor cristão é também um mestre de verdade em um outro sentido: por um lado, o pastor cristão, para exercer sua tarefa de pastor, deve saber, é claro, tudo o que fazem as suas ovelhas, tudo o que faz o seu rebanho e cada um dos membros do rebanho a cada instante, mas ele deve também conhecer o interior do que se passa na alma, no coração, no mais profundo dos segredos do indivíduo. Esse conhecimento da interioridade dos indivíduos é absolutamente exigido para o exercício do pastorado cristão.

O que significa conhecer o interior dos indivíduos? Significa que o pastor disporá de meios de análise, de reflexão, de detecção do que se passa, mas também que o cristão será obrigado a dizer ao seu pastor tudo o que se passa no âmago de sua alma; particularmente, ele será obrigado a recorrer, do ponto de vista do seu pastor, a essa prática tão específica do cristianismo: a confissão exaustiva e permanente. O cristão deve confessar incessantemente tudo o que se passa nele a alguém que estará encarregado de dirigir a sua consciência, e essa confissão exaustiva vai produzir de algum modo uma verdade, que não era certamente conhecida pelo pastor, mas que tampouco era conhecida pelo próprio sujeito; é essa verdade obtida pelo exame de consciência, sua confissão, essa produção de verdade que se desenvolve durante a direção de consciência, a direção das almas, que irá, de qualquer modo, constituir a ligação permanente do pastor com o seu rebanho e com cada um dos membros do seu rebanho. A verdade, a produção da verdade interior, a produção da verdade subjetiva, é um elemento fundamental no exercício do pastor.

Chegamos precisamente agora ao problema da sexualidade. Com o que se relacionava o cristianismo quando ele se desenvolveu a partir do século II ou III? Ele se relacionava com a sociedade romana que já havia incorporado, no essencial, sua moral, essa moral da monogamia, da sexualidade, da reprodução, de que lhes falei. Além disso, o cristianismo tinha diante de si – ou melhor, ao seu lado, atrás dele – um modelo de vida religiosa intensa, que era a do monaquismo hindu, a do monaquismo budista e a dos monges cristãos que haviam se espalhado por todo o Oriente mediterrâneo a partir do século III, retomando, em uma boa parte, as práticas ascéticas. Entre uma sociedade civil que havia incorporado um certo número de imperativos morais e esse ideal de ascetismo integral, o cristianismo sempre hesitou; por um lado, ele tentou dominar, interiorizar, mas controlando-o, esse modelo de ascetismo budista e, por outro, controlando-o para poder dirigir, do interior, essa sociedade civil do Império Romano.

Através de que meios isso ocorrerá? Creio que foi a concepção da carne – muito difícil, aliás muito obscura – que serviu, que permitiu estabelecer essa espécie de equilíbrio entre um ascetismo, que recusava o mundo, e uma sociedade civil, que era uma sociedade laica. Creio que o cristianismo encontrou um meio de instaurar um tipo de poder que controlava os indivíduos através de sua sexualidade, concebida como alguma coisa da qual era preciso desconfiar, alguma coisa que sempre introduzia no indivíduo possibilidades de tentação e de queda. Porém, ao mesmo tempo, não se tratava absolutamente – senão se cairia em um ascetismo radical – de recusar tudo o que pudesse vir do corpo como nocivo, como sendo o mal. Era preciso poder fazer funcionar esse corpo, esses prazeres, essa sexualidade, no interior de uma sociedade que tinha as suas necessidades, sua organização familiar, suas necessidades de reprodução. Portanto, uma concepção no fundo relativamente moderada quanto à sexualidade, que fazia com que a carne cristã jamais fosse concebida como o mal absoluto do qual era preciso desembaraçar-se, mas sim como a perpétua fonte, dentro da subjetividade, dentro dos indivíduos, de uma tentação que corria o risco de levar o indivíduo a ultrapassar as limitações impostas pela moral corrente, ou seja: o casamento, a monogamia, a sexualidade para a reprodução e a limitação e a desqualificação do prazer.

Foi, portanto, uma moral moderada entre o ascetismo e a sociedade civil que o cristianismo estabeleceu e fez funcionar através de todo esse aparelho do pastorado, mas cujas peças essenciais baseavam-se em um conhecimento, simultaneamente exterior e interior, um conhecimento meticuloso e detalhado dos indivíduos por eles mesmos e pelos outros. Em outras palavras, é pela constituição de uma subjetividade, de uma consciência de si perpetuamente alertada sobre suas próprias fraquezas, suas próprias tentações, sua própria carne, é pela constituição dessa subjetividade que o cristianismo conseguiu fazer funcionar essa moral, no fundo mediana, comum, relativamente pouco interessante, entre o ascetismo e a sociedade civil. Creio que a técnica de interiorização, a técnica de tomada de consciência, a técnica do despertar de si sobre si mesmo em relação às suas fraquezas, ao seu corpo, à sua sexualidade, à sua carne, foi a contribuição essencial do cristianismo à história da sexualidade. A carne é a própria subjetividade do corpo, a carne cristã é a sexualidade presa no interior dessa subjetividade, dessa sujeição do indivíduo a ele mesmo, e este foi o primeiro efeito da introdução do poder pastoral na sociedade romana. Creio que é possível – tudo isso não passa de uma série de hipóteses, é claro – entender qual foi o real papel do cristianismo na história da sexualidade. Não, portanto, interdição e recusa, mas colocação em ação de um mecanismo de poder e de controle, que era ao mesmo tempo um mecanismo de saber, de saber dos indivíduos, de saber sobre os indivíduos, mas também de saber dos indivíduos sobre eles próprios e em relação a eles próprios. Tudo isso constitui a marca específica do cristianismo, e creio que é nessa medida que se pode fazer uma história da sexualidade nas sociedades ocidentais a partir de mecanismos de poder.

Eis, muito esquematicamente esboçado, o quadro do trabalho que iniciei. São hipóteses, nada é certo, é simplesmente um esboço. Vocês podem fazer suas observações sobre elas, assim como tantas outras interrogações que vocês podem me fazer diretamente. Certamente, se vocês tiverem questões a propor – objeções, sugestões, críticas, confirmações – eu ficaria radiante.

Debate

S. Hasumi: Formular perguntas para o Sr. Foucault não é uma tarefa fácil, não tanto por causa de minha ignorância nem de minha timidez. A dificuldade decorre precisamente da própria clareza de sua exposição. Estamos habituados com essa clareza, graças aos seus escritos. Em todos os seus livros, ele anuncia a cada vez, de uma maneira precisa, de que problema ele vai tratar e qual será o meio que usará para analisá-lo, tentando definir em que condições e em que circunstâncias seu trabalho se torna necessário, e o que acabamos de ouvir confirma essa clareza e essa precisão. Ele tomou mais uma vez a precaução de responder previamente a todas as questões e mesmo de anular quase todas as objeções que se poderiam formular. Portanto, não tenho quase nada para lhe perguntar, mas, para animar as discussões que se seguirão, gostaria de lhe perguntar apenas o seguinte.

Na aula inaugural do Collège de France, creio me recordar que o senhor tratou da sexualidade sob o ângulo da repressão ou da exclusão: o discurso da sexualidade era rarefeito, marcado por interdições. Mas a partir de A vontade de saber, o senhor trata o discurso da sexualidade não mais como objeto de repressão, mas sobretudo como alguma coisa que prolifera no âmbito científico. A este respeito, fala-se frequentemente da mudança de Michel Foucault, e alguns experimentam uma certa satisfação com esta mudança...

M. Foucault: ... e há outros que ficaram muito descontentes com ela.

S. Hasumi: Pessoalmente, não acredito que as coisas se passaram dessa forma. O senhor não mudou, não abandonou a hipótese da repressão, porém a questionou de novo para formular de modo diverso o problema do poder...

M. Foucault: Agradeço-lhe essa questão, que de fato é importante e mereceria ser colocada. Creio que o senhor a colocou da melhor maneira possível.

É verdade que, em textos ainda recentes, me referi sobretudo a uma concepção do poder e dos mecanismos do poder que era uma concepção de qualquer forma jurídica. As análises que tentei fazer – e não fui o único, longe disso, a tentar fazê-las – são obviamente análises parciais, fragmentárias. Não se trata absolutamente de estabelecer uma teoria do poder, uma teoria geral do poder nem de dizer de onde ele provém. Há séculos, e mesmo há milênios, essa questão foi colocada no Ocidente, e não estou seguro de que as respostas dadas tenham sido satisfatórias. Em todo caso, o que tento fazer é, em um nível empírico, tomar as coisas pelo meio. Não: "De onde vem o poder, para onde ele vai?", mas: "Por onde ele passa, e como isso se passa, quais são todas as relações de poder, de que modo se podem descrever algumas das principais relações de poder exercidas em nossa sociedade?"

Não entendo, portanto, o poder no sentido do governo, no sentido do Estado. Digo: entre diferentes pessoas, em uma família, em uma universidade, em um quartel, em um hospital, em uma consulta médica se estabelecem relações de poder. Quais são elas, a que elas conduzem, como elas ligam os indivíduos, por que elas são suportadas, e por que, em outros casos, elas não o são? Façamos, se vocês quiserem, essa análise pelo meio social, e uma análise empírica. Este é o primeiro ponto.

Segundo ponto: não sou o primeiro, longe disso, a ter tentado. Os psicanalistas, Freud e muitos de seus sucessores, em particular toda uma série de pessoas como Marcuse, Reich etc., também no fundo tentaram não colocar a questão da origem do poder, do fundamento do poder, de sua legitimidade ou de suas formas globais, mas, sim, verificar como isso se passava no psiquismo do indivíduo, no inconsciente do indivíduo ou na economia de seu desejo, o que ocorria com as relações de poder. O que o pai, por exemplo, vem fazer no desejo do indivíduo? Como a interdição, por exemplo, da masturbação, ou como as relações pai-mãe, a distribuição dos papéis etc. vêm se inscrever no psiquismo das crianças? Portanto, eles também fazem certamente a análise dos mecanismos do poder, das relações de poder pelo meio e empiricamente.

Porém o que me surpreendeu é que essas análises sempre consideravam que o poder tinha por função e papel dizer não, interditar, impedir, traçar um limite; consequentemente, o poder tinha como principal efeito todos esses fenômenos de exclusão, de histericização, de obliteração, de segredos, de esquecimento ou, se vocês quiserem, de constituição do inconsciente. O inconsciente se constitui certamente – os psicanalistas dirão que estou indo muito rápido, mas enfim... – a partir de uma relação de poder. Creio que essa concepção ou essa ideia de que os mecanismos de poder são sempre mecanismos de proibição era muito difundida. Essa ideia tinha, se quiserem, politicamente, uma vantagem, uma vantagem imediata e, por isso mesmo, um pouco perigosa, já que permitia dizer: "Suspendamos essas interdições e depois disso o poder terá desaparecido; seremos livres quando conseguirmos suspender essas interdições." Talvez seja uma coisa que nos faça ir um pouco rápido demais.

De qualquer forma, mudei a respeito desse ponto. Mudei a partir de um estudo preciso que tentei fazer, que tentei tornar o mais preciso possível, sobre a prisão e os sistemas de vigilância e de punição nas sociedades ocidentais nos séculos XVIII e XIX, sobretudo no final do século XVIII. Creio que vemos se desenvolver, nas sociedades ocidentais – aliás, ao mesmo tempo que o capitalismo –, toda uma série de procedimentos, toda uma série de técnicas para vigiar, controlar, se encarregar do comportamento dos indivíduos, dos seus atos, de sua maneira de fazer, de sua localização, de sua residência, de suas aptidões, mas esses mecanismos não tinham como função essencial proibir.

Certamente, eles interditavam e puniam, mas o objetivo essencial dessas formas de poder – o que constituía sua eficácia e solidez – era permitir, obrigar os indivíduos a aumentar sua eficácia, suas forças, suas aptidões, em suma, tudo aquilo que possibilitasse utilizá-los no aparelho de produção da sociedade: investir nos indivíduos, situá-los onde eles são mais úteis, formá-los para que tenham esta ou aquela capacidade; é isso que se tentou fazer no exército, a partir do século XVII, quando as grandes disciplinas foram impostas, o que não era feito outrora. Os exércitos ocidentais não eram disciplinados – eles foram disciplinados, soldados foram convocados para se exercitar, para marchar em fila, para atirar com fuzis, para manipular o fuzil desta ou daquela maneira, de forma que o exército tenha o melhor rendimento possível. Da mesma maneira, vocês têm todo um adestramento da classe operária, ou melhor, do que não era ainda a classe operária, mas trabalhadores capazes de trabalhar nas grandes oficinas, ou simplesmente nas pequenas oficinas familiares ou artesanais, eles foram habituados a morar em tal ou tal habitação, a gerir sua família. Vocês veem uma produção de indivíduos, uma produção das capacidades dos indivíduos, da produtividade dos indivíduos; tudo isso foi conseguido através de mecanismos de poder nos quais existiam as interdições, mas apenas existiam a título de instrumentos. O essencial de toda essa disciplinação dos indivíduos não era negativo.

Vocês podem dizer e avaliar que ela era catastrófica, podem colocar todos os adjetivos morais e políticos negativos que quiserem, mas o que quero dizer é que o mecanismo não era essencialmente de interdição, mas sim de produção, era, pelo contrário, de intensificação e de multiplicação. A partir disso, me perguntei: será mesmo que, no fundo, nas sociedades em que vivemos, o poder teve essencialmente por forma e por finalidade interditar e dizer não? Os mecanismos de poder mais intensamente inscritos em nossas sociedades não são aqueles que chegam a produzir alguma coisa, que conseguem se ampliar, se intensificar? Esta é a hipótese que tento atualmente aplicar à sexualidade, me dizendo: no fundo, a sexualidade é aparentemente a coisa mais proibida que se pode imaginar; passamos o tempo proibindo as crianças de se masturbarem, os adolescentes de fazer amor antes do casamento, os adultos de fazer amor desta ou daquela maneira, com tal ou tal pessoa. O mundo da sexualidade é um mundo altamente sobrecarregado de interdições.

Mas me pareceu que, nas sociedades ocidentais, essas interdições eram acompanhadas de toda uma produção muito intensa, muito ampla, de discursos – discursos científicos, discursos institucionais – e, ao mesmo tempo, de uma preocupação, de uma verdadeira obsessão em relação à sexualidade que aparece muito claramente na moral cristã dos séculos XVI e XVII, no período da Reforma e da Contrarreforma – obsessão que não parou até agora.

O homem ocidental – não sei o que acontece na sociedade de vocês – sempre considerou a sua sexualidade como a coisa essencial em sua vida. E isto cada vez mais. No século XVI, o pecado era por excelência o pecado da carne. Então, se a sexualidade era proibida, interdita, votada ao esquecimento, à recusa, à denegação, como explicar um discurso desse tipo, uma tal proliferação, que haja tal obsessão a respeito da sexualidade? A hipótese da qual procedem minhas análises – que não levarei a seu termo, já que ela pode não ser confirmada – seria que, no fundo, o Ocidente não é realmente um negador da sexualidade – ele não a exclui –, mas sim que ele a introduz, ele organiza, a partir dela, todo um dispositivo complexo no qual se trata da constituição da individualidade, da subjetividade, em suma, a maneira pela qual nos comportamos, tomamos consciência de nós mesmos. Em outras palavras, no Ocidente, os homens, as pessoas, se individualizam graças a um certo número de procedimentos, e creio que a sexualidade, muito mais do que um elemento do indivíduo que seria excluído dele, é constitutiva dessa ligação que obriga as pessoas a se associar com sua identidade na forma da subjetividade.

Quanto à famosa clareza da qual falava o Sr. Hasumi, talvez este seja o preço de querer ser claro... Não gosto da obscuridade, porque a considero uma espécie de despotismo; é preciso expor os seus erros; é preciso arriscar a dizer coisas que, provavelmente, serão difíceis de expressar e em relação às quais nos confundimos, nos confundimos um pouco, e temo ter lhes dado a impressão de haver me confundido. Se vocês tiveram essa impressão é porque, de fato, me confundi!

1979

É Inútil Revoltar-se?

"É inútil revoltar-se?", *Le monde*, n. 10.661, 11-12 de maio de 1979, p. 1-2.

"Para que o xá se vá, estamos prontos para morrer aos milhares", diziam os iranianos no verão passado. E o aiatolá, recentemente: "Que o Irã sangre, para que a revolução se fortaleça."
Estranho eco entre essas frases que parecem se encadear. O horror da segunda condena a embriaguez da primeira? As insurreições pertencem à história. Mas, de certa forma, lhe escapam. O movimento com que um só homem, um grupo, uma minoria ou todo um povo diz: "Não obedeço mais", e joga na cara de um poder que ele considera injusto o risco de sua vida – esse movimento me parece irredutível. Porque nenhum poder é capaz de torná-lo absolutamente impossível: Varsóvia terá sempre seu gueto sublevado e seus esgotos povoados de insurrectos. E porque o homem que se rebela é em definitivo sem explicação, é preciso um dilaceramento que interrompa o fio da história e suas longas cadeias de razões, para que um homem possa, "realmente", preferir o risco da morte à certeza de ter de obedecer.

Todas as formas de liberdade adquiridas ou reivindicadas, todos os direitos exercidos, mesmo quando se trata das coisas aparentemente menos importantes, têm ali sem dúvida um último ponto de sustentação, mais sólido e mais próximo do que os "direitos naturais". Se as sociedades se mantêm e vivem, isto é, se os seus poderes não são "absolutamente absolutos", é porque, por trás de todas as aceitações e coerções, mais além das ameaças, violências e persuasões, há a possibilidade desse momento em que nada mais se permuta na vida, em que os poderes nada mais podem e no qual, na presença dos patíbulos e das metralhadoras, os homens se insurgem.

Porque assim ele está "fora da história" e na história, porque cada um ali aposta na vida ou na morte, compreende-se por que as insurreições puderam tão facilmente encontrar nas formas religiosas sua expressão e sua dramaturgia. Promessas do além, retorno do tempo, espera do salvador ou do império dos últimos dias, reino exclusivo do bem, tudo isso constituiu durante séculos, ali onde a forma da religião se prestava para isso, não uma vestimenta ideológica, mas a própria maneira de viver as insurreições.

Chegou a época da "revolução". Há dois séculos ela se projetou sobre a história, organizou nossa percepção do tempo, polarizou as esperanças. Realizou um gigantesco esforço para aclimatar a insurreição no interior de uma história racional e controlável: ela lhe deu legitimidade, escolheu suas boas ou más formas, definiu as leis do seu desenvolvimento, estabeleceu suas condições prévias, objetivos e maneiras de se acabar. Chegou-se mesmo a definir a profissão de revolucionário. Repatriando assim a insurreição, pretendeu-se fazê-la aparecer em sua verdade e levá-la até seu termo real. Maravilhosa e temível promessa. Alguns dirão que a insurreição se viu colonizada na *Real-Politik*. Outros, que lhe foi aberta a dimensão de uma história racional. Prefiro a pergunta que Horckheimer fazia outrora, pergunta ingênua e um pouco acalorada: "Mas será ela assim tão desejável, essa revolução?"

Enigma da insurreição. Para quem buscava no Irã não as "razões profundas" do movimento, mas a maneira com que ele era vivido, para quem tentava compreender o que se passava na cabeça daqueles homens e daquelas mulheres quando arriscavam suas vidas, uma coisa era surpreendente. A fome, as humilhações, o ódio pelo regime e a vontade de mudá-lo, eles os inscreviam nos confins do céu e da terra, em uma história sonhada que era tão religiosa quanto política. Eles afrontavam os Pahlavi, em uma partida em que se tratava para cada um de vida ou de morte, mas também de sacrifícios e promessas milenares. Embora as famosas manifestações, que tiveram um papel tão importante, pudessem ao mesmo tempo responder realmente à ameaça do exército (até paralisá-lo), se desenvolver segundo o ritmo das cerimônias religiosas e finalmente remeter a uma dramaturgia intemporal na qual o poder é sempre maldito. Espantosa superposição, ela fazia aparecer em pleno século XX um movimento bastante forte para derrubar o regime aparentemente mais bem armado, embora estivesse próxima dos velhos sonhos que o Ocidente conheceu outrora, quando se queria inscrever as figuras da espiritualidade no terreno da política. Anos de censura e perseguição, uma classe política tutelada, partidos proibidos, grupos revolucionários dizimados: em que, a não ser na religião, podiam então se apoiar a desordem e depois a revolta de uma população traumatizada pelo "desenvolvimento", pela "reforma", pela "urbanização" e por todos os outros fracassos do regime? É verdade. Mas seria preciso esperar que o elemento religioso rapidamente se apague em proveito de forças mais reais e de ideologias menos "arcaicas"? Certamente não, e por várias razões.

Houve inicialmente o rápido sucesso do movimento, revigorando-o na forma que ele adotara. Havia a solidez institucional de um clero cujo domínio sobre a população era forte, e as ambições políticas, vigorosas. Havia todo o contexto do movimento islâmico: pelas posições estratégicas que ele ocupa, pelas convenções econômicas que têm os países muçulmanos, e por sua própria força de expansão nos dois continentes, ele constitui, em todo o Irã, uma realidade intensa e complexa. Tanto que os conteúdos imaginários da revolta não estavam dissipados no grande dia da revolução. Eles foram imediatamente transpostos para uma cena política que parecia totalmente disposta a recebê-los, mas que era na realidade de outra natureza. Sobre essa cena, se fundem o mais importante e o mais atroz: a estupenda esperança de fazer novamente do Islã uma grande civilização viva, e formas de xenofobia virulenta; os riscos mundiais e as rivalidades regionais. E o problema dos imperialismos. E a submissão das mulheres etc.

O movimento iraniano não se submeteu à "lei" das revoluções que faria, parece, ressaltar, sob o entusiasmo cego, a tirania que já os habitava em segredo. O que constituía a parte mais íntima e intensamente vivida da insurreição era contíguo a um tabuleiro político sobrecarregado. Mas esse contato não é identidade. A espiritualidade à qual se referiam aqueles que iam morrer não tem comparação com o governo sangrento de um clero fundamentalista. Os religiosos iranianos querem autenticar seu regime pelas significações que tinha a insurreição. Não se faz nada diferente deles ao desqualificar o fato da insurreição pelo fato de haver hoje um governo de mulás. Tanto em um caso como no outro, há "medo". Medo do que acabou de acontecer no Irã no último outono, e do qual o mundo há muito tempo não tinha dado exemplo.

Daí, justamente, a necessidade de evidenciar o que há de irredutível em um movimento dessa ordem. E de profundamente ameaçador também para qualquer despotismo, tanto o de hoje quanto o de antigamente.

Não é, certamente, nenhuma vergonha mudar de opinião; mas não há nenhuma razão para dizer que se mudou ao ser hoje contra as mãos cortadas, depois de ter sido ontem contra as torturas da Savak.

Ninguém tem o direito de dizer: "Revoltem-se por mim, trata-se da libertação final de todo homem." Mas não concordo com aquele que dissesse: "Inútil se insurgir, sempre será a mesma coisa." Não se impõe a lei a quem arrisca sua vida diante de um poder. Há ou não motivo para se revoltar? Deixemos aberta a questão. Insurge-se, é um fato; é por isso que a subjetividade (não a dos grandes homens, mas a de qualquer um) se introduz na história e lhe dá seu alento. Um delinquente arrisca sua vida contra castigos abusivos; um louco não suporta mais estar preso e decaído; um povo recusa o regime que o oprime. Isso não torna o primeiro inocente, não cura o outro, e não garante ao terceiro os dias prometidos. Ninguém, aliás, é obrigado a ser solidário a eles. Ninguém é obrigado a achar que aquelas vozes confusas cantam melhor do que as outras e falam da essência do verdadeiro. Basta que elas existam e que tenham contra elas tudo o que se obstina em fazê-las calar, para que faça sentido escutá-las e buscar o que elas querem dizer. Questão de moral? Talvez. Questão de realidade, certamente. Todas as desilusões da história de nada valem: é por existirem tais vozes que o tempo dos homens não tem a forma da evolução, mas justamente a da "história".

Isso é inseparável de um outro princípio: é sempre perigoso o poder que um homem exerce sobre o outro. Não digo que o poder, por natureza, seja um mal; digo que o poder, por seus mecanismos, é interminável (o que não significa que ele seja todo-poderoso, muito pelo contrário). Para limitá-lo, as regras jamais são suficientemente rigorosas; para desapropriá-lo de todas as ocasiões de que ele se apodera, jamais os princípios universais serão suficientemente severos. Ao poder, é preciso sempre opor leis intransponíveis e direitos sem restrições.

Os intelectuais, hoje em dia, não têm muito boa "fama": acredito poder empregar essa palavra em um sentido bastante preciso. Não é, portanto, o momento de dizer que não se é intelectual. Eu faria, aliás, sorrir. Intelectual eu sou. Se me perguntassem como concebo o que faço, responderia, se o estrategista for o homem que diz: "Que importa tal morte, tal grito, tal insurreição em relação à grande necessidade do conjunto, e que me importa, em contrapartida, tal princípio geral na situação particular em que estamos?", pois bem, para mim, é indiferente que o estrategista seja um político, um historiador, um revolucionário, um partidário do xá ou do aiatolá; minha moral teórica é inversa. Ela é "antiestratégica": ser respeitoso quando uma singularidade se insurge, intransigente quando o poder infringe o universal. Escolha simples, obra penosa: pois é preciso ao mesmo tempo espreitar, por baixo da história, o que a rompe e a agita, e vigiar um pouco por trás da política o que deve incondicionalmente limitá-la. Afinal, é meu trabalho; não sou o primeiro nem o último a fazê-lo. Mas o escolhi.

1980

O Verdadeiro Sexo

"O verdadeiro sexo", *Arcadie*, 27° ano, n. 323, novembro de 1980, p. 617-625.

Este é, com alguns acréscimos, o texto em francês do prefácio à edição americana de Herculine Barbin, dite Alexina B.[1] *Esta edição contém em apêndice a novela de Panizza,* Un scandale au couvent, *que é inspirada na história de Alexina; talvez Panizza a tenha conhecido através da literatura médica da época. Na França, as memórias de Herculine Barbin foram publicadas pela Editora Gallimard e* Un scandale au couvent *faz parte de uma coletânea de novelas de Panizza publicada com este título geral pela Editora La Différence. Foi René de Céccaty que me assinalou a ligação entre o relato de Panizza e a história de Alexina B.*

Precisamos *verdadeiramente* de um *verdadeiro* sexo? Com uma constância que beira a teimosia, as sociedades do Ocidente moderno responderam afirmativamente a essa pergunta. Elas obstinadamente fizeram intervir essa questão do "verdadeiro sexo" em uma ordem de coisas na qual se podia imaginar que apenas contam a realidade dos corpos e a intensidade dos prazeres.

No entanto, por muito tempo, não existiram tais exigências. Prova disso é a história do *status* que a medicina e a justiça atribuíram aos hermafroditas. Um longo tempo se passou até que se postulasse que um hermafrodita deveria ter um único, um verdadeiro sexo. Durante séculos, admitiu-se muito simplesmente que ele tivesse dois. Monstruosidade que suscitava pavor e acarretava suplícios? Na realidade, as coisas foram muito mais complicadas. Temos, de fato, vários testemunhos de condenações à morte, tanto na Antiguidade como na Ida-

---

1 Ver n. 276, v. IV da edição francesa desta obra.

de Média. Porém há também uma jurisprudência abundante de tipo completamente diverso. Na Idade Média, as regras de direito – canônico e civil – eram muito claras a esse respeito: eram chamados hermafroditas aqueles nos quais se justapunham, segundo proporções que podiam ser variáveis, os dois sexos. Neste caso, cabia ao pai ou padrinho (portanto, àqueles que "nomeavam" a criança) estabelecer, no momento do batismo, o sexo que deveria ser mantido. Eventualmente, aconselhava-se que fosse escolhido aquele, dentre os dois sexos, que parecesse prevalecer, em uma escala que ia daquele que tivesse "mais vigor" ou "mais calor". Porém, mais tarde, na entrada da vida adulta, quando chegasse o momento de se casar, o hermafrodita era livre para decidir se queria ser sempre do sexo que lhe haviam atribuído, ou se preferia o outro. Único imperativo: jamais trocar de sexo, manter até o fim de seus dias aquele que, então, havia declarado, sob pena de ser considerado sodomita. Foram essas mudanças de opção, e não a mistura anatômica dos sexos, que acarretaram a maior parte das condenações dos hermafroditas das quais se tem notícia na França, no período da Idade Média e do Renascimento.

[A partir do século XVII],[2] as teorias biológicas da sexualidade, as condições jurídicas do indivíduo, as formas de controle administrativo nos Estados modernos conduziram pouco a pouco à recusa da ideia de uma mistura dos dois sexos em um só corpo e, consequentemente, a restringir a livre escolha dos indivíduos ambíguos. A partir de então, a cada um, um sexo, e apenas um. A cada um sua identidade sexual primeira, profunda, determinada e determinante; quanto aos elementos do outro sexo que eventualmente aparecessem, eles apenas podiam ser acidentais, superficiais ou mesmo simplesmente ilusórios. Do ponto de vista médico, isso significava que, diante de um hermafrodita, não se tratava mais de reconhecer a presença dos dois sexos justapostos ou misturados, nem de saber qual dos dois prevalecia sobre o outro, mas sim de decifrar qual era o verdadeiro sexo que se escondia sob aparências confusas; o médico terá que, de alguma maneira, despir as anatomias enganadoras e reencontrar, por trás dos órgãos que podiam ter encoberto as formas do sexo oposto, o único sexo verdadeiro. Para aqueles que sabem olhar e examinar, as misturas de sexos não passam

---

2 Os trechos entre colchetes não aparecem na edição americana.

de disfarces da natureza: os hermafroditas sempre são "pseudohermafroditas". Essa foi, pelo menos, a tese na qual se tendeu a acreditar no século XVIII, através de um certo número de casos importantes e apaixonadamente discutidos.

Do ponto de vista do direito, isso implicava evidentemente o desaparecimento da livre escolha. Não cabe mais ao indivíduo decidir o sexo ao qual ele deseja pertencer jurídica ou socialmente, mas sim ao perito dizer que sexo a natureza escolheu para ele, e ao qual, consequentemente, a sociedade deve lhe exigir restringir-se. Quando é preciso recorrer à justiça (por exemplo, quando se suspeita que alguém não esteja vivendo conforme seu verdadeiro sexo, e tenha se casado de modo abusivo), ela terá que estabelecer ou restabelecer a legitimidade de uma natureza que não tenha sido suficientemente reconhecida. Mas se a natureza, por suas fantasias ou acidentes, pode "enganar" o observador e esconder durante um certo tempo o verdadeiro sexo, pode-se desconfiar que os indivíduos dissimulam a consciência profunda de seu verdadeiro sexo, e se aproveitam de algumas bizarrias anatômicas para servir-se de seu próprio corpo como se ele fora de um outro sexo. Em suma, as fantasmagorias da natureza podem servir aos abusos da libertinagem. Daí o interesse *moral* do diagnóstico *médico* do verdadeiro sexo.

Sei bem que a medicina dos séculos XIX e XX corrigiu muitas coisas nesse simplismo redutor. Atualmente, ninguém diria mais que todos os hermafroditas são "pseudo", mesmo se restringíssemos consideravelmente um domínio no qual, antigamente, se fazia entrar, confusamente, inúmeras anomalias anatômicas diferentes. Admite-se também, aliás com muita dificuldade, a possibilidade de um indivíduo adotar um sexo que não é biologicamente o seu.

Contudo, a ideia de que se deve ter finalmente um verdadeiro sexo está longe de ter sido completamente dissipada. Seja qual for a opinião dos biólogos sobre esse assunto, encontramos, pelo menos em estado difuso, não somente na psiquiatria, na psicanálise e na psicologia, mas também na opinião corrente, a ideia de que entre sexo e verdade existem relações complexas, obscuras e essenciais. Somos, na verdade, mais tolerantes em relação às práticas que transgridem as leis. Porém continuamos a pensar que algumas delas insultam "a verdade": um homem "passivo", uma mulher "viril", pessoas do mesmo sexo que se amam. Talvez haja a disposição de admitir que isso não é um grave atentado à ordem estabelecida, porém estamos sempre prontos a acreditar que há nelas algo como um "erro". Um "erro" entendido no sentido mais tradicionalmente filosófico: uma maneira de fazer que não é adequada à realidade; a irregularidade sexual é percebida, mais ou menos, como pertencendo ao mundo das quimeras. Por isso não descartamos tão facilmente a ideia de que não são crimes, porém menos facilmente ainda a suspeita de que são "invenções" indulgentes,[3] mas de qualquer forma inúteis, e que seria melhor dissipá-las. Despertai, jovens, de vossos gozos ilusórios; despojai-vos de vossos disfarces e lembrai-vos de que tendes apenas um verdadeiro sexo!

E depois se pode também admitir que é no sexo que se devem procurar as verdades mais secretas e profundas do indivíduo; que é nele que se pode melhor descobrir quem ele é, e aquilo que o determina; e se, durante séculos, se acreditou que era preciso esconder as coisas do sexo porque eram vergonhosas, sabe-se agora que é o próprio sexo que esconde as partes mais secretas do indivíduo: a estrutura de suas fantasias, as raízes do seu eu, as formas de sua relação com a realidade. No fundo do sexo, a verdade.

No ponto de cruzamento dessas duas ideias – a de que é preciso não nos enganarmos a respeito de nosso sexo, e a de que nosso sexo mantém escondido o que há de mais verdadeiro em nós – a psicanálise consolidou seu vigor cultural. Ela nos promete simultaneamente nosso sexo, o verdadeiro, e toda essa verdade de nós mesmos que vela secretamente nele.

*

As memórias de Alexina Barbin são um documento dessa estranha história do "verdadeiro sexo". Não o único, mas ele é bastante raro. Trata-se de um diário, ou melhor, das memórias deixadas por um desses indivíduos aos quais a medicina e a justiça do século XIX perguntavam obstinadamente qual era a sua verdadeira identidade sexual.

Criada como uma moça pobre e digna de mérito, em um meio quase que exclusivamente feminino e profundamen-

---

[3] Na edição americana: "(...) invenções involuntárias ou indulgentes (...)".

te religioso, Herculine Barbin, apelidada pelos que lhe eram próximos de Alexina, fora finalmente reconhecida como um "verdadeiro" rapaz; obrigado a trocar de sexo legal, após um processo jurídico e uma modificação do seu estado civil, ele foi incapaz de se adaptar à sua nova identidade e acabou se suicidando. Eu ficaria tentado a dizer que a história seria banal, caso não existissem duas ou três coisas que lhe conferem uma particular intensidade.

Inicialmente, a data. É justamente por volta de 1860-1870 que se praticou mais intensamente a procura da identidade na ordem sexual: não só o sexo verdadeiro dos hermafroditas, como também a identificação das diferentes perversões, sua classificação, caracterização etc.; em suma, o problema do indivíduo e da espécie na ordem das anomalias sexuais. É com o título *Question d'identité* que foi publicada em 1860, em uma revista médica, a primeira observação sobre A. B.[4] Foi em um livro sobre a *Question médico-légale de l'identité*[5] que Tardieu publicou a única parte das memórias que foi encontrada. Herculine-Adélaïde Barbin, ou também Alexina Barbin, ou ainda Abel Barbin, designado em seu próprio texto ora como Alexina, ora como Camille, foi um desses infelizes heróis da caça à identidade.

Com um estilo elegante, afetado, alusivo, um tanto pomposo e fora de moda, que era para os internatos da época não somente uma maneira de escrever mas também uma maneira de viver, a narrativa escapa a qualquer apreensão possível da identificação. O duro jogo da verdade que, mais tarde, os médicos impuseram à anatomia incerta de Alexina, ninguém havia consentido jogá-lo no ambiente de mulheres em que ela vivera, até a descoberta que cada uma retardava o mais possível e que dois homens, um padre e um médico, finalmente precipitaram. Esse corpo um tanto desengonçado, pouco gracioso, cada vez mais aberrante junto a essas adolescentes entre as quais ele crescia, parece que ninguém, ao olhá-lo, o percebia; mas ele exercia sobre todos – ou melhor, sobre todas – um certo poder de fascínio que embaçava os olhos, e detinha sobre os lábios qualquer

---

4 Chesnet, "Question d'identité; vice de conformation des organes génitaux externes; hypospadias; erreur sur le sexe", *Annales d'hygiène publique et de médecine légale*, t. XIV, 1ª parte, julho de 1860, p. 206-209.
5 Tardieu (A.), *Question médico-légale de l'identité dans ses rapports avec les vices de conformation des organes sexuels*, 2. ed., Paris, Baillière, 1874.

pergunta ao seu respeito. O calor que essa presença estranha imprimia aos contatos, às carícias, aos beijos, que circulavam através dos olhos daquelas adolescentes, era acolhido por todos com tanta ternura que nenhuma curiosidade aí se mesclava. Adolescentes falsamente ingênuas, ou velhas professoras que se consideravam experientes, todas estavam tão cegas quanto é possível sê-lo em uma fábula grega, quando elas viam, sem ver, esse Aquiles magricelo escondido no pensionato. Tem-se a impressão – se pelo menos se acredita no relato de Alexina – que tudo se passava em um mundo de ímpetos, prazeres, tristezas, desânimos, doçuras, amarguras, no qual a identidade dos parceiros, e sobretudo aquela da enigmática personagem em torno da qual tudo girava, era sem importância.[6]

[Na arte de dirigir consciências utiliza-se frequentemente o termo "discrição". Palavra singular que designa a capacidade de perceber diferenças, de discriminar os sentimentos, até mesmo os menores movimentos da alma, de desalojar o impuro sob o que parece puro e de distinguir dentre os ímpetos do coração o que vem de Deus e o que é insuflado pelo Sedutor. A discrição distingue, perpetuamente se necessário for; ela tende a ser "indiscreta", uma vez que deve inspecionar os mistérios da consciência. Porém os diretores de consciência entendem também essa palavra como a aptidão para manter o comedimento, ou seja, não ir muito longe, calar-se a respeito daquilo que não é preciso dizer, deixar sob o benefício da sombra aquilo que se tornaria perigoso à luz do dia. É possível dizer que Alexina pôde viver durante muito tempo no lusco-fusco do regime da "discrição", que era o dos conventos, internatos e o da monossexualidade feminina e cristã. Mais tarde – este foi o seu drama – ela passou para um regime completamente diverso daquele da "discrição" – o da administração, da justiça e da medicina. As nuanças, as diferenças sutis que eram reconhecidas no primeiro, não tinham mais curso no segundo. Aquilo que se devia calar, no primeiro, devia ser, no segundo, expressado e claramente partilhado. Não é mais de discrição que é preciso falar, mas sim de análise.]

Alexina escreveu as memórias dessa vida, uma vez descoberta e estabelecida sua nova identidade. Sua "verdadeira" e "definitiva" identidade. Mas é óbvio que não é do ponto de vista deste

---

6 Na edição americana: "(...) parece que ninguém (...)".

sexo finalmente encontrado e reencontrado que ela as escreve. Não é o homem que finalmente fala, tentando se lembrar das sensações e de sua vida no tempo em que não era ainda "ele mesmo". Ao redigir suas memórias, Alexina não está muito longe de seu suicídio; ela sempre fora para si mesma sem sexo definido; mas ela é privada de todas as delícias que experimentava por não tê-lo, ou de não ter totalmente o mesmo sexo daquelas entre as quais vivia, amava e desejava tão intensamente. O que ela evoca do seu passado são os limbos felizes de uma não identidade, que paradoxalmente protegia a vida nessas sociedades fechadas, estreitas e calorosas, nas quais se tem uma estranha felicidade, ao mesmo tempo obrigatória e proibida, de conhecer apenas um único sexo; [o que lhe permite acolher as gradações, os *moiré*, as penumbras, os coloridos mutantes como a própria natureza de sua natureza. O outro sexo não está ali com suas exigências de partilha e de identidade, dizendo: "Se tu não és como tu mesma, exata e identicamente, então tu és como eu. Hipótese ou erro, pouco importa; tu serias condenada se permanecesses lá. Entra em tu mesmo, renda-te e aceita ser eu." Creio que Alexina não queria nem um nem outro. Ela não era atravessada por esse formidável desejo de juntar-se ao "outro sexo", experimentado por aqueles que se sentem traídos por sua anatomia ou aprisionados em uma injusta identidade. Creio que ela se comprazia nesse mundo de um único sexo, no qual estavam todas as suas emoções e todos os seus amores, em ser "outra" sem jamais ter que ser "do outro sexo". Nem mulher que amava as mulheres, nem homem escondido entre as mulheres. Alexina era o sujeito sem identidade de um grande desejo pelas mulheres; e, para essas mulheres, ela era um ponto de atração de sua feminilidade e para sua feminilidade, sem que nada as forçasse a sair de seu mundo inteiramente feminino.]

 Aqueles que narram sua mudança de sexo pertencem, quase sempre, a um mundo intensamente bissexual; o mal-estar de sua identidade se traduz pelo desejo de passar para o outro lado – o lado do sexo que desejam ter ou ao qual gostariam de pertencer. Aqui, a intensa monossexualidade da vida religiosa ou escolar serve de revelador dos doces prazeres que a não identidade sexual descobre e provoca, quando ela se perde entre aqueles corpos semelhantes.

*

Nem o caso de Alexina nem suas memórias parecem ter despertado muito interesse na época.[7] A. Dubarry, um autor polígrafo de histórias de aventura e de romances médico-pornográficos, gêneros tão apreciados na época, manifestamente tomou emprestado para o seu *Hermaphrodite* vários elementos da história de Herculine Barbin.[8] Mas é na Alemanha que a vida de Alexina encontra um notável eco. Trata-se de uma novela de Panizza, intitulada *Un scandale au couvent*.[9] Nada há de extraordinário no fato de que Panizza possa ter tomado conhecimento do texto de Alexina através do livro de Tardieu: ele era psiquiatra e havia estado na França em 1881. Ele se interessou mais pela literatura do que pela medicina, porém o livro sobre a *Question médico-légale de l'identité* deve ter caído em suas mãos, a menos que ele o tenha achado em uma biblioteca alemã quando retornou para lá em 1882 e exerceu por algum tempo sua profissão de psiquiatra. O encontro imaginário entre a jovem provinciana francesa de sexo incerto e o psiquiatra frenético que devia morrer em um hospício de Bayreuth nos provoca surpresa. Por um lado, os prazeres furtivos e sem nome que crescem na tepidez das instituições católicas e nos internatos de moças; por outro, a raiva anticlerical de um homem no qual se enlaçavam bizarramente um positivismo agressivo e um delírio de perseguição, no centro do qual reinava Guilherme II. Por um lado, estranhos e secretos amores que uma decisão dos médicos e juízes iria tornar impossíveis; por outro, um médico que, após ter sido condenado a um ano de prisão por ter escrito o *Concile d'amour*[10] – um dos

---

7 Na edição americana: "(...) muito interesse. Em seu imenso inventário dos casos de hermafroditismo, Neugebauer oferece um resumo deles, e uma longuíssima citação.[1]
1 Neugebauer (F. L. von), *Hermaphroditismus beim Menschen*, Leipzig, 1908, p. 748. Observar que o editor situa de maneira errônea o nome de Alexina sob um retrato que não é absolutamente o seu".
8 (N.A.) A. Dubarry também escreveu uma longa série de ensaios com o título *Les déséquilibrés de l'amour*. São eles: *Les invertis* (*le vice allemand*), Paris, Chamuel, 1896; *L'hermaphrodite*, Paris, Chamuel, 1897; *Coupeur de nattes*, Paris, Chamuel, 1898; *Les femmes eunuques*, 2. ed., Paris, Chamuel, 1899; *Le plaisir sanglant*, Paris, Chamuel, 190.1
9 Panizza (O.), Un scandale au couvent (trad. J. Bréjoux), coletânea de novelas extraídas de *Visionen der Dämmerung*, Munique, G. Müller, 1914 (*Visions du crépuscule*, Paris, Éd. de la Différence, 1979).
10 Panizza (O.), *Das Liebeskonzil. Eine Himmelstragödie in fünf Aufzügen*, Zurique, Verlag Magazin, 1895 (*Le concile d'amour: tragédie céleste*, trad. J. Bréjoux, Paris, J.-J. Pauvert, 1960).

textos mais "escandalosamente" antirreligiosos de uma época na qual, entretanto, nada faltou –, foi expulso da Suíça, onde havia se refugiado após um "atentado" contra uma menor. O resultado é extraordinário. Panizza conservou alguns elementos importantes do caso: o próprio nome de Alexina B. e a cena do exame médico. Ele modificou, por uma razão que não consegui entender, os relatórios médicos (talvez porque, ao usar apenas suas próprias lembranças de leitura sem ter o livro de Tardieu na mão, ele tenha se servido de um outro relato que estava à sua disposição e que dizia respeito a um caso semelhante). Mas, sobretudo, ele deturpou todo o relato. Ele o situou em outra época, modificou inúmeros elementos materiais e toda a atmosfera; converteu sobretudo o modo subjetivo de narrar em uma narração objetiva. Deu ao conjunto uma certa aura "século XVIII": Diderot e *A religiosa* não parecem estar distantes. Um rico convento para moças da aristocracia; uma superiora sensual que nutria pela jovem sobrinha uma afeição equívoca; intrigas e rivalidades entre as religiosas; um abade erudito e cético; um pároco crédulo, e camponeses que empunham seus forcados para caçar o diabo: há nisso toda uma libertinagem à flor da pele e todo um jogo mais ou menos ingênuo de crenças não completamente inocentes, e que estão tão distantes da seriedade provinciana de Alexina quanto da violência barroca do *Concile d'amour*.

Porém, ao inventar toda essa paisagem de galanteria perversa, Panizza deixa voluntariamente no centro de sua narrativa uma vasta zona de sombra: nela se encontra, precisamente, Alexina. Irmã, professora, colegial inquietante, querubim perdido, amante amado, fauno correndo pela floresta, íncubo que se esgueira pelos dormitórios mornos, sátiro de pernas peludas, demônio que se exorciza – Panizza somente apresenta dela os perfis fugidios sob os quais os outros a veem. Ela, o rapaz-moça, o eterno masculino-feminino, é apenas o que surge, à noite, nos sonhos, desejos e medos de cada um. Panizza quis fazer dela apenas uma figura de sombra sem identidade nem nome, que se desvanece no final da narrativa sem deixar traço. Não quis sequer marcá-la por um suicídio através do qual ela se tornaria, como Abel Barbin, um cadáver, ao qual os médicos curiosos acabariam por atribuir a realidade de um sexo mesquinho.

Se aproximei esses dois textos e considerei que mereciam ser publicados em conjunto foi porque, primeiramente, eles pertencem ao final do século XIX, que foi tão intensamente assombrado pelo tema do hermafrodita – um pouco como o século XVIII havia sido por aquele do travesti. Mas também porque eles permitem que se perceba o rastro que essa pequena crônica provinciana, que sequer chegou a provocar escândalo, conseguiu deixar na infeliz memória daquele que tinha sido seu principal personagem, no saber dos médicos que foram chamados a intervir e na imaginação de um psiquiatra que caminhava, ao seu modo, para a sua própria loucura.

1981

Sexualidade e Solidão

"Sexuality and solitude" ("Sexualidade e solidão"; trad. F. Durand-Bogaert), *London Review of Books*, v. III, n. 9, 21 de maio-5 de junho de 1981, p. 3, 5 e 6. (Nessa conferência, Michel Foucault falou em inglês.)

Em um livro publicado em 1840 e dedicado ao tratamento moral da loucura, um psiquiatra francês, Leuret, expõe a maneira pela qual havia tratado um de seus pacientes – de quem havia tratado e, naturalmente, como vocês podem imaginar, curado.[1] Certa manhã, Leuret faz o Sr. A. entrar no banheiro, fazendo com que ele lhe conte seu delírio detalhadamente. "Mas tudo isso", retruca o médico, "não passa de loucura. Você vai me prometer que não acreditará mais nisso". O paciente hesita, mas depois promete. "Isso não basta", retruca o médico, "você já me fez esse tipo de promessas e depois não as manteve". Abre então a torneira de água fria em cima da cabeça de seu paciente. "Sim, sim, sou louco!", grita o paciente. O jato de água é interrompido, e o interrogatório recomeça. "Sim, reconheço que sou louco", repete o paciente. "Mas", acrescenta ele, "eu só o reconheço porque você está me forçando". Novo jato de água fria. "Está bem, está bem", diz o Sr. A., "eu reconheço. Sou louco, e tudo isto não passa de loucura".

Obter de alguém que sofre de uma doença mental a confissão de que é louco é um procedimento muito antigo na terapêutica tradicional. Em livros dos séculos XVII e XVIII encontramos numerosos exemplos do que se poderia chamar de terapias da verdade. Porém a técnica usada por Leuret é completamente diferente. Leuret não tenta persuadir o seu paciente de que suas ideias são falsas ou loucas. Ele é totalmente indiferente a respeito do que se passa na cabeça do Sr. A. O que o médico deseja obter é um ato preciso, a afirmação explícita: "Sou lou-

---

[1] Leuret (F.), *Du traitement moral de la folie*, Paris, Baillière, 1840, p. 197-198.

co." Desde a época – faz 20 anos aproximadamente – em que li pela primeira vez esse trecho de Leuret, mantive em mente o projeto de analisar a forma e a história dessa prática singular. Leuret apenas se satisfaz quando seu paciente declara: "Sou louco", ou melhor: "Tudo isso não passa de loucura." Ele se baseia na hipótese de que a loucura como realidade desaparece a partir do momento em que o paciente reconhece a verdade e declara ser louco.

Temos aqui, de fato, o oposto do ato da linguagem performativa. A afirmação destrói no sujeito falante a realidade que tornou essa mesma afirmação verdadeira. Em que concepção da verdade do discurso e da subjetividade se baseia essa prática singular, e, no entanto, tão habitual? Para justificar o interesse que atribuo ao que parece ser um assunto extremamente especializado, permitam-me voltar brevemente atrás. Durante os anos que antecedem a Segunda Guerra Mundial, e mais ainda depois da guerra, toda a filosofia nos países da Europa continental e na França foi dominada pela filosofia do sujeito. Isto significa que a filosofia se atribuía como tarefa *par excellence*[2] fundamentar todo o saber e o princípio de qualquer significação no sujeito significante. É ao impacto de Husserl que a questão deve sua importância, mas a característica central do sujeito também está ligada a um contexto institucional, já que a universidade francesa, desde que a filosofia floresce com Descartes, só pôde progredir de maneira cartesiana. Porém devemos também considerar a conjuntura política. Ante o absurdo das guerras, diante da constatação dos massacres e do despotismo, surge a ideia de que seguramente cabia ao sujeito individual dar um sentido às suas escolhas existenciais. Com a distensão e o distanciamento do pós-guerra, a importância até então atribuída à filosofia do sujeito não pareceu mais tão evidente. Certos paradoxos teóricos, até então ocultos, foram revelados, não sendo mais possível evitá-los. Paradoxalmente, essa filosofia da consciência não conseguira estabelecer uma filosofia do saber, e particularmente uma filosofia do saber científico. Aliás, como filosofia do sentido, ela havia fracassado em levar em conta os mecanismos formadores de significação e a estrutura dos sistemas de sentido.

---

2 No texto, escrito originalmente em inglês, o autor escreve o termo em francês (Nota do tradutor francês).

Com a lucidez demasiadamente fácil do *a posteriori* – que os americanos chamavam *the monday-morning quarterback*[3] –, eu diria que duas vias podiam conduzir para além dessa filosofia do sujeito. A primeira era a teoria do saber objetivo, entendido como análise dos sistemas de significação, como semiologia. Era a via do positivismo lógico. A segunda era a via aberta por uma certa escola de linguística, de psicanálise e de antropologia – três disciplinas que se agrupavam sob a rubrica "estruturalismo". Não foram estas as vias das quais me servi. Que me permitam declarar, uma vez mais, que não sou estruturalista – eu o confesso com todo o devido pesar –, nem um filósofo analítico. Ninguém é perfeito. Tentei, entretanto, explorar uma outra pista. Tentei sair da filosofia do sujeito fazendo uma genealogia do sujeito moderno, que abordo como uma realidade histórica e cultural; ou seja, como alguma coisa capaz de se transformar, o que, obviamente, é importante do ponto de vista político. A partir desse projeto geral, são possíveis dois modos de abordagem. Uma das maneiras de abordar o sujeito em geral consiste no exame das construções teóricas modernas. Nessa perspectiva, tentei analisar as teorias do sujeito como ser que fala, vive e trabalha, nos séculos XVII e XVIII. Mas também é possível apreender a questão do sujeito de maneira mais prática, a partir do estudo das instituições que fizeram, de certos sujeitos, objetos de saber e de dominação: os asilos, as prisões...

Gostaria de estudar as formas de apreensão que o sujeito cria a respeito dele mesmo. Porém, uma vez que comecei pelo segundo tipo de abordagem, devo mudar de opinião sobre vários pontos. Permitam-me fazer aqui, de qualquer forma, a minha autocrítica. Talvez seja possível, se nos ativermos a certas proposições de Habermas, distinguir três tipos principais de técnicas: as técnicas que permitem produzir, transformar, manipular coisas; as técnicas que permitem utilizar sistemas de signos; e, finalmente, as técnicas que permitem determinar a conduta dos indivíduos, impor certas finalidades ou determinados objetivos. Temos então as técnicas de produção, as técnicas de significação ou de comunicação, e as técnicas de dominação. Fui me dando conta, pouco a pouco, de que existe, em todas as sociedades, um outro tipo de técnicas: aquelas que permitem aos indivíduos realizar, por eles mesmos, um

---

3 Termo de futebol americano.

certo número de operações em seu corpo, em sua alma, em seus pensamentos, em suas condutas, de modo a produzir neles uma transformação, uma modificação, e a atingir um certo estado de perfeição, de felicidade, de pureza, de poder sobrenatural. Chamemos essas técnicas de técnicas de si.

Se quisermos analisar a genealogia do sujeito na civilização ocidental, é preciso considerar não apenas as técnicas de dominação, mas também as técnicas de si. Devemos mostrar a interação que se produz entre os dois tipos de técnicas. Talvez eu tenha insistido demais, quando estudava os hospícios, as prisões etc., nas técnicas de dominação. É verdade que aquilo que chamamos de "disciplina" é algo que tem uma importância real nesse tipo de instituições. Porém ela não passa de um dos aspectos da arte de governar as pessoas em nossas sociedades. Tendo estudado o campo do poder tomando como ponto de partida as técnicas de dominação, gostaria de estudar, durante os próximos anos, as relações de poder partindo das técnicas de si. Creio que, em cada cultura, a técnica de si implica uma série de obrigações de verdade: é preciso descobrir a verdade, ser esclarecido pela verdade, dizer a verdade. E outras tantas imposições que são consideradas importantes, quer para a constituição, quer para a transformação de si.

Atualmente, o que seria a verdade como dever em nossas sociedades cristãs? O cristianismo, como sabemos, é uma confissão. Isto significa que o cristianismo pertence a um tipo bem particular de religiões: aquelas que impõem aos que as praticam obrigações de verdade. No cristianismo, essas obrigações são numerosas. Há, por exemplo, a obrigação de sustentar como verdadeiras um conjunto de proposições que constituem o dogma, a obrigação de considerar certos livros como fonte permanente de verdade, e a de aceitar as decisões de certas autoridades em matéria de verdade. Porém o cristianismo exige ainda uma outra forma de obrigação de verdade. Cada cristão deve se sondar para verificar quem ele é, o que se passa em seu próprio interior, as faltas cometidas, as tentações às quais ele se expôs. E, além disso, cada um deve dizer essas coisas a outros, testemunhando assim contra ele próprio.

Esses dois conjuntos de obrigações – as que se referem à fé, ao livro, ao dogma, e as relativas a si mesmo e à alma – estão ligados. Se um cristão quer sondar quem ele é, precisa da luz da fé. E, inversamente, não se pode conceber que haja um acesso à verdade sem que sua alma seja purificada. O budista também deve ir na direção da luz e descobrir a verdade sobre ele mesmo. Porém a relação entre as duas obrigações é completamente diferente no budismo e no cristianismo. No budismo, é o mesmo tipo de iluminação que conduz o indivíduo a descobrir quem ele é e o que é a verdade. Graças a essa iluminação simultânea de si mesmo e da verdade, o indivíduo descobre que o si não passava de uma ilusão. Gostaria de enfatizar que não ocorre o mesmo no cristianismo: a descoberta de si mesmo não revela o si como uma ilusão. Ela institui uma tarefa que só pode ser infinita. Dois objetivos definiriam essa tarefa. Há, de início, o dever de livrar a alma de todas as ilusões, tentações e seduções capazes de emergirem, assim como o dever de descobrir a realidade do que se passa em nós. A seguir, é preciso libertar-se de todo apego a si mesmo, não porque o si seja uma ilusão, mas porque ele é muito real. Quanto mais descobrimos a verdade sobre nós mesmos, mais devemos renunciar a nós mesmos; e quanto mais queremos renunciar a nós mesmos, mais é necessário iluminar a realidade de nós mesmos. Isto – essa espiral da formulação da verdade e da renúncia à realidade – é o cerne das técnicas de si praticadas pelo cristianismo.

Recentemente, o professor Peter Brown me declarou que, em sua opinião, nossa tarefa era entender o que aconteceu para que a sexualidade tenha se transformado, nas culturas cristãs, no sismógrafo de nossa subjetividade. É fato, e um fato misterioso, que nessa infinita espiral de verdade e de realidade de si a sexualidade tenha tido, desde os primeiros séculos da era cristã, uma importância considerável; e uma importância que não parou de aumentar. Por que existe uma ligação tão fundamental entre a sexualidade, a subjetividade e a obrigação de verdade? É essa questão que aproxima o meu trabalho daquele de Richard Sennett.

O ponto de partida de nosso seminário foi um trecho de São Francisco de Sales: "Vou lhes relatar um aspecto da honestidade do elefante. Um elefante jamais troca de fêmea, e ama ternamente aquela que escolheu, com a qual, no entanto, somente acasala de três em três anos, e somente por cinco dias e de maneira tão secreta que ninguém jamais o viu nesse ato. No entanto, ele é visto claramente quando, no sexto dia, antes de qualquer coisa, vai diretamente para algum rio, no qual lava todo o seu corpo, sem querer de forma alguma retornar à manada antes de estar purificado. Não são belas e honestas disposições em um animal, pelas quais ele ensina às pessoas casadas a não se abandonarem demasiadamente aos prazeres dos sentidos e da carne?[4] Todos reconhecerão aqui o modelo do comportamento sexual decente. A monogamia, a fidelidade e a procriação figuram entre as principais, e talvez as únicas justificativas do ato sexual – um ato que, mesmo nessas condições, permanece intrinsecamente impuro. Creio que a maioria dentre nós tende a atribuir esse modelo quer ao cristianismo, quer à sociedade cristã moderna tal como ela se desenvolveu sob a influência da moral capitalista ou da moral dita burguesa. Mas fiquei surpreso ao verificar, quando comecei a estudá-lo, que esse modelo se encontrava também na literatura latina e helenística. São as mesmas ideias, as mesmas palavras e, às vezes, a mesma referência ao elefante. Efetivamente os filósofos pagãos dos séculos que precederam e se seguiram à morte de Cristo propuseram uma ética sexual que, embora fosse em parte nova, era, no entanto, bastante semelhante ao que é tido como a ética cristã. Fizemos aparecer, de maneira muito convincente, em nosso seminário, que esse modelo filosófico de comportamento sexual, o modelo do elefante, não era o único conhecido e posto em prática na época. Ele competia com vários outros. Porém, muito rapidamente, ele se tornou predominante, porque se relacionava a uma transformação social que implicava a desintegração dos Estados-cidades, o desenvolvimento da burocracia imperial e a influência cada vez maior da classe média das províncias.

Durante esse período se constata uma evolução na direção da retração da célula familiar, da verdadeira monogamia, da fidelidade entre pessoas casadas e de um empobrecimento dos atos sexuais. A campanha filosófica em prol do modelo do elefante foi, ao mesmo tempo, um efeito e um instrumento para essa transformação. Se essas hipóteses têm fundamento, devemos admitir que o cristianismo não inventou esse código de comportamento sexual. Ele o adotou, reforçou, deu-lhe um vigor e um alcance bem superiores aos que ele tinha anteriormente. Porém a pretensa moral cristã não passa de um fragmento da ética pagã introduzido no cristianismo. Isso significaria que o cristianismo não alterou o estado das coisas? Os primeiros

---

4 Francisco de Sales, *Introduction à la vie dévote*, 1604, Lyon, Pierre Rigaud, 1609; Dôle, Bluzet-Guimier, 1888, livro III, cap. XXXIX, p. 431-432.

cristãos foram os instigadores de numerosas mudanças, senão no código sexual pelo menos nas relações que cada um mantém a respeito de sua atividade sexual. O cristianismo propôs um novo modelo de concepção de si como ser sexual. Visando a esclarecer as coisas, compararei dois textos. Um deles foi escrito por Artemidoro, um filósofo pagão do século III, e o outro é o célebre livro XIV da *Cité de Dieu*, de Santo Agostinho. Artemidoro é um autor pagão, embora seu livro dedicado à interpretação dos sonhos date do século III d.C. Três capítulos desse livro tratam dos sonhos sexuais. Qual é o sentido ou, mais precisamente, o valor prognóstico de um sonho sexual? É significativo que a interpretação dada por Artemidoro aos sonhos se aproxima daquela de Freud; e são a economia, as relações sociais, os sucessos e fracassos que o indivíduo experimenta em sua atividade política e em sua vida cotidiana que permitem compreender os sonhos sexuais. Por exemplo, sonhar que se tem uma relação com sua mãe é o sinal de um sucesso em uma carreira de magistrado, porque a mãe é, evidentemente, o símbolo da cidade ou do país.

Outro elemento significativo: o valor social do sonho não depende da natureza do ato sexual, mas preferencialmente do *status* social dos parceiros. Para Artemidoro, pouco importa, por exemplo, que se sonhe com uma relação com um rapaz ou uma moça. O importante é saber se o parceiro é rico ou pobre, jovem ou velho, escravo ou livre, casado ou solteiro. Bem entendido, Artemidoro também considera a questão do ato sexual, mas apenas do ponto de vista do homem. O único ato que é familiar para ele como ato sexual, e que ele reconhece como tal, é a penetração, e não somente a penetração é um ato sexual como também faz parte do papel social que um homem desempenha na cidade. Eu diria que, para Artemidoro, a sexualidade é relacional, e que não é possível dissociar as relações sexuais das relações sociais.

Examinemos agora o texto de Santo Agostinho, cujo sentido expressa aquilo a que queremos chegar em nossa análise. Em *La cité de Dieu*,[5] e mais tarde no *Contra Julianum*,[6] Santo

---

5 Santo Agostinho, *La cité de Dieu*, 413-427, in *Oeuvres de saint Augustin*, t. XXXV, Paris, Desclée de Brouwer, 1959.
6 Santo Agostinho, *Quatre livres de saint Augustin, évêque d' Hippone, contre Julien, défenseur de l'héresie pélagienne*, trad. Barreau, Charpentier, Écalle, Péronne e Vincent, in *Oeuvres complètes de saint Augustin*, t. XXXI, Paris, Vivès, 1873.

Agostinho faz uma descrição quase aterrorizante do ato sexual. Para ele, o ato sexual é uma espécie de convulsão. Todo o corpo, diz Santo Agostinho, é agitado por terríveis tremores. O homem perde completamente o controle de si mesmo. "O desejo não se satisfaz em se apoderar de todo o corpo, externamente e internamente, ele sacode o homem inteiro, unindo e misturando as paixões da alma e os apetites carnais para atingir essa volúpia, a maior de todas dentre aquelas do corpo; de modo que, no momento em que ela atinge o ápice, toda a acuidade e aquilo que se poderia chamar de vigilância do pensamento são quase anulados."[7] Essa descrição – isto mereceria ser enfatizado – não é uma invenção de Santo Agostinho: nós a encontramos nos escritos médicos e pagãos do século precedente. Além disso, o texto de Santo Agostinho é a transcrição quase literal de um trecho escrito pelo filósofo pagão Cícero, no *Hortensius*.[8]

O surpreendente não é que Santo Agostinho dê uma descrição tão clássica do ato sexual, mas sim que, mostrando todo o horror, ele reconheça a possibilidade da existência de relações sexuais no paraíso, antes da Queda. A coisa é ainda mais extraordinária pelo fato de Santo Agostinho ter sido um dos primeiros padres da Igreja a admitir essa possibilidade. É lógico que não se deve conceber que as relações sexuais no paraíso tivessem tomado essa forma epilética que, infelizmente, elas têm hoje. Antes da Queda, o corpo de Adão, cada parte de seu corpo, obedecia perfeitamente à alma e à vontade. Se Adão desejasse procriar no paraíso, ele poderia fazê-lo da mesma maneira e com o mesmo domínio tal como, por exemplo, quando semeava os grãos na terra. Ele desconhecia a excitação involuntária. Cada parte do seu corpo era como os dedos, dos quais se pode controlar cada movimento. Seu sexo era como os dedos, como a mão semeando tranquilamente os grãos. Porém o que se passou no momento da Queda? Adão se rebelou contra Deus cometendo o primeiro pecado. Ele tentou se subtrair à vontade de Deus e adquirir uma vontade autônoma, esquecendo que a existência de sua própria vontade dependia inteiramente da vontade de Deus. Como castigo por essa revolta, e em consequência desse desejo de uma vontade inde-

---

7 In *La cité de Dieu*, op. cit., livro XIV, cap. XVI, p. 425, trad. G. Combès.
8 Cícero (M. T.), *Hortensius* (Fragments d'un dialogue philosophique; ed. por C. F. W. Müller, Bibliotheca Teubneriana).

pendente daquela de Deus, Adão perdeu o domínio sobre si mesmo. Ele queria adquirir uma vontade autônoma, e perdeu o suporte ontológico dessa vontade. A esta se misturaram os movimentos involuntários, e a mudança na vontade de Adão teve um efeito desastroso. Seu corpo, e mais particularmente algumas de suas partes, deixou de obedecer às suas ordens, revoltou-se contra ele, e as partes sexuais foram as primeiras a se erguerem em sinal de desobediência. O célebre gesto de Adão cobrindo seu sexo com uma folha de parreira se explica, segundo Santo Agostinho, não pelo simples fato de que Adão tenha vergonha de sua presença, mas sim pelo fato de que suas partes se agitavam sem seu consentimento. O sexo em ereção é a imagem do homem revoltado contra Deus. A arrogância do sexo é o castigo e a consequência da arrogância do homem. O sexo descontrolado do homem é a imagem daquilo que Adão havia sido em relação a Deus: um rebelde.

Por que insisti tanto sobre o que talvez não passe de uma dentre as numerosas elucubrações exegéticas das quais a literatura cristã foi tão pródiga? Esse texto demonstra, do meu ponto de vista, uma nova ligação que o cristianismo estabeleceu entre a sexualidade e a subjetividade. A maneira de ver de Santo Agostinho é ainda dominada pelo tema e pela forma da sexualidade masculina. Mas longe de a questão ser, como em Artemidoro, a da penetração, ela é a da ereção. Daí se conclui que o problema não é o da relação com os outros, mas o da relação consigo mesmo ou, mais precisamente, o da relação entre a vontade e a expressão involuntária.

Santo Agostinho chama de "libido" o princípio do movimento autônomo dos órgãos sexuais. Assim, o problema da libido – o de sua força, origem, efeitos – se torna o principal problema da vontade. A libido não constitui um obstáculo externo à vontade; ela é uma parte desta, seu componente interno. A libido não é tampouco a manifestação de desejos medíocres; ela é o resultado da vontade, quando esta excede os limites que Deus lhe fixou inicialmente. Consequentemente, empenhar-se em uma luta espiritual contra a libido não significa que devamos, como em Platão, voltar nosso olhar para o alto, e recordar à nossa memória a realidade já conhecida outrora e depois esquecida. Nossa luta espiritual deve consistir, pelo contrário, em dirigir nosso olhar incessantemente para baixo ou para o interior, a fim de decifrar dentre os movimentos da alma aqueles que vêm da libido. A tarefa parece inicialmente muito aleatória, uma vez que a libido e a vontade jamais podem se dissociar verdadeiramente uma da outra. Ainda mais porque essa tarefa requer não apenas domínio, mas também um diagnóstico de verdade e de ilusão. Ela exige uma constante hermenêutica de si mesmo. Vista dessa maneira, a ética sexual implica obrigações de verdade muito estritas. Trata-se não somente de aprender as regras de um comportamento sexual conforme a moral, mas também de se examinar incessantemente a fim de interrogar o ser libidinal dentro de si mesmo. Seria preciso dizer que, após Santo Agostinho, é com a cabeça que experimentamos a coisa sexual? Digamos pelo menos que a análise de Santo Agostinho introduz uma verdadeira libidinização do sexo. A teologia moral de Santo Agostinho representa, em certa medida, a sistematização de um número importante de especulações anteriores, porém ela oferece também um conjunto de técnicas espirituais.

Quando lemos a literatura ascética e monástica dos séculos IV e V nos surpreendemos ao ver que essas técnicas não visam diretamente ao controle efetivo do comportamento sexual. As relações homossexuais estão pouco em questão, apesar do fato de que a maioria dos ascetas vivia, permanentemente, em comunidades muito extensas, numericamente falando. As técnicas visavam, sobretudo, ao afluxo de pensamentos que penetravam na consciência, perturbando, por sua multiplicidade, a unidade necessária à contemplação, e comunicando ao sujeito imagens ou incitações de Satanás. A tarefa do monge não era, como a do filósofo, atingir o domínio de si pelo triunfo definitivo da vontade. Ela visava a controlar incessantemente seus pensamentos, sondá-los com a finalidade de verificar se eles eram puros, verificar se eles não dissimulavam ou ocultavam algo perigoso; e verificar também se eles não revelavam outros, com os quais inicialmente se pareciam, se não tinham uma forma de ilusão ou de sedução. É preciso considerar esses dados sempre com desconfiança: eles precisam ser examinados e colocados à prova. Segundo Cassiano, por exemplo, é preciso adotar em relação a si mesmo a atitude do trocador de dinheiro, que verifica as moedas que recebe.[9] Não há verdadei-

---

9 Cassiano (J.), *Première conférence de l'abbé Moïse*, in *Conférences*, t. I (trad. Dom E. Pichery), Paris, Éd. du Cerf, col. "Sources Chrétiennes", n. 42,

ra pureza na atitude daquele que pode se deitar ao lado de um jovem e belo rapaz, mesmo se ele não o toca, como foi o caso de Sócrates junto a Alcibíades. Um monge só é verdadeiramente casto se nenhum pensamento impuro penetra na sua mente, mesmo durante a noite, mesmo em sonho. Não é a capacidade de manter-se senhor de si, mesmo na presença dos seres mais desejáveis, o que constitui a pureza; a pureza consiste em descobrir a verdade em si mesmo, em desfazer as ilusões que surgem dentro de si, em suprimir as ideias e os pensamentos produzidos incessantemente pela mente. Este é o eixo segundo o qual se define a luta espiritual contra a impureza. Da questão da relação com os outros e do modelo da penetração, a ética sexual passou a ser a da relação consigo mesmo e a do problema da ereção: entendo isso como o conjunto dos movimentos internos que se operam desde essa coisa quase imperceptível que é o primeiro pensamento até o fenômeno final, mas ainda solitário, da polução. Por mais diferentes e até contraditórios que fossem, esses fenômenos teriam pelo menos um efeito comum: o de ligar, pelos laços mais sólidos, subjetividade e verdade. Creio que este é o fundo religioso sobre o qual o problema da masturbação – que os gregos negligenciaram, ou com o qual eles pouco se preocuparam, a masturbação sendo, segundo eles, uma prática de escravo ou de sátiro, mas não de cidadão livre – acaba se constituindo em um dos principais problemas da vida sexual.

1955, § 20: "Le discernement des pensées comparé à l'art de l'habile changeur", p. 101-105.

1982

O Combate da Castidade

"O combate da castidade", *Communications*, n. 35: *Sexualités occidentales*, maio de 1982, p. 15-25.

Este texto é extraído do terceiro volume da *História da sexualidade*.[1] Após ter consultado Philippe Ariès sobre a orientação geral da presente coletânea, pensei que este texto combinava com os outros estudos. Parece-nos de fato que a ideia que se faz habitualmente de uma ética sexual cristã deve ser profundamente revisada; e que, por outro lado, o valor central da questão da masturbação tem uma origem totalmente diversa da campanha dos médicos nos séculos XVIII e XIX.

O combate da castidade é analisado por Cassiano no sexto capítulo das *Institutions*, "Sobre o espírito de fornicação", e em várias *Conferências*: na quarta sobre "A concupiscência da carne e da alma", na quinta sobre os "Oito principais vícios", na décima segunda sobre "A castidade" e na vigésima segunda sobre as "Ilusões noturnas". Ele figura em segundo lugar em uma lista de oito combates[2] na forma de uma luta contra o espírito de fornicação. Quanto à fornicação, ela se subdivide em três subcategorias.[3] Quadro de aparência muito pouco jurídica se o comparamos aos catálogos de faltas, tais como serão encontrados quando a Igreja medieval tiver organizado o sacramento da penitência a partir do modelo de uma jurisdição. Porém as especificações propostas por Cassiano têm certamente um outro sentido.

---

1 Trata-se de *As confissões da carne*. Nesta data, *Uso dos prazeres* não havia sido dividido em dois volumes.
2 (N.A.) Os sete outros são a gula, a avareza, a cólera, a preguiça, a luxúria, a vaidade e o orgulho.
3 (N.A.) Cf. *Lacan, o "Libertador" da Psicanálise*, vol. I desta obra.

Examinemos inicialmente o lugar da fornicação entre os outros espíritos do mal. Cassiano completa o quadro dos oito espíritos do mal com reagrupamentos internos. Estabelece pares de vícios que têm entre si relações particulares de "parentesco" e de "afinidade":[4] orgulho e vaidade, preguiça e acédia, avareza e cólera. A fornicação faz par com a gula. Por muitas razões: porque são dois vícios "naturais", inatos em nós e dos quais é, consequentemente, muito difícil nos desfazermos; porque são dois vícios que implicam a participação do corpo não somente para se formarem mas para realizarem seu objetivo; porque, enfim, há entre eles relações de causalidade muito diretas: é o excesso de alimentação que acende no corpo o desejo de fornicação.[5] E, seja por estar assim fortemente associado à gula, seja, pelo contrário, por sua própria natureza, o espírito de fornicação tem, em relação aos outros vícios dos quais ele faz parte, um papel privilegiado.

Inicialmente, na cadeia causal. Cassiano acentua o fato de que os vícios não são independentes uns dos outros, embora cada indivíduo possa ser atacado, de maneira mais particular, por um ou por outro.[6] Um vetor causal liga novamente um ao outro: começa com a gula, que nasce com o corpo e acende a fornicação; a seguir esse primeiro par engendra a avareza, entendida como apego aos bens terrestres; a qual dá origem às rivalidades, às disputas e à cólera; de onde se produz o abatimento da tristeza, que provoca o total desgosto pela vida monástica, e a luxúria. Tal encadeamento supõe que jamais se poderá vencer um vício se não se triunfou sobre aquele no qual este se apoia. "A derrota do primeiro apazigua aquele que o segue; vencido aquele, este enfraquece sem maior esforço." Na origem dos outros, o par gula-fornicação, como "uma árvore gigante que estende ao longe sua sombra", deve ser extirpado. Daí a importância ascética do jejum como meio de vencer a gula e de cortar a fornicação. Essa é a base do exercício ascético, pois ali está o começo da cadeia causal.

---

4 (N.A.) *Conférences*, V, 10. Acompanhei a edição e a tradução das *Institutions* e das *Conférences*, tais como foram publicadas pelas *Sources chrétiennes*.
5 (N.A.) *Institutions*, V, e *Conférences*, V.
6 (N.A.) *Conférences*, V, 13-14.

O espírito de fornicação também ocupa uma posição dialética singular em relação aos últimos vícios e sobretudo ao orgulho. Para Cassiano, orgulho e vaidade não pertencem de fato à cadeia causal dos outros vícios. Longe de serem engendrados por estes, eles são provocados pela vitória que se obtém sobre eles:[7] orgulho "carnal" diante dos outros pela ostentação que se faz dos seus jejuns, de sua castidade, de sua pobreza etc.; orgulho "espiritual" que faz crer que esse progresso se deve unicamente aos seus méritos.[8] Vício da derrota dos vícios ao qual se segue uma queda, tanto mais pesada quanto mais do alto ela venha. E a fornicação, o mais vergonhoso de todos os vícios, aquele que mais faz enrubescer, constitui a consequência do orgulho – castigo, mas também tentação, provação que Deus envia aos presunçosos para lhes lembrar que a fraqueza da carne sempre os ameaça se a graça não vem em seu socorro. "Porque alguém gozou por muito tempo da pureza do coração e do corpo, por uma sequência natural, (...) em seu próprio íntimo, ele se glorifica em uma certa medida (...). Também para o Senhor seria conveniente, para o seu bem, abandoná-lo: a pureza que lhe dava tanta segurança começa a perturbá-lo; em meio à prosperidade espiritual, ele se vê vacilar."[9] No grande ciclo dos combates, no momento em que a alma não tem mais que lutar a não ser contra si, os aguilhões da carne se fazem sentir novamente, marcando assim o necessário não acabamento dessa luta e ameaçando-a com um perpétuo recomeço.

Enfim, a fornicação tem, em relação aos outros vícios, um certo privilégio ontológico, que lhe confere uma particular importância ascética. Ela tem efetivamente, como a gula, suas origens no corpo. Impossível vencê-la sem submetê-lo a macerações; enquanto a cólera ou a tristeza são combatidas "unicamente pela destreza da alma", ela não pode ser extirpada sem a "mortificação corporal, as vigílias, os jejuns, o trabalho que fatiga o corpo".[10] O que não exclui, pelo contrário, o combate que a alma deve travar contra si mesma, uma vez que a fornica-

---

7 (N.A.) *Conférences* V, 10.
8 (N.A.) *Institutions*, XII, 2.
9 (N.A.) *Conférences*, XII, 6. Ver exemplos da queda no espírito da fornicação, no orgulho e na presunção em *Conférences*, II, 13; e sobretudo em *Institutions*, XII, 20 e 21, onde as faltas contra a humildade são sancionadas pelas tentações mais humilhantes, aquelas de um desejo *contra usum naturae*.
10 (N.A.) *Conférences*, V, 4.

ção pode se originar em pensamentos, imagens, recordações: "Quando o demônio, com sua astúcia sutil, insinua em nosso coração a lembrança da mulher, começando por nossa mãe, nossas irmãs, nossas parentes ou certas mulheres piedosas, devemos o mais rápido possível expulsar essas lembranças de nós mesmos, por medo de que, se demorarmos muito nelas, o tentador aproveite a oportunidade para imperceptivelmente nos fazer de imediato pensar em outras mulheres."[11] Entretanto, a fornicação apresenta em relação à gula uma diferença fundamental. O combate contra esta deve ser travado com precaução porque não se pode renunciar a toda alimentação: "É preciso prover às exigências da vida... por medo de que o corpo, esgotado por nossa omissão, não possa mais cumprir os exercícios espirituais necessários." [12] Devemos manter a distância essa tendência natural à alimentação, exercê-la sem paixão e não extirpá-la; ela tem uma legitimidade natural; negá-la totalmente, ou seja, até a morte, seria sobrecarregar sua alma com um crime. Em contrapartida, não há limite na luta contra o espírito da fornicação; tudo o que pode nos levar a ela deve ser extirpado e nenhuma exigência natural poderia justificar, nesse campo, a satisfação de uma necessidade. Trata-se então de matar inteiramente uma tendência cuja supressão não acarreta a morte do nosso corpo. A fornicação é, entre os oito vícios, o único ao mesmo tempo inato, natural, corporal em sua origem e que deve ser inteiramente destruído, como é preciso fazer com esses vícios da alma tais como a avareza ou o orgulho. Mortificação radical, consequentemente, que nos deixa viver em nosso corpo, livrando-nos da carne. "Sair da carne permanecendo no corpo."[13] É a esse além da natureza, na vida terrestre, que a luta contra a fornicação nos dá acesso. Ela nos "arranca da lama terrestre". Faz com que vivamos nesse mundo uma vida que não é desse mundo. Por ser a mais radical, ela é essa mortificação que nos traz, de baixo, a mais alta promessa: "na carne parasita", ela confere "a cidadania que aos santos é prometida possuir, uma vez libertos da corruptibilidade carnal".[14]

---

11 (N.A.) *Institutions*, VI, 13.
12 (N.A.) *Institutions*, V, 8.
13 (N.A.) *Institutions*, VI, 6.
14 (N.A.) *Institutions*, VI, 6.

Vê-se como a fornicação, sendo um dos oito elementos do quadro dos vícios, se encontra em relação aos outros em uma posição particular: encabeçando a cadeia causal, no princípio das reincidências das quedas e do combate, em um dos pontos mais difíceis e decisivos do combate ascético.

Na quinta conferência, Cassiano divide o vício da fornicação em três espécies. A primeira consiste na "conjunção dos dois sexos" (*commixtio sexus utriusque*); a segunda se realiza "sem contato com a mulher" (*absque femineo tactu*) – o que valeu a Onan sua condenação; a terceira é "concebida pelo espírito e pelo pensamento".[15] Quase a mesma distinção é retomada na décima segunda conferência: a conjunção carnal (*carnalis commixtio*) à qual Cassiano dá aqui o nome de *fornicatio* no sentido estrito; a seguir a impureza, *immunditia*, que se produz sem contato com uma mulher quando se dorme ou se está desperto: ela se deve à "incúria de um espírito sem circunspecção"; enfim a *libido*, que se desenvolve nas "dobras da alma", sem que haja "paixão corporal" (*sine passio corporis*).[16] Essa especificação é importante, porque só ela permite compreender o que Cassiano entende pelo termo geral *fornicatio,* ao qual ele não dá, aliás, nenhuma definição geral. Mas ela é importante sobretudo pelo uso que ele faz dessas três categorias e que é tão diferente do que se poderia encontrar em muitos dos textos anteriores.

Existia de fato uma trilogia tradicional dos pecados da carne: o adultério, a fornicação (que designava as relações sexuais fora do casamento) e a "corrupção de crianças". São essas três categorias, em todo caso, que se encontram na *Didaché*: "Não cometerás adultério, não cometerás fornicação, não seduzirás garotinhos."[17] São elas que se encontram na carta de Barnabé: "Não cometas fornicação nem adultério, não corrompas as crianças."[18] Ocorre frequentemente a seguir que apenas os dois primeiros termos sejam retidos – a fornicação, designando todas as faltas sexuais em geral, e o adultério, aquelas que

---

15 (N.A.) *Conférences*, V, 11.
16 (N.A.) *Conférences*, XII, 2. Cassiano apoia sua tripartição em uma passagem da "Epístola aos Colossences" 3, 5.
17 (N.A.) *Didaché*, II, 2.
18 (N.A.) *Lettre de Barnabé*, XIX, 4. Um pouco mais acima, a respeito das restrições alimentares, o mesmo texto interpreta a proibição de comer hiena como proibição do adultério; a de comer lebre, como proibição da sedução de crianças; a de comer doninha, como condenação das relações orais.

transgridem a obrigação de fidelidade no casamento.¹⁹ Mas, de qualquer forma, era inteiramente habitual reunir essa enumeração de preceitos concernindo à cobiça de pensamento ou de olhares, ou tudo o que pode conduzir à consumação de um ato sexual proibido: "Não sejas cobiçoso, pois a cobiça leva à fornicação, guarda-te das propostas obscenas e dos olhares desavergonhados, pois tudo isso engendra adultérios."²⁰

A análise de Cassiano tem estas duas particularidades, a de não dar um destino particular ao adultério, que entra na categoria de fornicação no sentido estrito, e sobretudo a de só chamar a atenção para as duas outras categorias. Em nenhum lugar, nos diferentes textos em que evoca o combate da castidade, ele fala das relações sexuais propriamente ditas. Em nenhum lugar são considerados os diferentes "pecados" possíveis de acordo com o ato cometido, o parceiro com o qual ele é cometido, sua idade, seu sexo, as relações de parentesco que se poderia ter com ele. Nenhuma das categorias que constituirão na Idade Média a grande codificação dos pecados de luxúria aparece aqui. Sem dúvida, Cassiano, dirigindo-se aos monges, que haviam feito o voto de renunciar a qualquer relação sexual, não tinha que voltar explicitamente a essa precondição. É preciso no entanto notar que, a respeito de um ponto importante do cenobismo, que havia suscitado em Basílio de Cesareia ou em Crisóstomo recomendações precisas,²¹ Cassiano se contenta com alusões furtivas: "Que ninguém, sobretudo entre os jovens, fique com um outro, mesmo que por pouco tempo, ou se afaste com ele ou se deem a mão."²² Tudo se passa como se Cassiano só se interessasse pelos dois últimos termos de sua subdivisão (relativos ao que se passa sem relação sexual e

---
19 (N.A.) Assim Santo Agostinho, Sermão, 56.
20 (N.A.) Didaché, III, 3.
21 (N.A.) Basílio de Cesareia, Exhortation à renoncer au monde, 5: "Evite toda troca, toda relação com os jovens confrades de tua idade. Fuja deles como do fogo. Numerosos, ai de mim, são aqueles que por seu intermédio o inimigo incendiou e lançou nas chamas eternas." Cf. as precauções indicadas nas Grandes Règles (34) e nas Règles brèves (220). Ver igualmente João Crisóstomo, Adversus oppugnatores vitae monasticae.
22 (N.A.) Institutions, II, 15. Aqueles que infringem esta lei cometem uma falta grave e são suspeitos de "conjurationis pravique consilii". Essas palavras são uma maneira alusiva de designar um comportamento amoroso ou visam ao perigo de relações privilegiadas entre membros da mesma comunidade? Mesmas recomendações nas Institutions, IV, 16.

sem paixão do corpo), como se ele elidisse a fornicação como conjunção entre dois indivíduos, e só desse importância aos elementos cuja condenação tinha antes apenas um valor de acompanhamento comparativamente àquela dos atos sexuais propriamente ditos.

Mas se as análises de Cassiano omitem a relação sexual, se elas se desenvolvem em um mundo tão solitário e em uma cena tão interior, a razão não é simplesmente negativa. É porque o essencial do combate da castidade incide em um alvo que não é da ordem do ato ou da relação; ele concerne a uma realidade diversa daquela da relação sexual entre dois indivíduos. Um trecho da décima segunda conferência permite perceber qual é essa realidade. Cassiano caracteriza ali as seis etapas que marcam o progresso na castidade. Ora, como nessa caracterização se trata não de mostrar a castidade propriamente dita, mas de destacar os sinais negativos nos quais é possível reconhecer que ela progride – os diferentes traços de impureza que pouco a pouco desaparecem –, temos ali a indicação daquilo contra o que é preciso lutar no combate da castidade.

Primeiro sinal desse progresso: o monge, quando está desperto, não é "abatido" por um "ataque da carne" – *impugnatione carnali non eliditur*. Logo, mais irrupção na alma de movimentos que arrebatam a vontade.

Segunda etapa: se "pensamentos voluptuosos" (*voluptariae cogitationes*) se produzem no espírito, ela não se "detém" neles. Ela não pensa no que, involuntariamente e apesar dela, se descobre pensando.[23]

Atinge-se o terceiro estágio quando uma percepção que vem do mundo exterior não é mais capaz de provocar a concupiscência: pode-se percorrer uma mulher com o olhar sem nenhuma cobiça.

Na quarta etapa, não se sente mais, durante a vigília, nem mesmo o mais inocente movimento da carne. Quer Cassiano dizer que não se produz mais nenhum movimento na carne? E que se exerce portanto sobre seu próprio corpo um domínio total? É pouco provável, já que, além disso, ele frequentemente insiste na permanência dos movimentos involuntários do cor-

---

23 (N.A.) O termo usado por Cassiano para designar o fato de o espírito se deter nesses pensamentos é *immorari*. A *delectatio morosa* será, a seguir, uma das categorias importantes na ética sexual da Idade Média.

po. O termo que ele utiliza – *perferre* – se refere certamente ao fato de que esses movimentos não são capazes de afetar a alma e que esta não tem que suportá-los.

Quinto grau: "Se o assunto de uma conferência ou a necessária continuação de uma leitura traz a ideia da reprodução humana, o espírito não se deixa roçar pelo mais sutil consentimento ao ato voluptuoso, mas o considera com um olhar tranquilo e puro, como uma obra muito simples, um ministério necessário atribuído ao gênero humano, e não é mais afetado por sua lembrança do que se ele imaginasse a fabricação de tijolos ou o exercício de qualquer outro ofício."

Atingiu-se, enfim, o último estágio quando "a sedução do fantasma feminino não causa absolutamente nenhuma ilusão durante o sono. Embora não acreditemos nesse artifício acusável de pecado, ele é, no entanto, o índice de uma cobiça que ainda se esconde no íntimo".[24]

Nessa designação das diferentes características do espírito de fornicação, apagando-se à medida que progride a castidade, não há portanto nenhuma relação com um outro, nenhum ato, nem mesmo a intenção de cometê-lo. Nenhuma fornicação no sentido estrito do termo. Desse microcosmo da solidão estão ausentes os dois principais elementos em torno dos quais girava a ética sexual não somente dos filósofos antigos, mas de um cristão como Clemente de Alexandria – pelo menos na carta II do *Pédagogue*: a conjunção de dois indivíduos (*sunousia*) e os prazeres do ato (*aphrodisia*). Os elementos postos em jogo são os movimentos do corpo e os da alma, as imagens, as percepções, as lembranças, os personagens do sonho, o curso espontâneo do pensamento, o consentimento da vontade, a vigília e o sonho. Delineiam-se ali dois polos, a respeito dos quais é preciso notar que eles não coincidem com o corpo nem com a alma: o polo involuntário, que é aquele dos movimentos físicos ou das percepções, que se inspiram nas lembranças e nas imagens que sobrevêm, e que, propagando-se na mente, investem, convocam e atiçam a vontade; e o polo da própria vontade, que aceita ou rejeita, que se desvia ou se deixa cativar, que se detém, que consente. Por um lado, portanto, uma mecânica do corpo e do pensamento que, enredando a alma, se carrega de impureza e pode levar até a poluição; e, por outro, um jogo do

---

24 (N.A.) *Conférences*, XII, 7.

pensamento consigo mesmo. Encontram-se aí as duas formas de "fornicação" no sentido amplo que Cassiano havia definido ao lado da conjunção dos sexos e às quais ele reservou toda sua análise: a *immunditia*, que, na vigília ou no sono, surpreende uma alma incapaz de se vigiar e leva, sem qualquer contato com o outro, à poluição; e a *libido*, que se desenrola nas profundezas da alma e a respeito da qual Cassiano lembra o parentesco das palavras *libido – libet*.[25]

O trabalho do combate espiritual e o progresso da castidade dos quais Cassiano descreve as seis etapas podem então ser entendidos como uma tarefa de dissociação. Estamos muito longe da economia dos prazeres e de sua limitação estrita aos atos permitidos; longe igualmente da ideia de uma separação tão radical quanto possível entre a alma e o corpo. Trata-se de um perpétuo trabalho sobre o movimento do pensamento (quer ele prolongue e repercuta os do corpo, quer os induza), sobre suas formas mais rudimentares, sobre os elementos que podem provocá-lo, de forma que o sujeito não esteja jamais aí implicado, nem mesmo pela forma mais obscura e mais aparentemente "involuntária" da vontade. Como vimos, os seis graus através dos quais a castidade progride representam as seis etapas nesse processo que devem desarticular a implicação da vontade. Desfazer a implicação nos movimentos do corpo é a primeira etapa. Depois, desfazer a implicação da imaginação (não se deter no que vem à cabeça). A seguir, desfazer a implicação sensível (não mais sentir os movimentos do corpo). Depois, desfazer a implicação representativa (não mais pensar nos objetos como objetos de possível desejo). E, finalmente, desfazer a implicação onírica (o que pode haver de desejo nas imagens entretanto involuntárias do sonho). A essa implicação, da qual o ato voluntário ou a vontade explícita de cometer um ato são a forma mais visível, Cassiano dá o nome de *concupiscência*. É contra ela que se voltou o combate espiritual, e o esforço de dissociação, de desimplicação, que ele persegue.

Assim se explica o fato de que, ao longo dessa luta contra o espírito de "fornicação" e pela castidade, o problema fundamental, e por assim dizer único, seja o da poluição – a seguir seus aspectos voluntários ou as condescendências que levam às formas involuntárias no sono ou no sonho. Importância tão

---

25 (N.A.) *Conférences*, V, 11; e XII, 2. Cf. *supra*.

grande, ao ponto de Cassiano fazer da ausência de sonhos eróticos e de polução noturna o sinal de que se chegou ao mais alto estágio da castidade. Ele retorna frequentemente a esse tema: "A prova de que se atingiu essa pureza será que nenhuma imagem nos engana quando estamos em repouso e descontraídos no sono",[26] ou ainda: "Este é o fim da integridade e a prova definitiva: que nenhuma excitação voluptuosa sobrevenha durante nosso sono e que não tenhamos consciência das poluções às quais nos obriga a natureza."[27] Toda a décima segunda conferência é dedicada à questão das "poluções noturnas" e à necessidade "de empregar toda nossa força para nos livrarmos delas". E, em várias ocasiões, Cassiano evoca alguns santos personagens, como Serenus, que haviam atingido um tão alto grau de virtude e por isso jamais tinham sido expostos a tais inconvenientes.[28]

Diremos que, em uma regra de vida na qual a renúncia a qualquer relação sexual era fundamental, é inteiramente lógico que esse tema se torne também importante. Será também lembrado o valor atribuído, em grupos inspirados mais ou menos diretamente pelo pitagorismo, aos fenômenos do sono e do sonho como reveladores da qualidade de vida e às purificações que devem garantir sua serenidade. Enfim e sobretudo, é preciso pensar que a polução noturna era problemática em termos de pureza ritual; e é precisamente esse problema que é o motivo da vigésima segunda conferência: é possível se aproximar dos "santos altares" e participar do "banquete salutar", quando à noite se contaminou?[29] Mas se todas essas razões podem explicar a existência dessa preocupação entre os teóricos da vida monástica, elas não podem dar conta do lugar justamente central que a questão da polução voluntária-involuntária ocupou em toda a análise dos combates da castidade. A polução não é simplesmente o objeto de uma proibição mais intensa do que os outros, ou mais difícil de ser observada. Ela é um "analisador" da concupiscência, na medida em que era possível determinar, durante aquilo que a torna possível, a prepara, a incita

---

26 (N.A.) *Institutions*, VI, 10.
27 *Institutions*, VI, 20.
28 *Conférences*, VII, 1; XII, 7. Outras alusões a esse tema em *Institutions*, II, 13.
29 *Conférences*, XXII, 5.

e finalmente a deflagra, qual é, dentre as imagens, percepções, lembranças na alma, a parte voluntária e involuntária. Todo o trabalho do monge sobre si mesmo consiste em nunca deixar de empenhar sua vontade nesse movimento que vai do corpo à alma e da alma ao corpo e sobre o qual essa vontade pode atuar, para favorecê-lo ou para detê-lo, através do movimento do pensamento. As cinco primeiras etapas da evolução da castidade constituem os desinvestimentos sucessivos e cada vez mais sutis da vontade em relação aos movimentos cada vez mais tênues que podem conduzir a essa poluição.

Resta então a última etapa. Aquela que a santidade pode atingir: a ausência dessas poluições "absolutamente" involuntárias que ocorrem durante o sono. Cassiano ainda observa que, para se produzirem dessa forma, nem todas são necessariamente involuntárias. Um excesso de alimentação, de pensamentos impuros durante o dia são para elas uma espécie de consentimento, senão de preparação. Ele distingue também a natureza do sonho que a acompanha. E o grau de impureza das imagens. Aquele que é assim surpreendido estaria enganado ao jogar a culpa no corpo e no sono: "É o sinal de um mal incubado interiormente, que não teve origem durante a noite, mas que, enterrado no mais profundo da alma, o repouso do sono faz aparecer na superfície, revelando a febre escondida das paixões que contraímos nos nutrindo durante o dia das paixões impuras."[30] E, finalmente, resta a poluição sem nenhum traço de cumplicidade, sem esse prazer que prova que se concorda com ela, sem nem mesmo o acompanhamento da mais insignificante imagem onírica. Este é, sem dúvida, o ponto ao qual pode atingir um asceta que se exercita de modo suficiente; a poluição não passa de um "resto" no qual o sujeito não tem nenhum lugar. "É preciso nos esforçarmos para reprimir os movimentos da alma e as paixões da carne até que a carne satisfaça as exigências da natureza sem suscitar volúpia, desembaraçando-se da superabundância dos seus humores sem nenhum prurido impuro e sem suscitar um combate pela castidade."[31] Uma vez que ela não passa de um fenômeno da natureza, somente o poder que é mais forte do que a natureza pode nos libertar dela: a graça. Por isso a não poluição é a

---

30 (N.A.) *Institutions*, VI, 11.
31 (N.A.) *Institutions*, VI, 22.

marca da santidade, selo da mais elevada castidade possível, benefício que se pode esperar, não adquirir.

O homem, por seu lado, deve permanecer em relação a si mesmo em um estado de perpétua vigilância quanto aos menores movimentos que podem se produzir em seu corpo ou em sua alma. Vigiar noite e dia, a noite por causa do dia seguinte e o dia pensando na noite que vem. "Como a pureza e a vigilância durante o dia induzem a ser casto durante a noite, assim a vigilância noturna fortalece o coração e lhe prepara as forças para observar a castidade durante o dia."[32] Essa vigilância é a colocação em prática da "distinção" que, como se sabe, está no centro da tecnologia de si mesmo, tal como ela é desenvolvida na espiritualidade de inspiração evagriana. O trabalho do moleiro que tritura os grãos, do centurião que distribui os soldados, do cambista que pesa as moedas para aceitá-las ou recusá-las é aquele que o monge deve fazer incessantemente em seus próprios pensamentos para reconhecer os que são portadores de tentações. Tal trabalho lhe permitirá selecionar os pensamentos segundo sua origem, distingui-los de acordo com suas qualidades próprias, e dissociar o objeto, que nele está representado, do prazer que ele poderia evocar. Tarefa de análise permanente que é preciso fazer sobre si mesmo e, pelo dever da confissão, em relação aos outros.[33] Nem a concepção geral que Cassiano tem da castidade e da "fornicação", nem a maneira com que ele as analisa, nem os diferentes elementos que aí ele faz surgir e que relaciona uns aos outros (poluição, libido, concupiscência) podem ser entendidos sem referência às tecnologias de si pelas quais ele caracteriza a vida monástica e o combate espiritual que a percorre.

É preciso ver, de Tertuliano a Cassiano, um reforço das "interdições", uma valorização mais intensa da continência completa, uma desqualificação crescente do ato sexual? Não é certamente nesses termos que é preciso colocar o problema.

---

32 (N.A.) *Institutions*, VI, 23.
33 Cf., na XXII *Conférence* (6), o exemplo de uma "consulta" a respeito de um monge que cada vez que se apresentava à comunhão era vítima de uma ilusão noturna, e não ousava portanto participar dos santos mistérios. Os "médicos espirituais", após interrogatório e discussões, diagnosticam que é o diabo quem envia essas ilusões para impedir o monge de chegar à comunhão por ele desejada. Abster-se era então cair na armadilha do diabo. Comungar era, apesar de tudo, vencê-lo. Uma vez tomada essa decisão, o diabo nunca mais reapareceu.

A organização da instituição monástica e o dimorfismo estabelecido desse modo entre a vida dos monges e a dos leigos introduziram mudanças importantes no problema da renúncia às relações sexuais. Eles realizaram, correlativamente, o desenvolvimento de tecnologias de si bastante complexas. Surgiram assim, nessa prática da renúncia, uma regra de vida e um modo de análise que, apesar das continuidades visíveis, assinalam diferenças importantes em relação ao passado. Para Tertuliano, o estado de virgindade implicava uma atitude exterior e interior de renúncia ao mundo, complementada por regras de postura, de conduta, de maneira de ser. Na mística da virgindade, que se desenvolve a partir do século III, o rigor da renúncia (sobre o tema, já presente em Tertuliano, da união com Cristo) transforma a forma negativa da continência em promessa de casamento espiritual. Em Cassiano, que é muito mais testemunha do que inventor, se produz uma espécie de desdobramento, uma espécie de recuo que liberta toda a profundidade de uma cena interior.

Não se trata absolutamente da interiorização de um catálogo de interdições, substituindo a intenção pela proibição do ato. Trata-se da abertura de um campo (cuja importância já era enfatizada em textos como os de Gregório de Nysse ou sobretudo de Basílio de Ancyre) que é o do pensamento, com seu curso irregular e espontâneo, com suas imagens, suas lembranças, suas percepções, com os movimentos e impressões que se comunicam do corpo à alma e da alma ao corpo. O que está então em questão não é um código de atos permitidos ou proibidos, mas sim toda uma técnica para analisar e diagnosticar o pensamento, suas origens, suas qualidades, seus perigos, seus poderes de sedução e todas as forças obscuras que podem se ocultar sob a aparência com que ela se apresenta. E, se o objetivo é finalmente expulsar tudo o que é impuro ou indutor de impureza, ele só pode ser atingido por uma vigilância que jamais se desarma, uma desconfiança que se deve ter em todo lugar e a cada instante contra si mesmo. É preciso que a questão seja sempre colocada de modo a desalojar tudo o que pode se ocultar de "fornicação" secreta nas dobras mais profundas da alma.

Nessa ascese da castidade, é possível reconhecer um processo de "subjetivação", que se distancia de uma ética sexual centrada na economia dos atos. Mas é preciso enfatizar imediatamente duas coisas. Essa subjetivação é indissociável de um processo de conhecimento que faz da obrigação de buscar e de dizer a verdade sobre si mesmo uma condição indispensável e permanente dessa ética; se há subjetivação, ela implica uma objetivação indefinida de si por si – indefinida no sentido de que, jamais sendo adquirida de uma vez por todas, ela é perene; e no sentido de que é preciso sempre levar tão longe quanto possível o exame dos movimentos do pensamento, por mais tênues e inocentes que eles possam parecer. Além disso, essa subjetivação na forma de busca da verdade de si se realiza por meio de complexas relações com o outro. E de várias formas: porque se trata de desalojar em si o poder do Outro, do Inimigo, que nele se esconde sob as aparências de si mesmo; porque se trata de travar contra esse Outro um incessante combate do qual não se conseguiria ser vencedor sem a ajuda do Todo-Poderoso, que é mais poderoso do que ele; porque, enfim, a confissão aos outros, a submissão aos seus conselhos, a permanente obediência aos diretores são indispensáveis para esse combate.

As novas modalidades de ética sexual assumidas na vida monástica, a constituição de uma nova relação entre o sujeito e a verdade, o estabelecimento de relações complexas de obediência ao outro fazem, portanto, parte de um conjunto, cuja coerência aparece claramente no texto de Cassiano. Não se trata de ver nele um ponto de partida. Remontando no tempo, e a bem antes do cristianismo, seriam encontrados vários desses elementos em formação, e talvez já constituídos no pensamento antigo (nos estoicos ou nos neoplatônicos). Por outro lado, o próprio Cassiano apresenta de forma sistemática (a questão de sua contribuição pessoal está, aliás, por ser examinada, mas não é disso que se trata) uma experiência que ele afirma ser a do monaquismo oriental. Em todo caso, parece que o estudo de um texto desse tipo confirma que quase não há sentido em falar de uma "moral cristã da sexualidade", ainda menos de uma "moral judaico-cristã". No que se refere à reflexão sobre as condutas sexuais, processos muito complexos se desenvolveram da época helenística a Santo Agostinho. Certos tempos fortes se destacam nesse período: na orientação de consciência estoico-cínica, na organização do monaquismo. Vários outros são também decifráveis. Em troca, o advento do cristianismo, em geral, como princípio imperioso de uma outra moral sexual, em ruptura maciça com aquelas que o precederam, quase não se deixa perceber. Como diz P. Brown, sobre o cristianismo na leitura da Antiguidade como um todo, é difícil estabelecer a cartografia do divisor de águas.

1982

O Triunfo Social do Prazer Sexual: uma Conversação com Michel Foucault

"The social triumph of the sexual will: a conversation with Michel Foucault" ("O triunfo social do prazer sexual: uma conversação com Michel Foucault"; entrevista com G. Barbedette, 20 de outubro de 1981), *Christopher Street*, vol. 6, n. 4, maio de 1982, p. 36-41.

– *Atualmente se fala cada vez menos de liberação sexual em termos vagos; fala-se dos direitos das mulheres, dos direitos dos homossexuais, dos direitos dos* gays, *mas não se sabe exatamente o que se entende por "direitos" e por "*gays*". Nos países em que a homossexualidade como tal é francamente fora da lei, tudo é mais simples, pois tudo ainda está por fazer, mas nos países do norte da Europa, em que o homossexualismo não é mais oficialmente proibido, o futuro dos direitos dos* gays *se apresenta de maneira diferente.*
– Do meu ponto de vista, deveríamos considerar a batalha pelos direitos dos *gays* como um episódio que não poderia representar a etapa final. E por duas razões: inicialmente, porque um direito, em seus efeitos reais, está ainda muito mais ligado a atitudes, a esquemas de comportamento, do que a formulações legais. É possível que exista uma discriminação em relação aos homossexuais, embora a lei proíba tais discriminações. É então necessário lutar para dar espaço aos estilos de vida homossexual, às escolhas de vida em que as relações sexuais com pessoas do mesmo sexo sejam importantes. Não basta tolerar dentro de um modo de vida mais geral a possibilidade de se fazer amor com alguém do mesmo sexo, a título de componente ou de suplemento. O fato de fazer amor com alguém do mesmo sexo pode muito naturalmente acarretar toda uma série de escolhas, toda uma série de outros valores e de opções para os quais ainda não há possibilidades reais. Não se trata somente de integrar essa pequena prática bizarra, que

consiste em fazer amor com alguém do mesmo sexo, nos campos culturais preexistentes; trata-se de criar formas culturais.
– *Mas certas coisas na vida cotidiana se opõem à criação desses modos de vida.*
– Sim, mas é nelas que há algo de novo a ser feito. Que em nome do respeito aos direitos do indivíduo se deixe fazer o que ele quer, tudo bem! Mas se o que se quer fazer é criar um novo modo de vida, então a questão dos direitos do indivíduo não é pertinente. Vivemos, de fato, em um mundo legal, social, institucional no qual as únicas relações possíveis são muito pouco numerosas, extremamente esquematizadas, extremamente pobres. Há evidentemente a relação de casamento e as relações familiares, mas quantas outras relações deveriam poder existir, poder encontrar seu código não nas instituições, mas em eventuais suportes; o que não é absolutamente o caso.
– *A questão essencial é a dos suportes, porque as relações existem – ou, pelo menos, tentam existir. O problema decorre de que certas coisas são decididas não no nível dos corpos legislativos, mas no do Poder Executivo. Nos Países Baixos certas modificações legais diminuíram o poder das famílias e permitiram que os indivíduos se sentissem mais fortes nas relações que querem estabelecer. Por exemplo, os direitos de sucessão entre pessoas do mesmo sexo que não estão ligadas pelo sangue são os mesmos daqueles de um par heterossexual casado.*
– É um exemplo interessante, mas isso representa apenas um primeiro passo; já que se pede às pessoas que reproduzam o laço de casamento para que sua relação pessoal seja reconhecida, o avanço realizado é pouco significativo. Vivemos em um mundo relacional consideravelmente empobrecido pelas instituições. A sociedade e as instituições que constituem sua ossatura limitaram a possibilidade de relações, porque um mundo relacional rico seria extremamente complicado de administrar. Devemos lutar contra esse empobrecimento do tecido relacional. Devemos obter o reconhecimento das relações de coexistência provisória, de adoção...
– *De crianças?*
– Ou – por que não? – a de um adulto por outro. Por que não adotaria um amigo 10 anos mais jovem do que eu? Ou mesmo 10 anos mais velho? Mais do que defender que os indivíduos têm direitos fundamentais e naturais, deveríamos tentar imagi-

nar e criar um novo direito relacional que permitisse que todos os tipos possíveis de relações pudessem existir e não fossem impedidas, bloqueadas ou anuladas por instituições empobrecedoras do ponto de vista das relações.

– *Mais concretamente, não seria preciso que as vantagens legais, financeiras e sociais que beneficiam um par heterossexual casado fossem estendidas a todos os outros tipos de relações? Esta é uma questão prática importante, não é?*

– Sem dúvida; mas, ainda uma vez, penso que é um trabalho difícil, porém muito, muito interessante. Atualmente, estou apaixonado pelo mundo helênico e romano anterior ao cristianismo. Tomemos, por exemplo, as relações de amizade. Elas tinham um papel considerável, mas havia toda uma espécie de enquadramento institucional flexível – mesmo que ele fosse às vezes impositivo – com um sistema de obrigações, de tarefas, de deveres recíprocos, uma hierarquia entre amigos, e assim por diante. Não quero de forma alguma dizer que é preciso reproduzir esse modelo. Mas se vê como um sistema de relações ao mesmo tempo flexível e apesar de tudo relativamente codificado pôde subsistir por tanto tempo e fornecer a base para um certo número de relações importantes e estáveis, que, atualmente, conseguimos definir muito mal. Quando o senhor lê um testemunho de dois amigos dessa época, sempre se pergunta sobre o que isso representava concretamente. Faziam amor? Tinham interesses comuns? Provavelmente, nenhuma dessas coisas – ou ambas.

– *O problema é que, nas sociedades ocidentais, a única noção na qual se fundamenta a legislação é a de cidadão ou de indivíduo. Como conciliar o desejo de validar relações que não têm sanção legal com um aparato legislativo que reconhece que todos os cidadãos são iguais perante a lei? Há ainda questões sem resposta – a do celibatário, por exemplo.*

– Certamente. É preciso reconhecer que o celibatário tem com os outros um tipo de relação completamente diferente daquela dos casais, por exemplo. Frequentemente, se diz que o celibatário sofre de solidão porque presumem que ele seja um marido fracassado ou rejeitado.

– *Ou alguém de moral duvidosa.*

– Sim, alguém que não pôde se casar. Quando na realidade a vida de solidão a que está condenado o celibatário é frequentemente efeito do empobrecimento das possibilidades de relações em nossa sociedade, em que as instituições tornam desgastadas e necessariamente raras todas as relações que poderiam ser estabelecidas com um outro e que poderiam ser intensas, ricas, embora provisórias, mesmo e sobretudo se não ocorressem dentro dos laços do casamento.

– Mas, de certa forma, todas essas questões demonstram que o movimento gay tem um futuro que o ultrapassa completamente. Nos Países Baixos, é surpreendente ver que os direitos dos gays interessam a rigor a mais pessoas do que aos próprios homossexuais, porque as pessoas querem poder administrar suas próprias vidas e suas relações como bem entenderem.

– Sim, e acredito que existe aí uma parte extremamente interessante em jogo e que me apaixona: a questão da cultura gay – que não compreende somente os romances escritos por pederastas sobre a pederastia –, isso não tem muito interesse, mas uma cultura no sentido amplo, uma cultura que inventa modalidades de relações, modos de vida, tipos de valores, formas de troca entre indivíduos que sejam realmente novas, que não sejam homogêneas nem se sobreponham às formas culturais gerais. Se isso for possível, a cultura gay não será então simplesmente uma escolha de homossexuais por homossexuais. Isso criará relações que podem ser, até certo ponto, transpostas para os heterossexuais. É preciso inverter um pouco as coisas, e, mais do que dizer o que se disse em um certo momento: "Tentemos reintroduzir a homossexualidade na normalidade geral das relações sociais", digamos o contrário: "De forma alguma! Deixemos que ela escape na medida do possível ao tipo de relações que nos é proposto em nossa sociedade, e tentemos criar no espaço vazio em que estamos novas possibilidades de relação." Propondo um novo direito de relação, veremos que pessoas não homossexuais poderão enriquecer suas vidas modificando seu próprio esquema de relações.

– A própria palavra "gay" é um catalisador que tem o poder de anular aquilo que a palavra "homossexualidade" implicava.

– Isso é importante porque, ao escapar da categorização "homossexualidade-heterossexualidade", os gays deram um passo importante e interessante. Eles definiram de modo diverso seus problemas tentando criar uma cultura que só tem sentido a partir de uma experiência sexual e de um tipo de

relações que lhes seja próprio. Creio que uma abordagem interessante seria fazer com que o prazer da relação sexual escape do campo normativo da sexualidade e de suas categorias, e por isso mesmo fazer do prazer o ponto de cristalização de uma nova cultura.
— *É isso o que interessa às pessoas hoje em dia.*
— Atualmente, as questões importantes não estão mais ligadas ao problema da repressão – o que não significa absolutamente que não haja ainda muitas pessoas oprimidas, o que não quer sobretudo dizer que seja preciso esquecer isso e não lutar para que as pessoas deixem de ser oprimidas; não é absolutamente isso que quero dizer. Porém a linha de inovação em que estamos não é mais a luta contra a repressão.
— *O desenvolvimento do que se tinha o hábito de chamar de gueto, e que agora é representado pelos bares, restaurantes, saunas, talvez tenha sido um fenômeno tão radical e inovador quanto a luta contra uma legislação discriminatória. De fato, alguns diriam que o primeiro teria existido sem o segundo, e eles provavelmente teriam razão.*
— Sim, mas não acredito que devamos ter, em relação aos 10 ou 15 últimos anos, uma atitude que consistiria em pisotear esse passado como se ele tivesse constituído um longo erro do qual apenas agora saímos. Um trabalho formidável foi feito para mudar os comportamentos, e isso exigiu coragem, mas não podemos mais ter apenas um modelo de comportamento e uma problemática.
— *O fato de os bares, em sua maior parte, deixarem de ser clubes fechados indica que alguma coisa mudou na maneira como se vive a homossexualidade. O aspecto dramático do fenômeno – que o fazia existir – se tornou uma antiguidade.*
— Exatamente. Mas, por outro lado, parece que isso se deve ao fato de termos reduzido a culpa que implicava uma distinção categórica entre a vida dos homens e a vida das mulheres, a relação "monossexual". Acompanhando a condenação universal da homossexualidade, havia também uma desqualificação implícita da relação monossexual – ela só era autorizada em lugares como prisões ou casernas. É muito curioso ver que os homossexuais também estavam muito pouco à vontade em relação à monossexualidade.
— *Como assim?*

– Durante um período, as pessoas diziam que, quando se começava a ter relações homossexuais, então se podia ter finalmente boas relações com as mulheres.
– *O que era, obviamente, um fantasma.*
– Essa ideia parece traduzir uma espécie de dificuldade em admitir que uma relação monossexual fosse possível e pudesse ser perfeitamente satisfatória e compatível com as relações com as mulheres – se isso fosse verdadeiramente desejado. Creio que essa condenação da monossexualidade tende a desaparecer, e vemos agora as mulheres afirmarem, por sua vez, seu direito e seu desejo à monossexualidade. Não se deve temer isso, mesmo tendo ainda na cabeça a imagem dos dormitórios de colégio, dos seminários, das casernas ou das prisões. É preciso admitir que a monossexualidade pode ser alguma coisa rica.
– *Nos anos 1960, a mistura dos sexos, que era apresentada como o modo de relação mais civilizado, criou de fato reações extremamente hostis aos grupos monossexuais, tais como as escolas ou os clubes privados.*
– As pessoas se davam perfeitamente o direito de condenar essa monossexualidade institucional e fechada, porém a promessa de que se amarão as mulheres no dia em que não se for mais condenado porque se é *gay* é utópica. Essa é uma utopia perigosa, não porque ela nos prometa boas relações com as mulheres – sou a favor das boas relações com as mulheres –, mas porque ela implica o preço de uma condenação da relação monossexual. A reação, frequentemente negativa, de alguns franceses a respeito de determinados tipos de comportamento americano ainda traz consigo essa desaprovação da monossexualidade. Assim, ouvimos às vezes: "Como vocês podem aceitar esses modelos machistas? Vocês estão entre homens, usam bigodes, blusões de couro, botas: que imagem de homem é essa?" Talvez daqui a 10 anos riam disso, mas creio que, nesse modelo de um homem que se afirma como homem, há um movimento de revalorização da relação monossexual. Isso consiste em dizer: "Pois bem, passamos o tempo entre homens, temos bigodes e nos abraçamos", sem que nenhum dos dois tenha que desempenhar o papel de efebo ou de rapaz efeminado, frágil.
– *Então, essa crítica ao machismo dos novos* gays *é uma tentativa de culpabilização, e está impregnada pelos velhos chichês que perseguiram a homossexualidade até hoje.*

– É preciso dizer que isso é muito novo e praticamente desconhecido nas sociedades ocidentais. Os gregos jamais admitiram o amor entre dois homens adultos. É possível certamente encontrar alusões à ideia de um amor entre rapazes, em idade de portar armas, mas não à de um amor entre dois homens.

– *Isso seria alguma coisa totalmente nova?*

– Permitir relações sexuais é uma coisa, mas o importante é o reconhecimento pelos próprios indivíduos desse tipo de relação, no sentido de eles lhe atribuírem uma importância necessária e suficiente – que eles a reconheçam e a realizem – para inventar novos modos de vida. Isso sim é novo.

– *Por que a noção de um direito relacional, decorrente do direito dos gays, surgiu nos países anglo-saxões?*

– Isso deve se relacionar a muitas coisas, certamente às leis relativas à sexualidade nos países latinos. Pela primeira vez vemos um aspecto negativo do que se poderia chamar de herança grega: o fato de o amor entre homens só ser aprovado na forma da pederastia clássica. Também é preciso levar em conta outro fenômeno importante. Nesses países que são, em sua maior parte, protestantes, os direitos associativos foram muito mais desenvolvidos por razões religiosas evidentes. Gostaria no entanto de acrescentar que os direitos relacionais não são exatamente direitos associativos – estes representam um progresso obtido no século XIX. O direito relacional é a possibilidade de fazer reconhecer, em um campo institucional, relações de indivíduo para indivíduo que não passem necessariamente pela emergência de um grupo reconhecido. É algo completamente diferente. Trata-se de imaginar como a relação entre dois indivíduos pode ser validada pela sociedade e se beneficiar das mesmas vantagens que as relações – perfeitamente honrosas – que são as únicas a serem reconhecidas: as relações de casamento e de parentesco.

1983

Um Sistema Finito diante de um Questionamento Infinito

"Um sistema finito diante de um questionamento infinito" (entrevista com R. Bono)[1] in *Sécurité sociale: l'enjeu*, Paris, Syros, 1983, p. 39-63.

– *Tradicionalmente, a seguridade social protege os indivíduos contra um certo número de riscos ligados à doença, à organização familiar e à velhice. Evidentemente, essa é uma função que ela deve continuar a exercer.*
Porém, de 1946 até hoje, as coisas evoluíram. Surgiram novas necessidades. Assim, é perceptível uma aspiração crescente das pessoas e dos grupos à autonomia – aspiração das crianças em relação a seus pais, das mulheres diante dos homens, dos doentes ante os médicos, dos deficientes diante das instituições de qualquer natureza. Surge igualmente a necessidade de conter fenômenos de marginalização imputáveis para uma boa parte ao desemprego, mas também, em certos casos, às carências do nosso aparelho de proteção social.
Parece-nos que pelo menos essas duas necessidades deverão ser levadas em conta pelos próximos conselhos de administração da seguridade social, de forma que esta possa ser vista reivindicando para si funções recentemente definidas capazes de dar ocasião para uma transformação do seu sistema de prestações. O senhor acha que elas existem de fato em nossa sociedade? O senhor apontaria outras? Do seu ponto de vista, como a seguridade social pode contribuir para responder a isso?
– Acredito que é preciso inicialmente apontar três coisas.

---

[1] Robert Bono era na época secretário nacional da Confédération Française Démocratique des Travailleurs (CFDT), sediada no Conseil d'Administration de la Sécurité Sociale.

Em primeiro lugar, nosso sistema de garantias sociais, tal como foi estabelecido em 1946, se choca hoje em dia com os obstáculos econômicos conhecidos.

Em segundo lugar, esse sistema, elaborado no entreduas-guerras – quer dizer, em uma época em que um dos objetivos era atenuar, ou mesmo conter um certo número de conflitos sociais, e na qual se utilizava um modelo conceitual marcado por uma racionalidade nascida em torno da Primeira Guerra Mundial –, encontra hoje seus limites esbarrando na racionalidade política, econômica e social das sociedades modernas.

Enfim, a seguridade social, quaisquer que sejam seus efeitos positivos, teve também "efeitos perversos": a crescente rigidez de certos mecanismos e situações de dependência. Pode-se destacar aqui o que é inerente aos mecanismos funcionais do dispositivo: por um lado, dá-se mais segurança às pessoas e, por outro, aumenta-se sua dependência. Ora, o que se deveria poder esperar dessa segurança é que ela desse a cada um autonomia em relação a perigos e situações capazes de inferiorizá-lo ou submetê-lo.

– *Admitindo que as pessoas parecem dispostas a abdicar um pouco de liberdade e de autonomia desde que se aumente e se reforce sua segurança, como administrar esse "par infernal": segurança-dependência?*

– Nesse caso há um problema cujos termos são negociáveis. O que é preciso tratar de avaliar é a capacidade que têm as pessoas para assumir uma tal negociação, e o nível de compromissos que elas podem aceitar.

A maneira de perceber as coisas mudou. Nos anos 1930 e no pós-guerra, o problema da segurança era de tal acuidade e de tal urgência que a questão da dependência mal era levada em conta. A partir dos anos 1950, em contrapartida, e mais ainda a partir dos anos 1960, a noção de segurança começou a ser associada à questão da independência. Esse desvio foi um fenômeno cultural, político e social extremamente importante. Não se pode deixar de levá-lo em conta.

Essa temática antissegurança se opõe atualmente de maneira um pouco simplista, me parece, a tudo o que pode haver de perigoso na reivindicação em que se baseava a lei "Sécurité et liberté",[2] por exemplo. Convém ser bastante prudente em relação a isso.

---

[2] Lei característica da política penal do direito em 1980, revogada pela esquerda em 1983.

Existe, de fato, uma demanda positiva: a de uma segurança que abra caminho para relações mais ricas, numerosas, diversas e flexíveis consigo mesmo e com seu meio, garantindo a cada um uma real autonomia. É um fato novo que deveria pesar nas concepções atuais em matéria de proteção social. Eis como, bem esquematicamente, eu situaria esta questão da demanda de autonomia.

– *A negociação sobre a qual o senhor falava só pode ser conduzida sobre uma linha divisória: de um lado, se vê claramente que certas inflexibilidades de nosso aparelho de proteção social, conjugadas ao seu caráter dirigista, ameaçam a autonomia dos grupos e das pessoas, aprisionando-as em um jugo administrativo que (se acreditarmos na experiência sueca principalmente) se torna finalmente insuportável; mas, na outra vertente, a forma de liberalismo descrita por Jules Guesde ao falar de "raposas livres em galinheiros livres" não é muito mais atraente – o melhor é voltar seus olhos para os Estados Unidos para se convencer disso...*

– É precisamente a dificuldade de estabelecer um compromisso a partir dessa linha divisória que exige uma análise tão apurada quanto possível da situação atual. Não concebo "situação atual" como esse conjunto de mecanismos econômicos e sociais que outros descrevem melhor do que eu: falo, sobretudo, dessa espécie de conexão entre, de um lado, a sensibilidade das pessoas, suas escolhas morais, sua relação consigo mesmas e, por outro, as instituições que as cercam. Daí nascem disfunções, mal-estares e, talvez, crises.

Considerando o que se poderia chamar de "efeitos negativos" do sistema, seria oportuno, me parece, distinguir entre duas tendências: observa-se um efeito de estabelecimento de dependência *por integração* e um efeito de estabelecimento de dependência *por marginalização ou por exclusão*. Contra ambos é preciso reagir.

Acredito que exista a necessidade de uma resistência ao fenômeno de integração. De fato, todo um dispositivo de cobertura social só beneficia plenamente o indivíduo que esteja *integrado*, seja em um meio familiar, em um meio de trabalho ou em um meio geográfico.

– *Isso é um pouco menos verdade agora: certas disposições foram reconsideradas sob esse aspecto, principalmente quanto aos auxílios familiares, de forma que elas abrangem atualmente o conjunto da população, sem exclusões a partir de critérios profissional e familiar.* Na área da saúde como na das aposentadorias, vê-se também um início de reajustamento. O princípio de integração, sem estar totalmente caduco, perdeu sua preeminência. No que se refere aos movimentos de marginalização, o problema permanece, pelo contrário, intacto.

– É verdade que certas pressões no sentido de uma integração puderam ser atenuadas. Eu as mencionava ao mesmo tempo que os fenômenos de marginalização porque me pergunto se não é preciso tentar pensar os dois juntos. É possível, sem dúvida, acrescentar algumas correções aos efeitos de criação de dependência por integração, como se poderia verdadeiramente corrigir um certo número de coisas relativas às marginalizações. Mas bastariam algumas correções parciais, algumas arestas aparadas? Isso corresponde às nossas necessidades? Não se deveria de preferência tentar conceber todo um sistema de cobertura social que levasse em conta essa demanda de autonomia da qual falamos, de forma que esses famosos efeitos de criação de dependência desaparecessem quase totalmente?

– *Essa questão da integração se coloca do mesmo modo na perspectiva das relações que o indivíduo mantém com o Estado?*

– Sobre esse assunto também se observa um fenômeno importante: até o que se chama "a crise" e mais precisamente até seus limites, com os quais nos confrontamos atualmente, tenho a impressão de que o indivíduo ainda não se questionava a respeito de sua relação com o Estado, já que essa relação, tendo em vista o modo de funcionamento das grandes instituições centralizadoras, era feita de um *input* – as cotizações que ele estabelecia – e de um *output* – as contribuições que lhe eram pagas. Os efeitos de dependência eram sobretudo perceptíveis no nível do meio social imediato.

Atualmente intervém um problema de limites. O que está em causa não é mais a igualdade de acesso de todos à seguridade, mas o acesso ilimitado de cada um a um certo número de benefícios possíveis. Dizem às pessoas: "Vocês não podem consumir indefinidamente" E quando a autoridade proclama: "Você não tem mais direito a isso"; ou então: "Para tais operações vocês não serão mais cobertos"; ou ainda: "Vocês pagarão uma parte das despesas de hospitalização"; e na pior das hipóteses: "Não serviria de nada prolongar sua vida em três meses; vamos deixá-lo morrer...", então o indivíduo se pergunta sobre a natureza de sua relação com o Estado e começa a experimentar sua dependência diante de uma instituição, cujo poder de decisão ele havia até então avaliado mal.

– *Essa problemática da dependência não perpetua a ambivalência que conduziu, antes mesmo do estabelecimento de um dispositivo de proteção social, à criação das primeiras instituições de saúde? Assim, o objetivo dos primeiros hospitais não era ao mesmo tempo aliviar as misérias e retirar pobres e doentes da vista da sociedade, impedindo-os de perturbar a ordem pública?*

Não é possível, no século XX, sair de uma lógica que associa caridade e internação para conceber sistemas menos alienantes, dos quais as pessoas poderiam – lancemos a palavra – "se apropriar"?

– É verdade que em certo sentido a longa cronologia manifesta a manutenção de certos problemas.

Dito isso, desconfio muito de duas atitudes intelectuais cuja persistência pode ser deplorada durante o último decênio. Uma consiste em pressupor a repetição e a amplitude dos mesmos mecanismos através da história de nossas sociedades. Talvez venha daí a ideia de uma espécie de câncer que se disseminaria no corpo social. Essa é uma teoria inadmissível. A maneira como eram internadas certas categorias da população no século XVII, para retomar esse exemplo, é muito diferente da hospitalização que se conheceu no século XIX, e mais ainda dos dispositivos de seguridade da época atual.

Uma outra atitude, também muito frequente, consiste em manter a ficção dos "antigos bons tempos" em que o corpo social era vivo e caloroso, as famílias unidas e os indivíduos autônomos. Esse episódio feliz teria mudado bruscamente com o advento do capitalismo, da burguesia e da sociedade industrial. Trata-se de um absurdo histórico.

A leitura continuísta da história e a referência nostálgica a uma época áurea da vida social assombram ainda muitas mentes, e numerosas análises políticas e sociológicas são por elas influenciadas. É preciso livrar-se delas.

– *Feito esse comentário, talvez cheguemos à questão da marginalidade... Parece que nossa sociedade é dividida em um setor "protegido" e um setor exposto à precariedade. Mes-*

mo que a seguridade social não possa remediar sozinha essa situação, é fato que um sistema de proteção social pode contribuir para uma redução das marginalizações e das segregações através de medidas adequadas voltadas para os deficientes, os imigrantes e para todas as categorias em estado precário. Esta é pelo menos nossa análise. É também a sua?

– É possível dizer, sem dúvida, que certos fenômenos de marginalização estão ligados a fatores de separação entre uma população "segurada" e uma população "exposta". Essa espécie de divisão estava, aliás, claramente prevista durante os anos 1970 por um certo número de economistas, que pensavam que as sociedades pós-industriais a ratificariam – o setor exposto devendo, em suma, crescer de maneira considerável em relação ao que ele era. Semelhante "programação" da sociedade não foi, no entanto, empregada com frequência, e não se pode mantê-la como explicação única dos processos de marginalização.

Há em certas marginalizações o que eu chamaria de um outro aspecto do fenômeno de dependência. Nossos sistemas de cobertura social impõem um determinado modo de vida ao qual ele submete os indivíduos, e qualquer pessoa ou grupo que, por uma razão ou por outra, não querem ou não podem chegar a esse modo de vida se encontram marginalizados pelo próprio jogo das instituições.

– *Há uma diferença entre marginalidade escolhida e marginalidade imposta...*

– É verdade; seria conveniente discriminá-las na perspectiva de uma análise mais apurada. Não deixa de ser verdade que haveria motivo para esclarecer, de uma maneira mais ampla, as relações existentes entre o funcionamento da seguridade social e os modos de vida. Esses modos de vida começaram a ser observados há uma década; mas é um estudo que precisaria ser aprofundado e ao mesmo tempo um pouco desembaraçado de um "sociologismo" demasiadamente estrito que negligencia certos problemas éticos da maior importância.

– *Nosso objetivo é dar às pessoas tanto segurança como autonomia. Talvez fosse possível se aproximar disso por dois meios: por um lado, renunciando a esse legalismo absurdo pelo qual temos predileção na França e que erige montanhas de papelório no percurso de cada um (de modo a desfavorecer um pouco mais ainda os marginais), para tentar a experiência de uma legislação a posteriori capaz de facilitar o acesso de*

todos aos benefícios e aos investimentos sociais; e, por outro, praticando uma real descentralização, programando funcionários e lugares apropriados para acolher as pessoas.
O que o senhor pensa sobre isso? O senhor aprova o objetivo que acabo de enunciar?
– Sim, certamente. E o objetivo de uma cobertura social ideal conjugada a um máximo de independência é bastante claro. Quanto a atingi-la...
Penso que tal ambição requer dois tipos de meios. Por um lado, é necessário um certo empirismo. É preciso transformar o campo das instituições sociais em um vasto campo experimental, de forma a determinar quais são os pauzinhos a mexer, quais são os parafusos a afrouxar aqui ou ali para introduzir a mudança desejada; é preciso efetivamente desencadear uma operação de descentralização, por exemplo, para aproximar os usuários dos centros de decisão dos quais eles dependem e implicá-los nos processos decisórios, evitando com isso essa espécie de grande integração globalizante que deixa as pessoas em uma completa ignorância de tudo o que condiciona tal ou tal interrupção. É preciso, portanto, multiplicar as experiências por todo lado onde for possível nesse terreno particularmente interessante e importante do social, considerando que todo um conjunto institucional, atualmente frágil, deverá provavelmente sofrer uma reestruturação de alto a baixo.

Por outro lado, e este é um ponto nodal, haveria um trabalho considerável a ser feito para renovar as categorias conceituais que inspiram nossa maneira de abordar todos esses problemas de garantia social e de seguridade. Desenvolvemos um pensamento que ainda se organiza dentro de esquemas mentais formados entre 1920 e 1940, essencialmente sob a influência de Beveridge,[3] um homem que seria hoje mais do que centenário.

No momento, carecemos totalmente de instrumentos intelectuais para examinar em novos termos a forma pela qual poderíamos atingir o que buscamos.

– *Para ilustrar talvez essa caducidade dos esquemas mentais dos quais o senhor fala, não haveria um estudo linguís-*

---

3 Lord William Henry Beveridge (1879-1963), economista e administrador inglês, autor de um plano de seguridade social (1942).

tico a ser feito sobre o sentido da palavra "sujeito" na língua da seguridade social?

– É claro! E se coloca a questão de saber como fazer para que a pessoa não seja mais um "sujeito" no sentido da sujeição...

Quanto ao *deficit* intelectual que acabo de apontar, é possível perguntar atualmente quais são os focos de onde poderão sair novas formas de análise, novos quadros conceituais.

Recordo que, para dizer as coisas de maneira esquemática, no fim do século XVIII na Inglaterra, e no XIX em certos países europeus, a vida parlamentar pôde constituir esse lugar de elaboração e de discussão de novos projetos (como leis fiscais e alfandegárias na Grã-Bretanha). Ali se inflamaram imensas campanhas de trocas e de reflexão. Na segunda metade do século XIX, muitos problemas, muitos projetos nasceram do que era então uma nova vida associativa, a dos sindicatos, a dos partidos políticos, a das diversas associações. Na primeira metade do século XX, um trabalho muito importante – um esforço de concepção – foi feito nos domínios político, econômico e social por pessoas como Keynes ou Beveridge, assim como por um certo número de intelectuais, universitários e administradores.

Mas, convenhamos, a crise que atravessamos, e que logo terá 10 anos de idade, nada suscitou de interessante nem de novo da parte desses meios. Parece que houve daquele lado uma espécie de esterilização: não se destaca nenhuma invenção significativa.

– *Os sindicatos podem ser esses "focos de acendimento"?*

– Se é verdade que o mal-estar atual questiona tudo o que pode se alinhar do lado da autoridade institucional estatal, certamente as respostas não virão daqueles que administram essa autoridade: elas deveriam de preferência ser fornecidas por aqueles que pretendem contrabalançar a prerrogativa estatal e constituir contrapoderes. O que procede da ação sindical pode então eventualmente, de fato, abrir um espaço de invenção.

– *Será que essa necessidade de renovar as maneiras de pensar da proteção social dá uma chance à "sociedade civil" – da qual os sindicatos fazem parte – em relação à "sociedade estatal"?*

– Se essa oposição entre sociedade civil e Estado pôde ser legitimamente muito usual no fim do século XVIII e no XIX, não estou certo de que ela seja ainda operacional. Desse ponto de vista, o exemplo polonês é interessante: quando se iguala o poderoso movimento social que esse país acaba de atravessar a uma revolta da sociedade civil contra o Estado, se desconhece a complexidade e a multiplicidade dos confrontos. Não foi somente contra o Estado-partido que o movimento Solidariedade teve de lutar.

As relações entre o poder político, os sistemas de dependência que ele engendra e os indivíduos são demasiadamente complexas para entrar nesse esquema. De fato, a ideia de uma oposição entre sociedade civil e Estado foi formulada em um contexto dado para responder a uma intenção precisa: economistas liberais a propuseram no fim do século XVIII com o intuito de limitar a esfera de ação do Estado, a sociedade civil sendo concebida como o lugar de um processo econômico autônomo. Era um conceito quase polêmico, oposto às opções administrativas dos Estados da época para fazer triunfar um certo liberalismo.

Porém alguma coisa me incomoda mais ainda: a referência a esse par antagônico jamais está isenta de uma espécie de maniqueísmo que golpeia a noção de Estado com uma conotação pejorativa ao mesmo tempo em que idealiza a sociedade como um conjunto bom, vivo e caloroso.

O que me chama a atenção é o fato de que toda relação humana é, até certo ponto, uma relação de poder. Evoluímos em um mundo de perpétuas relações estratégicas. Toda relação de poder não é má em si mesma, mas é um fato que sempre comporta perigos.

Tomemos o exemplo da justiça penal, que me é mais familiar do que o da seguridade social: todo um movimento se esboça atualmente na Europa e nos Estados Unidos em prol de uma "justiça informal", ou ainda de certas formas de arbitragens fornecidas pelo próprio grupo. Acreditar que a sociedade é capaz, por simples regulação interna, de resolver os problemas que nela se apresentam é uma ideia muito otimista da sociedade.

Em suma, para retornar à nossa conversa, me mantenho bastante reservado em relação a uma certa maneira de estimular a oposição sociedade civil-Estado, e em relação ao projeto de transferir para a primeira um poder de iniciativa e de decisão que o segundo teria incorporado para exercê-lo de maneira autoritária: seja qual for o roteiro escolhido, uma relação de poder se estabeleceria e toda a questão seria a de saber como limitar os efeitos dela, essa relação não sendo em si mesma nem boa nem má, mas perigosa, de forma que seria preciso refletir, em todos os níveis, sobre a maneira de canalizar sua eficácia no melhor sentido possível.

— *O que temos muito presente em mente é o fato de que a seguridade social, em sua forma atual, é vista como uma instituição distante, de caráter estatal – mesmo que este não seja o caso –, porque é uma grande máquina centralizada. Nosso problema é, portanto, o seguinte: para abrir aos usuários a via da participação, é preciso aproximar deles os centros de decisão. Como proceder?*

— Esse problema é mais do domínio do empirismo do que de uma oposição entre sociedade civil e Estado: é o que chamarei de "distância decisória". Em outros termos, trata-se de avaliar uma distância ideal entre uma decisão tomada e o indivíduo a quem ela se aplica, de tal forma que esse último tenha voz no assunto e que essa decisão seja inteligível para ele, adaptando-se à sua situação sem dever passar por um dédalo inextricável de regulamentos.

— *Essas questões levantam uma outra, diretamente ligada à conjuntura econômica. De fato, é em uma situação de crise que devemos formular hipóteses capazes de responder a essa pergunta sobre a "distância decisória", como à demanda de autonomia e ao imperativo de luta contra as marginalizações. Ora, a CFDT, de maneira bastante exigente, concebe a saúde não somente como um estado de bem-estar físico e mental mas, além do aspecto estático das coisas, como a capacidade de superar os conflitos, as tensões e as agressões que afetam o indivíduo em sua vida relacional e social. Tal concepção exige o estabelecimento de todo um dispositivo de educação e de prevenção além de um dispositivo de cuidados, que abrange o conjunto da sociedade. É possível, nessas condições, opor a ela o argumento do seu custo econômico? Além disso, qual é a sua posição em relação à noção de "direito à saúde", que faz parte de nossas reivindicações?*

— Estamos no cerne de um problema extremamente interessante.

Quando o sistema de seguridade social que conhecemos atualmente foi instaurado em grande escala, existia uma espécie de consenso mais ou menos explícito e em grande parte silencioso sobre o que se poderia chamar de "carências de saúde".

Era, em suma, a necessidade de dar cobertura aos "acidentes", ou seja, a afastamentos por invalidez ligados à doença, assim como às deficiências congênitas ou adquiridas.

A partir daí, dois processos se desenvolveram. De um lado, uma aceleração técnica da medicina, que aumentou seu poder terapêutico, mas muito mais rápido ainda sua capacidade de exame e de análise. De outro, um crescimento da demanda de saúde manifestando o fato de que a carência de saúde (tal, pelo menos, como é sentida) não tem critério de limitação.

Consequentemente, não é possível fixar objetivamente um limite teórico e prático, válido para todos, a partir do qual se poderia dizer que as carências de saúde estejam inteira e definitivamente satisfeitas.

A questão do direito parece particularmente espinhosa nesse contexto. Gostaria de fazer algumas observações simples.

É claro que quase não há sentido em falar do "direito à saúde". A saúde – a boa saúde – não pode depender de um direito; a boa e a má saúde, quaisquer que sejam os critérios rudimentares que se utilizem, são fatos: estados de coisas e também estados de consciência. E mesmo que logo se corrija fazendo observar que a fronteira que separa a saúde da doença é em parte definida pela capacidade dos médicos de reconhecer uma doença pelo tipo de existência ou de atividade do sujeito, e, pelo que em uma cultura é reconhecido ou não como doença, essa relatividade não impede que não haja direito de estar deste ou daquele lado da linha divisória.

Em compensação, pode-se ter direito a condições de trabalho que não aumentem de maneira significativa os riscos de doença ou de deficiências diversas. Há também direito às reparações, aos tratamentos e indenizações quando um acidente de saúde pode depender de uma maneira ou de outra da responsabilidade de uma autoridade.

Mas esse não é o problema atual. Ele é, acredito, o seguinte: deve uma sociedade procurar satisfazer por meios coletivos a carência de saúde dos indivíduos? E podem estes legitimamente reivindicar a satisfação dessas necessidades?

Parece – se essas carências forem capazes de crescer indefinidamente – que uma resposta positiva a essa questão não teria tradução prática aceitável ou mesmo possível. Em contrapartida, pode-se falar de "meios de saúde"; e isso significa não simplesmente as instalações hospitalares e os medicamentos, mas tudo o que uma sociedade pode dispor em um dado momento para efetuar as correções e ajustes de saúde para os quais se está tecnicamente capacitado. Esses meios de saúde definem uma linha móvel – esta resulta das capacidades técnicas da medicina, das capacidades econômicas de uma coletividade e do que uma sociedade quer dedicar como recursos e como meios para a saúde. É possível definir o direito de acesso a esses meios de saúde. Direito que se apresenta sob diferentes aspectos. Há o problema da igualdade de todos diante desse acesso – problema ao qual é fácil em princípio responder, embora não seja sempre fácil garantir praticamente essa igualdade. Há o problema do acesso interminável a esses meios de saúde; quanto a isso, é preciso não se iludir: o problema não tem certamente solução teórica; o importante é saber por qual arbitragem, sempre flexível, sempre provisória, serão definidos os limites desse acesso. É preciso manter em mente que esses limites não podem ser estabelecidos de uma vez por todas por uma definição médica da saúde nem pela noção de "necessidades de saúde" enunciada como um absoluto.

– *Isso suscita um certo número de problemas, entre os quais este, que é um problema bem trivial de desigualdade: a esperança de vida de um operário é muito inferior à de um eclesiástico ou de um professor; como fazer para que as arbitragens das quais resultaria uma "norma de saúde" levem em conta essa situação?*

Além disso, as despesas de saúde representam hoje 8,6% do produto interno bruto. Isso não foi programado: o custo da saúde – eis o drama – é induzido por uma multiplicidade de decisões individuais e por um processo de recondução dessas decisões. Por isso, não estaríamos em situação de saúde "racionada", ao reivindicarmos a igualdade de acesso à saúde?

– Acredito que nossa preocupação seja a mesma: trata-se de saber – e este é um incrível problema ao mesmo tempo político, econômico e cultural – sobre quais critérios e segundo que modo combinatório estabelecer a norma a partir da qual se poderia definir, em um dado momento, um direito à saúde.

A questão do custo, que irrompe da maneira que sabemos, confere a essa pergunta uma nova dimensão.

Não vejo e ninguém pode me explicar como, tecnicamente, seria possível satisfazer todas as carências de saúde na linha interminável em que elas se desenvolvem. E quando eu nem mesmo sei que freio lhe imporia um limite qualquer, seria de qualquer maneira impossível deixar aumentar as despesas, sob essa rubrica, no ritmo dos últimos anos.

Um dispositivo feito para assegurar a seguridade das pessoas no campo da saúde atingiu então um ponto do seu desenvolvimento em que será preciso decidir se tal doença, tal tipo de sofrimento não se beneficiariam mais de nenhuma cobertura – um ponto em que a própria vida, em certos casos, não mais dependerá de nenhuma proteção. Isso suscita um problema político e moral que se assemelha um pouco, guardadas as devidas proporções, à questão de saber com que direito o Estado pode exigir de um indivíduo que ele se deixe matar na guerra. Essa questão, sem nada perder de sua seriedade, foi perfeitamente incorporada à consciência das pessoas através de longos desenvolvimentos históricos, de maneira que os soldados efetivamente aceitaram se deixar matar – portanto, colocar suas vidas fora de proteção. A questão que surge agora é a de saber como as pessoas vão aceitar estar expostas a certos riscos sem conservar o benefício de uma cobertura pelo Estado-providência.

– *Isso significa que se vai voltar a questionar as incubadoras, a considerar a eutanásia e a retornar àquilo mesmo contra o que a seguridade social lutou, ou seja, a uma certa forma de eliminação de indivíduos biologicamente mais frágeis? Prevalecerá a palavra de ordem: "É preciso escolher; escolhamos os mais fortes"? Quem escolherá entre a obstinação terapêutica, o desenvolvimento de uma medicina neonatal e a melhoria das condições de trabalho (a cada ano, nas empresas francesas, 20% das mulheres têm depressão nervosa...)?*

– Tais escolhas são decididas a cada instante, embora isso não seja dito. São decididas a partir da lógica de uma certa racionalidade que alguns discursos pretendem justificar.

A questão que proponho é a de saber se uma "estratégia de saúde" – esta problemática da escolha – deve permanecer silenciosa... Chegamos a um paradoxo: essa estratégia é aceitável, no estado atual de coisas, à medida que ela for sufocada. Se for empregada, mesmo na forma de uma racionalidade quase admissível, ela se torna moralmente insuportável. Tomem o exemplo da diálise: quantos doentes em diálise, quantos outros que não podem se beneficiar dela? Suponham que se divulgue em virtude de que escolhas se chega a essa espécie de desigualdade de tratamento. Isso seria evidenciar regras

escandalosas! É nesse ponto que uma certa racionalidade se torna, ela própria, escândalo.
Não tenho nenhuma solução a propor. Mas considero inútil disfarçar: é preciso tentar ir ao fundo das coisas e enfrentá-las.

– *Não seria o caso, além disso, de fazer uma análise de custos bastante acurada para liberar algumas possibilidades econômicas antes de fazer escolhas mais dolorosas, até mesmo "escandalosas"? Penso particularmente nas doenças iatrogênicas, que representam atualmente, se acreditarmos em certas estatísticas, 8% dos problemas de saúde: não haverá nesse caso um desses "efeitos perversos" imputáveis precisamente a alguma falta de racionalidade?*

– Reexaminar a racionalidade que preside nossas escolhas em matéria de saúde é efetivamente uma tarefa na qual deveríamos nos empenhar corajosamente.

Desse modo podemos enfatizar que um certo número de problemas como a dislexia, por serem considerados benignos, quase não são cobertos pela seguridade social, enquanto seu custo social pode ser gigantesco (será que foi avaliado tudo o que uma dislexia pode acarretar como investimento educativo além dos tratamentos levados em conta?). É o tipo de situação a ser reconsiderado no momento de uma reavaliação do que se poderia chamar de uma "normalidade" em matéria de saúde. Há um enorme trabalho de pesquisas, experimentos, medidas, reelaboração intelectual e moral a ser empreendido sobre o assunto.

Sem dúvida, temos uma reviravolta a negociar.

– *A definição de uma norma em matéria de saúde, a busca de um consenso em torno de um certo nível de despesas, assim como de certas modalidades de aplicação dessas despesas, não constituiriam para as pessoas uma extraordinária oportunidade de assumir responsabilidade em relação ao que lhes toca fundamentalmente – ou seja, sua vida e seu bem-estar – e ao mesmo tempo uma tarefa de tal amplitude que poderia inspirar alguma hesitação?*

Como levar o debate a todos os níveis da opinião pública?

– É verdade que certas intervenções visando a alimentar essa reflexão suscitam indignação geral. O que é significativo é que os protestos visam a propostas relativas a coisas que imediatamente provocam escândalo: a vida, a morte. Ao evocar esses problemas de saúde, entra-se em uma ordem de valores que ocasiona uma demanda absoluta e infinita. O problema levantado é, portanto, o de relacionar uma demanda infinita com um sistema finito.

Não é a primeira vez que a humanidade se defronta com esse problema. As religiões, afinal, não foram feitas para resolvê-lo? Mas atualmente devemos encontrar para ele uma solução em termos técnicos.

– *O projeto de empenhar a responsabilidade de cada um em suas escolhas particulares traz um elemento de solução? Quando se exige do fumante o pagamento de uma sobretaxa, por exemplo, isso não equivale a lhe impor que assuma financeiramente o risco que ele corre? Não se pode, assim, remeter as pessoas à significação e ao alcance de suas decisões individuais em vez de estabelecer fronteiras para além das quais a vida não teria mais o mesmo preço?*

– Estou totalmente de acordo. Quando falo de arbitragens e de normatividade, não imagino que uma espécie de comitê de sábios possa proclamar cada ano: "Tendo em vista as circunstâncias e o estado de nossas finanças, tal risco será coberto, e tal outro, não." Imagino, de maneira mais geral, alguma coisa como uma nuvem de decisões se ordenando em torno de um eixo que definiria em termos gerais a norma mantida. Resta saber o que fazer para que esse eixo normativo seja tão representativo quanto possível de um certo estado de consciência das pessoas, ou seja, da natureza de sua demanda e do que pode ser objeto de um consentimento de sua parte. Acredito que os julgamentos feitos deveriam ser o efeito de uma espécie de consenso ético para que o indivíduo possa se reconhecer nas decisões tomadas e nos valores que os inspiraram. É sob essa condição que essas decisões serão aceitáveis, embora fulano ou sicrano proteste e resista.

Dito isso, se é verdade que os fumantes e os que bebem devem saber que correm um risco, é também verdade que comida salgada, quando se sofre de arteriosclerose, é perigosa, assim como é perigoso comer açúcar quando se é diabético... Insisto nisso para indicar até que ponto os problemas são complexos, e para sugerir que as decisões, que uma "nuvem decisória" jamais deveria assumir a forma de um regulamento unívoco. Todo modelo racional uniforme redunda muito rapidamente em paradoxos!

É bastante evidente, em suma, que o custo do diabetes e da arteriosclerose é ínfimo se comparado às despesas ocasionadas pelo tabagismo e pelo alcoolismo...

— *... que têm o status de verdadeiros flagelos, e cujo custo é da mesma forma um custo social: penso em uma certa delinquência, nas crianças mártires, nas mulheres espancadas...*
— Lembremo-nos de que o alcoolismo foi literalmente implantado nos meios operários franceses, no século XIX, pela abertura autoritária dos bistrôs; lembremo-nos ainda de que nem o problema dos vinhateiros nem o problema vinícola jamais foram resolvidos... Pode-se falar de uma verdadeira política do alcoolismo organizada na França. Talvez estejamos em um período em que se torna possível pegar o touro à unha e se encaminhar para uma menor cobertura dos riscos ligados ao etilismo.

Seja como for, não preconizo obviamente um liberalismo selvagem que levaria a uma cobertura individual para aqueles que tivessem os meios para isso e a uma ausência de cobertura para os outros...

Enfatizo simplesmente que o fato "saúde" é um fato cultural no sentido mais amplo do termo, ou seja, ao mesmo tempo político, econômico e social, isto é, ligado a um certo estado de consciência individual e coletivo. Cada época estabelece um perfil de "normal" dele. Talvez devamos nos orientar para um sistema que definirá, no domínio do *anormal*, do patológico, as doenças *normalmente* cobertas pela sociedade.

— *O senhor não acha que para esclarecer o debate conviria, por outro lado, discriminar, acima da definição de uma norma de saúde, o que é do domínio médico e o que é do domínio das relações sociais? Não se presenciou, nesses últimos 30 anos, uma espécie de "medicalização" do que se poderia chamar de problemas de sociedade? Deu-se, por exemplo, uma resposta médica à questão do absenteísmo nas empresas quando se deveria melhorar antes as condições de trabalho. Esse tipo de "deslocamento" onera o orçamento da saúde...*

— Mil coisas foram efetivamente "medicalizadas", até mesmo "supermedicalizadas", que decorreriam de alguma coisa diferente da medicina. Ocorre que, diante de certos problemas, a solução médica foi considerada mais eficaz e econômica. Da mesma forma com certos problemas escolares, sexuais ou com problemas de detenção... Certamente, seria preciso rever muitas opções desse tipo.

— *Não abordamos o problema da velhice. Nossa sociedade não tende a abandonar seus velhos nos asilos, para se esquecer deles?*

– Confesso que sou muito reservado, bastante contido em relação a tudo o que se diz sobre a situação atual das pessoas idosas, sobre seu isolamento e sua miséria em nossas sociedades. É verdade que os asilos de Nanterre e Ivry oferecem a imagem de uma certa sordidez. Mas o fato de se escandalizar com isso é significativo de uma nova sensibilidade, ela própria ligada a uma situação nova. Antes da guerra, as famílias empurravam seus velhos para um canto da casa e reclamavam do peso que eles constituíam, fazendo-os pagar sua presença na família com mil humilhações, mil hostilidades. Atualmente, os velhos recebem pensões com as quais podem viver, e encontramos em todas as cidades da França os "clubes da terceira idade", frequentados por pessoas que se encontram, viajam, consomem e constituem uma camada da população cuja importância se tornou considerável. Apesar de persistir um certo número de indivíduos marginalizados, a condição da pessoa idosa melhorou bastante em alguns decênios. Eis a razão pela qual estamos sobre esse ponto atentos – isto é excelente – ao que ainda se passa em certos estabelecimentos.

– *Como, definitivamente, a seguridade social pode contribuir para uma ética da pessoa humana?*

– Sem contar todos os elementos de resposta a essa questão trazidos no curso dessa entrevista, eu diria que ela contribui para isso pelo menos levantando um certo número de problemas, e principalmente levantando a questão sobre o que vale a vida e a maneira com que se pode enfrentar a morte.

A ideia de uma aproximação entre os indivíduos e os centros decisórios deveria implicar, pelo menos a título de consequência, o direito enfim reconhecido a cada um de se matar quando quiser em condições decentes... Se eu ganhasse alguns milhões na Loto, criaria um instituto no qual as pessoas que quisessem morrer pudessem passar um final de semana, uma semana ou um mês no prazer, talvez na droga, para em seguida desaparecer, como por apagamento...

– *Um direito ao suicídio?*

– Sim.

– *O que podemos dizer sobre a maneira pela qual se morre hoje em dia? O que pensar dessa morte asséptica, frequentemente no hospital, sem acompanhamento familiar?*

– A morte se torna um não acontecimento. Na maior parte do tempo, as pessoas morrem sob uma camada de medicamentos, se não for por acidente, de forma que elas perdem inteiramente a consciência em algumas horas, alguns dias ou semanas: elas se apagam. Vivemos em um mundo em que o acompanhamento médico e farmacêutico da morte lhe retira muito do seu sofrimento e de sua dramaticidade.

Não concordo muito com tudo o que se diz sobre a "assepsia" da morte, remetida a alguma coisa como um grande ritual integrativo e dramático. Os prantos ruidosos em torno do caixão nem sempre eram isentos de um certo cinismo: a alegria de uma herança podia aí se imiscuir. Prefiro a doce tristeza da desaparição a essa espécie de cerimonial.

A maneira com que se morre atualmente me parece significativa de uma sensibilidade, de um sistema de valores correntes hoje em dia. Haveria alguma coisa de ilusório em querer reatualizar, em um impulso nostálgico, práticas que não têm mais nenhum sentido.

Tentemos de preferência dar sentido e beleza à morte-apagamento.

1983

A Escrita de Si

"A escrita de si", *Corps écrit*, n. 5: *L'autoportrait*, fevereiro de 1983, p. 3-23.

A "série de estudos" de que M. Foucault fala tinha sido inicialmente concebida como uma introdução para *Uso dos prazeres*, com o título *Cuidado de si*. Como este título foi conservado para uma nova distribuição dos elementos de *Uso dos prazeres*, foi então programada pela Éd. du Seuil uma série de estudos mais gerais sobre a governamentalidade, com o título *Le gouvernement de soi et des autres*.

Estas páginas fazem parte de uma série de estudos sobre "as artes de si mesmo", ou seja, sobre a estética da existência e o domínio de si e dos outros na cultura greco-romana, nos dois primeiros séculos do império.

A *Vita Antonii* de Atanásio apresenta a anotação escrita das ações e dos pensamentos como um elemento indispensável à vida ascética: "Eis uma coisa a ser observada para nos assegurarmos de não pecar. Consideremos e escrevamos, cada um, as ações e os movimentos de nossa alma, como para nos fazer mutuamente conhecê-los, e estejamos certos de que, por vergonha de sermos conhecidos, deixaremos de pecar, e nada teremos de perverso no coração. Pois quem, quando peca, consente em ser visto e, quando pecou, não prefere mentir para esconder sua falta? Ninguém fornicaria diante de testemunhas. Da mesma forma, escrevendo nossos pensamentos como se devêssemos comunicá-los mutuamente, estaremos mais protegidos dos pensamentos impuros, por vergonha de tê-los conhecidos. Que a escrita substitua o olhar dos companheiros de ascese: enrubescendo tanto por escrever quanto por sermos vistos, abstenhamo-nos de qualquer mau pensamento. Disciplinando-nos dessa maneira, podemos forçar o corpo à submissão e frustrar as armadilhas do inimigo."[1]

---

1 (N.A.) Santo Atanásio, *Vita Antonii* (*Vie et conduite de notre Saint-Père Antoine, écrite et adressée aux moines habitant en pays étranger, par notre Saint-Père Athanase, évêque d'Alexandrie*), trad. B. Lavaud, Paris, Éd. du

A escrita de si mesmo aparece aqui claramente em sua relação de complementaridade com a anacorese: ela atenua os perigos da solidão; oferece aquilo que se fez ou se pensou a um olhar possível; o fato de se obrigar a escrever desempenha o papel de um companheiro, suscitando o respeito humano e a vergonha; é possível então fazer uma primeira analogia: o que os outros são para o asceta em uma comunidade o caderno de notas será para o solitário. Mas, simultaneamente, é levantada uma segunda analogia, que se refere à prática da ascese como trabalho não somente sobre os atos, porém mais precisamente sobre o pensamento: o constrangimento que a presença de outro exerce na ordem da conduta a escrita o exercerá na ordem dos movimentos interiores da alma; nesse sentido, ela tem um papel muito próximo da confissão ao diretor espiritual sobre a qual Cassiano dirá, na linha da espiritualidade evagriana,* que ela deve revelar, sem exceção, todos os movimentos da alma (*omnes cogitationes*). Enfim, a escrita dos movimentos interiores aparece também, segundo o texto de Atanásio, como uma arma no combate espiritual: enquanto o demônio é uma potência que engana e faz com que o sujeito se engane sobre si mesmo (toda uma grande parte da *Vita Antonii* é consagrada a essas astúcias), a escrita constitui uma experiência e uma espécie de pedra de toque: revelando os movimentos do pensamento, ela dissipa a sombra interior onde se tecem as tramas do inimigo. Esse texto – um dos mais antigos que a literatura cristã nos deixou sobre o tema da escrita espiritual – está longe de esgotar todas as significações e formas que esta assumirá mais tarde. Mas é possível destacar alguns dos seus aspectos que permitem analisar retrospectivamente a função da escrita na cultura filosófica de si precisamente antes do cristianismo: sua estreita ligação com a corporação de companheiros, seu grau de aplicação aos movimentos do pensamento, seu papel de prova da verdade. Esses diversos elementos já se encontram em Sêneca, Plutarco, Marco Aurélio, mas com valores extremamente diferentes e segundo procedimentos totalmente diversos.

*

Cerf, col. "Foi Vivante", n. 240, reedição 1989, 3ª parte, § 55: "Conseils spirituels du solitaire à ses visiteurs", p. 69-70.

---

* (N.T.) Evágrio – santo mártir.

Nenhuma técnica, nenhuma habilidade profissional pode ser adquirida sem exercício; não se pode mais aprender a arte de viver, a *technê tou biou*, sem uma *askêsis* que deve ser compreendida como um treino de si por si mesmo: este era um dos princípios tradicionais aos quais, muito tempo depois, os pitagóricos, os socráticos, os cínicos deram tanta importância. Parece que, entre todas as formas tomadas por esse treino (e que comportava abstinências, memorizações, exames de consciência, meditações, silêncio e escuta do outro), a escrita – o fato de escrever para si e para outro – tenha desempenhado um papel considerável por muito tempo. Em todo caso, os textos da época imperial que se relacionam com as práticas de si constituem boa parte da escrita. É preciso ler, dizia Sêneca, mas também escrever.[2] E Epícteto, que no entanto só deu um ensino oral, insiste várias vezes sobre o papel da escrita como exercício pessoal: deve-se "meditar" (*meletan*), escrever (*graphein*), exercitar-se (*gummazein*); "que possa a morte me apanhar pensando, escrevendo, lendo".[3] Ou ainda: "Mantenha os pensamentos noite e dia à disposição [*prokheiron*]; coloque-os por escrito, faça sua leitura; que eles sejam o objeto de tuas conversações contigo mesmo, com um outro [...] se te ocorrer algum desses acontecimentos chamados indesejáveis, encontrarás imediatamente um alívio no pensamento de que aquilo não é inesperado."[4] Nesses textos de Epícteto, a escrita aparece regularmente associada à "meditação", ao exercício do pensamento sobre ele mesmo que reativa o que ele sabe, torna presentes um princípio, uma regra ou um exemplo, reflete sobre eles, assimila-os, e assim se prepara para encarar o real. Mas também se percebe que a escrita está associada ao exercício de pensamento de duas maneiras diferentes. Uma toma a forma de uma série "linear"; vai da meditação à atividade da escrita e desta ao *gummazein*, quer dizer, ao adestramento na situação real e à experiência: trabalho de pensamento, trabalho pela escrita, trabalho na realidade. A outra é circular: a meditação

---
2 Sêneca, *Lettres à Lucilius* (trad. H. Noblot), Paris, Les Belles Lettres, "Collection des Universités de France", 1957, t. III, livro XI, carta 84, § 1, p. 121.
3 Epícteto, *Entretiens* (trad. J. Souilhé), Paris, Les Belles Lettres, "Collection des Universités de France", 1963, t. III, livro III, cap. V: À ceux qui quittent l'école pour raisons de santé, § 11, p. 23.
4 *Ibid., op. cit.*, livro III, cap. XXIV: "Não é preciso se emocionar com o que não depende de nós", § 103, p. 109.

precede as notas, que permitem a releitura, que, por sua vez, revigora a meditação. Em todo caso, seja qual for o ciclo de exercício em que ela ocorre, a escrita constitui uma etapa essencial no processo para o qual tende toda a *askêsis*: ou seja, a elaboração dos discursos recebidos e reconhecidos como verdadeiros em princípios racionais de ação. Como elemento de treinamento de si, a escrita tem, para utilizar uma expressão que se encontra em Plutarco, uma função *etopoiéitica*: ela é a operadora da transformação da verdade em *êthos*.

Essa escrita *etopoiéitica*, tal como aparece em documentos dos séculos I e II, parece estar localizada no exterior das duas formas já conhecidas e utilizadas para outros fins: os *hupomnêmata* e a *correspondência*.

Os *hupomnêmata*

Os *hupomnêmata*, no sentido técnico, podiam ser livros de contabilidade, registros públicos, cadernetas individuais que serviam de lembrete. Sua utilização como livro de vida, guia de conduta, parece ter se tornado comum a todo um público culto. Ali se anotavam citações, fragmentos de obras, exemplos e ações que foram testemunhadas ou cuja narrativa havia sido lida, reflexões ou pensamentos ouvidos ou que vieram à mente. Eles constituíam uma memória material das coisas lidas, ouvidas ou pensadas; assim, eram oferecidos como um tesouro acumulado para releitura e meditação posteriores. Formavam também uma matéria-prima para a redação de tratados mais sistemáticos, nos quais eram dados os argumentos e meios para lutar contra uma determinada falta (como a cólera, a inveja, a tagarelice, a lisonja) ou para superar alguma circunstância difícil (um luto, um exílio, a ruína, a desgraça). Assim, quando Fundanus pede conselhos para lutar contra as agitações da alma, Plutarco, naquele momento, quase não tem tempo de compor um tratado em boa e devida forma; ele vai então lhe enviar toscamente os *hupomnêmata*, que ele havia redigido sobre si mesmo a respeito do tema da tranquilidade da alma: é pelo menos assim que ele apresenta o texto do *Peri euthumias*.[5] Falsa modéstia? Era

---

5 (N.A.) Plutarco, *De tranquillitate*, 464°. (*De la tranquillité de l'âme*, trad. J. Dumortier e J. Defradas, in *Oeuvres morales*, Paris, Les Belles Lettres, "Collection des Universités de France", 1975, t. VII, parte 1, p. 98 (N.E.).)

esta sem dúvida uma maneira de justificar o caráter um tanto descosido do texto; mas também é preciso ver nele uma indicação do que eram aquelas cadernetas de anotações – assim como do uso a fazer do próprio tratado que conservava um pouco da sua forma original.

Não se deveria considerar esses *hupomnêmata* como um simples suporte de memória, que se poderia consultar de tempos em tempos, caso se apresentasse uma ocasião. Eles não se destinam a substituir as eventuais falhas de memória. Constituem de preferência um material e um enquadre para exercícios a serem frequentemente executados: ler, reler, meditar, conversar consigo mesmo e com outros etc. E isso para tê-los, de acordo com uma expressão que frequentemente retorna, *prokheiron, ad manum, in promptu*. "À mão", porém, não simplesmente no sentido de que poderiam ser chamados à consciência, mas no sentido de que devem poder ser utilizados, tão logo seja necessário, na ação. Trata-se de constituir um *logos bioèthikos*, um equipamento de discursos auxiliares, capazes – como diz Plutarco – de levantar eles mesmos a voz e de fazer calar as paixões como um dono que, com uma palavra, acalma o rosnar dos cães.[6] E, por isso, é preciso que eles não estejam simplesmente colocados em uma espécie de armário de lembranças, mas profundamente implantados na alma, "nela arquivados", diz Sêneca, e que assim façam parte de nós mesmos: em suma, que a alma os faça não somente seus, mas si mesmo. A escrita dos *hupomnêmata* é um relé importante nessa subjetivação do discurso.

Por mais pessoais que sejam, esses *hupomnêmata* não devem no entanto ser entendidos como diários, ou como narrativas de experiência espiritual (tentações, lutas, derrotas e vitórias) que poderão ser encontradas posteriormente na literatura cristã. Eles não constituem uma "narrativa de si mesmo"; não têm como objetivo esclarecer os *arcana conscientiae*, cuja confissão – oral ou escrita – tem valor de purificação. O movimento que eles procuram realizar é o inverso daquele: trata-se não de buscar o indizível, não de revelar o oculto, não de dizer o não dito, mas de captar, pelo contrário, o já dito; reunir o que se pôde ouvir ou ler, e isso com uma finalidade que nada mais é que a constituição de si.

---

6 (N.A.) *Ibid.*, 465c.

Os *hupomnêmata* devem estar também novamente inseridos no contexto de uma tensão muito evidente na época: em uma cultura muito fortemente marcada pela tradicionalidade, pelo valor reconhecido do já dito, pela recorrência do discurso, pela prática "da citação" sob a chancela da antiguidade e da autoridade se desenvolvia uma ética muito explicitamente orientada para o cuidado de si na direção de objetivos definidos como: recolher-se em si, atingir a si mesmo, viver consigo mesmo, bastar-se a si mesmo, aproveitar e gozar de si mesmo. Tal é o objetivo dos *hupomnêmata*: fazer do recolhimento do *logos* fragmentário e transmitido pelo ensino, pela escuta ou pela leitura um meio para o estabelecimento de uma relação de si consigo mesmo tão adequada e perfeita quanto possível. Para nós há nisso alguma coisa paradoxal: como se confrontar consigo por meio da ajuda de discursos imemoriais e recebidos de todo lado? Na verdade, se a redação dos *hupomnêmata* pode efetivamente contribuir para a formação de si através desses *logoi* dispersos é principalmente por três razões principais: os efeitos de limitação devidos à junção da escrita com a leitura, a prática regrada do disparate que determina as escolhas e a apropriação que ela efetua.

1) Sêneca insiste nisto: a prática de si implica a leitura, pois não se poderia extrair tudo do seu próprio âmago nem se prover por si mesmo de princípios racionais indispensáveis para se conduzir: guia ou exemplo, a ajuda dos outros é necessária. Mas não é preciso dissociar leitura e escrita; deve-se "recorrer alternadamente" a essas duas ocupações, e "moderar uma por intermédio da outra". Se escrever muito esgota (Sêneca pensa aqui no trabalho do estilo), o excesso de leitura dispersa: "Abundância de livros, conflitos da mente."[7] Quando se passa incessantemente de livro a livro, sem jamais se deter, sem retornar de tempos em tempos à colmeia com sua provisão de néctar, sem consequentemente tomar notas, nem organizar para si mesmo, por escrito, um tesouro de leitura, arrisca-se a não reter nada, a se dispersar em pensamentos diversos, e a se esquecer de si mesmo. A escrita, como maneira de recolher a leitura feita e de se recolher nela, é um exercício racional que se opõe ao grande defeito da *stultitia*, possivelmente favorecida pela leitura interminável. A *stultitia* se define pela agitação da mente, pela

---

7 (N.A.) Sêneca, *Lettres à Lucilius*, op. cit., 1945, t. I, livro I, carta 2, § 3, p. 6.

instabilidade da atenção, pela mudança de opiniões e vontades, e consequentemente pela fragilidade diante de todos os acontecimentos que podem se produzir; caracteriza-se também pelo fato de dirigir a mente para o futuro, tornando-a ávida de novidades e impedindo-a de dar a si mesmo um ponto fixo na posse de uma verdade adquirida.[8] A escrita dos *hupomnêmata* se opõe a essa dispersão fixando os elementos adquiridos e constituindo de qualquer forma com eles "o passado", em direção ao qual é sempre possível retornar e se afastar. Essa prática deve ser encadeada a um tema muito comum na época; de qualquer maneira, ele é comum à moral dos estoicos e à dos epicuristas: a recusa de uma atitude de pensamento voltada para o futuro (que, devido à sua incerteza, suscita a inquietude e a agitação da alma) e o valor positivo atribuído à posse de um passado, do qual se pode gozar soberanamente e sem perturbação. A contribuição dos *hupomnêmata* é um dos meios pelos quais a alma é afastada da preocupação com o futuro, para desviá-la na direção da reflexão sobre o passado.

2) Entretanto, se ela permite se opor à dispersão da *stultitia*, a escrita dos *hupomnêmata* também é (e deve permanecer) uma prática regrada e voluntária do disparate. Ela é uma escolha de elementos heterogêneos. Nisso ela se opõe ao trabalho do gramático que procura conhecer uma obra em sua totalidade ou todas as obras de um autor; ela também se opõe ao ensino dos filósofos de profissão que reivindicam a unidade doutrinal de uma escola. "Pouco importa", diz Epícteto, "que se tenha lido ou não todo Zenão ou Crisipo; pouco importa que se tenha apreendido exatamente aquilo que eles quiseram dizer, e que se seja capaz de reconstituir o conjunto de sua argumentação".[9] A caderneta de notas é dominada por dois princípios, que poderiam ser chamados de "a verdade local da sentença" e "seu valor circunstancial de uso". Sêneca escolhe o que ele anota para si mesmo e para seus correspondentes em um dos filósofos de sua própria seita, mas também em Demócrito ou Epicuro.[10] O essencial é que ele possa considerar

---

8 (N.A.) *Ibid., op. cit.,* 1947, t. II, livro V, carta 52, §§ 1-2, p. 41-42.
9 (N.A.) Epícteto, *Entretiens, op. cit.,* 1943, t. II, livro I, cap. XVII: "De la nécessité de la logique", §§ 11-14, p. 65.
10 (N.A.) Sêneca, *Lettres à Lucilius, op. cit.,* t. I, livro I, cartas 2, § 5, p. 6; 3, § 6, p. 9; 4, § 10, p. 12; 7, § 11, ps. 21-22; 8, §§ 7-8, p. 24 etc.

a frase retida como uma sentença verdadeira no que ela afirma, adequada no que prescreve, útil de acordo com as circunstâncias em que nos encontramos. A escrita como exercício pessoal feito por si e para si é uma arte da verdade díspar; ou, mais precisamente, uma maneira racional de combinar a autoridade tradicional da coisa já dita com a singularidade da verdade que nela se afirma e a particularidade das circunstâncias que determinam seu uso. "Leia então sempre", diz Sêneca a Lucilius, "autores de uma autoridade reconhecida; e, se o desejo te leva a avançar em outros, retorna rápido aos primeiros. Assegura-te cotidianamente uma defesa contra a pobreza, contra a morte, sem esquecer nossos outros flagelos. De tudo o que tiveres percorrido, extrai um pensamento para digerir bem esse dia. É também o que faço. Entre vários textos que acabo de ler, faço de um deles a minha escolha. Eis meu ganho de hoje; é em Epicuro que o encontrei, pois também gosto de invadir o terreno alheio. Como trânsfuga? Não; como explorador [*tanquam explorator*]"[11]

3) Esse disparate proposital não exclui a unificação. Mas esta não se realiza na arte de compor um conjunto; ela deve se estabelecer no próprio copista como o resultado dos *hupomnêmata*, de sua constituição (e, portanto, no próprio gesto de escrever), de sua consulta (e, portanto, na sua leitura e releitura). Dois processos podem ser distinguidos. Trata-se, por um lado, de unificar esses fragmentos heterogêneos pela sua subjetivação no exercício da escrita pessoal. Sêneca compara essa unificação, de acordo com metáforas muito tradicionais, quer à coleta do néctar pelas abelhas, quer à digestão dos alimentos, ou ainda à adição de algarismos formando uma soma: "Não soframos quando nada daquilo que entra em nós permanece intacto, por medo de que ele jamais seja assimilado. Digiramos a matéria: caso contrário, ela entrará em nossa memória, não em nossa inteligência [*in memoriam non in ingenium*]. Unamo-nos cordialmente aos pensamentos do outro e saibamos fazê-los nossos, visando a unificar cem elementos diversos tal como a adição faz, de números isolados, um número único."[12] O papel da escrita é constituir, com tudo o que a leitura constituiu, um "corpo" (*quicquid lectione collectum est, stilus redigat in corpus*). E é preciso compreender esse corpo não como um corpo de doutrina,

---

11 (N.A.) *Ibid.*, carta 2, §§ 4-5, p. 6.
12 (N.A.) *Ibid., op. cit.*, t. III, livro XI, carta 84, §§ 6-7, p. 123.

mas sim – segundo a metáfora da digestão, tão frequentemente evocada – como o próprio corpo daquele que, transcrevendo suas leituras, delas se apropriou e fez sua a verdade delas: a escrita transforma a coisa vista ou ouvida "em forças e em sangue" (*in vires, in sanguinem*). Ela se torna no próprio escritor um princípio de ação racional.

Mas, inversamente, o copista cria sua própria identidade através dessa nova coleta de coisas ditas. Nessa mesma carta 84 – que constitui uma espécie de pequeno tratado das relações entre leitura e escrita – Sêneca se detém por um instante no problema ético da semelhança, da fidelidade e da originalidade. Não se deve, explica, elaborar o que se guarda de um autor, de maneira que este possa ser reconhecido; não se trata de criar, nas notas que se toma e na maneira com que se reconstitui por escrito o que se leu, uma série de "retratos" reconhecíveis, porém "mortos" (Sêneca se refere aqui àquelas galerias de retratos através das quais se atestava seu nascimento, se valorizava seu *status* e se marcava sua identidade em relação aos outros). É sua própria alma que é preciso criar no que se escreve; porém, assim como um homem traz em seu rosto a semelhança natural com seus ancestrais, também é bom que se possa perceber no que ele escreve a filiação dos pensamentos que se gravaram em sua alma. Através do jogo das leituras escolhidas e da escrita assimiladora, deve-se poder formar uma identidade através da qual se lê toda uma genealogia espiritual. Em um coro, há vozes agudas, graves e médias, timbres de homens e de mulheres: "Nenhuma voz individual pode nele se distinguir; somente o conjunto se impõe ao ouvido [...]. Gostaria que fosse assim com nossa alma, que ela tivesse boa provisão de conhecimentos, preceitos, exemplos retirados de muitas épocas, mas convergindo em uma unidade."

A correspondência

As cadernetas de notas que, nelas mesmas, constituem exercícios de escrita pessoal, podem servir de matéria-prima para textos que são enviados a outros. Em troca, a missiva, texto por definição destinado a outro, também permite o exercício pessoal. É que, como lembra Sêneca, ao se escrever, se lê o que se escreve, do mesmo modo que, ao dizer alguma coisa, se ouve o que se diz.¹³ A carta que se envia age, por meio do próprio gesto da escrita, sobre aquele que a envia, assim como, pela leitura e releitura, ela age sobre aquele que a recebe. Nessa dupla função a correspondência está bem próxima dos *hupomnêmata*, e sua forma muitas vezes se assemelha a eles. A literatura epicurista exemplifica isso. O texto conhecido como "lettre à Pythoclès" começa acusando o recebimento de uma carta em que o aluno manifestou sua amizade pelo mestre, e se esforçou para "lembrar-se das argumentações" epicuristas que permitiam atingir a felicidade; o autor da resposta dá seu aval: a tentativa não era má; e ele expede de volta um texto – resumido do *Peri phuseôs* de Epicuro – que deve servir a Pythoclès de material para ser memorizado e de suporte para sua meditação.¹⁴

As cartas de Sêneca mostram uma atividade de direção exercida por um homem idoso e já aposentado sobre um outro que ainda ocupa importantes funções públicas. Porém, nessas cartas, Sêneca não se limita a se informar sobre Lucilius e seus progressos; não se contenta em lhe dar conselhos e comentar para ele alguns grandes princípios de conduta. Através dessas lições escritas, Sêneca continua a se exercitar, devido a dois princípios por ele frequentemente invocados: o de que é necessário adestrar-se durante toda a vida, e o de que sempre se precisa da ajuda de outro na elaboração da alma sobre si mesma. O conselho que ele dá na carta 7 constitui uma descrição de suas próprias relações com Lucilius; nela, ele caracteriza bem a maneira pela qual ocupa seu retiro com o duplo trabalho que realiza simultaneamente em seu correspondente e em si mesmo: recolher-se em si mesmo tanto quanto possível; ligar-se àqueles que são capazes de ter sobre si um efeito benéfico; abrir sua porta àqueles que têm a esperança de se tornarem melhores; são "ofícios recíprocos. Quem ensina se instrui".¹⁵

A carta que é enviada para ajudar seu correspondente – aconselhá-lo, exortá-lo, admoestá-lo, consolá-lo – constitui para aquele que escreve uma espécie de treino: um pouco como os soldados em tempos de paz se exercitam no manejo das armas,

---

13 (N.A.) *Ibid.*, §§ 9-10, p. 124.
14 *Lettre à Pythoclès* (trad. A. Ernout), *in* Lucrèce, *De rerum natura. Commentaire par Alfred Ernout et Léon Robin*, Paris, Les Belles Lettres, "Collection de Commentaires d'Auteurs Anciens", 1925, t. I, §§ 84-85, p. LXXXVII.
15 (N.A.) Sêneca, *op. cit.*, livro I, carta 7, § 8, p. 21.

os conselhos que são dados aos outros na urgência de sua situação são uma forma de preparar a si próprio para uma eventualidade semelhante. Assim, a carta 99 a Lucilius: ela própria é a cópia de outra missiva que Sêneca havia enviado a Marullus, cujo filho havia morrido há algum tempo.[16] O texto pertence ao gênero da "condolência"; oferece ao correspondente as armas "lógicas" para combater o desgosto. A intervenção é tardia, pois Marullus, "atordoado pelo golpe", teve um momento de fraqueza e se "afastou de si mesmo"; a carta tem, portanto, em relação a isso, uma função de admoestação. Mas, para Lucilius, a quem ela é também enviada, e para Sêneca, que a escreve, ela desempenha o papel de um princípio de reativação: reativação de todas as razões que possibilitam superar o luto, se convencer de que a morte não é uma desgraça (nem a dos outros, nem a sua própria). E, graças ao que é leitura para um, escrita para outro, Lucilius e Sêneca terão assim reforçado sua preparação para o caso de que um acontecimento desse gênero venha a ocorrer com eles. A *consolatio*, que deve ajudar e equilibrar Marullus, é ao mesmo tempo uma *praemeditatio* útil para Lucilius e Sêneca. A escrita que ajuda o destinatário arma aquele que escreve – e eventualmente terceiros que a leiam.

Mas ocorre também que a assistência espiritual prestada por aquele que escreve ao seu correspondente lhe seja devolvida na forma de "retribuição do conselho"; à medida que aquele que é orientado progride, ele se torna mais capaz de dar por sua vez conselhos, exortações, consolos àquele que tentou ajudá-lo: a orientação não permanece por muito tempo em um sentido único; ela serve de enquadre para mudanças que a ajudam a se tornar mais igualitária. A carta 34 já assinala esse movimento a partir de uma situação em que Sêneca, no entanto, podia dizer ao seu correspondente: "Eu te reivindico; tu és minha obra"; "eu te exortei, incitei e, impaciente com qualquer demora, eu te empurrei sem descanso. Fui fiel ao método, mas hoje exorto alguém que prontamente já partiu e que por sua vez me exorta".[17] E, na carta seguinte, ele evoca a recompensa da perfeita amizade, em que cada um dos dois será para o outro o permanente socorro, a inesgotável ajuda, que será o tema da carta 109: "A habilidade do lutador se mantém através

---

16 Ibid., op. cit., 1962, t. IV, livro XVI, carta 99, p. 125-134.
17 (N.A.) Ibid., op. cit., t. I, livro IV, carta 34, § 2, p. 148.

do exercício da luta; aquele que acompanha estimula a execução do músico. O sábio tem igualmente necessidade de manter suas virtudes alerta; assim, estimulando a si mesmo, ele recebe também estímulo de um outro sábio."[18]

Contudo, e apesar de todos esses pontos comuns, a correspondência não deve ser considerada um simples prolongamento da prática dos *hupomnêmata*. Ela é alguma coisa mais do que um adestramento de si mesmo pela escrita, através dos conselhos e advertências dados ao outro: constitui também uma certa maneira de se manifestar para si mesmo e para os outros. A carta torna o escritor "presente" para aquele a quem ele a envia. E presente não simplesmente pelas informações que ele lhe dá sobre sua vida, suas atividades, seus sucessos e fracassos, suas venturas e desventuras; presente com uma espécie de presença imediata e quase física. "Tu me escreves com frequência e te sou grato, pois assim te mostras a mim [*te mihi ostendis*] pelo único meio de que dispões. Cada vez que me chega tua carta, eis-nos imediatamente juntos. Se ficamos contentes por termos os retratos de nossos amigos ausentes [...] como uma carta nos regozija muito mais, uma vez que traz os sinais vivos do ausente, a marca autêntica de sua pessoa. O traço de uma mão amiga, impresso sobre as páginas, assegura o que há de mais doce na presença: reencontrar."[19]

Escrever é, portanto, "se mostrar", se expor, fazer aparecer seu próprio rosto perto do outro. E isso significa que a carta é ao mesmo tempo um olhar que se lança sobre o destinatário (pela missiva que ele recebe, se sente olhado) e uma maneira de se oferecer ao seu olhar através do que lhe é dito sobre si mesmo. A carta prepara de certa forma um face a face. Aliás, Demétrio, expondo no *De elocutione*[20] o que deve ser o estilo epistolar, enfatizava que ele podia ser unicamente um estilo "simples", livre na composição, despojado na escolha das palavras, já que cada um deve nele revelar sua alma. A reciprocidade que a correspondência estabelece não é simplesmente a do conselho e da ajuda; ela é a do olhar e do exame. A carta que, como exercício, trabalha para a subjetivação do discurso

---

18 (N.A.) *Ibid., op. cit.,* t. IV, livro XVIII, carta 109, § 2, p. 190.
19 (N.A.) *Ibid., op. cit.,* t. I, livro IV, carta 40, § 1, p. 161.
20 (N.A.) Demétrio de Falero, *De elocutione,* IV, §§ 223-225. (*De l'élocution,* trad. E. Durassier, Paris, Firmin Didot, 1875, p. 95-99 (N.E.).)

verdadeiro, para sua assimilação e elaboração como "bem próprio", constitui também, e ao mesmo tempo, uma objetivação da alma. É notável que Sêneca, começando uma carta em que deve expor a Lucilius sua vida cotidiana, lembra a máxima moral de que "devemos pautar nossa vida como se todo mundo a olhasse", e o princípio filosófico de que nada de nós mesmos pode ser ocultado de deus, que está eternamente presente em nossas almas.[21] Pela missiva, nos abrimos para o olhar dos outros e alojamos o correspondente no lugar do deus interior. Ela é uma maneira de nos oferecermos a esse olhar a respeito do qual devemos nos dizer que ele está, no momento em que pensamos, mergulhando no fundo do nosso coração (*in pectus intimum introspicere*).

O trabalho que a carta opera no destinatário, mas que também é efetuado naquele que escreve pela própria carta que ele envia, implica portanto uma "introspecção"; mas é preciso compreendê-la menos como um deciframento de si por si do que como uma abertura que se dá ao outro sobre si mesmo. Não resta a menor dúvida de que estamos diante de um fenômeno que pode parecer um pouco surpreendente, mas que é carregado de sentido para aquele que quisesse escrever a história da cultura de si: os primeiros desenvolvimentos históricos do relato de si não devem ser buscados do lado das "cadernetas pessoais", dos *hupomnêmata*, cujo papel é o de permitir a constituição de si a partir da coleta do discurso dos outros; podem-se em contrapartida encontrá-los do lado da correspondência com outrem e da troca de assistência espiritual. É fato que, nas correspondências de Sêneca com Lucilius, de Marco Aurélio com Fronton e em certas cartas de Plínio, é possível ver o desenvolvimento de uma narrativa de si muito diferente do que era possível encontrar em geral nas cartas de Cícero a seus familiares: nestas, tratava-se da narrativa de si próprio como tema de ação (ou de deliberação para uma ação possível) relacionada a amigos e inimigos, a acontecimentos felizes e infelizes. Em Sêneca ou em Marco Aurélio, às vezes também em Plínio, a narrativa de si é a narrativa da relação consigo mesmo, e nela é possível destacar claramente dois elementos, dois pontos estratégicos que vão se tornar mais tarde objetos privilegiados do que se poderia chamar a escrita da relação consigo: as in-

---

21 (N.A.) Sêneca, *ibid.*, *op. cit.*, t. III, livro X, carta 83, § 1, p. 110.

terferências da alma e do corpo (as impressões mais do que as ações) e as atividades do lazer (mais do que os acontecimentos exteriores); o corpo e os dias.

1) As notícias sobre a saúde tradicionalmente fazem parte da correspondência. Mas elas assumem pouco a pouco a amplitude de uma descrição detalhada das sensações corporais, das impressões de mal-estar, das diversas perturbações que puderam ser sentidas. Às vezes, procura-se unicamente introduzir conselhos de dieta considerados úteis para o seu correspondente.[22] Às vezes, trata-se também de lembrar os efeitos do corpo na alma, a ação desta no corpo, ou a cura do primeiro pelos cuidados dispensados à segunda. Assim, a longa e importante carta 78 a Lucilius: ela é dedicada em sua maior parte ao problema do "bom uso" das doenças e do sofrimento; mas começa com a lembrança de uma grave enfermidade de juventude sofrida por Sêneca, que fora acompanhada de uma crise moral. Sêneca conta, a respeito do "catarro", dos "pequenos acessos de febre" de que Lucilius se queixa, que ele também os experimentou, muitos anos antes: "No início não estava preocupado com eles; minha juventude tinha ainda a força de resistir às crises e de resistir bravamente às diversas formas do mal. Mais tarde cheguei ao ponto em que toda minha pessoa se fundia em catarro e em que me vi reduzido a uma extrema magreza. Tomei inúmeras vezes a brusca resolução de acabar com a existência, mas uma consideração me deteve: a idade avançada de meu pai." O que lhe proporcionou a cura foram os remédios da alma; entre eles os mais importantes foram "os amigos, que o encorajavam, o vigiavam, conversavam com ele, e assim lhe traziam alívio".[23] Há também casos em que as cartas reproduzem o movimento que levou de uma impressão subjetiva a um exercício de pensamento. Testemunha o passeio-meditação contado por Sêneca: "Para mim era indispensável agitar o organismo, caso a bílis se alojasse em minha garganta, para fazê-la descer, caso, por qualquer motivo, o ar estivesse muito denso [em meus pulmões], para que ele fosse rarefeito por um sacolejo com o qual eu me sentisse melhor. Por esse motivo prolonguei uma saída para a qual a

---

22 (N.A.) Plínio, o Jovem, *Lettres*, livro III, carta 1. (Trad. A.-M. Guillemin, Paris, Les Belles Lettres, "Collection des Universités de France", 1927, t. I, p. 97-100 (N.E.).)
23 (N.A.) Sêneca, *Lettres à Lucilius*, op. cit., t. III, livro IX, carta 78, §§ 1-4, p. 71-72.

própria praia me convidava: entre Cumes e a casa de Servilius Vatia ela se estreitou, e o mar de um lado, e o lago do outro, a afunilaram como uma estreita calçada. Uma tempestade recente havia endurecido a areia [...]. Entretanto, como de hábito, eu me pusera a olhar em torno procurando alguma coisa da qual pudesse tirar proveito, e meus olhos se dirigiram para a casa que fora outrora a de Vatia": e Sêneca conta a Lucilius o que constitui sua meditação sobre o retiro, a solidão e a amizade.[24]

2) A carta é também uma maneira de se apresentar a seu correspondente no desenrolar da vida cotidiana. Narrar o seu dia – não absolutamente por causa da importância dos acontecimentos que teriam podido marcá-lo, mas justamente quando ele não é senão semelhante a todos os outros, demonstrando assim não a importância de uma atividade, mas a qualidade de um modo de ser – faz parte da prática epistolar: Lucilius acha natural pedir a Sêneca para "lhe prestar contas de cada um dos meus dias, e hora por hora". E Sêneca aceita essa obrigação de boa vontade, visto que ela o estimula a viver sob o olhar do outro sem nada ter a esconder. "Farei então como me pedes: a natureza, a ordem de minhas ocupações, tudo isso te comunicarei de boa vontade. Eu me examinarei a cada instante e, seguindo uma prática das mais salutares, farei a revisão do meu dia." De fato, Sêneca evoca precisamente aquele dia que acaba de passar, e que é ao mesmo tempo o mais comum de todos. Seu valor está justamente em que nada acontecera que tivesse podido desviá-lo da única coisa importante para ele: ocupar-se de si mesmo: "Este dia é inteiramente meu; ninguém me tirou nada dele." Um pouco de exercício físico, uma caminhada com um pequeno escravo, um banho em uma água quase morna, uma simples colação de pão, uma sesta muito rápida. Mas o essencial do dia – e é o que ocupa o mais longo trecho da carta – foi dedicado à meditação de um tema sugerido por um silogismo sofístico de Zenão a propósito da embriaguez.[25]

Quando a missiva se torna o relato de um dia comum, de um dia para si, vê-se que ela se aproxima de uma prática à qual Sêneca, aliás, faz discretamente alusão no início da carta 83; ele evoca ali o hábito tão útil de "fazer a revisão do seu dia": é

---

24 (N.A.) Ibid., op. cit., t. II, livro VI, carta 55, §§ 2-3, p. 56-57; ou também a carta 57, §§ 2-3, p. 67.
25 (N.A.) Ibid., op. cit., t. III, livro X, carta 83, §§ 2-3, p. 110-111.

o exame de consciência cuja forma ele havia descrito em uma passagem do *De ira*.[26] Essa prática – familiar em diferentes correntes filosóficas: pitagórica, epicurista, estoica – parece ter sido sobretudo um exercício mental ligado à memorização: tratava-se simultaneamente de se constituir em "inspetor de si mesmo" e então avaliar as faltas comuns, e reativar as regras de comportamento que é preciso ter sempre presentes no espírito. Nada indica que essa "revisão do dia" tenha tomado a forma de um texto escrito. Parece que foi na relação epistolar – e consequentemente para colocar a si mesmo sob os olhos do outro – que o exame de consciência foi formulado como um relato escrito de si mesmo: relato da banalidade cotidiana, das ações corretas ou não, da dieta observada, dos exercícios físicos ou mentais que foram praticados. Dessa conjunção da prática epistolar com o exame de si, encontra-se um exemplo notável em uma carta de Marco Aurélio a Froton. Ela foi escrita durante uma dessas estadas no campo que eram muito recomendadas como momentos de desligamento das atividades públicas, como tratamentos de saúde e como ocasiões de se ocupar consigo mesmo. Encontram-se unidos nesse texto os dois temas da vida campestre, saudável porque natural, e da vida ociosa dedicada à conversa, à leitura e à meditação. Ao mesmo tempo, todo um conjunto de anotações sutis sobre o corpo, a saúde, as sensações físicas, a dieta, os sentimentos mostram a extrema vigilância de uma atenção que está intensamente focalizada em si mesmo. "Nós nos sentimos bem. Eu pouco dormi por causa de um pequeno tremor que, no entanto, parece ter se acalmado. Passei o tempo, desde as primeiras horas da noite até a terceira do dia, parte lendo a *Agricultura* de Caton, parte escrevendo felizmente, na verdade, menos do que ontem. Depois, após ter saudado meu pai, sorvi água com mel até a goela; e, cuspindo-a, adocei minha garganta, embora eu não tenha 'gargarejado'; pois posso empregar essa palavra, usada por Novius e por outros. Minha garganta restabelecida, fui para perto de meu pai e assisti à sua oferenda. A seguir, fomos almoçar. O que pensas que jantei? Um pouco de pão, enquanto eu via os outros devorarem ostras, cebolas e sardinhas bem gordas. Depois, começamos a amassar as uvas; suamos e

---

26 Sêneca, *De ira* (*De la colère*, trad. A. Bourgery, carta 36, §§ 1-2, in *Dialogues*, Paris, Les Belles Lettres, "Collection des Universités de France", 1922, t. I, p. 102-103).

gritamos bastante [...]. Na sexta hora, voltamos para casa. Estudei um pouco, sem resultado; a seguir conversei um pouco com minha mãezinha que estava sentada no leito [...]. Enquanto conversávamos assim, e disputávamos qual dos dois amaria mais o outro [...], o disco soou e anunciaram que meu pai entrara no banho. Ceamos então, após termos nos banhado no lagar; não tomando banho no lagar, mas após termos nos banhado, ceamos e ouvimos com prazer as alegres conversas dos camponeses. De volta para casa, antes de me virar de lado para dormir, executo minha tarefa [*meum pensum explico*]; presto conta do meu dia ao meu dulcíssimo mestre [*diei rationem meo suavissimo magistro reddo*] a quem eu gostaria – mesmo que tivesse de perder sua influência – de desejar ainda mais..."[27]

As últimas linhas da carta mostram bem como ela se articula com a prática do exame de consciência: o dia termina, logo antes do sono, com uma espécie de leitura do dia decorrido; desenrola-se aí em pensamento o rolo em que estão inscritas as atividades do dia, e é este livro imaginário da memória que é reproduzido no dia seguinte na carta dirigida àquele que é ao mesmo tempo o mestre e o amigo. A carta a Fronton reproduz de qualquer forma o exame realizado à noite na véspera pela leitura do livro mental da consciência.

É claro que se está ainda muito longe do livro do combate espiritual ao qual Atanásio, na *Vida de Antônio*, faz alusão uns dois séculos mais tarde. Mas também é possível avaliar o quanto aquela maneira do procedimento do relato de si no cotidiano da vida, com uma meticulosa atenção ao que se passa no corpo e na alma, é diferente tanto da correspondência ciceroniana quanto da prática dos *hupomnêmata*, coletânea de coisas lidas e ouvidas e suporte dos exercícios de pensamento. Nesse caso – o dos *hupomnêmata* –, tratava-se de constituir a si mesmo como objeto de ação racional pela apropriação, unificação e subjetivação de um já dito fragmentário e escolhido; no caso da anotação monástica das experiências espirituais, tratar-se-á de desalojar do interior da alma os movimentos mais escondidos de forma a poder deles se libertar. No caso do relato epistolar de si mesmo, trata-se de fazer coincidir o olhar do outro e aquele que se lança sobre si mesmo ao comparar suas ações cotidianas com as regras de uma técnica de vida.

---

27 (N.A.) Marco Aurélio, *Lettres*, livro IV, carta 6. (Trad. A. Cassan, Paris, A. Levavasseur, 1830, p. 249-251 (N.E.).)

1983

Sonhar com seus Prazeres. Sobre a "Onirocrítica" de Artemidoro

"Sonhar com seus prazeres. Sobre a 'Onirocrítica' de Artemidoro", *Recherches sur la philosophie et le langage*, n. 3, 2º trimestre de 1983, p. 54-78.

Variação do primeiro capítulo de *Cuidado de si*. Conferência proferida no departamento de filosofia da Universidade de Grenoble, em 18 de maio de 1982.

A chave dos sonhos de Artemidoro é o único texto que nos resta, na íntegra, de uma literatura que foi abundante na Antiguidade: a onirocrítica.[1] O próprio Artemidoro, que escreve no século II, cita várias obras (algumas já antigas) que eram usadas em sua época: as de Nicóstrato de Éfeso e de Paníasis de Halicarnasso; a de Apolodoro de Telmessos; as de Febo de Antióquia, de Dênis de Heliópolis, do naturalista Alexandre de Mindos; ele menciona elogiosamente Anitrandos de Telmessos; também se refere aos três livros do tratado de Gemino de Tiro, aos cinco livros de Demétrio de Falero, aos 22 livros de Artemão de Mileto.

O método

Na dedicatória de sua obra, a um certo Cassius Maximus – talvez Máximo de Tiro, ou seu pai, que o teria conjurado a "não deixar sua ciência cair no esquecimento" –, Artemidoro afirma não ter exercido "nenhuma outra atividade" a não ser a de se ocupar "noite e dia, sem cessar", da interpretação dos sonhos. Afirmação enfática, bastante habitual nesse gênero de autoapresentação? Talvez. Em todo caso, Artemidoro faz uma coisa

---

1 Artemidoro, *La clef des songes. Onirocriticon* (trad. A. J. Festugière), Paris, Vrin, 1975.

completamente diversa do que compilar os exemplos mais célebres dos presságios oníricos confirmados pela realidade. Ele escreveu uma obra de método, em dois sentidos: deveria ser um manual utilizável na prática cotidiana e também um tratado de alcance teórico sobre a validade dos procedimentos. Não se deve esquecer de que a análise dos sonhos fazia parte das técnicas de existência. Já que as imagens do sono eram consideradas, pelo menos algumas delas, como signos de realidade ou mensagens do futuro, decifrá-las tinha um grande valor: uma vida racional quase não podia dispensar essa tarefa. Esta era uma antiga tradição popular, e também um hábito aceito nos meios cultos. Embora fosse necessário dirigir-se aos inúmeros profissionais das imagens da noite, também era bom poder por si mesmo interpretar os signos mais claramente liberados nos sonhos. Numerosos são os testemunhos da importância dada à análise dos sonhos como prática de vida indispensável não somente nas grandes circunstâncias, como também no decurso cotidiano das coisas. Isso porque os deuses, no sonho, dão conselhos, advertências e às vezes ordens expressas. Todavia, mesmo quando o sonho só anuncia um evento sem nada prescrever, mesmo quando se supõe que o encadeamento do futuro é inevitável, é bom conhecer antecipadamente o que deve acontecer para poder se preparar: "A divindade, diz Aquiles Tácio em *Les aventures de Leucippé et Clitophon*, frequentemente se compraz em revelar em sonho o futuro aos homens – não para eles evitarem assim o infortúnio, pois ninguém pode ser mais forte do que o Destino – mas para suportarem com mais facilidade o sofrimento. Pois o que surge bruscamente e ao mesmo tempo sem ser esperado perturba o espírito com a brutalidade do golpe e o submerge; ao passo que aquilo que é esperado antes de ser sofrido pode, pela adaptação gradual, amenizar a dor."[2] Muito mais tarde, Sinésio traduzirá um ponto de vista totalmente tradicional, ao lembrar que nossos sonhos constituem um oráculo que "mora conosco", que nos acompanha "em nossas viagens, à guerra, nas funções públicas, nos trabalhos agrícolas, nos empreendimentos comerciais"; ele considerou o sonho como um "pro-

---

2 Aquiles Tácio, *Les aventures de Leucippé et de Clitophon* (trad. P. Grimal), in *Romans grecs et latins*, Paris, Gallimard, col. "Bibliothèque de la Pléiade", 1958, livro I, § 3, p. 878.

feta sempre pronto, um conselheiro incansável e silencioso"; portanto, todos nós devemos nos dedicar a interpretar nossos sonhos – todos os "homens e mulheres, jovens e velhos, ricos e pobres, cidadãos privados e magistrados, habitantes da cidade e do campo, artesãos e oradores", sem privilégio "de sexo, de idade, de fortuna nem de profissão".[3]

É com esse espírito que Artemidoro escreve a *Onirocrítica*. Trata-se de criar, mostrar e demonstrar um método. Seu objetivo não é provar que a realidade "cumpriu" corretamente os sinais premonitórios (Artemidoro acrescentará um quinto e último livro para trazer, contra aqueles que o criticam, esse tipo de testemunho). O essencial para ele é indicar detalhadamente para o leitor uma maneira de proceder: como fazer para decompor um sonho em elementos e estabelecer o sentido diagnóstico do sonho? Como fazer para interpretar o todo a partir dos seus elementos e levar em conta esse todo na decifração de cada elemento? É significativa a comparação feita por Artemidoro com a técnica divinatória dos sacrificadores: também eles, "entre todos os sinais considerados um a um, sabem a que cada um se refere"; no entanto, eles "lhes dão tantas explicações sobre o todo quanto sobre cada uma das partes". Trata-se de um tratado *para interpretar*. Quase que inteiramente centrada não nas maravilhas proféticas dos sonhos, mas na *tekhnê* que permite fazê-los falar corretamente, a obra se dirige a várias categorias de leitores. Artemidoro quer propor um instrumento aos técnicos da análise e aos profissionais; é a esperança que ele faz cintilar aos olhos do seu filho, destinatário do quarto e do quinto livros; se ele "conservar a obra sobre a mesa" e a guardar para si, ele se tornará "um intérprete dos sonhos melhor do que todos os outros". Pretende ajudar igualmente aqueles que, decepcionados com os métodos errôneos que teriam experimentado, seriam tentados a se desviar dessa prática tão preciosa: contra esses erros, esse livro constituirá uma reflexão salutar – *therapeia sôteriadês*. Mas Artemidoro pensa também no "mais comum" dos leitores que necessita de uma instrução rudimentar. Em todo caso, é como manual de vida que ele quis apresentá-lo, como instrumento utilizável ao longo da existência e de suas circunstâncias: às suas análises

---

3 Sinésio, *Sur les songes* (trad. H. Druon), in *Oeuvres*, Paris, Hachette, 1878, § 15, p. 365, e § 16, p. 365.

ele pretendeu impor "a mesma ordem e a mesma sequência da própria vida".

Esse caráter de "manual para a vida cotidiana" é muito evidente quando se compara o texto de Artemidoro com os *Discours* de Aristides,[4] valetudinário ansioso que passou anos à escuta do deus que lhe enviava sonhos, ao longo das extraordinárias peripécias de sua doença e dos inúmeros tratamentos feitos. Pode-se notar que, em Artemidoro, quase não há lugar para o sobrenatural religioso; diferentemente de muitos outros textos desse gênero, a obra de Artemidoro não depende de práticas de terapia cultural, apesar de ele evocar, em uma fórmula tradicional e distante, o Apolo de Daldis, o "deus de sua pátria", que lhe ordenou, "ou quase", escrever seu livro. Além disso, tem o cuidado de marcar a diferença entre o seu trabalho e o dos onirócritos como Cremino de Tiro, Demétrio de Falero e Artemão de Mileto, que consignaram prescrições e tratamentos feitos por Sarapis. O típico sonhador ao qual Artemidoro se dirige não é um inquieto devoto, que se preocupa com as injunções vindas do alto. É um indivíduo "comum": um homem, na maior parte do tempo (os sonhos das mulheres são indicados de forma acessória, como variantes possíveis nas quais o sexo do sujeito vem modificar o sentido do sonho); um homem que tem uma família, bens e frequentemente um trabalho (um comércio, uma loja); possui habitualmente serviçais e escravos (mas o caso de não tê-los é considerado). Suas principais preocupações dizem respeito, além de sua saúde, à vida e à morte dos que o cercam, ao sucesso dos seus empreendimentos, ao seu enriquecimento, ao seu empobrecimento, ao casamento dos filhos e aos encargos a serem eventualmente exercidos na cidade. Uma clientela mediana, indo do pobre àquele que pode pretender a magistratura. O texto de Artemidoro é revelador de um modo de existência e de um tipo de preocupações característicos das pessoas comuns.

Mas a obra tem também uma articulação teórica evocada por Artemidoro na dedicatória a Cassius: ele quer refutar os adversários da oniromancia; quer convencer os céticos que não acreditavam muito nessas formas de adivinhação através das quais se tenta decifrar os sinais anunciadores do futuro. Artemidoro,

---

4 Aristides (A.), *Discours sacrés: rêve, religion, médecine au IIe siècle après Jésus-Christ* (trad. A. J. Festugière), Paris, Macula, 1986.

no entanto, procura estabelecer suas certezas não através da exposição crua dos resultados, mas por meio de um procedimento racional de investigação e de uma discussão de método.
Não pretende prescindir dos textos anteriores; teve o cuidado de lê-los; mas não para copiá-los como frequentemente se faz; o que o instiga no "já dito", mais do que na autoridade estabelecida, é a experiência em sua amplitude e variedade. Ele não foi buscar essa experiência em alguns grandes autores, mas ali onde ela se forma. Artemidoro se orgulha – ele o diz na dedicatória a Cassius Maximus, e o repete em seguida – da amplitude de sua pesquisa. Não somente comparou inúmeras obras, como percorreu pacientemente as lojas que os leitores de sonhos e os adivinhos do futuro mantinham nas encruzilhadas do mundo mediterrâneo. "Para mim, não somente não há livro de onirocrítica que eu não tenha adquirido, desenvolvendo grande pesquisa para isso, como ainda, embora estejam extremamente desacreditados os adivinhos de praça pública, denominados charlatões, impostores e bufões pelas pessoas que assumem um ar grave e franzem as sobrancelhas desdenhando o descrédito, relacionei-me com eles um bom número de anos, padecendo por escutar velhos sonhos e suas realizações, na Grécia das cidades e dos panegíricos, na Ásia e na Itália e nas mais importantes e populares ilhas: não havia efetivamente outros meios para ficar bem adestrado nessa disciplina." Entretanto, de tudo o que ele conta, Artemidoro pretende não transmiti-lo tal e qual, mas submetê-lo à "experiência" (*peiria*) que é para ele o "cânon" e o "testemunho" de tudo o que ele diz. E quanto a isso é preciso entender que ele controlará as informações às quais se refere pela comparação com outras fontes, pela confrontação com sua própria prática e pelo trabalho do raciocínio e da demonstração: assim, nada será dito "no ar", nem por "simples conjectura". São reconhecidos os procedimentos da investigação, as noções – como as de *historia*, as de *peiria* –, as formas de controle e de verificação que caracterizavam nessa época, sob a influência mais ou menos direta do pensamento cético, as coletas do saber efetuadas na ordem da história natural ou da medicina. O texto de Artemidoro oferece a considerável vantagem de apresentar uma reflexão elaborada sobre uma vastíssima documentação tradicional.
Nesse documento, não se trata de buscar as formulações de uma moral austera ou o aparecimento de novas exigências

em matéria de conduta sexual; ele oferece, sobretudo, indicações sobre modos de apreciação corrente e atitudes geralmente aceitas. A reflexão filosófica não está certamente ausente desse texto, e nele se encontram referências bastante claras aos problemas e aos debates contemporâneos; mas elas se referem aos procedimentos de deciframento e ao método de análise, não aos julgamentos de valor e aos conteúdos morais. O material sobre o qual incidem as interpretações, as cenas oníricas a que elas se referem na qualidade de presságio, as situações e os acontecimentos que anunciam, pertencem a uma paisagem comum e tradicional. Pode-se então pedir que esse texto de Artemidoro testemunhe uma tradição moral bastante disseminada e, sem dúvida, muito arraigada na Antiguidade. Mas é preciso ainda ter em mente que, se o texto é rico em detalhes, e se apresenta, a respeito dos sonhos, um quadro de diferentes atos e de relações sexuais possíveis, mais sistematicamente do que qualquer outra obra da mesma época, ele não é de forma alguma um tratado de moral, cujo objetivo principal seria formular os julgamentos sobre esses atos e essas relações. É somente de maneira indireta que se pode descobrir, através do deciframento dos sonhos, a apreciação das cenas e dos atos que nele estão representados. Os princípios de uma moral não são propostos por si mesmos; somente é possível reconhecê-los através dos próprios caminhos da análise: ao interpretar as interpretações, o que implica nos determos um instante nos procedimentos de deciframento que Artemidoro utiliza, de forma a poder em seguida decifrar a moral subjacente às análises dos sonhos sexuais.

*

1) Artemidoro distingue duas formas de visões noturnas. Há os sonhos – *enupnia*: eles traduzem os afetos atuais do sujeito, "aqueles que acompanham a alma em seu percurso": quando se está apaixonado, deseja-se a presença do objeto amado, sonha-se que ele está ali; privado de alimento, sente-se necessidade de comer, sonha-se que se está comendo; ou ainda "aquele que está muito cheio de comida sonha que vomita ou que sufoca"; aquele que tem medo dos seus inimigos sonha que está cercado por eles. Essa forma de sonho tem um valor diagnóstico simples: ela se estabelece na atualidade (do presente para o presente); manifesta, para o sujeito que dorme, o seu próprio estado; traduz

o que, na ordem do corpo, é falta ou excesso, e aquilo que, na ordem da alma, é medo ou desejo. Diferentes são os sonhos, *oneiroi*. Sua natureza e função Artemidoro as descobre facilmente nas três "etimologias" por ele propostas. O *oneiros* é o que *to on eirei*, "o que diz o ser"; ele diz o que já está no encadeamento do tempo e se produzirá como acontecimento em um futuro mais ou menos próximo. Também é o que age sobre a alma e a excita – *oreinei*; o sonho modifica a alma, a conforma e a modela; ele a deixa predisposta e nela provoca movimentos que correspondem ao que lhe é mostrado. É possível reconhecer enfim nesta palavra *oneiros* o nome do mendigo de Ítaca, Iros, que levava as mensagens que lhe tinham sido confiadas. *Enupnion* e *oneiros* se opõem termo a termo: o primeiro fala do indivíduo, o segundo, dos acontecimentos do mundo; um decorre dos estados do corpo e da alma, o outro antecipa o desenrolar da cadeia do tempo; um manifesta o jogo do muito e do muito pouco na ordem dos apetites e das aversões, o outro sinaliza à alma e ao mesmo tempo a modela. Por um lado, os sonhos do desejo dizem o real da alma em seu estado atual; por outro, os sonhos do ser dizem o futuro do acontecimento na ordem do mundo.

A essa divisão se acrescenta uma outra que introduz, em cada uma das duas categorias de "visão noturna", uma outra forma de distinção: entre o que se mostra claramente, de maneira transparente, sem requerer deciframento nem interpretação, e o que somente se dá de maneira figurada e em imagens, dizendo coisa totalmente diversa de sua aparência primeira. Nos sonhos de estado, o desejo pode ser manifestado pela presença facilmente reconhecível do seu objeto (vê-se em sonho a mulher que se deseja); mas também pode sê-lo por uma outra imagem com um parentesco mais ou menos longínquo com o objeto em questão. Diferença análoga nos sonhos de acontecimento: alguns dentre eles designam diretamente, eles próprios mostrando, o que já existe no modo do futuro: vê-se em sonho afundar o navio no qual logo se irá naufragar; vê-se atingido pela arma com a qual se será ferido amanhã: tais são os sonhos ditos "teoremáticos". Porém, em outros casos, a relação entre a imagem e o acontecimento é indireta: a imagem do navio que se choca com os escolhos pode significar não um naufrágio, nem mesmo uma desgraça, mas, para o escravo que tem esse sonho, sua próxima libertação; esses são os sonhos "alegóricos".

Ora, o jogo entre essas duas distinções coloca imediatamente um problema prático. Seja uma visão dada no sonho: como reconhecer quando se trata de um sonho de estado ou de um sonho de acontecimento? Como determinar se a imagem anuncia diretamente o que ela mostra, ou se é preciso supor que ela é a tradução de alguma outra coisa? Evocando essa dificuldade nas primeiras páginas do livro IV (escrito e posto em circulação após os três primeiros), Artemidoro defende a importância primordial de se interrogar sobre o sujeito que sonha. Certamente, explica ele, os sonhos de estado não poderiam se produzir nas almas "virtuosas"; estas souberam de fato dominar seus movimentos irracionais, portanto suas paixões – desejo ou medo: elas sabem também manter seus corpos no equilíbrio entre a falta e o excesso; para elas, consequentemente, não há problemas, portanto não existem esses "sonhos" (*enupnia*), que devem ser sempre entendidos como manifestações de afetos. Um tema muito frequente nos moralistas é, aliás, o de que a virtude é marcada pelo desaparecimento dos sonhos que traduzem no sono os apetites ou os movimentos involuntários da alma e do corpo. "Os sonhos daquele que dorme, dizia Sêneca, são tão tumultuados quanto o seu dia."[5] Plutarco se apoiava em Zenão para lembrar que é um sinal de progresso não mais sonhar que se tem prazer com ações despudoradas. E evocava esses sujeitos que têm, durante a vigília, força bastante para combater suas paixões e resistir a elas; mas que, à noite, "libertando-se das opiniões e das leis", não sentem mais vergonha: desperta então neles o que têm de imoral e de licencioso.[6]

Em todo caso, quando se produzem, os sonhos de estado podem tomar duas formas: na maioria das pessoas, o desejo ou a aversão se manifestam diretamente e sem se esconder; mas só se manifestam por signos naqueles que sabem interpretar seus próprios sonhos; isso porque "suas almas os enganam de forma ardilosa". Assim, um leigo, em matéria de onirocrítica, verá em sonho a mulher que deseja ou a morte tão desejada do seu senhor. A alma desconfiada ou hábil do perito recusará, de

---

5 Sêneca, *Lettres à Lucilius* (trad. H. Noblot), Paris, Les Belles Lettres, "Collection des Universités de France", 1947, t. II, carta 56, § 6, p. 63.
6 Plutarco, *De Profectibus in virtute* (*Des progrès dans la vertu*, trad. A. Philippon, *in Oeuvres morales*, Paris, Les Belles Lettres, "Collection des Universités de France", 1989, t. I, 2ª parte, § 12, p. 180-181).

qualquer forma, lhe manifestar o estado de desejo no qual ele se encontra; usará de astúcia e, consequentemente, em vez de muito simplesmente ver a mulher que deseja, verá a imagem de alguma coisa que a designa: "Um cavalo, um espelho, um navio, o mar, a fêmea de uma fera, uma vestimenta feminina." Artemidoro cita esse pintor de Corinto, alma sem dúvida experiente, que via em sonho o desabamento do teto de sua casa e sua própria decapitação; seria possível imaginar ali o sinal de um acontecimento futuro, ou um sonho de estado: o homem desejava a morte do seu senhor – que ainda vive, observa Artemidoro de passagem.

Quanto aos sonhos, como distinguir aqueles que são transparentes e "teoremáticos" daqueles que anunciam por meio da alegoria um acontecimento diferente daquele que eles mostram? Com exceção das imagens extraordinárias que pedem evidentemente uma interpretação, as que anunciam claramente um evento são logo confirmadas pela realidade: o acontecimento as segue sem demora; o sonho teoremático se abre sobre aquilo que ele anuncia, não deixando à interpretação nenhuma apreensão possível nem tempo indispensável. Os sonhos alegóricos são então facilmente reconhecíveis pelo fato de não serem seguidos de realização direta: convém então apreendê-los para interpretá-los. Acrescentemos ainda que as almas virtuosas – que não têm sonhos de estado, mas somente de acontecimento – na maior parte das vezes só conhecem as claras visões dos sonhos teoremáticos. Artemidoro não precisa explicar esse privilégio: era tradição admitir que os deuses falavam diretamente às almas puras. Lembremo-nos de Platão, em *A república*: "Todas as vezes que, pelo contrário, após ter tranquilizado essas duas formas da alma (a do apetite e a da cólera) e impulsionado a terceira, na qual se produz o ato de pensar, se experimenta assim o repouso, não sabes que é nesse estado que se atinge a verdade?"[7] E no romance de Chariton de Afrodísias, no momento em que Calíroe chega ao final de suas provações e que seu longo combate para conservar a virtude será recompensado, ela tem um sonho "teoremático" que antecipa o fim do romance e constitui, por parte da deusa que a protege, simultaneamente presságio e promessa: "Ela se viu

---

7 Platão, *La république* (trad. É. Chambry), Paris, Les Belles Lettres, "Collection des Universités de France", 1948, livro IX, § 572b, p. 48.

ainda virgem em Siracusa, entrando no templo de Afrodite; depois, no caminho de volta, percebendo Chaireas e em seguida, no dia das núpcias, a cidade inteira ornada de guirlandas, ela própria acompanhada de seu pai e de sua mãe até a casa do seu noivo."[8]

Podemos construir um quadro conforme as relações estabelecidas por Artemidoro entre os tipos de sonhos, os métodos a serem utilizados e os modos de ser do sujeito.

		Sonhos de estado		Sonhos de acontecimentos	
Almas Virtuosas		Direitos	Por signos	Teoremáticos	Alegóricos
		Jamais		Mais frequentes	
Almas Comuns	Experientes			Mais frequentes	
	Inexperientes	Mais frequentes			Mais frequentes

A última célula do quadro – a dos sonhos alegóricos de acontecimentos, tais como eles se produzem nas almas comuns – define o campo de trabalho do onirócrita. Ali a interpretação é possível – uma vez que não há transparência da visão, mas utilização de uma imagem para falar de uma outra; ali a interpretação é útil, já que permite se preparar para um acontecimento que não é imediato.

2) O deciframento da alegoria onírica é feito através da analogia. Artemidoro insiste nisso várias vezes: a arte do onirócrita se baseia na lei da semelhança; ela opera pela "comparação do semelhante com o semelhante".

Artemidoro faz funcionar essa analogia em dois planos. Trata-se inicialmente da analogia de natureza entre imagem do sonho e os elementos do futuro que ela anuncia. Para detectar essa semelhança, Artemidoro utiliza diferentes meios: identidade qualitativa (sonhar com uma doença poderá significar o "mau estado" futuro da saúde ou da fortuna; sonhar com lama significa que o corpo será invadido por substâncias nocivas);

---

[8] Chariton de Afrodísias, *Le roman de Chairéas et de Callirhoé* (trad. G. Molinié), Paris, Les Belles Lettres, "Collection des Universités de France", 1979, livro V, cap. V, § 5, p. 140.

identidade das palavras (o carneiro significa o comando por causa das palavras *krios* – *kreion*); parentesco simbólico (sonhar com um leão é sinal de vitória para o atleta; sonhar com tempestades é sinal de infortúnio); existência de uma crença, de um dito popular, de um tema mitológico (o urso designa uma mulher por causa de Calisto, a Árcade) etc. Porém, através de todas essas variações possíveis da semelhança, deve aparecer uma ligação de natureza. A figura sonhada e o real anunciado pertencem à mesma ordem de coisas; os elementos presentes no sonho fazem, mais ou menos obscuramente, entender "fisicamente" – por causa de seus *phusis* – o que acontecerá.

Há também a analogia de valor. Eis um ponto capital, uma vez que o onirócrita tem por função determinar se os acontecimentos que ocorrerão são favoráveis ou não. O campo do significado do sonho é escandido, no texto de Artemidoro, pela divisão, em modo binário, entre o bom e o mau, o fasto e o nefasto, o feliz e o infeliz. A questão é, portanto, a seguinte: como o ato representado no sonho pode anunciar, com seu valor próprio, o acontecimento que se produzirá? O princípio geral é simples. Um sonho tem um prognóstico favorável se o ato que ele representa é bom em si mesmo. Mas como medir esse valor? Artemidoro propõe seis critérios. O ato representado está de acordo com a natureza? Está de acordo com a lei? Está de acordo com os costumes? Está de acordo com a *tekhnê* – quer dizer, com as regras e práticas que permitem a uma ação atingir seus objetivos? Ele está de acordo com o tempo (o que significa: realiza-se no momento e nas circunstâncias adequadas)? Finalmente, em relação ao seu nome: possui um nome que em si mesmo é de bom augúrio? "É princípio geral o de que todas as visões de sonho conformes à natureza, à lei, aos costumes, à arte, ao nome ou ao tempo são de bom augúrio, e o de que todas as visões contrárias são funestas e sem razão de ser." Artemidoro certamente logo acrescenta que esse princípio não é universal e que comporta exceções. Pode haver uma espécie de inversão de valor. Certos sonhos "bons por dentro" podem ser "maus por fora": o ato imaginado no sonho é favorável (assim, sonhar que se ceia com um deus é, em si mesmo, positivo), porém o acontecimento pressagiado é negativo (pois, se o deus é Cronos, acorrentado por seus filhos, a imagem significa que se irá para a prisão). Outros sonhos são, pelo contrário, "maus por dentro" e "bons por fora": um escravo sonha que está na guerra; é o anúncio de sua libertação, pois um soldado não pode ser escravo. Há, portanto, toda uma margem de variações possíveis em torno dos signos e significados positivos e negativos. Não se trata de uma dúvida que não poderia ser superada, mas de um domínio complexo que exige que se levem em conta todos os aspectos da imagem sonhada, assim como a situação do sonhador.

Antes de abordar a análise dos sonhos sexuais praticada por Artemidoro, foi necessário esse desvio um pouco longo para apreender o mecanismo das interpretações e determinar como as avaliações morais dos atos sexuais se revelam na adivinhação dos sonhos que os representam. Seria de fato imprudente utilizar esse texto como um documento cabal sobre o valor atribuído aos atos sexuais e à sua legitimidade. Artemidoro não diz se é bom ou não, moral ou imoral cometer tal ato, porém se é bom ou mau, vantajoso ou temeroso sonhar que se comete esse ato. Os princípios que se podem destacar não se referem, portanto, aos próprios atos, mas ao seu autor, ou melhor, ao ator sexual, uma vez que ele representa, na cena onírica, o autor do sonho e que ele pressagia através disso o bem ou o mal que lhe acontecerá. As duas grandes regras da onirocrítica – ou seja, que o sonho "diz o ser" e o diz em forma de analogia – funcionam aqui da seguinte maneira: o sonho diz o acontecimento, a fortuna ou o infortúnio, a prosperidade ou a infelicidade que irão caracterizar no real o modo de ser do sujeito, e o diz através de uma relação de analogia com o modo de ser – bom ou mau, favorável ou desfavorável – do sujeito como ator na cena sexual do sonho. Não procuremos nesse texto um código do que é preciso fazer e não fazer, mas sim o revelador da ética do sujeito.

A análise

Artemidoro dedica três capítulos aos sonhos sexuais – aos quais é preciso acrescentar muitas anotações dispersas. Organiza sua análise em torno da distinção entre três tipos de atos: aqueles que são conformes à lei (*kata nomon*), aqueles que lhe são contrários (*para nomon*) e os que são contrários à natureza. Divisão que está longe de ser clara: nenhum desses termos é "definido"; não se sabe como as categorias indicadas se articulam, ou se é preciso compreender o "antinatural" como uma subdivisão do "contra a lei"; certos atos aparecem simultaneamente em duas rubricas, certamente sem contar os reagrupamentos e distinções que podem, aos nossos olhos de modernos, parecer estranhos. Não devemos supor uma classificação rigorosa que repartiria todo ato sexual possível no domínio do legal ou do ilegal, ou do antinatural. Entretanto, quando acompanhados em seus detalhes, esses reagrupamentos deixam transparecer uma certa inteligibilidade.

1) Consideremos inicialmente os atos "conformes à lei". Retrospectivamente, esse capítulo parece misturar coisas bastante diferentes: o adultério e o casamento, a relação com prostitutas, o recurso aos escravos da casa, a masturbação por um serviçal. Na verdade, um trecho desse capítulo esclarece muito bem o desenvolvimento da análise. Artemidoro propõe de modo geral que as mulheres são, no sonho, "as imagens das atividades que podem caber ao sonhador. Qualquer que seja a mulher e a condição em que ela esteja, é nesta condição que sua atividade colocará o sonhador". É preciso compreender que aquilo que determina para Artemidoro o sentido prognóstico do sonho e, portanto, de uma certa maneira, o valor moral do ato sonhado é a condição do ou da parceira, e não a própria forma do ato. Essa condição deve ser entendida no sentido amplo: trata-se do *status* social do "outro"; é o fato de ele ser ou não casado, livre ou escravo; o fato de ser jovem ou velho, rico ou pobre; é a sua profissão, o lugar em que ele se encontra; é a posição que ele ocupa em relação ao sonhador (esposa, amante, escravo, jovem protegido etc.). A partir daí é possível compreender, em sua desordem aparente, a maneira como o texto se desenrola: ele segue a ordem dos parceiros possíveis de acordo com o *status* deles, sua ligação com o sonhador, o lugar em que este os encontra. É possível compreender o modo de análise por ele empregado: ele interroga o ato sexual para fazer aparecer a relação social que nele está implicada, e para julgá-lo em função desta.

As três primeiras personagens evocadas pelo texto reproduzem a série tradicional das três categorias de mulheres às quais se pode ter acesso: a esposa, a amante (*pellex*), a prostituta. Sonhar com uma relação sexual com sua própria mulher é um sinal favorável, pois a esposa tem uma relação de analogia natural com o ofício e a profissão; tanto em relação a ela como em relação a estes se exerce uma atividade reconhecida e legítima; dela se tira proveito, assim como de uma ocupação próspera; o prazer que se tem na relação com ela anuncia o prazer que se terá com os benefícios do ofício. Nenhuma diferença entre a mulher e a amante. O caso da prostituta é diferente. A análise proposta por Artemidoro é bastante curiosa: a mulher em si mesma, como objeto do qual se obtém prazer, tem um valor positivo; desde que essas mulheres – chamadas, às vezes, no vocabulário familiar, de "trabalhadoras" – ali estejam para proporcionar esses prazeres, e que "se entreguem sem nada recusar". Entretanto, há "uma certa vergonha" em frequentar esse tipo de mulheres – vergonha e também gastos; o que, sem dúvida, retira um pouco do valor do acontecimento anunciado pelo sonho que as representa. Mas é sobretudo o lugar de prostituição que introduz um valor negativo: e por duas razões, sendo uma de ordem linguística: embora o bordel seja designado pelo termo ateliê, butique (*ergastêrion*) – o que implica significações favoráveis –, também é chamado, como o cemitério, de "lugar para todo mundo", de "lugar comum". A outra se refere a um dos pontos também frequentemente evocados na ética sexual dos filósofos e dos médicos: o inútil gasto de esperma, seu desperdício sem o benefício da descendência que a mulher pode assegurar. Dupla razão pela qual estar com prostitutas pode, no sonho, prognosticar a morte.

Como complemento da trilogia clássica e legítima, mulher-amante-prostituta, Artemidoro evoca as mulheres de programa. O sonho então vale para o futuro o que "vale" socialmente a mulher que ele representa: ela é rica, está bem vestida, bem provida de joias, ela consente? Então, o sonho promete alguma coisa vantajosa. Se ela for velha, feia e pobre, se não se oferece, o sonho é desfavorável.

A casa apresenta uma outra categoria de parceiros sexuais, os serviçais e os escravos. Estamos na ordem da posse direta: os escravos não remetem à riqueza por analogia; eles fazem parte integrante dela. É, portanto, evidente que o prazer que se tem em sonho com esse tipo de personagem indica que se "obterá prazer com suas posses e que elas irão provavelmente se tornar maiores e magníficas". Exerce-se um direito; aproveita-se dos seus bens. Sonhos favoráveis, consequentemente, que realizam um *status* e uma legitimidade. Pouco importa, certamente, o sexo do parceiro, moça ou rapaz, o essencial é que ele seja um escravo. Em troca, Artemidoro faz uma distinção importante: a que concerne à posição do sonhador no ato sexual; ele é ativo ou passivo? Colocar-se "por baixo" do seu serviçal, inverter no sonho a hierarquia social significa mau augúrio; é o sinal de que se sofrerá, por parte desse inferior, um dano ou um desprezo. E, confirmando não se tratar aí de uma falta contra a natureza, mas de um atentado contra as hierarquias sociais e de uma ameaça contra justas relações de forças, Artemidoro observa de passagem o valor igualmente negativo dos sonhos em que o sonhador é possuído por um inimigo, ou por seu próprio irmão, mais velho ou caçula (a igualdade é rompida).

Em seguida, vem o grupo das relações. Favorável é o sonho em que se tem uma relação com uma mulher conhecida, se ela não for casada e se for rica; pois uma mulher que se oferece dá não somente seu corpo, mas coisas "relativas ao corpo", aquelas que ela traz nele (roupas, joias e, de maneira geral, todos os bens materiais que possui). Em contrapartida, o sonho é desfavorável quando se trata de uma mulher casada; pois ela está sob o poder do seu marido; a lei interdita o acesso a ela e pune os adultérios; o sonhador, nesse caso, deve esperar, no futuro, castigos da mesma ordem. Sonha-se que se tem uma relação com um homem? Se o sonhador é uma mulher (e esta é uma das raras passagens do texto em que o papel das mulheres é levado em conta), o sonho é em todos os casos favorável, pois este é certamente o papel da mulher. Se for um homem, em troca, que sonha ser possuído por outro, o princípio de discriminação que permite distinguir o valor favorável ou desfavorável do sonho depende do *status* relativo dos dois parceiros: o sonho é bom, se ele for possuído por homens mais velhos e mais ricos do que ele (e isso é uma promessa de presentes); ele é ruim, se o parceiro ativo for mais jovem e mais pobre – ou apenas mais pobre: sinal efetivamente de gastos.

Um último conjunto de sonhos conformes à lei diz respeito à masturbação. Esses sonhos estão muito estreitamente associados ao tema da escravidão: porque se trata de um serviço prestado a si próprio (as mãos são como serviçais que obedecem ao que o membro-mestre exige) e porque a expressão "amarrar no tronco", que significa açoitar o escravo, quer igualmente dizer ter ereção. Um escravo que havia sonhado que masturbava seu mestre foi, na realidade, condenado por ele a ser açoitado. Não esqueçamos que, de maneira geral, a masturbação – esse prazer dos pobres e dos desprovidos e que, por causa disso mesmo, podia ter valor moral e filosófico – era considerada uma atividade de escravo.

2) Em contrapartida, o domínio que Artemidoro considera como "contrário à lei" é essencialmente constituído pelo incesto. Além disso, o incesto é entendido no sentido muito restrito das relações entre pais e filhos. Quanto ao incesto entre irmãos e irmãs, ele equivale à relação pai-filha, se ocorrer entre um irmão e uma irmã; em contrapartida, quando ocorre entre dois irmãos, Artemidoro parece hesitar em colocá-lo na ordem do *kata nomon* ou na do *para nomon*. Ele fala disso, em todo caso, nas duas rubricas.

Quando um pai sonha que tem relações com sua filha ou seu filho, a significação sempre é praticamente desfavorável. Seja por razões físicas imediatas: se a criança for muito pequena – com menos de cinco ou dez anos –, o dano físico decorrente desse ato deixa entrever sua morte ou doença. Se a criança for maior, o sonho também é ruim, porque ele estabelece relações impossíveis ou funestas. Gozar com seu filho, "gastar" nele seu sêmen é um ato inútil: dispêndio vão do qual não se tiraria nenhum proveito, e que anuncia consequentemente uma grande perda de dinheiro. Unir-se a ele, quando ele estiver crescido, é necessariamente de mau augúrio, já que pai e filho não conseguiriam conviver sem conflitos em uma casa que ambos gostariam de dirigir. Esse tipo de sonho só é bom em um único caso: quando o pai faz uma viagem com seu filho e tem, portanto, alguma coisa em comum a fazer com ele; mas quando, em tais sonhos, o pai está em posição de passividade (seja o sonhador o filho ou o pai), as significações são funestas: a ordem das hierarquias, os polos de dominação e de atividade são invertidos. Sonhar que se têm relações com sua própria filha não é muito melhor para o pai. Ora, esse "dispêndio" no corpo de uma filha que vai um dia se casar, levando assim para um outro o sêmen do pai, pressagia uma grande perda de dinheiro. Ou, caso a filha seja casada, essa relação indica que ela deixará o marido e voltará para casa, sendo preciso sustentá-la; o sonho só é favorável se o pai for pobre e a filha vier a se tornar rica, tornando-se capaz de prover às necessidades do seu pai.

De uma maneira que pode parecer estranha, o incesto com a mãe (sempre considerado por Artemidoro como o incesto filho-mãe e nunca mãe-filha) é mais frequentemente portador de presságios favoráveis. Seria possível concluir sobre isso, de acordo com o princípio artemidoriano da correlação entre valor prognóstico e valor moral, que o incesto mãe-filho não é considerado fundamentalmente condenável? Ou se deve ver nisso uma das exceções, previstas por Artemidoro, ao princípio geral que ele enuncia? Não há dúvida de que Artemidoro considera o incesto mãe-filho moralmente condenável. Mas é notável que ele lhe confira prognósticos geralmente favoráveis, fazendo da mãe, conforme a língua e o pensamento gregos, uma espécie de modelo e de matriz de um grande número de relações sociais e de formas de atividade. A mãe é o ofício; unir-se a ela significa, portanto, sucesso e prosperidade em sua profissão. A mãe é a pátria: quem sonha ter uma relação com ela pode prever que voltará, se for exilado, ou que terá sucesso em sua vida política. A mãe é a terra fecunda de onde se veio: para um sujeito que tem um processo na justiça, um sonho de incesto indica que ele obterá a posse litigiosa; para um agricultor, uma grande colheita. Perigo, entretanto, para os doentes: enfurnar-se nessa mãe-terra significa morte.

Essa análise dos sonhos de incesto entre mãe e filho é singular. É certamente possível supor que ali se trate dos sonhos sobre os quais Artemidoro fala nas considerações metodológicas do início de sua obra: os sonhos "maus por dentro" e "bons por fora". Mas ainda é preciso observar que a relação mãe-filho aparece, na imagem onírica, como podendo representar não apenas acontecimentos favoráveis, mas o essencial de todas as relações sociais (as que se mantêm com a pátria, a cidade, a família) e de todas as atividades eventuais (o patrimônio, a cultura da terra, o ofício), a cidade e a pátria. É preciso observar ainda que Artemidoro faz dela, de alguma forma, o paradigma de todas as outras relações sexuais possíveis. É de fato a respeito da mãe, como se apenas fosse possível se tratar dela, que ele evoca as diferentes formas de atos sexuais, as posições que os parceiros podem tomar, e as práticas sexuais às quais eles podem se entregar; sobre isso, ele expõe o que deve ser a forma natural do ato sexual – mostrando que não é bom "virá-la", colocá-la de joelhos, utilizar-se de posições variadas e, pior do que tudo, "ter o membro chupado por ela" (sonho que significa morte da progenitura, ruína ou doença, e que, pelo menos em um caso, anunciou ao sonhador sua futura castração). O sonho de possuir sua mãe sempre aparece durante a análise de Artemidoro como aquele que pode comportar os mais favoráveis e mais desfavoráveis valores prognósticos. Também é ele que detém as mais numerosas e ricas significações sociais; aquele a respeito do qual se define um modelo "natural", que não estava em questão a respeito dos outros parceiros.

3) Em Artemidoro, os atos "antinaturais" levam a dois desenvolvimentos sucessivos: um diz respeito ao que se distancia da posição fixada pela natureza (esse desenvolvimento está anexado à interpretação dos sonhos de incesto); o outro diz respeito às relações nas quais é o parceiro que, por sua própria "natureza", define o caráter antinatural do ato.

Artemidoro propõe em princípio que a natureza fixou uma forma de ato sexual bem definida para cada espécie: uma posição natural e apenas uma, da qual os animais não se afastam: "Uns cobrem a fêmea por trás como o cavalo, o asno, a cabra, o boi, o cervo e demais quadrúpedes. Outros unem inicialmente suas bocas como as víboras, as pombas e as doninhas; as fêmeas dos peixes recolhem o esperma expulso pelo macho." Da mesma maneira, os humanos receberam da natureza um modo muito preciso de conjunção: o face a face, o homem estendido sobre a mulher. Dessa maneira, o comércio sexual é um ato de posse plena: desde que ela "obedeça" e "consinta", se é então dono "de todo o corpo de sua companheira". Todas as outras posições são "invenções da desmedida, da intemperança e dos excessos naturais aos quais a embriaguez conduz". Existe sempre nessas relações não naturais o presságio de relações sociais defeituosas (más relações, hostilidade) ou o anúncio de um mau passo do ponto de vista econômico (se está pouco à vontade, "incomodado").

Entre essas "variantes" do ato sexual, Artemidoro dá um destino particular ao erotismo oral. Sua reprovação – esta é uma atitude frequentemente demonstrada na Antiguidade – é violenta: "ato horrível", "falta moral" cuja representação em sonho só pode ter um valor positivo se remeter à atividade profissional do sonhador (se ele é orador, flautista ou professor de retórica); vã expulsão de sêmen, essa prática anuncia em sonho um gasto inútil. Uso não conforme à natureza, e que impede em seguida o beijo ou a refeição em comum, ele pressagia a ruptura, as hostilidades e, às vezes, a morte.

Mas há outras maneiras de se colocar fora da natureza nas relações sexuais: pela própria natureza dos parceiros. Artemidoro enumera cinco possibilidades: relações com deuses, com animais, com cadáveres, relações consigo mesmo, ou, finalmente, relações entre duas mulheres. A presença dessas duas últimas categorias entre os atos que escapam à natureza é mais enigmática do que a das outras. A relação consigo mesmo não deve ser compreendida como masturbação; ela é mencionada dentre os atos "conformes à lei". Em contrapartida, o que está em questão na relação antinatural consigo mesmo é a autopenetração: penetração do sexo em seu próprio corpo – absorção do sexo na boca, beijo dado por si mesmo em seu próprio sexo. Eventualmente favoráveis, uma vez que o sexo pode significar filhos ou a mulher que ainda não se tem e que são dessa forma prometidos pelo sonho, essas visões são de modo geral funestas: destruição, indigência, necessidade de chegar a situações extremas para se alimentar.

Quanto às relações entre as mulheres, pode-se perguntar por que elas aparecem na categoria dos atos "antinaturais", ao passo que as relações entre os homens se distribuem nas outras rubricas (e essencialmente naquela dos atos conformes à lei). O motivo disso está certamente na forma de relação que Artemidoro privilegia, a da penetração: por um artifício qualquer, uma mulher usurpa o papel do homem, toma abusivamente a posição dele e possui outra mulher. Entre dois homens, a penetração, ato viril por excelência, não constitui em si mesma uma transgressão da natureza (mesmo que ela possa ser considerada vergonhosa, inconveniente para aquele que, dos dois, se submete a ela). Em contrapartida, entre duas mulheres, semelhante ato que se realiza a despeito do que elas são, e pelo recurso a subterfúgios, também é tão antinatural quanto a relação de um humano com um deus ou um animal.

*

O sonho e o ato

Dois traços devem ser observados por marcarem toda a análise do sonho sexual em Artemidoro. Em primeiro lugar, o sonhador está sempre presente em seu próprio sonho; as imagens sexuais que Artemidoro decifra nunca constituem uma pura e simples fantasmagoria da qual o sonhador seria o espectador e que se desenrolaria diante dos seus olhos, mas independente dele. Ele sempre participa delas como ator principal; o que vê é ele próprio em sua atividade sexual: há uma superposição exata entre o sujeito que sonha com um ato e o sujeito do ato tal como é visto no sonho. Por outro lado, podemos observar que, no conjunto de sua obra, Artemidoro raramente faz intervir os atos e os prazeres sexuais a título de elementos de significados ou de presságios; só muito excepcionalmente uma imagem qualquer surgida no sonho anuncia um próximo ato sexual ou a privação de um prazer. Em compensação, estes são analisados e reagrupados, nos três capítulos aqui estudados, como componentes do sonho e elementos de presságio; Artemidoro os faz figurar apenas do lado do "significante", e quase nunca do lado do "significado", imagens e não sentido, representação e não acontecimento representado.

A interpretação de Artemidoro irá então se situar em uma linha traçada entre o ator do ato sexual e o sonhador do sonho, indo assim do sujeito ao sujeito; e, partindo do ato sexual e do papel do ator uma vez que ele é o sonhador, o trabalho da interpretação terá como objetivo decifrar o que acontecerá com o sonhador, à medida que ele voltar para a realidade.

À primeira vista, parece que a adivinhação de Artemidoro decifra muito regularmente, nos sonhos sexuais, uma significação social. É lógico que esses sonhos às vezes anunciam uma peripécia na ordem da saúde – doença ou restabelecimento; às vezes, são sinais de morte. Porém, em uma proporção muito maior, eles remetem a acontecimentos como o sucesso ou o insucesso nos negócios, o enriquecimento ou o empobrecimento, a prosperidade ou o revés da família, um empreendimento vantajoso ou não, casamentos favoráveis ou alianças desastrosas, disputas, rivalidades, reconciliações, boas ou más oportunidades na carreira pública, um exílio, uma condenação. O sonho sexual pressagia o destino do sonhador na vida social; o ator que ele é na cena sexual do sonho antecipa o papel que será o seu na cena familiar, na do trabalho, dos negócios e da cidade.

Existem para isso duas razões. A primeira é de ordem bastante geral: diz respeito a um fato da língua, muito utilizado por Artemidoro. Há, de fato, em grego – como, aliás, em diversos graus em muitas outras línguas – uma ambiguidade bem acentuada entre o sentido sexual e o sentido econômico de certos termos. Dessa forma, a palavra *sôma,* que designa o corpo, se refere tanto às riquezas quanto aos bens; daí a possibilidade de equivalência entre a "posse" de um corpo e a posse das riquezas. *Ousia* é a substância, como também a fortuna, mas é igualmente o sêmen e o esperma: a perda deste significará o dispêndio daquela. O termo *blabê*, o dano, pode se relacionar com os reveses da fortuna, com as perdas de dinheiro, mas também com o fato de se ser vítima de um assalto ou ser um objeto passivo em um ato sexual. Artemidoro joga assim com a polissemia do vocabulário da dívida: as palavras que significam que se é obrigado a pagar e que se busca liberar-se podem igualmente significar que se está premido por uma necessidade sexual, e que, satisfazendo-a, dela se fica liberado: o termo *anankaion*, que é utilizado para designar o membro viril, está na encruzilhada dessas significações.

Uma outra razão se refere à forma e ao destino particular da obra de Artemidoro, livro de homem dirigido essencialmente aos homens para conduzir suas vidas de homem em geral; a evocação dos sonhos feita por mulheres ou por escravos intervém apenas na qualidade de variante dos sonhos típicos em que o sujeito é masculino. É preciso lembrar que, de fato, a interpretação dos sonhos não é considerada como matéria de pura e simples curiosidade pessoal; é um trabalho útil para gerir sua existência e se preparar para os acontecimentos que ocorrerão. Já que as noites dizem aquilo de que os dias serão feitos, é bom, para levar adequadamente sua vida de homem, de dono da casa, de pai de família, saber decifrar os sonhos que então se produzem. Essa é a perspectiva dos livros de Artemidoro: um guia para que o homem responsável, o dono da casa, possa se conduzir no cotidiano, em função dos sinais capazes de prefigurá-lo. Portanto, é a tessitura dessa vida comum que ele se esforça para encontrar nas imagens do sonho.

Mas isso não é tudo: a prática interpretativa, tal como ela opera no discurso de Artemidoro, mostra que o próprio sonho sexual é percebido, elaborado, analisado como uma cena social; se ele anuncia "o bom e o mau" no campo do ofício, do patrimônio, da família, da carreira política, do *status*, das amizades e das proteções, é porque os atos sexuais por ele representados são constituídos pelos mesmos elementos que ele. Seguindo os procedimentos de análise utilizados por Artemidoro, vê-se claramente que a interpretação dos sonhos de *aphrodisia* em termos de sucesso ou de insucesso, de êxito ou de fracasso social supõe uma espécie de consubstancialidade entre os dois domínios. E isso aparece em dois níveis: o dos elementos do sonho retidos como materiais para a análise e o dos princípios que permitem atribuir um sentido (um "valor" prognóstico) a esses elementos.

1) Quais são os aspectos do sonho sexual que Artemidoro destaca e torna pertinentes em sua análise?

Inicialmente, os personagens. Do próprio sonhador, Artemidoro não destaca, por exemplo, o passado próximo ou o longínquo, o estado de espírito nem as paixões em geral, mas os traços sociais: a faixa etária à qual ele pertence, se faz ou não negócios, se tem responsabilidades políticas, se procura casar seus filhos, se é ameaçado pela ruína ou pela hostilidade dos seus parentes etc. É igualmente como "personagens" que os parceiros representados no sonho são focalizados; o mundo onírico do sonhador de Artemidoro é povoado de indivíduos que não possuem quaisquer traços físicos, e que não parecem manter muitos laços afetivos ou passionais com o próprio sonhador; aparecem apenas como perfis sociais: jovens, velhos (são em todo caso mais jovens ou mais velhos do que o sonhador), ricos ou pobres; são pessoas que trazem riquezas ou pedem presentes; são relações lisonjeiras ou humilhantes; são superiores aos quais convém ceder, ou inferiores dos quais se pode aproveitar legitimamente; são pessoas da casa ou de fora; são homens livres, mulheres sob o poder de um marido, escravos ou prostitutas de ofício.

Quanto ao que se passa entre esses personagens e o sonhador, é notável a sobriedade de Artemidoro – nenhuma carícia, nenhuma combinação complicada, nenhuma fantasmagoria, mas algumas variações muito simples em torno de uma forma essencial, a penetração. Esta parece constituir a própria essência da prática sexual, a única em todo caso que merece ser destacada e que faz sentido para a análise do sonho. Muito mais do que o próprio corpo, com suas diferentes partes, muito mais do que o prazer com suas qualidades e intensidades, o ato da penetração aparece como qualificador dos atos sexuais, com algumas variações de posição e sobretudo com seus dois polos, de atividade e de passividade. A pergunta que Artemidoro faz sem parar aos sonhos estudados é a de saber quem penetra quem. O sujeito que sonha (quase sempre um homem) é ativo ou passivo? É ele quem penetra, domina, obtém prazer? É ele aquele que se submete ou que é possuído? Quer se trate de relações com o filho ou com o pai, com a mãe ou com um escravo, a questão retorna quase infalivelmente (a menos que ela já esteja implicitamente resolvida): como se dá a penetração? Ou, mais precisamente: qual era a posição do sujeito nessa penetração? E nenhum sonho, nem mesmo o lésbico, deixa de ser interrogado desse ponto de vista, e apenas dele.

Ora, esse ato de penetração – cerne da atividade sexual, matéria-prima da interpretação e foco do sentido para o sonho – é imediatamente percebido dentro de uma cenografia social. Artemidoro vê inicialmente o ato sexual como um jogo de superioridade e de inferioridade: a penetração situa os dois parceiros em uma relação de dominação e de submissão; ela é vitória de um lado, derrota do outro; é direito exercido por um dos parceiros, e necessidade imposta ao outro; é o *status* que se defende ou condição que se suporta; é vantagem da qual se aproveita, ou aceitação de uma situação cujos benefícios se deixam para os outros. Isso conduz ao outro aspecto do ato sexual; Artemidoro também o vê como um jogo "econômico" entre gasto e lucro; lucro, o prazer que se obtém, as sensações agradáveis que são sentidas; gasto, a energia necessária ao ato, o desperdício de sêmen, essa preciosa substância vital, e a fadiga que a ele se segue. Muito mais do que todas as variáveis que poderiam decorrer dos diferentes gestos possíveis, ou das diferentes sensações que os acompanham, muito mais do que todos os quadros possíveis que o sonho poderia apresentar, são esses elementos referentes à penetração como jogo "estratégico" de dominação-submissão e como jogo "econômico" de gasto-benefício que são destacados por Artemidoro para desenvolver sua análise.

Do nosso ponto de vista, esses elementos podem nos parecer pobres, esquemáticos, sexualmente "descoloridos"; mas é preciso observar que eles condensam antecipadamente a análise dos elementos socialmente marcados; a análise de Artemidoro faz surgir personagens extraídos de uma cena social da qual eles ainda possuem todas as características; e ela os distribui em torno de um ato essencial situado simultaneamente no plano das conjunções físicas, no das relações sociais de superioridade e de inferioridade e no das atividades econômicas de gasto e de lucro.

2) Como, a partir desses elementos assim destacados e tornados pertinentes para a análise, Artemidoro estabelecerá

o "valor" do sonho sexual? E isso precisa ser entendido não apenas como o tipo de acontecimento que é anunciado de maneira alegórica, mas sobretudo – o que é o aspecto essencial para uma análise prática – sua "qualidade", ou seja, seu caráter favorável ou desfavorável para o sujeito. Lembremo-nos de um dos princípios fundamentais do método: a qualidade prognóstica do sonho (o caráter favorável ou não do acontecimento pressagiado) depende do valor da imagem pressagiosa (o caráter bom ou mau do ato representado em sonho). Ora, no decurso da análise e dos exemplos dados, foi possível ver que um ato sexual com "valor positivo" do ponto de vista de Artemidoro nem sempre é exatamente um ato sexual permitido por lei, nem honrado pela opinião, nem aceito pelo costume. Há, certamente, coincidências importantes: sonhar que se tem relação com sua própria esposa ou com sua amante é bom; mas há defasagens, e importantes: o valor favorável do sonho de incesto com a mãe é o exemplo mais surpreendente. É preciso se perguntar: qual é essa outra maneira de qualificar os atos sexuais, esses outros critérios que permitem dizer que eles são "bons" no sonho e para o sonhador, quando seriam condenáveis na realidade? Parece que o que dá "valor" a um ato sexual sonhado é a relação que se estabelece entre o papel sexual e o papel social do sonhador. Mais precisamente, é possível dizer que Artemidoro considera "favorável" e de bom prognóstico um sonho no qual o sonhador exerce sua atividade sexual com seu parceiro de acordo com um esquema conforme ao que é ou deve ser sua relação com esse mesmo parceiro na vida social e não sexual; o ajustamento à relação social "desperta" é o qualificador de uma relação sexual onírica.

Para ser "bom", o ato sexual com que se sonha precisa obedecer a um princípio geral de "isomorfismo". E, continuando a falar esquematicamente, seria possível acrescentar que esse princípio toma duas formas: a de um princípio de "analogia de posição" e a de um princípio de "adequação econômica". De acordo com o primeiro desses princípios, um ato sexual será bom na medida em que o sujeito que sonha ocupar na atividade sexual com seu parceiro uma posição conforme à que ele ocupa na realidade com esse mesmo parceiro (ou um parceiro do mesmo tipo): assim, ser "ativo" com seu escravo (seja qual for o sexo) é bom; ou ser ativo com um ou uma prostituta; ou ser ativo com um rapaz jovem e pobre; porém será "bom" ser passivo com os mais velhos, com os mais ricos etc. Por causa desse princípio de isomorfismo, o sonho de incesto com a mãe está carregado de valores positivos: nele se vê, efetivamente, o sujeito na posição de atividade em relação à mãe que o fez nascer e o alimentou, e a quem ele deve, em troca, cultivar, honrar, servir, manter e enriquecer, como a uma terra, a uma pátria, a uma cidade. Porém, para que, no sonho, o ato sexual tenha um valor positivo, é preciso também que ele obedeça a um princípio de "adequação econômica"; é preciso que o "gasto" e o "benefício" que essa atividade implica sejam adequadamente regulados: em quantidade (muito gasto para pouco prazer não é bom) e também em direção (não fazer despesas vãs com aqueles ou aquelas que não estão, em troca, na posição de restituir, de compensar ou de serem úteis). Esse princípio é o que faz com que seja bom sonhar com uma relação sexual com escravos: lucra-se com o seu próprio bem; o que foi comprado para o benefício do trabalho proporciona além disso o do prazer. Isto é também o que atribui múltiplas significações aos sonhos nos quais um pai tem relação com sua própria filha: seja esta casada ou não, seja o próprio pai viúvo ou não, seja o genro mais rico ou mais pobre do que o sogro, o sonho significará despesa com o dote, ajuda por parte da filha ou obrigação de mantê-la após seu divórcio.

É possível resumir tudo dizendo que o fio condutor da interpretação de Artemidoro, no que se refere ao valor prognóstico dos sonhos sexuais, implica a decomposição e a análise dos sonhos sexuais em elementos (personagens e atos) que são, por natureza, elementos sociais; e indica uma certa maneira de qualificar os atos sexuais em função da maneira como o sujeito sonhador mantém como sujeito do ato sonhado sua posição de sujeito social. Na cena do sonho, o ator sexual (que sempre é o sonhador, e que praticamente sempre é um homem adulto) deve, para que seu sonho seja bom, manter sua função de ator social (embora eventualmente o ato seja condenável na realidade). Não esqueçamos que todos os sonhos sexuais analisados por Artemidoro são considerados por ele como pertencentes à categoria do sonho (*oneiros*); eles dizem, portanto, "o que é": e o que "é" no momento, e está "dito" no sonho, é a posição do sonhador como sujeito de atividade – ativo ou passivo, dominante ou dominado, vencedor ou vencido, "por cima" ou "por baixo", lucrando ou gastando, tirando benefícios ou sofrendo perdas, estando em posição vantajosa ou sofrendo danos. O sonho sexual diz, na pequena dramaturgia da penetração e da passividade, do prazer e do dispêndio, o modo de ser do sujeito tal como o destino o preparou.

Talvez fosse possível, a título de confirmação, citar uma passagem de *La clef des songes*, que mostra bem a comunicação entre o que constitui o indivíduo como sujeito ativo na relação sexual e o que o situa no campo das atividades sociais. Trata-se, em uma outra seção do livro, do texto dedicado à significação das diferentes partes do corpo no sonho. O órgão masculino, chamado de *anankaion* (o elemento "necessário", aquele cujas necessidades nos coagem e por força do qual coagimos os outros), é significante de todo um conjunto de relações e atividades que fixam o *status* do indivíduo na cidade e no mundo; nele figuram a família, a riqueza, o exercício da fala, o *status*, a vida política, a liberdade e, finalmente, o próprio nome do indivíduo. "O membro viril é igualado aos pais, por deter o princípio gerador; à mulher e à amante, por ser apropriado às coisas do amor; aos irmãos e a todos os parentes consanguíneos, porque a causa inicial de qualquer família depende do membro viril; à força e à virilidade corporal, por ser ele também sua causa; aos discursos e à educação, porque, entre todas as coisas, o membro viril é o que possui mais força geradora do que o discurso [...]. O membro viril é, além disso, identificado ao lucro e ao ganho, porque ele está tanto em tensão quanto relaxado, e pode fornecer ou secretar [...]. Ele também é igualado à pobreza, à escravidão, aos grilhões, por ser nomeado o coator e por ser o símbolo da coação. Ele é, além disso, identificado ao respeito que inspira uma alta posição: pois ele é chamado de reverência e respeito [...]. Se ele se tornou duplo, significa que todas as coisas presentes serão duplas, exceto a mulher e a amante; nesse caso, o membro duplo priva, pois não é possível se servir ao mesmo tempo de dois membros viris. Conheço alguém que, sendo escravo, sonhou que tinha três falos; foi libertado e em vez de um nome teve três, pois ao seu acrescentou os dois nomes daquele que o havia libertado. Mas isso aconteceu apenas uma vez: ora, não se deve interpretar os sonhos segundo os casos raros, mas segundo aqueles que se produzem mais frequentemente." O membro viril, como se vê, aparece no cruzamento de todos esses jogos de domínio: domínio de si, uma vez que suas exigências correm o risco de nos submeter se nos deixarmos coagir por ele; superioridade sobre os parceiros sexuais, uma vez que é através dele que se efetua a penetração; privilégios e *status*, uma vez que ele significa todo o campo do parentesco e da atividade social.

*

A paisagem evocada nos capítulos de Artemidoro dedicados aos sonhos sexuais é uma paisagem familiar à Antiguidade. É fácil encontrar neles traços dos hábitos e costumes que muitos outros testemunhos, anteriores ou contemporâneos, poderiam atestar. Trata-se de um mundo intensamente marcado pela posição central do personagem masculino e pela importância atribuída ao papel viril nas relações sexuais. Um mundo em que o casamento é bastante valorizado para ser considerado como o melhor enquadramento possível para os prazeres sexuais. Mas também um mundo em que o homem casado pode ter sua amante; dispor dos seus serviçais, rapazes ou moças; frequentar as prostitutas. Trata-se, enfim, de um mundo em que as relações entre homens parecem incontestáveis, exceto, entretanto, certas diferenças de idade ou de *status*.

Pode-se igualmente observar a presença de vários elementos de código. Porém é preciso reconhecer que eles são ao mesmo tempo pouco numerosos e bastante vagos; algumas grandes proibições que se manifestam na forma de repulsões vivas: felação, relações entre mulheres e, sobretudo, usurpação por uma delas do papel masculino; uma definição muito restritiva do incesto concebido essencialmente como a relação entre os ascendentes e os filhos; uma referência a uma forma canônica e natural do ato sexual. Mas nada há no texto de Artemidoro que se refira a uma grade permanente e completa das classificações entre os atos permitidos e os proibidos; nada que trace exatamente uma linha divisória clara e definitiva entre o que é natural e o que é "antinatural". E parece, sobretudo, que não são esses elementos de código que desempenham o papel mais importante e determinante para fixar a "qualidade" – pelo menos em sonho e em sua função de presságio – de um ato sexual. Em compensação, é possível perceber, através da própria abordagem da interpretação, uma outra maneira de focalizar os atos sexuais e outros princípios de apreciação: não a partir do ato considerado em sua forma mais ou menos regular, mas a partir do ator, da sua maneira de ser, da sua própria situação, de sua relação com os outros e da posição que ele ocupa diante deles. A questão principal parece ser muito menos a conformidade dos atos com uma estrutura natural ou com uma regulamentação positiva do que aquilo que se poderia chamar de "estilo de atividade" do sujeito, e a relação que ele estabelece entre a atividade sexual e os outros aspectos de sua vida familiar, social, econômica. O movimento da análise e os procedimentos de valorização não vão do ato a um domínio, como poderia ser o da sexualidade ou o da carne, cujas formas permitidas seriam delineadas por leis divinas, civis ou naturais; eles vão do sujeito como ator sexual aos outros domínios da vida nos quais ele exerce sua atividade; e é na relação entre essas diferentes formas de atividade que se situam não exclusivamente, mas basicamente, os princípios de apreciação de uma conduta sexual.

É possível, portanto, deduzir, a partir desse texto ao mesmo tempo detalhado e ambíguo, algumas conclusões provisórias. Em primeiro lugar, parece que os atos sexuais – aqueles que são designados como *aphrodisia* – só são levados em conta de acordo com um esquematismo muito simples e despojado: pouco espaço é dado às diversas variações possíveis do próprio ato, pouca presença do corpo, poucas imagens e cenas; o ato é reduzido a uma espécie de atividade "pura", despojada, bem pouco especificada, em todo caso, girando em torno unicamente da penetração. Parece, por outro lado, que o importante é, muito mais do que a obediência a uma regra, a maneira e as condições nas quais se escolhe praticar seus atos: consequentemente, trata-se da questão do "uso" – da *khrêsis* –, e da maneira como ele é determinado da melhor forma possível a partir de uma certa prudência, de um saber fazer. Daí decorre a importância atribuída às "circunstâncias" do ato; ao contexto no qual ele é realizado, às relações sociais dentro das quais se inscreve, ao tipo de parceiro que ele implica e às diversas relações que o ator principal pode ter com eles. Enfim, o elemento decisivo nessa análise dos atos sexuais parece ser a questão do "domínio", que deve ser entendida ao mesmo tempo como a questão da posição sexual em relação ao parceiro (possuidor-possuído, penetrador-penetrado), da força que se faz sobre si mesmo para não cair no excesso, e a questão do *status* pessoal, assim como a da posição de inferioridade ou de superioridade (na ordem da classe, da idade, da fortuna) que se ocupa em relação ao parceiro. Parece então se tratar de uma moral em que o esforço para elaborar uma estética da existência a leva a empreender a estruturação jurídica dos comportamentos: uma dessas morais que são mais centradas no polo da ética do que no do código.

# 1983

O Uso dos Prazeres e as Técnicas de Si

"O uso dos prazeres e as técnicas de si", *Le débat*, n° 27, novembro de 1983, p. 46-72.

Introdução geral de *Uso dos prazeres*, de *Cuidado de si* e de *As confissões da carne* que M. Foucault se apressou em publicar com algumas variações. Circulou e foi citada como artigo até a publicação dos livros em maio de 1984.

Modificações

Esta série de pesquisas foi publicada mais tarde do que eu havia previsto e de uma forma inteiramente diferente. Eis por quê. Elas não deveriam ser uma história dos comportamentos nem uma história das representações, mas uma história da "sexualidade": as aspas têm sua importância. Também não era meu propósito reconstruir uma história das condutas e das práticas sexuais – de suas sucessivas formas, de sua evolução e difusão. Tampouco era minha intenção analisar as ideias (científicas, religiosas ou filosóficas) através das quais esses comportamentos foram representados. Gostaria, primeiramente, de me deter nessa noção, tão cotidiana e recente, de "sexualidade": tomar distância em relação a ela, contornar sua evidência familiar, analisar o contexto teórico e prático ao qual ela é associada. O próprio termo "sexualidade" não surgiu tardiamente, no início do século XIX? Esse fato não deve ser subestimado nem superinterpretado. Ele assinala algo diverso de um remanejamento de vocabulário; mas não assinala, evidentemente, a súbita emergência daquilo a que se refere. O uso desse termo se estabeleceu em relação a outros fenômenos: todo um recorte de áreas de conhecimentos diversos (abarcando tanto os mecanismos biológicos da reprodução como as variantes individuais ou sociais do comportamento); a instauração de um conjunto de regras e de normas, em parte tradicionais, em parte novas, e que se fundamentam em instituições religiosas, judiciárias, pedagógicas, médicas; mudanças também na maneira como os indivíduos são levados a dar sentido e valor à sua conduta, aos seus deveres, aos seus prazeres, aos seus sentimentos e sensações, aos seus sonhos.

Tratava-se, em suma, de ver como se constituiu, nas sociedades ocidentais modernas, uma "experiência", de modo que os indivíduos puderam reconhecer-se como sujeitos de uma "sexualidade" que abre para campos muito diversos de conhecimento e que se articula a um sistema de regras cuja força de coerção é muito variável. Portanto, história da sexualidade como experiência – se entendemos por experiência a correlação, em uma cultura, entre campos de saber, tipos de normatividade e formas de subjetividade.

Falar dessa forma da sexualidade implicava libertar-se de um esquema de pensamento que era, então, bastante corrente: fazer da sexualidade uma invariante, e supor que, se ela assume, em suas manifestações, formas historicamente singulares, é por efeito de diversos mecanismos de repressão aos quais ela se encontra exposta em qualquer sociedade; o que equivale a colocar fora do campo histórico o desejo e o sujeito do desejo, e a exigir que a forma geral da proibição dê conta do que pode haver de histórico na sexualidade. Porém este trabalho crítico não bastava por si só. Falar da "sexualidade" como uma experiência historicamente singular também supunha que se pudesse dispor de instrumentos capazes de analisar, em sua característica própria e em suas correlações, os três eixos que a constituem: a formação dos saberes que se referem a ela, os sistemas de poder que regulam a sua prática e as formas nas quais os indivíduos podem e devem se reconhecer como sujeitos dessa sexualidade. Ora, a respeito dos dois primeiros pontos, o trabalho que realizei anteriormente – seja a propósito da medicina e da psiquiatria, seja a respeito do poder punitivo e das práticas disciplinares – me havia fornecido os instrumentos dos quais necessitava; a análise das práticas discursivas permitia acompanhar a formação dos saberes, escapando ao dilema entre ciência e ideologia; a análise das relações de poder e de suas tecnologias permitia enfocá-las como estratégias abertas, escapando à alternativa entre um poder concebido como dominação ou denunciado como simulacro.

Em contrapartida, o estudo das maneiras como os indivíduos são levados a se reconhecerem como sujeitos sexuais me impunha dificuldades bem maiores. A noção de desejo ou a de sujeito desejante constituíam, então, senão uma teoria, pelo menos um tema teórico geralmente aceito. Essa aceitação era, em si mesma, estranha: este era de fato o tema que se encontrava, segundo certas variações, no próprio cerne da teoria clássica da sexualidade, assim como nas concepções que visavam a se afastar dela; era ele também que parecia ter sido herdado, nos séculos XIX e XX, de uma longa tradição cristã. A experiência da sexualidade pode perfeitamente se distinguir, como uma figura histórica singular, da experiência cristã da "carne": ambas, porém, parecem assombradas pela presença do "homem de desejo". De qualquer forma, parecia difícil analisar a formação e o desenvolvimento da experiência da sexualidade a partir do século XVIII, sem fazer, a respeito do desejo e do sujeito desejante, um trabalho histórico e crítico, sem empreender uma "genealogia". Porém não quero dizer, com isso, fazer uma história das sucessivas concepções do desejo, da concupiscência ou da *libido*, mas sim analisar as práticas através das quais os indivíduos foram levados a voltar a atenção para si mesmos, a decifrar-se, a reconhecer-se e a assumir-se como sujeitos de desejo, estabelecendo de si para consigo mesmos uma certa relação que lhes permite descobrir, no desejo, a verdade de seu ser, seja ele natural ou decaído. Em suma, a ideia era a de pesquisar nessa genealogia o modo pelo qual os indivíduos foram levados a exercer sobre eles mesmos, e sobre os outros, uma hermenêutica do desejo, propiciada, sem dúvida, por seu comportamento sexual, sem, no entanto, constituir seu domínio exclusivo. Em suma, para compreender como o indivíduo moderno podia fazer a experiência de si próprio como sujeito de uma "sexualidade" seria útil distinguir previamente a maneira pela qual outrora, e durante séculos, o homem ocidental havia sido levado a reconhecer-se como sujeito de desejo.

Um deslocamento teórico havia sido necessário para analisar o que era frequentemente designado como o progresso dos conhecimentos: ele me conduzira à interrogação sobre as formas de práticas discursivas que articulavam o saber. Foi preciso também operar um deslocamento teórico para analisar o que frequentemente se descreve como as manifestações do "poder": ele me levara a interrogar-me, sobretudo, sobre as relações múltiplas, as estratégias abertas e as técnicas racionais que articulam o exercício dos poderes. Parecia que, agora, seria preciso operar um terceiro deslocamento para analisar o que era designado como "sujeito"; convinha pesquisar quais eram as formas e as modalidades da relação consigo mesmo, por meio das quais o indivíduo se constituía e se reconhecia como sujeito. Após o estudo de um certo número de ciências empíricas nos séculos XVII e XVIII – e posteriormente o estudo dos jogos de verdade referidos às relações de poder, a partir do exemplo das práticas punitivas –, um outro trabalho parecia se impor: estudar os jogos de verdade na relação consigo mesmo e a constituição de si próprio como sujeito, tomando por área de referência e campo de investigação o que se poderia chamar de "história do homem de desejo".

Entretanto, ficou claro que empreender essa genealogia me afastava bastante do meu projeto primitivo. Eu devia escolher: ou manter o plano estabelecido, acompanhando-o de um rápido exame histórico do tema do desejo, ou reorganizar todo o estudo em torno da lenta formação, durante a Antiguidade, de uma hermenêutica de si. Optei pela última via, ao pensar que, apesar de tudo, aquilo a que me atenho – aquilo a que me ative, ao que quis me ater faz muitos anos – é uma tarefa para evidenciar alguns elementos que poderiam servir a uma história da verdade. Uma história que não seria aquela do que poderia existir de verdadeiro nos conhecimentos, mas sim uma análise dos "jogos de verdade", dos jogos do verdadeiro e do falso através dos quais o ser se constitui historicamente como experiência, ou seja, como podendo e devendo ser pensado. Por meio de quais jogos de verdade o homem se pôs a pensar o seu ser próprio ao se perceber como louco, ao se olhar como doente, ao refletir sobre si mesmo como ser vivo, falante e trabalhador, ao se julgar e se punir como criminoso? Através de quais jogos de verdade o ser humano se reconheceu como homem de desejo? Pareceu-me que, colocando assim a questão e tentando elaborá-la a propósito de um período tão distante dos meus horizontes, outrora familiares, eu abandonava seguramente o plano pretendido, porém cernia de mais perto a interrogação que há muito tempo me esforço para colocar, embora essa abordagem me exigisse alguns anos a mais de trabalho. Certamente esse longo desvio implicava riscos, mas eu tinha um motivo, e acreditei ter encontrado nessa pesquisa um certo proveito teórico.

Os riscos? Eram de retardar e desorganizar o programa de publicação que eu havia previsto. Agradeço aos que seguiram os trajetos e os desvios do meu trabalho – penso nos ouvintes do Collège de France – e naqueles que tiveram a paciência de aguardar a sua conclusão –, em Pierre Nora, em primeiro lugar. Quanto àqueles para quem se esforçar, começar e recomeçar, tentar, enganar-se, retomar tudo de fio a pavio, e ainda encontrar meios de hesitar a cada passo, àqueles para quem, em suma, trabalhar – ou seja, manter-se em reserva e na inquietação – equivale à demissão, é evidente que não somos do mesmo planeta.

O perigo era também o de abordar documentos que eu conhecia muito mal. Corria o risco de submetê-los, sem me dar conta, a formas de análise e a modos de questionamento que, vindos de outros lugares, não lhes convinham; os livros de Peter Brown, os de Pierre Hadot e, em muitas ocasiões, suas opiniões e as conversas que mantivemos foram de grande valia para mim. Também corria o risco, pelo contrário, de perder, no esforço para me familiarizar com os textos antigos, o eixo das questões que desejava expor; Hubert Dreyfus e Paul Rabinow, em Berkeley, possibilitaram, através de suas reflexões, de suas questões, e graças à sua exigência, que eu fizesse um trabalho de reformulação teórica e metodológica.

Paul Veyne constantemente me ajudou durante esses anos. Ele sabe o que é pesquisar o verdadeiro, como historiador de verdade; mas também conhece o labirinto em que se entra quando se deseja fazer a história dos jogos do verdadeiro e do falso; ele é daqueles, muito raros hoje em dia, que aceitam enfrentar o perigo, para todo e qualquer pensamento, que a questão da história da verdade traz consigo. Seria difícil tentar circunscrever sua influência sobre essas páginas.

Em compensação, o motivo que me impulsionou é muito simples. Para alguns, espero que ele possa bastar por si só. É a curiosidade; o único tipo de curiosidade que, de qualquer forma, vale a pena ser praticada com um pouco de obstinação: não aquela que busca se assimilar ao que convém conhecer, mas a que permite desprender-se de si mesmo. De que valeria a obstinação do saber se ela apenas garantisse a aquisição de conhecimentos, e não, de uma certa maneira e tanto quanto possível, o extravio daquele que conhece? Há momentos na vida em que a questão de saber se é possível pensar de forma diferente da que se pensa e perceber de forma diferente da que se vê é indispensável para continuar a ver ou a refletir. Talvez me digam que esses jogos consigo mesmo devem permanecer nas coxias, e que, na melhor das hipóteses, fazem parte desses trabalhos de preparação que desaparecem por si mesmos a partir do momento em que produzem efeitos. Mas o que é então a filosofia hoje – quero dizer, a atividade filosófica – senão o trabalho crítico do pensamento sobre si mesmo? E se ela não consistir, em vez de legitimar o que já se sabe, em tentar saber como e até onde seria possível pensar de modo diferente? Há sempre algo de derrisório no discurso filosófico quando ele pretende, do exterior, estabelecer a lei para os outros, dizer-lhes onde está a sua verdade e de que maneira achá-la, ou quando pretende demonstrar-se por positividade ingênua; porém é seu direito explorar o que, em nosso próprio pensamento, pode ser modificado, pelo exercício que ele faz de um saber que lhe é estranho. O "ensaio" – que é preciso entender como experiência transformadora de si mesmo e não como apropriação simplificadora de outrem – é o corpo vivo da filosofia, se pelo menos esta for ainda o que era antigamente, ou seja, uma "ascese", um exercício de si, no pensamento.

Os estudos que se seguem, tal como os outros que realizei anteriormente, são estudos de "história" pelos campos tratados e pelas referências que tomam; porém não são trabalhos de "historiador". O que não significa que eles resumam ou sintetizem o trabalho feito por outros. Eles são, se quisermos enfocá-los do ponto de vista de sua "pragmática", o protocolo de um exercício que foi longo, hesitante, e que frequentemente necessitou ser retomado e corrigido. Um exercício filosófico: sua aposta era a de saber em que medida o trabalho de pensar sua própria história pode libertar o pensamento do que ele pensa silenciosamente, e permitir a ele pensar de modo diverso.

Será que tive razão de correr esses riscos? Não cabe a mim dizê-lo. Sei apenas que, ao deslocar desse modo o tema e os marcos cronológicos de meu estudo, tive a possibilidade de proceder a duas generalizações que me permitiram, ao mesmo tempo, situá-lo em um horizonte mais amplo e precisar melhor seu método e seu objeto.

Ao retornar assim, da época moderna, através do cristianismo, à Antiguidade, pareceu-me que não seria possível evitar uma pergunta, ao mesmo tempo muito simples e muito geral: por que o comportamento sexual, por que as atividades e os prazeres que dele decorrem são objeto de uma preocupação moral? Por que esse cuidado ético que, pelo menos em certos momentos, em algumas sociedades ou em certos grupos, parece mais importante do que a atenção moral dirigida a outros domínios, no entanto essenciais para a vida individual ou coletiva, como as condutas alimentares ou o cumprimento dos deveres cívicos? Sei bem que uma resposta vem imediatamente à mente: é porque eles são objeto de interdições fundamentais, cuja transgressão é considerada uma falta grave. Mas isso seria dar como solução a própria questão; e, sobretudo, implicaria desconhecer que a preocupação ética relativa à conduta sexual não esteve sempre, em sua intensidade e em suas formas, relacionada diretamente ao sistema de interdições; ocorre frequentemente que a preocupação moral seja intensa ali onde, precisamente, não há obrigação nem proibição. Em suma, a interdição é uma coisa, e a problematização moral, outra. Portanto, pareceu-me que a questão que deveria servir de fio condutor era a seguinte: como, por que e sob que forma a atividade sexual foi constituída como domínio moral? Por que esse cuidado ético tão insistente, apesar de variável em suas formas e em sua intensidade? Por que essa "problematização"? Afinal, é certamente por isso que a tarefa de uma história do pensamento – em oposição à história dos comportamentos ou das representações – é definir as condições nas quais o ser humano "problematiza" o que ele é, o que faz e o mundo em que vive.

Porém, ao colocar essa questão muito geral, e ao colocá-la para a cultura grega e greco-latina, pareceu-me que essa problematização estava ligada a um conjunto de práticas que certamente tiveram uma importância considerável em nossas sociedades: é o que se poderia chamar de "artes da existência". Estas devem ser entendidas como as práticas racionais e voluntárias pelas quais os homens não apenas determinam para si mesmos regras de conduta, como também buscam transformar-se, modificar-se em seu ser singular, e fazer de sua vida uma obra que seja portadora de certos valores estéticos e que corresponda a certos critérios de estilo. Essas "artes da existência", essas "técnicas de si", perderam certamente parte de sua importância e de sua autonomia ao serem integradas, com o cristianismo, no exercício de um poder pastoral e, mais tarde, às práticas de tipo educativo, médico ou psicológico. De qualquer modo, seria preciso certamente fazer e refazer a longa história dessas estéticas da existência e dessas tecnologias de si. Já faz muito tempo que Burckhardt enfatizou a sua importância na época do Renascimento; mas sua sobrevivência, sua história e seu desenvolvimento não se detiveram ali.[1] Em todo caso, pareceu-me que o estudo da problematização do comportamento sexual na Antiguidade podia ser considerado como um capítulo – um dos primeiros capítulos – dessa história geral das "técnicas de si".

Tal é a ironia desses esforços feitos para mudar a maneira de ver, para modificar o horizonte do que se conhece e para tentar dele se distanciar um pouco. Será que eles levaram de fato a pensar de modo diverso? Talvez eles tenham permitido pensar de outra forma aquilo que já se pensava, e perceber o que se fez sob um ângulo diverso e de modo mais nítido. Acreditava-se tomar distância e, no entanto, ficou-se na vertical de si mesmo. A viagem rejuvenesce as coisas e envelhece a relação consigo mesmo. Creio perceber melhor agora de que maneira, um pouco às cegas, e por fragmentos sucessivos e diferentes, fui pego nessa empreitada de uma história da verdade: analisar não os comportamentos nem as ideias, não as sociedades nem suas "ideologias", mas sim as *problematizações* através das quais o ser se apresenta como podendo e devendo ser pensado, e as *práticas* a partir das quais elas se formam. A dimensão arqueológica da análise permite analisar as próprias formas da problematização; sua dimensão genealógica, sua formação a partir das práticas e de suas modificações. Problematização da loucura e da doença a partir de práticas sociais e médicas, definindo um certo perfil de "normalização"; problematização da vida, da linguagem e do trabalho em práticas discursivas, obedecendo a certas regras "epistêmicas"; problematização do crime e do comportamento criminoso, a partir de certas práticas punitivas, obedecendo a um modelo "disciplinar". E, agora, gostaria de mostrar como, na Antiguidade, a atividade e os prazeres sexuais foram problematizados através das práticas de si, colocando em jogo os critérios de uma "estética da existência".

Eis as razões pelas quais recentrei todo o meu estudo sobre a genealogia do homem de desejo, da Antiguidade clássica aos primeiros séculos do cristianismo. Segui uma distribuição

---

1 (N.A.) Seria inexato acreditar que, desde Burckhardt, o estudo dessas artes e dessa estética da existência foi totalmente negligenciado. Pode-se, por exemplo, encontrar uma análise notável sobre elas no livro recente de S. Greenblatt, *Renaissance selffashioning*, 1980.

cronológica simples: um primeiro volume, *Uso dos prazeres*, é consagrado à maneira como a atividade sexual foi problematizada por filósofos e médicos, na cultura grega clássica, no século IV a.c. *Cuidado de si* é dedicado a essa problematização nos textos gregos e latinos dos dois primeiros séculos de nossa era; finalmente, *As confissões da carne* trata da formação da doutrina e da pastoral da carne. Quanto aos documentos que utilizarei, eles serão na maior parte textos "prescritivos", ou seja, textos que, seja qual for sua forma (discurso, diálogo, tratado, coletânea de preceitos, cartas etc.), têm como objeto principal propor regras de conduta. Porém, por "textos prescritivos", não entendo qualquer livro de moral; somente recorrerei a eles para encontrar esclarecimentos dos textos teóricos sobre a doutrina do prazer ou das paixões. O campo que analisarei é constituído por textos que pretendem estabelecer regras, dar opiniões, conselhos de como se conduzir de modo adequado: textos "práticos", mas que são eles próprios objeto de "prática", uma vez que exigem ser lidos, apreendidos, meditados, utilizados, postos à prova, e que visam a constituir finalmente o arcabouço da conduta cotidiana. Esses textos têm a função de operadores que permitem aos indivíduos interrogar-se sobre sua própria conduta, velar por ela, formá-la e moldar a si mesmo como sujeito ético; em suma, eles decorrem de uma função "etopoiéitica", para transpor um termo que se encontra em Plutarco. Porém, uma vez que todos esses estudos se encontram no ponto de cruzamento entre uma análise das problematizações e uma história das práticas de si, gostaria de me deter, antes de começar, nessas duas noções: justificar as formas de "problematização" que foram mantidas, e explicar o que se pode entender como "práticas de si".

As formas de problematização

Vamos supor que aceitemos, por um instante, categorias tão gerais quanto as de "paganismo", "cristianismo", "moral" e "moral sexual"; suponhamos que nos perguntemos em que pontos a "moral sexual do cristianismo" se opôs, o mais nitidamente possível, à "moral sexual do paganismo antigo". Proibição do incesto, dominação masculina, sujeição da mulher? Evidentemente, não serão essas as respostas dadas: a extensão e a constância desses fenômenos são conhecidas em suas formas variadas. Provavelmente outros pontos de diferenciação seriam propostos. O valor do próprio ato sexual: o cristianismo o teria associado ao mal, ao pecado, à queda, à morte, enquanto a Antiguidade o teria dotado de significações positivas. A delimitação do parceiro legítimo: o cristianismo, diferentemente do que se passava nas sociedades gregas ou romanas, apenas a teria aceitado no casamento monogâmico e, no interior dessa conjugalidade, lhe teria imposto o princípio de uma finalidade exclusivamente de procriação. A desqualificação das relações entre indivíduos do mesmo sexo: o cristianismo as teria rigorosamente excluído, ao passo que a Grécia as teria exaltado – e Roma as teria aceitado, pelo menos entre homens e rapazes. A esses três pontos de oposição maior, seria possível acrescentar o alto valor moral e espiritual que o cristianismo, diferentemente da moral pagã, teria atribuído à abstinência rigorosa, à castidade permanente e à virgindade. Em suma, em relação a todos esses pontos que foram considerados, por tanto tempo, tão importantes – natureza do ato sexual, fidelidade monogâmica, relações homossexuais, castidade –, parece que os antigos haviam sido um tanto indiferentes, e que nada disso teria chamado demasiadamente sua atenção, nem teria constituído para eles problemas muito agudos.

Ora, isso não é exato, e seria possível mostrá-lo facilmente. Poderíamos demonstrá-lo através do jogo dos empréstimos diretos e das continuidades muito estreitas que podemos constatar entre as primeiras doutrinas cristãs e a filosofia moral da Antiguidade: o primeiro grande texto cristão sobre a prática sexual na vida matrimonial – trata-se do capítulo X do livro II do *Pédagogue*, de Clemente de Alexandria – baseia-se em um certo número de referências às Escrituras, mas bem mais em um conjunto de princípios e de preceitos diretamente retirados da filosofia pagã. Porém também seria possível mostrar, no cerne mesmo do pensamento grego ou greco-romano, a presença dos temas, das inquietações e das exigências de austeridade que, frequentemente, se acredita serem próprias do cristianismo, ou mesmo da moral das sociedades europeias modernas. Há inúmeras manifestações disso: um medo, um modelo, uma imagem, um exemplo.

1) *Um medo.* Os jovens que sofrem de uma perda de esperma "carregam em todos os hábitos do corpo a marca da caducidade e da velhice; eles se tornam relaxados, sem força,

entorpecidos, estúpidos, prostrados, curvados, incapazes de qualquer coisa, com a tez pálida, branca, efeminada, sem apetite, sem vivacidade, os membros pesados, as pernas torpes, de uma fraqueza extrema, enfim, quase totalmente perdidos. Essa doença chega a ser, para muitos, um caminho para a paralisia; como, de fato, a potência nervosa não seria atingida, uma vez que a natureza está enfraquecida no seu princípio regenerador e na própria fonte da vida?" Essa doença "em si mesma vergonhosa" é "perigosa, uma vez que ela conduz ao marasmo, e nefasta à sociedade, já que se opõe à propagação da espécie; por ser, em todos os aspectos, a fonte de uma infinidade de males, ela exige socorro urgente".[2]

Reconhece-se facilmente nesse texto as obsessões que a medicina e a pedagogia nutriram, a partir dos séculos XVII e XVIII, em torno do puro dispêndio sexual – aquele em que não há fecundidade nem parceiro; o esgotamento progressivo do organismo, a morte do indivíduo, a destruição de sua raça e, finalmente, o dano causado a toda a humanidade foram regularmente, ao longo de uma literatura loquaz, prometidos àqueles que abusassem de seu sexo. Esses medos induzidos parecem ter constituído a herança "naturalista" e científica de uma tradição cristã que situava o prazer no campo da morte e do mal.

Ora, essa descrição é, na verdade, uma tradução – uma tradução livre, no estilo da época – de um texto escrito por um médico grego, Areteu, no século I da nossa era. Podemos encontrar outros testemunhos, na mesma época, desse temor do ato sexual e das suspeitas de que ele pode acarretar – caso for desregrado e implicar uma perda involuntária de esperma – os mais nocivos efeitos na vida do indivíduo. Soranus, por exemplo, considerava que a atividade sexual era, sempre, menos favorável para a saúde do que a pura e simples abstenção e a virgindade. Mais anteriormente ainda, a medicina dera insistentes conselhos de prudência e de economia no uso dos pra-

---

2 (N.A.) Areteu, *Des signes des maladies chroniques*, II, 5. Na tradução francesa, L. Renard (1834) comenta essa passagem da seguinte forma: "A gonorreia que está em pauta aqui se diferencia essencialmente da doença que tem esse nome hoje em dia, e que se chama, mais adequadamente, blenorragia [...]. A gonorreia simples ou verdadeira, da qual fala aqui Areteu, é caracterizada pelo corrimento, involuntário e fora do coito, do líquido espermático misturado ao humor prostático. Essa doença vergonhosa é frequentemente provocada pela masturbação e é uma consequência desta."

zeres sexuais: evitar seu uso intempestivo, avaliar as condições nas quais eles são praticados, temer a sua própria violência e os erros de dieta. Alguns chegam a dizer que apenas se deve praticá-los "caso se queira prejudicar a si mesmo". Um intenso medo, bastante antigo, consequentemente.

2) *Um modelo.* Sabe-se de que forma Francisco de Sales exortava à virtude conjugal: ele oferecia aos esposos um espelho natural, propondo-lhes o modelo do elefante e dos belos modos que ele demonstrava em relação à sua esposa. O elefante "não passa de um grande animal, entretanto é o mais digno que vive sobre a terra, e o que possui mais tino. [...] Ele jamais troca de fêmea e ama ternamente aquela que escolheu, com a qual, no entanto, apenas acasala de três em três anos, e isso somente por cinco dias e tão secretamente que jamais é visto nesse ato; no entanto, ele é visto claramente quando, no sexto dia, antes de qualquer coisa, vai diretamente ao rio no qual lava todo o corpo, não voltando de forma alguma à manada antes de estar purificado. Não temos aí belas e honestas disposições?"[3] Ora, esse texto é uma variação de um tema que foi transmitido por uma longa tradição (através de Aldrovandi, Gessner, Vincent de Beuvais e o famoso *Physiologicus*). Já encontramos essa fórmula em Plínio, que a *Introduction à la vie dévote* segue de modo muito aproximativo: "É por pudor que os elefantes só se acasalam em segredo [...]. A fêmea só se deixa cobrir de dois em dois anos, e, como se diz, durante cinco dias a cada ano, não mais; no sexto, eles se banham no rio e só se juntam à manada após o banho. Eles não conhecem o adultério."[4] Plínio não pretendia, certamente, propor um esquema tão explicitamente didático quanto o de Francisco de Sales; entretanto, ele se referia a um modelo de conduta visivelmente valorizado. Isso não significa que a fidelidade recí-

---

3 (N.A.) Francisco de Sales, *Introduction à la vie dévote*, III, 39.
4 (N.A.) Plínio, *Histoire naturelle*, VIII, 5, 13. Referi-me, de maneira geral, para os textos latinos e gregos, à "*Collection des Universités de France*", e, para os que aí não figuram, à "*Collection Loeb*". São as traduções da C.U.F. que reproduzi na maior parte do tempo; no sentido contrário, indiquei em nota a tradução utilizada. Muito frequentemente, coloquei no texto a transcrição de certos termos gregos, quando era necessário para esclarecer o sentido da tradução.
Agradeço à Biblioteca de Saulchoir e a seu diretor. Eles me ajudaram, sobretudo a partir do momento – recente – em que as condições de trabalho na Biblioteca Nacional se deterioraram consideravelmente.

proca dos cônjuges tenha sido um preceito geralmente recebido e aceito pelos gregos e romanos. Mas era um conselho, insistentemente dado, em certas correntes filosóficas, como o estoicismo tardio; era também um comportamento muito apreciado como uma manifestação de virtude, de firmeza de caráter e de domínio de si mesmo. Louvava-se Catão, o Jovem, que, até a idade em que decidiu se casar, não tivera relação com nenhuma mulher, e mais ainda Lelius, que, "em sua longa vida, apenas se aproximou de uma mulher, a primeira e a única a quem desposou".[5] Poderíamos remeter a mais longe ainda a definição desse modelo de conjugalidade recíproca e fiel. Nicocles, no discurso que Isócrates lhe atribui, mostra toda a importância moral e política que atribui ao fato de "jamais ter tido, após seu casamento, relação sexual com outra pessoa, a não ser com sua mulher".[6] E, na sua cidade ideal, Aristóteles quer que seja considerada como "ação desonrosa" (e isso de maneira "absoluta e sem exceção") a relação do marido com outra mulher e a da esposa com outro homem.[7] A "fidelidade" sexual do marido em relação à esposa legítima não era exigida pelas leis nem pelos costumes; entretanto, não deixava de ser uma questão colocada e uma forma de austeridade à qual alguns moralistas conferiam grande valor.

3) *Uma imagem.* Nos textos do século XIX há uma figura tipo: o homossexual ou o invertido – seus gestos, sua aparência, sua maneira de enfeitar-se, seu coquetismo, assim como a forma e as expressões do seu rosto, sua anatomia, a morfologia feminina de todo o seu corpo fazem, regularmente, parte dessa descrição desqualificadora; esta se refere, simultaneamente, ao tema de uma inversão dos papéis sexuais e ao princípio de um estigma natural dessa ofensa à natureza; acreditava-se – isso era dito – que "a própria natureza tornou-se cúmplice dessa mentira sexual".[8] Sem dúvida, seria preciso estabelecer a longa história dessa imagem (à qual se fez corresponder comportamentos efetivos, através de um complexo jogo de induções e de desafios). Seria possível ler, na intensidade tão fortemente negativa desse estereótipo, a dificuldade secular,

---

5 (N.A.) Plutarco, *Vie de Caton*, VII.
6 (N.A.) Isócrates, *À Nicoclès*.
7 (N.A.) Aristóteles, *Politique*, VII, 16, 1335 b.
8 (N.A.) H. Dauvergne, *Les forçats*, 1841, p. 289.

em nossas sociedades, para integrar os dois fenômenos – aliás, diferentes –, que são a inversão dos papéis sexuais e a relação entre indivíduos do mesmo sexo. Ora, essa imagem, com a aura repulsiva que a envolve, atravessou séculos; ela já estava intensamente delineada na literatura greco-romana da época imperial. Ela é encontrada na figura do *Effeminatus*, traçada pelo autor de uma *Physiognomonis* anônima do século IV; na descrição dos padres de Atargatis, dos quais zomba Apuleu nas *Metamorfoses*;[9] na simbolização que Dion de Pruse propõe do *daimon* da intemperança, durante uma de suas conferências sobre a monarquia;[10] na fugaz evocação dos pequenos retóricos todos perfumados e cacheados que Epícteto interpela no fundo de sua sala, e aos quais pergunta se são homens ou mulheres.[11] Seria possível vê-la também na imagem da juventude decadente, tal como Sêneca, o Retórico, a vê, com grande repugnância, à sua volta: "A paixão malsã de cantar e dançar enche a alma de nossos efeminados; ondular os cabelos, tornar a voz suficientemente fina para igualá-la às carícias das vozes femininas, rivalizar com as mulheres por meio da lassidão de atitudes, estudar-se em indagações muito obscenas, eis o ideal de nossos adolescentes [...]. Enfraquecidos e exasperados desde o nascimento, eles permanecem voluntariamente sempre prontos a atacar o pudor dos outros, sem se ocupar do seu próprio."[12] Mas essa imagem, em seus traços mais essenciais, é ainda mais antiga. O primeiro discurso de Sócrates, no *Fedro*, faz alusão a ela, ao censurar o amor dedicado aos rapazes flácidos, educados na delicadeza da sombra, todos enfeitados de maquiagens e adereços.[13] É também com esses traços que Agatão aparece nas *Thesmophories*: tez pálida, faces raspadas, voz de mulher, delicadeza, roupa alaranjada, rede de cabelo; tudo isso leva seu interlocutor a perguntar se está verdadeiramente na presença de um homem ou de uma mulher.[14] Seria totalmente inexato ver nisso uma condenação do amor dirigido aos rapazes, ou daquilo que chamamos, geralmente, de relações homossexuais.

---

9 (N.A.) Apuleu, *Métamorphoses*, VIII, 26 sq.
10 (N.A.) Dion de Pruse, *Discours*, IV, 101-115.
11 (N.A.) Epícteto, *Entretiens*, III, 1.
12 (N.A.) Sêneca, O Retórico, *Controverses*, I. Prefácio, 8.
13 (N.A.) Platão, *Phédre*, 23 c, d.
14 (N.A.) Aristófanes, *Thesmophories*.

É preciso reconhecer aqui o efeito de avaliações intensamente negativas a respeito de certos aspectos possíveis da relação entre homens, assim como uma viva repugnância em relação a tudo aquilo que pudesse marcar uma renúncia voluntária aos prestígios e às marcas do papel viril. O domínio dos amores masculinos certamente pôde ser "livre" na Antiguidade grega, muito mais, em todo caso, do que foi nas sociedades europeias modernas; não resta dúvida, entretanto, que bem precocemente é marcado por intensas reações negativas e por formas de desqualificação que se prolongarão por muito tempo.

4) *Um modelo*. O herói virtuoso, que é capaz de desviar-se do prazer como de uma tentação à qual sabe resistir, é uma figura familiar ao cristianismo. Mas é igualmente conhecida da Antiguidade pagã a imagem desses atletas da temperança que são suficientemente senhores de si e de suas concupiscências para renunciar ao prazer sexual. Bem antes disso, a Grécia conheceu e honrou modelos desse tipo, como o de Apolônio de Tiane, um taumaturgo que havia feito o voto de castidade, e que, desde então, durante toda a sua vida, jamais tivera relações sexuais.[15] Para alguns, essa extrema virtude era a marca visível do domínio que exerciam sobre si mesmos e, portanto, do poder que eram dignos de assumir sobre os outros: assim, Agésilas de Xenofonte não apenas "não tocava naqueles que não lhe inspiravam nenhum desejo", como também renunciava a beijar o rapaz a quem amava; e ele tomava cuidado para alojar-se nos templos ou em lugar visível "para que todos pudessem ser testemunhas de sua temperança".[16] Mas, para outros, essa abstenção estava diretamente relacionada a uma forma de sabedoria que os punha diretamente em contato com algum elemento superior à natureza humana, e que lhes dava acesso ao próprio ser da verdade: este era certamente o Sócrates de quem todos queriam se aproximar, de quem todos se enamoravam, e de cuja sabedoria todos procuravam se apossar – sabedoria essa que se manifestava e se experimentava justamente pelo fato de que ele próprio era capaz de não tocar na beleza provocadora de Alcibíades.[17] A temática de uma relação entre a abstinência sexual e o acesso à verdade já estava intensamente marcada.

---

15 (N.A.) Filostrato,*Vie d'Apollonius de Tyane*, I, 13.
16 (N.A.) Xenofonte, *Agésilas*, 6.
17 (N.A.) Platão, *Le banquet*, 217a -219e.

Não se deve, entretanto, esperar demais dessas referências. Não se poderia delas inferir que a moral sexual do cristianismo e a do paganismo formam uma continuidade. Os temas, os princípios, as noções podem certamente encontrar-se em ambos; eles não têm, no entanto, o mesmo lugar nem o mesmo valor. Sócrates não é um padre no deserto lutando contra a tentação; e Nicocles não é nenhum marido cristão; o riso de Aristófanes diante de Agatão travestido tem poucos traços em comum com a desqualificação do invertido, que será encontrada bem mais tarde no discurso médico. Além disso, é preciso ter em mente que a Igreja e a pastoral cristã defenderam o princípio de uma moral, cujos preceitos eram coercitivos e de alcance universal (o que não excluía as diferenças de prescrição relativas ao *status* dos indivíduos, nem a existência de movimentos ascéticos com suas aspirações próprias). No pensamento antigo, em contrapartida, as exigências de austeridade não eram organizadas em uma moral unificada, coerente, autoritária e imposta a todos do mesmo modo; elas eram, de preferência, um suplemento, uma espécie de "luxo" em relação à moral corriqueiramente admitida; aliás, elas se apresentam em "focos dispersos". Estes tinham origem em diferentes movimentos filosóficos ou religiosos e encontravam meios de se desenvolver em múltiplos grupos; propunham, mais do que impunham, estilos de moderação ou de rigor, cada qual com sua característica particular: a austeridade pitagórica não era a dos estoicos que, por sua vez, era muito diferente da recomendada por Epicuro. Não se deve concluir, a partir dessas poucas aproximações que puderam ser esboçadas, que a moral cristã do sexo era, de certa forma, "pré-formada" no pensamento antigo; de preferência, é preciso entender que muito precocemente se formou, na reflexão moral da Antiguidade, uma temática – "uma quadritemática" – da austeridade sexual, em torno e a respeito da vida do corpo, da instituição do casamento, das relações entre homens e da existência de sabedoria. E essa temática – através das instituições, dos conjuntos de preceitos, das referências teóricas extremamente diversas, e a despeito de muitos remanejamentos – manteve, através dos tempos, uma certa constância: como se houvesse, desde a Antiguidade, quatro pontos de problematização a partir dos quais se reformulava incessantemente – de acordo com esquemas frequentemente diferentes – o cuidado com a austeridade sexual.

Ora, é preciso notar que esses temas de austeridade não coincidiam com as delimitações que as grandes interdições sociais, civis ou religiosas podiam traçar. Seria possível pensar que, de fato, é ali onde as proibições são mais fundamentais, ali onde as obrigações são mais coercitivas, que, de forma geral, as morais desenvolveram as mais insistentes exigências de austeridade: o caso pode se produzir e a história do cristianismo ou da Europa moderna dariam, sem dúvida, exemplos disso.[18] Entretanto, parece que isso não havia sido assim na Antiguidade. Em primeiro lugar, isso aparece muito claramente na dissimetria bem particular a toda essa reflexão moral sobre o comportamento sexual: as mulheres em geral são obrigadas (exceto a liberdade que pode dar-lhe um *status,* tal como o de cortesã) a coações extremamente estritas; no entanto, não é às mulheres que essa moral é dirigida; não são os seus deveres nem suas obrigações que lhes são relembrados, justificados ou desenvolvidos. Esta é uma moral de homens: uma moral pensada, escrita, ensinada por homens e dirigida aos homens, evidentemente livres. Moral viril, consequentemente, na qual as mulheres apenas apareciam a título de objetos ou, no máximo, como parceiras que convém formar, educar e vigiar, quando elas estão sob o seu poder e das quais, em contrapartida, é preciso abster-se, quando estão sob o poder de um outro (pai, marido, tutor). Este é, sem dúvida, um dos pontos mais notáveis dessa reflexão moral: ela não tenta definir um campo de conduta e um domínio de regras válidas – segundo as modulações necessárias – para os dois sexos; é uma elaboração da conduta masculina feita do ponto de vista dos homens, para dar forma à conduta deles.

Melhor ainda: ela não se dirige aos homens a propósito de condutas que poderiam decorrer de algumas interdições reconhecidas por todos e solenemente lembradas nos códigos, nos costumes ou nas prescrições religiosas. Ela se dirige a eles a propósito de condutas nas quais justamente eles devem fazer uso de

---

18 (N.A.) É possível pensar que o desenvolvimento de uma moral das relações de casamento, e mais precisamente as reflexões sobre o comportamento sexual dos esposos no relacionamento conjugal (que adquiriam uma importância tão grande na pastoral cristã), é uma consequência da introdução, aliás lenta, tardia e difícil, do modelo cristão do casamento ao longo da alta Idade Média (cf. G. Duby, *Le chevalier, la femme et le prêtre,* 1981).

seu direito, de seu poder, de sua autoridade e da sua liberdade: nas práticas de prazeres que não são condenadas, em uma vida matrimonial na qual, no exercício de um poder marital, nenhuma regra ou costume impede o homem de ter relações extraconjugais, nas relações com os rapazes que, pelo menos dentro de certos limites, são admitidas, corriqueiras e até valorizadas. É preciso conceber esses temas de austeridade sexual, não como uma tradução ou comentário de proibições profundas e essenciais, mas sim como elaboração e estilização de uma atividade no exercício do seu poder e a prática de sua liberdade.

O que não significa que essa temática de austeridade sexual represente apenas um refinamento sem consequência e uma especulação sem ligação com qualquer preocupação precisa. Pelo contrário, é fácil perceber que cada uma dessas grandes figuras da austeridade sexual se relaciona com um eixo da experiência e com um conjunto de relações concretas: relações com o corpo, com a questão da saúde, e, por trás desta, com todo o jogo da vida e da morte; relação com o outro sexo, com a questão da esposa como parceira privilegiada, e, por trás dela, com todo o jogo da instituição familiar e do laço que ela cria; relação com o seu próprio sexo, com a questão dos parceiros que se podem escolher, e o problema do ajustamento entre papéis sociais e papéis sexuais; enfim, relação com a verdade, na qual se coloca a questão das condições espirituais que permitem ter acesso à sabedoria.

Há, assim, todo um recentramento a operar. Mais do que buscar os interditos de base que se escondem ou se manifestam nas exigências de austeridade sexual, é preciso procurar a partir de que região da experiência e sob que formas o comportamento sexual foi problematizado, tornando-se objeto de cuidado, elemento para reflexão, matéria de estilização. Mais precisamente, é preciso perguntar-se por que os quatro grandes domínios de relações em que parecia que o homem livre nas sociedades antigas tinha podido desenvolver sua atividade sem encontrar maiores proibições tenham sido justamente os lugares de uma intensa problematização da prática sexual. Por que foi a respeito do corpo, da esposa, dos rapazes e da verdade que a prática dos prazeres foi questionada? Por que a inserção ou a interferência da atividade sexual nessas relações se tornaram objeto de preocupação, de debate e de reflexão? Por que esses eixos da experiência cotidiana propiciaram um pensamento que buscava a rarefação do comportamento sexual, sua moderação, seu enquadramento, e a definição de um estilo austero na prática dos prazeres? Como o comportamento sexual, uma vez que implicava esses diferentes tipos de relações, foi pensado como domínio da experiência moral?

Moral e práticas de si

Para responder a essa questão, é preciso introduzir algumas considerações de método; ou, mais precisamente, convém se interrogar sobre o objeto que se propõe quando se pretende estudar as formas e as transformações de uma "moral". A ambiguidade desta palavra é conhecida. Entende-se "moral" como um conjunto de valores e de regras de conduta que são propostas aos indivíduos e aos grupos por meio de diversos aparelhos prescritivos, como podem ser a família, as instituições educativas, as Igrejas etc. Ocorre que essas regras e valores sejam bem explicitamente formulados em uma doutrina coerente e em um ensinamento explícito. Mas ocorre também que sejam transmitidos de maneira difusa e que, longe de formarem um conjunto sistemático, constituam um jogo complexo de elementos que se compensam, se corrigem, se anulam em certos pontos, permitindo, dessa forma, compromissos ou escapatórias. Feitas essas ressalvas, pode-se chamar esse conjunto prescritivo de "código moral". Porém entende-se também por "moral" o comportamento real dos indivíduos em sua relação com as regras e valores que lhes são propostos: designa-se, assim, a maneira pela qual eles se submetem mais ou menos completamente a um princípio de conduta, pela qual obedecem ou resistem a uma interdição ou a uma prescrição, pela qual respeitam ou negligenciam um conjunto de valores; o estudo desse aspecto da moral deve determinar de que modo, e com que margem de variação ou de transgressão, os indivíduos ou grupos se conduzem em referência a um sistema prescritivo, que é explícita ou implicitamente dado em sua cultura, e do qual eles têm consciência mais ou menos clara. Chamemos esse nível de fenômenos de "moralidade dos comportamentos".

Isso, porém, não é tudo. De fato, uma coisa é uma regra de conduta; outra, a conduta que se pode comparar com essa regra. Porém outra coisa ainda é a maneira como é preciso "conduzir-se", ou seja, a maneira como se deve constituir a si mesmo como sujeito moral, agindo em referência aos elementos prescritivos que constituem o código. Dado um código de condutas e para um determinado tipo de ações (que pode ser definido por seu grau de concordância ou de divergência em relação a esse código), há diferentes maneiras de o indivíduo "se conduzir" moralmente, diferentes maneiras para o indivíduo, ao agir, não operar simplesmente como agente, mas sim como sujeito moral dessa ação. Seja um código de prescrições sexuais ordenando aos dois cônjuges uma fidelidade conjugal estrita e simétrica, assim como a manutenção de uma vontade procriadora – mesmo nesse quadro tão rigoroso, ele terá muitas maneiras de praticar essa austeridade, várias maneiras de "ser fiel". Essas diferenças podem dizer respeito a diversos pontos.

Elas se referem ao que se poderia chamar de *determinação da substância ética*, ou seja, a maneira pela qual o indivíduo deve constituir este ou aquele aspecto dele próprio como matéria principal de sua conduta moral. Dessa forma, pode-se fazer recair o essencial da prática de fidelidade no estrito respeito às interdições e às obrigações nos próprios atos que são realizados. Porém pode-se também fazer consistir o essencial da fidelidade no domínio dos desejos, no combate obstinado que se trava contra eles, na força com a qual se consegue resistir às tentações: o que constitui o conteúdo da fidelidade é essa vigilância e essa luta; os movimentos contraditórios da alma, bem mais do que os próprios atos em sua realização, serão, então, a matéria da prática moral. Pode-se ainda fazê-la consistir na intensidade, na continuidade, na reciprocidade dos sentimentos que se experimenta em relação ao cônjuge, e na qualidade da relação que liga, permanentemente, os dois esposos.

As diferenças podem também incidir sobre o *modo de sujeição*, ou seja, sobre a maneira pela qual o indivíduo se relaciona com essa regra e se reconhece ligado à obrigação de colocá-la em prática. Pode-se, por exemplo, praticar a fidelidade conjugal e se submeter ao preceito que ela impõe, por se reconhecer como parte do grupo social que a aceita e que a proclama abertamente, e que dela conserva silenciosamente o hábito; mas pode-se também praticá-la por se considerar herdeiro de uma tradição espiritual, que se tem a responsabilidade de preservar ou de fazer reviver; pode-se também exercer essa fidelidade respondendo a um apelo, propondo-se como exemplo, ou tentando dar à sua vida pessoal uma forma que corresponda a critérios de brilho, de beleza, de nobreza ou de perfeição.

Há também diferentes possibilidades nas formas de "elaboração" do trabalho ético realizado sobre si mesmo, não apenas para tornar seu comportamento conforme a uma regra dada, mas sim para tentar transformar a si mesmo em sujeito moral de sua conduta. Assim, a austeridade sexual pode ser praticada através de um longo trabalho de aprendizagem, de memorização e de assimilação de um conjunto sistemático de preceitos, e através do controle regular da conduta na exatidão com que essas regras são aplicadas; pode-se também praticá-la sob a forma de uma renúncia brusca, completa e definitiva aos prazeres; pode-se também praticá-la na forma de um combate permanente, cujas peripécias – até nos fracassos passageiros – podem ter sentido e valor; ela pode ainda ser exercida através de uma decifração, tão cuidadosa, permanente e detalhada quanto possível, dos movimentos do desejo, em todas as suas formas, mesmo as mais obscuras sob as quais ele se oculta.

Por fim, outras diferenças se referem ao que se poderia chamar de *teleologia* do sujeito moral: pois uma ação não é moral somente em si mesma e na sua singularidade; ela o é também por sua inserção e pelo lugar que ela ocupa no conjunto de uma conduta; ela é um elemento e um aspecto dessa conduta, e marca uma etapa em sua duração, e um progresso eventual em sua continuidade. Uma ação moral tende à sua própria realização; mas, por outro lado, ela visa, através desta, à constituição de uma conduta moral que conduza o indivíduo não simplesmente a ações sempre conformes a valores e a regras, mas também a um certo modo de ser, característico do sujeito moral. E, sobre esse ponto, há várias diferenças possíveis: a fidelidade conjugal pode decorrer de uma conduta moral que conduza a um controle de si mesmo cada vez mais completo; ela pode ser uma conduta moral que manifesta um afastamento súbito e radical do mundo; ela pode também tender a uma tranquilidade perfeita da alma, a uma total insensibilidade ante as agitações das paixões, ou a uma purificação que garanta a salvação após a morte e a imortalidade bem-aventurada.

Em suma, uma ação, para ser dita "moral", não deve se reduzir a um ato ou a uma série de atos conformes a uma regra, a uma lei ou a um valor. Na verdade, toda ação moral implica uma relação com o real em que ela se realiza, e uma relação com o código ao qual ela se refere; mas também implica uma certa relação consigo mesmo; esta não é simplesmente "consciência de si", mas constituição de si como "sujeito moral", na qual o indivíduo circunscreve a parte dele próprio que constitui esse objeto de prática moral, define a sua posição em relação ao preceito que ele acata, determina para si um certo modo de ser que valerá como cumprimento moral dele mesmo e, para realizar-se, age sobre ele mesmo, levando-o a se conhecer, a se controlar, a pôr-se à prova, a se aperfeiçoar e a se transformar. Não há ação moral particular que não se refira à unidade de uma conduta moral; não há conduta moral que não exija a constituição de si mesmo como sujeito moral; não há constituição do sujeito moral sem "modos de subjetivação" e sem uma "ascética" ou "práticas de si" que os fundamentem. A ação moral é indissociável dessas formas de atividade sobre si, que não são menos diferentes de uma moral para outra do que o sistema de valores, de regras e de proibições.

Essas distinções devem ter apenas efeitos teóricos. Elas também têm consequências para a análise histórica. Quem quiser fazer a história de uma "moral" deve considerar as diferentes realidades que essa palavra comporta. História das "moralidades": é a que estuda em que medida as ações de tais indivíduos ou de tais grupos são conformes, ou não, às regras e aos valores que são propostos por diferentes instâncias. História dos "códigos", aquela que analisa os diversos sistemas de regras e de valores que predominam em uma determinada sociedade ou grupo, as instâncias ou aparelhos de coerção que os põem em prática, e as formas que assumem sua multiplicidade, suas divergências ou suas contradições. Enfim, história da maneira como os indivíduos são chamados a se constituírem como sujeitos de conduta moral: essa história será a dos modelos propostos para a instauração e o desenvolvimento das relações consigo próprio, para a reflexão sobre si, para o conhecimento, o exame, a decifração de si por si, para as transformações que se busca operar em si mesmo. Eis aqui o que se poderia chamar de história da "ética" e da "ascética", entendida como história das formas de subjetivação moral e das práticas de si que são destinadas a garanti-la.

Se de fato é verdade que qualquer "moral", no sentido amplo, comporta os dois aspectos que acabo de indicar, o dos códigos de comportamentos e o das formas de subjetivação; se é verdade que eles jamais podem ser totalmente dissociados, mas eventualmente podem se desenvolver com uma certa autonomia, é preciso também admitir que, em certas morais, a ênfase é posta, sobretudo, no código, em sua sistematização, riqueza, capacidade de ajustar-se a todos os casos possíveis e de cobrir todos os campos de comportamento; em tais morais, devemos buscar a sua importância do lado das instâncias de autoridade que defendem esse código, que impõem sua aprendizagem e obediência, que sancionam as infrações; nessas condições, a subjetivação se realiza, basicamente, de uma forma quase jurídica, na qual o sujeito moral se refere a uma lei ou a um conjunto de leis, à qual ele deve se submeter, sob pena de cometer faltas que o expõem a um castigo. Seria completamente inexato reduzir a moral cristã – talvez se devesse dizer, "as morais cristãs" – a um modelo desse tipo: talvez não fosse falso pensar que a organização do sistema penitencial no início do século XIII, e seu desenvolvimento até as vésperas da Reforma, provocaram uma fortíssima "juridificação" – no sentido estrito, uma intensa "codificação" – da experiência moral: é contra ela que reagiram muitos movimentos espirituais e ascéticos que se desenvolveram antes da Reforma.

Em contrapartida, podem-se muito bem conceber morais nas quais o elemento forte e dinâmico deve ser buscado do lado das formas de subjetivação e das práticas de si. Nesse caso, o sistema de códigos e de regras de comportamento pode ser bastante rudimentar. Sua observação exata pode ser relativamente secundária, pelo menos se comparada ao que é exigido do indivíduo para que, na relação que ele tem consigo mesmo, em suas diferentes ações, pensamentos ou sentimentos, ele se constitua como sujeito moral; a ênfase é posta então nas formas de relação consigo próprio, nos procedimentos e técnicas por meio das quais ele as elabora, nos exercícios pelos quais ele se propõe a si mesmo como objeto a conhecer, e nas práticas que permitem transformar seu próprio modo de ser. Essas "morais orientadas para uma ética" (e que não coincidem necessariamente com as morais do que se chama de renúncia ascética) foram muito importantes no cristianismo, ao lado das morais "orientadas para o código": entre elas houve, às vezes, justaposições; às vezes, rivalidades e conflitos; e, por vezes, composição.

Parece, pelo menos em uma primeira abordagem, que as reflexões morais na Antiguidade grega ou greco-romana foram muito mais orientadas para as práticas de si e para a questão da *askêsis* do que para as codificações de condutas e para a definição estrita do permitido e do proibido. Se tomarmos como exceções *A república* e *As leis*, encontraremos muito poucas referências ao princípio de um código que definiria em detalhes a conduta adequada, da necessidade de uma instância encarregada de vigiar sua aplicação, da possibilidade dos castigos que sancionariam as infrações cometidas, das condições e circunstâncias que poderiam afetar o valor de um ato. Embora a necessidade de respeitar a lei e os costumes – os *nomoi* – seja muito frequentemente enfatizada, o importante está menos no conteúdo da lei e em suas condições de aplicação do que na atitude que faz com que elas sejam respeitadas. A ênfase é posta na relação consigo mesmo que permite não se deixar levar pelos apetites e prazeres, que permite proteger-se contra seu domínio e superioridade, manter seus sentidos em um estado de tranquilidade, manter-se livre de qualquer escravização interna em relação às paixões, e atingir um modo de ser que pode ser definido pelo gozo pleno de si mesmo ou pela perfeita soberania sobre si mesmo.

Daí a escolha de método que fiz ao longo desse estudo sobre as morais sexuais da Antiguidade pagã e cristã. Manter em mente a distinção entre os elementos de código de uma moral e os elementos de ascese; não esquecer sua coexistência, suas relações, sua relativa autonomia nem suas possíveis diferenças de ênfase; levar em conta tudo aquilo que, nessas morais, parece indicar o privilégio das práticas de si, o interesse que se poderia atribuir a elas, o esforço que era feito para desenvolvê-las, aperfeiçoá-las e ensiná-las, o debate que se desenvolvia a seu respeito. Assim fazendo, teríamos de transformar a questão tão frequentemente colocada sobre a continuidade (ou a ruptura) entre as morais filosóficas da Antiguidade e a moral cristã: em vez de se perguntar quais são os elementos do código que o cristianismo pôde tomar emprestado do pensamento antigo, e quais são aqueles que ele acrescentou por sua própria conta, para definir o que é permitido ou o que é proibido na ordem de uma sexualidade supostamente constante, conviria perguntar de que modo, na continuidade, na transferência ou na modificação dos códigos, as formas de relação consigo mesmo (e as práticas de si que a elas correspondem) foram definidas, modificadas, elaboradas e diversificadas.

Não se supõe que os códigos não tenham importância, nem que permaneçam constantes. Porém é possível notar que, afinal, eles giram em torno de alguns princípios bastante simples e pouco numerosos: talvez os homens não inventem muito mais na ordem das interdições do que na dos prazeres. Sua permanência também é bastante grande: a proliferação visível das codificações (relativas aos lugares, aos parceiros, aos gestos permitidos ou proibidos) se produzirá bem mais tarde no cristianismo. Em contrapartida, parece – esta é, em todo caso, a hipótese que eu gostaria de explorar aqui – que há todo um campo de historicidade complexa e rica na maneira como o indivíduo é chamado a se reconhecer como sujeito moral da conduta sexual. Seria o caso de verificar de que modo, do pensamento grego clássico à constituição da doutrina e da pastoral cristã da carne, essa subjetivação foi definida e transformada.

1984

Política e Ética: uma Entrevista

"Politics and ethics: an interview" ("Política e ética: uma entrevista"; entrevista com M. Jay, L. Löwenthal, P. Rabinow, R. Rorty e C. Taylor; Universidade de Berkeley, abril de 1983), respostas traduzidas em inglês, *in* Rabinow (P.), ed., *The Foucault Reader*, Nova Iorque, Pantheon Books, 1984, p. 373-380.

– *Ultimamente foram feitas, na América, comparações entre seu trabalho e o de Jürgen Habermas. Disseram que o senhor preocupava-se muito com a ética, e ele com a política. Habermas, por exemplo, após suas primeiras leituras, vê em Heidegger um herdeiro politicamente desastroso de Nietzsche. Ele associa Heidegger ao neoconservadorismo alemão. Os neoconservadores são, para ele, os herdeiros conservadores de Nietzsche, enquanto o senhor é seu herdeiro anarquista. Mas é dessa maneira que o senhor interpreta a tradição filosófica, não é?*

– É fato. Quando Habermas estava em Paris, discutimos longamente, e fiquei realmente surpreso ao ouvi-lo reconhecer o quanto para ele o problema de Heidegger e das implicações políticas do seu pensamento era alguma coisa muito presente e importante. Entre as coisas que ele me disse, uma delas me deixou pensativo, e a respeito da qual gostaria de me interrogar novamente: após ter me explicado como, de fato, o pensamento de Heidegger constituía um desastre político, ele me falou de um dos seus professores, um grande kantiano que era muito conhecido por volta de 1930-1940, e me explicou o quanto havia ficado surpreso e decepcionado quando, ao consultar fichários de biblioteca, encontrou em 1934 textos completamente nazistas desse ilustre kantiano.

Acabo recentemente de fazer a mesma experiência com Max Pohlenz, que durante toda sua vida se fez arauto dos valores universais do estoicismo. Lancei-me sobre seu texto de 1934 dedicado ao *Führertum* no estoicismo.[1] Releia a página de introdução e as últimas observações do livro sobre o *Führersideal* e o verdadeiro humanismo constituído pelo *Volk* estimulado pelo comando do chefe... Heidegger nada escreveu de mais sério. É lógico que nada disso condena o estoicismo ou o kantismo.

Mas acho que é preciso tomar consciência de vários fatos: a pouca ligação "analítica" entre uma concepção filosófica e a atitude política concreta daquele que a sustenta; as "melhores" teorias não constituem uma proteção eficaz contra escolhas políticas desastrosas; alguns grandes temas como o "humanismo" podem servir para qualquer coisa, assim como para mostrar com que gratidão Pohlenz teria saudado Hitler.

Disso não concluo que seja possível dizer qualquer coisa na ordem da teoria; mas, pelo contrário, que se deve ter uma atitude exigente, prudente, "experimental"; é preciso a cada instante, passo a passo, confrontar o que se pensa e o que se diz com o que se faz e o que se é. Pouco me importam aqueles que dizem: "Você tomou essas ideias emprestado de Nietzsche; ora, Nietzsche foi usado pelos nazistas, portanto..."; mas em contrapartida sempre procurei relacionar, da maneira mais rigorosa possível, a análise histórica e teórica das relações de poder, das instituições e dos conhecimentos com os movimentos, críticas e experiências que as questionam na realidade. Se me ative a toda essa "prática" não foi para "aplicar" ideias, mas para experimentá-las e modificá-las. A chave da atitude política pessoal de um filósofo não deve ser buscada em suas ideias, como se pudesse delas ser deduzida, mas sim em sua filosofia como vida, em sua vida filosófica, em seu *êthos*.

Entre os filósofos franceses que participaram da resistência durante a guerra estava Cavaillès, um historiador da matemática interessado pelo desenvolvimento de suas estruturas internas. Nenhum dos filósofos do engajamento político, Sartre, Simone de Beauvoir ou Merleau-Ponty, fez nada disso.

– *Trata-se de alguma coisa que poderia também ser aplicada em seu trabalho histórico? Parece-me que seus leitores veem no senhor mais do que o senhor desejaria, um pensador político – ou isso seria ir longe demais? Fazer do senhor um herdeiro anarquista de Nietzsche me parece totalmente errôneo; isso seria situar seu trabalho em um contexto equivocado.*

---

1 Pohlenz (M.), *Antikes Führertum. Cicero de Officiis und das Lebensideal des Panaitios*, Leipzig, Teubner, 1934.

– Concordo o bastante para dizer que de fato o que me interessa é muito mais a moral do que a política ou, em todo caso, a política como uma ética.

– *Mas seria possível dizer o mesmo do seu trabalho há cinco ou dez anos? Ou seja, na época em que o senhor parecia mais um filósofo ou historiador do poder do que um historiador do si mesmo ou do sujeito?* Sem dúvida, *isso fez com que o senhor fosse visto mais como alguém que preconizava uma concepção diferente da política do que como alguém que não preconizava nenhuma.* Esta é a razão pela qual marxistas, habermanistas e outros viram no senhor uma figura que devia ser combatida.

– O que me chocou desde o início foi ter sido considerado um inimigo pelos marxistas, um inimigo pelas pessoas de direita, um inimigo pelas pessoas do centro. Acho que se meu trabalho fosse essencialmente político, chegaria a encontrar seu lugar em alguma parte.

– *Onde?*

– Não sei... Se fosse político, seria preciso encontrar sua localização no campo político. De fato, quis sobretudo questionar a política e fazer aparecer no campo da política, assim como no do questionamento histórico e filosófico, problemas que não podiam ser colocados. As questões que tento colocar não são determinadas por uma concepção política prévia e não tendem à realização de um projeto político definido.

É certamente isso que as pessoas querem dizer quando me recriminam por não apresentar uma teoria de conjunto. Mas acredito justamente que as formas de totalização oferecidas pela política são sempre, efetivamente, muito limitadas. Procuro, pelo contrário, fora de qualquer *totalização*, ao mesmo tempo *abstrata* e *restritiva*, *abrir* problemas tão *concretos* e *gerais* quanto possível – problemas que viram a política pelo avesso, atravessam as sociedades em diagonal, e são parte constituinte de nossa história e, ao mesmo tempo, constituídos por ela; assim como o problema das relações razão/loucura, a questão da doença, do crime ou da sexualidade. E seria preciso tentar colocá-los como questões da atualidade e da história, como problemas morais, epistemológicos e políticos.

– *É difícil situar tudo isso dentro de uma luta que já está engajada, já que os limites são fixados pelos outros...*

– É difícil projetar essas questões que têm várias dimensões, várias facetas, em um espaço político pessoal. Alguns marxistas disseram que eu era um perigo para a democracia ocidental – isso foi escrito –, um socialista escreveu que o pensador mais próximo de mim era Adolf Hitler em *Mein Kampf*. Fui considerado pelos liberais um tecnocrata agente do governo gaullista; pelas pessoas de direita, gaullistas ou outros, um perigoso anarquista de esquerda; um professor americano perguntou por que, nas universidades americanas, se convidaria um criptomarxista como eu, que seria manifestamente um agente da KGB etc. Isso não tem nenhuma importância; fomos todos expostos a isso e imagino que o senhor também. Não se trata absolutamente de fazer de minha situação um caso particular mas, se o senhor quiser, penso que, ao colocar esse tipo de questão ético-epistemológico-política, não se está mais situado em um cenário de controvérsias.

– A denominação pensador ético, referindo-se ao senhor, me parece justa, muito interessante, mas é preciso esclarecer que o senhor não é puramente contemplativo. Há anos atua em setores bem particulares da sociedade francesa e, o que é interessante e o que, talvez, também constitua um desafio maior para os partidos políticos, é a maneira como o senhor procede, relacionando uma análise a um tipo de ação que não é ideológica em si mesma, e que é portanto mais difícil de nomear... Além disso, o senhor ajuda outras pessoas a prosseguirem suas lutas em campos específicos; temos aí, certamente, uma ética – se é possível dizer dessa forma – da interação entre a teoria e a prática; uma ética que consiste em associá-las. O pensamento e a ação estão ligados de maneira ética, mas esta maneira produz resultados que é preciso chamar de políticos.

– Sim, mas penso que a ética é uma prática, e o *êthos*, uma maneira de ser. Tomemos um exemplo que toca a todos nós, a Polônia. Se colocarmos a questão da Polônia em termos propriamente políticos, é evidente que se chega rapidamente a dizer que nada pode ser feito. Não é possível fazer um desembarque de paraquedistas ou enviar tanques blindados para libertar Varsóvia. Acredito que é preciso se dar conta disso politicamente, mas creio que se concorda em dizer que, por razões éticas, é preciso colocar o problema da Polônia na forma de uma não aceitação do que se passa lá e da passividade dos nossos governos; creio que essa é uma atitude ética e também política; ela não consiste apenas em dizer: eu protesto, mas em fazer dessa atitude um fato político tão consistente quanto possível, para que aqueles que governam aqui ou ali sejam obrigados, de certa maneira, a levá-lo em conta.

– *Há uma maneira de encarar a política – nos Estados Unidos, ela é associada a Hannah Arendt, e atualmente a Jürgen Habermas – que, além de considerar o poder como uma relação de dominação, vê sua possibilidade na ação organizada, na ação comum. Essa ideia de que o poder pode ser um consenso, uma esfera de intersubjetividade, uma ação comum, é uma ideia que seu trabalho parece querer abranger. Dificilmente se encontrará em sua obra a visão de uma política diferente. Talvez, nesse sentido, o senhor possa ser considerado um pensador antipolítico.*

– Tomarei exemplos muito simples que, acredito, não se afastarão do tema que o senhor escolheu: considerando o sistema penal, as questões colocadas atualmente, sabe-se muito bem que, em muitos países democráticos, se procura fazer funcionar a justiça penal na forma do que, nos Estados Unidos, se chama de *informal justice*, e na França, de forma societária. Ou seja, confere-se na realidade aos grupos, aos líderes dos grupos, uma certa forma de autoridade que obedece a outras regras e a outros instrumentos, mas que também produz efeitos de poder que não são necessariamente válidos unicamente pelo fato de eles não serem estatais, de não passarem pela mesma rede de autoridade. Para retornar à sua questão, a ideia de uma política consensual pode, efetivamente, em um dado momento, servir seja de princípio regulador, seja sobretudo de princípio crítico em relação a outras formas políticas; mas não acredito que isso acabe com o problema da relação de poder.

– *Posso fazer uma pergunta sobre esse tema, partindo de Hannah Arendt? Arendt reservava o emprego da palavra "poder" apenas para um dos dois sentidos, mas utilizemo-lo em um sentido mais amplo, digamos que ela percebeu as duas vertentes possíveis do poder. Há, entre as pessoas, relações que lhes permitem realizar coisas que elas não poderiam executar de outra maneira; as pessoas estão ligadas por relações de poder no sentido em que elas têm, juntas, uma capacidade da qual não disporiam sozinhas; e isso supõe, entre outras coisas, pontos de vista comuns, que podem também implicar relações de subordinação, porque uma das condições necessárias dessa ação comum pode ser ter cabeças, ou líderes – mas isso, para Hannah Arendt, não poderia constituir relações de dominação; existe, a seguir, um outro aspecto do poder, um aspecto de qualquer forma subentendido nessas mesmas relações: aquele que estabelece, de maneira inequívoca, relações de dominação de certos indivíduos sobre outros. O senhor reconhece esses dois aspectos do poder? Ou o poder se define sobretudo, para o senhor, em termos do segundo aspecto?*

– O senhor tem toda razão em colocar esse problema da relação de dominação porque efetivamente me parece que, em muitas análises feitas por Arendt ou, em todo caso, na sua perspectiva, constantemente se dissociava a relação de dominação da relação de poder; mas me pergunto se essa distinção não é um pouco verbal; é possível, na verdade, reconhecer que certas relações de poder funcionam de tal forma que em geral constituem um efeito de dominação, mas a rede constituída pelas relações de poder quase não permite uma distinção precisa. Penso que a partir desse tema geral é preciso ser ao mesmo tempo extremamente prudente e empírico. Nada prova, por exemplo, que na relação pedagógica – quero dizer, na relação de ensino, essa passagem que vai daquele que sabe mais àquele que sabe menos – a autogestão produza os melhores resultados; nada prova, pelo contrário, que isso não paralise as coisas. Eu responderia de modo geral que sim, com a condição de que é preciso observar todos os detalhes.

– *Se estipularmos que o modelo do consenso talvez não passe de uma possibilidade fictícia, não há dúvida de que as pessoas podem agir em função dessa ficção de tal maneira que os resultados obtidos sejam superiores à ação que resultaria dessa concepção da política, a meu ver mais deprimente, como dominação e repressão; de forma que, se empiricamente o senhor tiver razão, e se a utopia não puder nunca se realizar, pragmaticamente isso poderia, em um certo sentido, ser melhor, mais saudável, mais libertador – o senhor pode ligar a isso os valores positivos que quiser – se o consenso permanecesse para nós como uma meta a ser atingida, mais do que uma meta que rejeitamos e declaramos fora do nosso alcance.*

– Sim, é o que penso – digamos, como princípio crítico...

— *Princípio regulador?*

— Não diria princípio regulador, pois seria ir longe demais, porque, a partir do momento em que se diz princípio regulador, admite-se que é em função disso que o fato deve se organizar, dentro dos limites que podem ser definidos pela experiência ou pelo contexto. Diria sobretudo que talvez esta seja uma ideia crítica a ter sempre em mente: perguntar-se qual é a parte de não consensualidade implicada em tal relação de poder, e se esta parte de não consensualidade é necessária ou não, e então é possível interrogar qualquer relação de poder dessa forma. Em última instância, diria: talvez não se deva ser a favor da consensualidade, mas contra a não consensualidade.

— *O problema da sujeição não é o mesmo da organização. Na época atual, vemos frequentemente, em nome do consenso, da libertação, da expressão pessoal etc., um funcionamento totalmente diferente dos campos de poder que não é o da dominação no sentido estrito, mas que tampouco é muito atraente. Do meu ponto de vista, um dos avanços realizados pelos analistas do poder foi mostrar que certas concepções de sujeição, que não era uma organização no sentido estrito, podiam ser, no entanto, muito perigosas.*

— O poder do tipo disciplinar, tal como aquele que é exercido — pelo menos que foi exercido — em um certo número de instituições, no fundo aquelas que Goffman chamava de instituições totais, é absolutamente localizado, é uma fórmula inventada em um momento determinado, que produziu um certo número de resultados, que foi vivida como totalmente insuportável ou parcialmente insuportável; mas é claro que não é isso que representa de maneira adequada todas as relações de poder e as possibilidades de relação de poder. O poder não é a disciplina; a disciplina é um procedimento possível do poder.

— *Mas existem relações de disciplina que não sejam necessariamente relações de dominação?*

— Certamente, há disciplinas consensuais. Tentei indicar os limites do que eu pretendia fazer, ou seja, a análise de uma figura histórica precisa, de uma técnica precisa de governo dos indivíduos. Consequentemente, essas análises não podem, de forma alguma, valer, para mim, como uma analítica geral de qualquer relação de poder possível.

1984

Polêmica, Política e Problematizações

"Polemics, politics and problematizations" ("Polêmica, política e problematizações"; entrevista com P. Rabinow, maio de 1984), respostas traduzidas em inglês, in Rabinow (P.), ed., *The Foucault Reader*, Nova Iorque, Pantheon, Books, 1984, p. 381-390.

– *Por que o senhor se mantém afastado da polêmica?*
– Gosto de discutir e trato de responder às perguntas que me fazem. Não gosto, é verdade, de participar de polêmicas. Se abro um livro em que o autor taxa um adversário de "esquerdista pueril", fecho-o imediatamente. Essas não são as minhas maneiras de fazer; não pertenço ao mundo daqueles que delas se utilizam. Em relação a essa diferença, considero uma coisa essencial: trata-se de toda uma moral, aquela que se refere à busca da verdade e à relação com o outro.
No jogo sério das perguntas e respostas, no trabalho de elucidação recíproco, os direitos de cada um são de qualquer forma imanentes à discussão. Eles decorrem apenas da situação de diálogo. Aquele que questiona nada mais faz do que usar um direito que lhe é dado: não ter certeza, perceber uma contradição, ter necessidade de uma informação suplementar, defender diferentes postulados, apontar um erro de raciocínio. Quanto àquele que responde, ele tampouco dispõe de um direito a mais em relação à própria discussão; ele está ligado, pela lógica do seu próprio discurso, ao que disse previamente e, pela aceitação do diálogo, ao questionamento do outro. Perguntas e respostas decorrem de um jogo – simultaneamente agradável e difícil – em que cada um dos dois parceiros se esforça para só usar os direitos que lhe são dados pelo outro, e pela forma de diálogo convencionada.
O polemista prossegue investido dos privilégios que detém antecipadamente, e que nunca aceita recolocar em questão. Possui, por princípio, os direitos que o autorizam à guerra e

que fazem dessa luta um empreendimento justo; não tem diante dele um parceiro na busca da verdade, mas um adversário, um inimigo que está enganado, que é perigoso e cuja própria existência constitui uma ameaça. O jogo para ele não consiste, portanto, em reconhecê-lo como sujeito com direito à palavra, mas em anulá-lo como interlocutor de qualquer diálogo possível, e seu objetivo final não será se aproximar tanto quanto possível de uma difícil verdade, mas fazer triunfar a justa causa da qual ele é, desde o início, o portador manifesto. O polemista se sustenta em uma legitimidade da qual seu adversário, por definição, está excluído.

Talvez seja preciso fazer um dia a longa história da polêmica como figura parasitária da discussão e obstáculo à busca da verdade. Muito esquematicamente, creio que seria possível reconhecer atualmente nela a presença de três modelos: o religioso, o jurídico e o político. Como na heresiologia, a polêmica se encarrega de determinar o ponto de dogma intangível, o princípio fundamental e necessário que o adversário negligenciou, ignorou ou transgrediu; e, nessa negligência, denuncia a falta moral; na origem do erro, descobre a paixão, o desejo, o interesse, toda uma série de fraquezas e apegos inconfessáveis que a transformam em culpabilidade. Como na prática jurídica, a polêmica não abre a possibilidade de uma discussão no mesmo plano, ela instrui um processo; ela não se relaciona com um interlocutor, mas com um suspeito; ela reúne as provas de sua culpabilidade e, designando a infração que ele cometeu, pronuncia o veredicto e lança a condenação. De qualquer forma, não estamos na ordem de uma investigação realizada em comum; o polemista diz a verdade na forma de julgamento e de acordo com a autoridade que ele próprio se atribuiu. Porém, este é o modelo político mais poderoso atualmente. A polêmica define alianças, recruta partidários, produz a coalizão de interesses ou opiniões, representa um partido; faz do outro um inimigo portador de interesses opostos contra o qual é preciso lutar até o momento em que, vencido, ele nada mais terá a fazer senão se submeter ou desaparecer.

É claro que a reativação, na polêmica, dessas práticas políticas, jurídicas ou religiosas não passa de teatro. Gesticula-se: anátemas, excomunhões, condenações, batalhas, vitórias e derrotas não passam, no fundo, de maneiras de dizer. E, no entanto, também são, na ordem do discurso, maneiras de fazer que não deixam de ter consequência. Há efeitos de esterilização: alguém já viu uma ideia nova surgir de uma polêmica? E poderia ser de outra maneira, uma vez que os interlocutores são nela incitados não a avançar, não a se arriscar sempre mais no que dizem, mas a se fechar incessantemente no justo direito que eles reivindicam, na sua legitimidade que devem defender e na afirmação de sua inocência! E o mais grave: nessa comédia, imita-se a guerra, a batalha, os aniquilamentos ou rendições incondicionais; assim se faz passar o máximo do seu instinto de morte. Ora, é bastante perigoso levar a crer que o acesso à verdade possa passar por semelhantes caminhos e validar assim, mesmo que somente de forma simbólica, as práticas políticas reais que poderiam ser por eles autorizadas. Imaginemos por um momento que, em uma polêmica, um dos dois adversários receba, por um toque de varinha mágica, o poder de exercer sobre o outro todo o poder que ele deseja. É inútil, aliás, imaginá-lo: basta ver como na URSS se desenrolaram, não faz tanto tempo assim, os debates a respeito da linguística ou da genética. Seriam eles desvios aberrantes do que deveria ser a justa discussão? Não; em sua real dimensão, são as consequências de uma atitude polêmica cujos efeitos geralmente permanecem suspensos.

– *Através de seus livros, o senhor é considerado um idealista, um niilista, um "novo filósofo", um antimarxista, um neoconservador... Onde o senhor na verdade se situa?*

– Acredito efetivamente que fui situado, sucessiva e às vezes simultaneamente, em todos os lugares do tabuleiro político: anarquista, esquerdista, marxista baderneiro ou enrustido, niilista, antimarxista explícito ou dissimulado, tecnocrata a serviço do gaullismo, neoliberal... Um professor americano se queixava do fato de um criptomarxista como eu ser convidado pelos Estados Unidos e fui denunciado na imprensa dos países do Leste como cúmplice da dissidência. Nenhuma dessas caracterizações é em si mesma importante; seu conjunto, em contrapartida, faz sentido. E devo reconhecer que essa significação não deixa, tanto assim, de ter a ver comigo.

É verdade que não gosto de me identificar e que me divirto com a diversidade dos julgamentos e das classificações de que fui objeto. Alguma coisa me diz que eles poderiam ter encontrado finalmente para mim um lugar mais ou menos aproximativo após tantos esforços em direções tão variadas; e, como não posso evidentemente duvidar da competência daqueles que se atrapalham em seus julgamentos divergentes, como não é possível denunciar sua distração ou seu preconceito, é preciso se contentar em ver, em sua incapacidade de me situar, alguma coisa que tem a ver comigo.

E que certamente diz respeito, fundamentalmente, à minha maneira de abordar as questões da política. É verdade que minha atitude não decorre dessa forma de crítica que, a pretexto de um exame metódico, recusaria todas as soluções possíveis, exceto uma, que seria a boa. Ela é de preferência da ordem da "problematização": ou seja, da elaboração de um domínio de fatos, práticas e pensamentos que me parecem colocar problemas para a política. Não creio, por exemplo, que exista nenhuma "política" que possa, diante da loucura ou da doença mental, deter a solução justa e definitiva. Mas penso que, na loucura, na alienação, nas perturbações do comportamento, há razões para questionar a política: e a essas questões a política deve responder, porém ela jamais responderá a elas totalmente. Da mesma forma, em relação ao crime e à punição: seria errôneo, naturalmente, imaginar que a política nada tem a ver com a prevenção do crime e com seu castigo, portanto ela nada teria a ver com um certo número de elementos que modificam sua forma, seu sentido, sua frequência, mas também seria totalmente falso pensar que existe uma fórmula política capaz de resolver a questão do crime e terminar com ele. O mesmo para a sexualidade: ela não deixa de ter relação com estruturas, exigências, leis, regulamentações políticas que têm para ela uma importância capital: no entanto, não se pode esperar da política formas nas quais a sexualidade deixaria de ser problemática.

Trata-se, então, de pensar as relações dessas diferentes experiências com a política; o que não significa que se buscará na política o princípio constituinte dessas experiências ou a solução que regulará definitivamente seu destino. É preciso elaborar os problemas que experiências desse tipo colocam para a política. Mas também é preciso determinar o que significa "colocar um problema" na política. R. Rorty observa que, nessas análises, não recorro a nenhum "nós" – a nenhum desses "nós" cujos consenso, valores, tradição formam o enquadre de um pensamento e definem as condições nas quais é possível validá-lo. Mas o problema é justamente saber se efetivamente é dentro de um "nós" que convém se colocar para defender os princípios que são reconhecidos e os valores que são aceitos; ou se não é preciso, ao elaborar a questão, tornar possível a formação futura de um "nós". Creio que o "nós" não deve ser prévio à questão: ele só pode ser o resultado – e o resultado necessariamente provisório – da questão, tal como ela se coloca nos novos termos em que é formulada. Não estou certo, por exemplo, de que no momento em que escrevia a *História da loucura* havia um "nós" preexistente e acolhedor, ao qual bastaria que eu me referisse para escrever meu livro e do qual esse livro fosse a expressão espontânea. Entre Laing, Cooper, Basaglia e eu, não havia nada em comum, nem relação alguma. Mas o problema que se colocou para nossos leitores, e também para alguns dentre nós, foi o de saber se era possível constituir um "nós" a partir do trabalho feito e que fosse capaz de formar uma comunidade de ação.

Jamais procurei analisar seja lá o que for do ponto de vista da política; mas sempre interrogar a política sobre o que ela tinha a dizer a respeito dos problemas com os quais ela se confrontava. Eu a interrogo sobre as posições que ela assume e as razões que ela dá para isso; não exijo que ela determine a teoria do que faço. Não sou um adversário nem um partidário do marxismo; eu o questiono sobre o que ele tem a dizer a respeito das experiências que o questionam.

Quanto aos acontecimentos de maio de 68, eles decorrem, me parece, de uma outra problemática. Nessa época eu não estava na França; e só voltei vários meses depois. Pareceu-me possível reconhecer neles elementos totalmente contraditórios: por um lado, um esforço amplamente afirmado em colocar para a política toda uma série de questões que não decorriam tradicionalmente do seu domínio estatutário (a questão das mulheres, das relações entre os sexos, da medicina, da doença mental, do meio ambiente, das minorias, da delinquência); e, por outro lado, uma vontade de retranscrever todos esses problemas no vocabulário de uma teoria que decorria mais ou menos diretamente do marxismo. Ora, o processo que se instalou nesse momento conduziu não ao confisco dos problemas colocados pela doutrina marxista, mas, pelo contrário, a uma impotência cada vez mais manifesta do marxismo em enfrentar esses problemas. De forma que nos encontramos diante de interrogações dirigidas à política sem que elas próprias tenham nascido de uma doutrina política. Desse ponto de vista, tal liberação do questionamento me parece ter desempenhado um papel positivo: pluralidade das questões dirigidas à política, e não reinscrição do questionamento no quadro de uma doutrina política.

– *O senhor diria que seu trabalho está centrado nas relações entre a ética, a política e a genealogia da verdade?*

– De certa maneira, seria possível dizer que, seguramente, tento analisar as relações entre ciência, política e ética. Mas não acredito que isso seria uma representação totalmente exata do trabalho que quero fazer. Não gostaria de me manter nesse nível; procuro, sobretudo, ver como os processos puderam influenciar uns aos outros na constituição de um domínio científico, de uma estrutura política, de uma prática moral. Tomemos o exemplo da psiquiatria: é certamente possível analisá-la hoje em sua estrutura epistemológica – embora ela ainda seja bastante vaga; também é possível analisá-la no contexto das instituições políticas nas quais ela é aplicada; é possível, além disso, estudá-la em suas implicações éticas, tanto do lado daquele que é objeto da psiquiatria quanto do lado do próprio psiquiatra. Meu objetivo, porém, não é esse. Procurei ver sobretudo como, na constituição da psiquiatria como ciência, na delimitação do seu campo e na definição do seu objeto, uma estrutura política e uma prática moral estavam implicadas: no duplo sentido de que elas eram supostas pela organização progressiva da psiquiatria como ciência e também eram influenciadas por essa constituição. Não teria havido psiquiatria tal como a conhecemos sem todo um jogo de estruturas políticas e sem um conjunto de atitudes éticas; porém, inversamente, a constituição da loucura como um campo de saber influenciou as práticas políticas e as atitudes éticas a ela referidas. Tratava-se de determinar o papel da política e da ética na constituição da loucura como campo particular de conhecimento científico, mas também de analisar os efeitos deste nas práticas políticas e éticas.

O mesmo ocorre a respeito da delinquência. Tratava-se de ver que estratégia política, dando seu estatuto à criminalidade, havia podido invocar certas formas de saber e certas atitudes morais; tratava-se também de ver como essas modalidades de conhecimento e essas formas de moral haviam podido ser pensadas e modificadas por essas técnicas disciplinares. No caso da sexualidade, procurei enfatizar a formação de uma atitude moral; procurei, porém, reconstituir essa formação através do jogo que ela estabeleceu com as estruturas políticas (basicamente na relação entre domínio de si e dominação dos outros) e com as modalidades do conhecimento (conhecimento de si e dos diferentes campos da atividade). De forma que, nesses três campos – o da loucura, o da delinquência, o da sexualidade –, privilegiei a cada vez um aspecto particular: o da constituição de uma objetividade, o da formação de uma política e de um governo de si, o da elaboração de uma ética e de uma prática de si. Mas a cada vez tentei também mostrar o lugar ocupado pelos dois outros componentes, necessários para a constituição de um campo de experiência. Trata-se na realidade de diferentes exemplos nos quais estão implicados os três elementos fundamentais de toda experiência: um jogo de verdade, das relações de poder, das formas de relação consigo mesmo e com os outros. E se cada um desses exemplos privilegia, de certa maneira, um desses três aspectos – uma vez que a experiência da loucura recentemente se organizou sobretudo como um campo de saber, a do crime, como um campo de intervenção política, enquanto a da sexualidade se definiu como um lugar ético –, eu quis mostrar a cada vez como os dois elementos estavam presentes, que funções eles exerceram e como cada um deles foi afetado pelas transformações dos dois outros.

– *O senhor falou antes de uma "história das problemáticas". O que isso quer dizer precisamente?*

– Por muito tempo procurei saber se seria possível caracterizar a história do pensamento, distinguindo-a da história das ideias – ou seja, da análise dos sistemas de representações – e da história das mentalidades – isto é, da análise das atitudes e dos esquemas de comportamento. Pensei que havia aí um elemento que poderia caracterizar a história do pensamento: era o que se poderia chamar de problemas ou, mais exatamente, de problematizações. O que distingue o pensamento é que ele é totalmente diferente do conjunto das representações implicadas em um comportamento; ele também é completamente diferente do campo das atitudes que podem determiná-lo. O pensamento não é o que se presentifica em uma conduta e lhe dá um sentido; é, sobretudo, aquilo que permite tomar uma distância em relação a essa maneira de fazer ou de reagir, e tomá-la como objeto de pensamento e interrogá-la sobre seu sentido, suas condições e seus fins. O pensamento é liberdade em relação àquilo que se faz, o movimento pelo qual dele nos separamos, constituímo-lo como objeto e pensamo-lo como problema.

Dizer que o estudo do pensamento é a análise de uma liberdade não significa que se trate de um sistema formal referido apenas a ele próprio. De fato, para que um domínio de ação, para que um comportamento entre no campo do pensamento, é preciso que um certo número de fatores tenham-no tornado incerto, tenham-no feito perder sua familiaridade, ou tenham suscitado em torno dele um certo número de dificuldades. Esses elementos decorrem de processos sociais, econômicos, ou políticos. Porém, eles aí desempenham apenas a função de incitação. Podem existir e exercer sua ação por muito tempo, antes que haja uma efetiva problematização pelo pensamento. Este, quando intervém, não toma uma forma única, que seria o resultado direto ou a expressão necessária dessas dificuldades; ele é uma resposta original ou específica frequentemente multiforme, às vezes contraditória em seus diferentes aspectos, para essas dificuldades, que são definidas por ele através de uma situação ou um contexto e que valem como uma questão possível.

Várias respostas podem ser dadas para um mesmo conjunto de dificuldades. Na maior parte do tempo, diversas respostas são efetivamente propostas. Ora, o que é preciso compreender é aquilo que as torna simultaneamente possíveis; é o ponto no qual se origina sua simultaneidade; é o solo que pode nutrir umas e outras, em sua diversidade, e, talvez, a despeito de suas contradições. Ante as dificuldades encontradas pela prática da doença mental no século XVIII, foram propostas soluções diversas: a de Tuke e a de Pinel podem aparecer como exemplos; da mesma forma, para dificuldades encontradas pela prática penal foi proposto todo um conjunto de soluções na segunda metade do século XVIII; ou ainda, tomando um exemplo bastante distante, para as dificuldades da ética sexual tradicional as diversas escolas filosóficas da época helenística propuseram soluções diferentes.

Mas o trabalho de uma história do pensamento seria encontrar na origem dessas diversas soluções a forma geral de problematização que as tornou possíveis – até em sua própria oposição; ou, ainda, o que tornou possíveis as transformações das dificuldades e obstáculos de uma prática em um problema geral para o qual são propostas diversas soluções práticas. É a problematização que corresponde a essas dificuldades, mas fazendo delas uma coisa totalmente diferente do que simplesmente traduzi-las ou manifestá-las; ela elabora para suas propostas as condições nas quais possíveis respostas podem ser dadas; define os elementos que constituirão aquilo que as diferentes soluções se esforçam para responder. Essa elaboração de um dado em questão, essa transformação de um conjunto de complicações e dificuldades em problemas para os quais as diversas soluções tentarão trazer uma resposta é o que constitui o ponto de problematização e o trabalho específico do pensamento.

É possível perceber como estamos distantes de uma análise em termos de desconstrução (qualquer confusão entre esses dois métodos seria imprudente). Trata-se, pelo contrário, de um movimento de análise crítica pelo qual se procura ver como puderam ser construídas as diferentes soluções para um problema; mas também como essas diferentes soluções decorrem de uma forma específica de problematização. Fica então evidente que qualquer nova solução que fosse acrescentada às outras decorreria da problematização atual, modificando somente alguns postulados ou princípios sobre os quais se sustentam as respostas dadas. O trabalho de reflexão filosófica e histórica é retomado no campo de trabalho do pensamento com a condição de que se compreenda a problematização não como um ajustamento de representações, mas como um trabalho do pensamento.

# 1984

Foucault

"Foucault", in Huisman (D.) ed., *Dictionnaire des philosophes*, Paris, PUF, 1984, t. I, p. 942-944.

No início da década de 1980, Denis Huisman propôs a F. Ewald redigir o verbete que seria dedicado a Foucault no *Dictionnaire des philosophes*, que ele preparava para as Presses Universitaires de France. F. Ewald, na época assistente de M. Foucault no Collège de France, fez o convite a este último. M. Foucault havia redigido na época uma primeira versão do volume II da *História da sexualidade*, que ele considerava precisar ser mais trabalhada. Uma parte da introdução que ele havia redigido para essa obra era uma apresentação retrospectiva do seu trabalho. Foi este o texto entregue a Denis Huisman, complementado por uma curta apresentação e uma bibliografia. Combinou-se que ele seria assinado por "Maurice Florence", que resultava na evidente abreviação "M. F.". Assim ele foi publicado. Aqui figura apenas o texto redigido por Michel Foucault.

[Se Foucault está inscrito na tradição filosófica, é certamente na tradição *crítica* de Kant, e seria possível][1] nomear sua obra *História crítica do pensamento*. Ela não deveria ser entendida como uma história das ideias que fosse simultaneamente uma análise dos erros que poderiam ser posteriormente avaliados; ou uma decifração dos desconhecimentos aos quais elas estão ligadas e dos quais poderia depender o que pensamos hoje em dia. Se por pensamento se entende o ato que coloca, em suas diversas relações possíveis, um sujeito e um objeto, uma história crítica do pensamento seria uma análise das condições nas quais se formaram ou se modificaram certas relações do sujeito com o objeto, uma vez que estas são constitutivas de um saber possível. Não se trata de definir as condições formais de uma relação com o objeto: também não se trata de destacar as condições empíricas que puderam em um dado momento permitir ao sujeito em geral tomar conhe-

---

[1] Este trecho entre colchetes é de F. Ewald.

cimento de um objeto já dado no real. A questão é determinar o que deve ser o sujeito, a que condições ele está submetido, qual o seu *status*, que posição deve ocupar no real ou no imaginário para se tornar sujeito legítimo deste ou daquele tipo de conhecimento; em suma, trata-se de determinar seu modo de "subjetivação"; pois este não é evidentemente o mesmo quando o conhecimento em pauta tem a forma de exegese de um texto sagrado, de uma observação de história natural ou de análise do comportamento de um doente mental. Mas a questão é também e ao mesmo tempo determinar em que condições alguma coisa pôde se tornar objeto para um conhecimento possível, como ela pôde ser problematizada como objeto a ser conhecido, a que procedimento de recorte ela pôde ser submetida, que parte dela própria foi considerada pertinente. Trata-se, portanto, de determinar seu modo de objetivação, que tampouco é o mesmo de acordo com o tipo de saber em pauta.

Essa objetivação e essa subjetivação não são independentes uma da outra; do seu desenvolvimento mútuo e de sua ligação recíproca se originam o que se poderia chamar de "jogos de verdade": ou seja, não a descoberta das coisas verdadeiras, mas as regras segundo as quais, a respeito de certas coisas, aquilo que um sujeito pode dizer decorre da questão do verdadeiro e do falso. Em suma, a história crítica do pensamento não é uma história das aquisições nem das ocultações da verdade; é a história da emergência dos jogos de verdade: é a história das "veridicções", entendidas como as formas pelas quais se articulam, sobre um campo de coisas, discursos capazes de serem ditos verdadeiros ou falsos: quais foram as condições dessa emergência, o preço com o qual, de qualquer forma, ela foi paga, seus efeitos no real e a maneira pela qual, ligando um certo tipo de objeto a certas modalidades do sujeito, ela constituiu, por um tempo, uma área e determinados indivíduos, o *a priori* histórico de uma experiência possível.

Ora, essa questão – ou esta série de questões – que é a de uma "arqueologia do saber", Michel Foucault não a propôs e não gostaria de propô-la a respeito de qualquer jogo de verdade. Mas somente a respeito daqueles em que o próprio sujeito é colocado como objeto de saber possível: quais são os processos de subjetivação e de objetivação que fazem com que o sujeito possa se tornar, na qualidade de sujeito, objeto de conhecimento. Não se trata certamente de saber como se constituiu durante a história um "conhecimento psicológico", mas como se formaram diversos jogos de verdade através dos quais o sujeito se tornou objeto de conhecimento. Michel Foucault tentou inicialmente conduzir essa análise de duas maneiras. A respeito do aparecimento e da inserção, em domínios e segundo a forma de um conhecimento com *status* científico, da questão do sujeito que fala, trabalha e vive; tratava-se então da formação de algumas "ciências humanas", cujo estudo tinha como referência a prática das ciências empíricas e de seus discursos, característica dos séculos XVII e XVIII (*As palavras e as coisas*). Michel Foucault também tentou analisar a constituição do sujeito como ele pode aparecer do outro lado de uma divisão normativa e se tornar objeto de conhecimento – na qualidade de louco, de doente ou de delinquente: e isso através de práticas como as da psiquiatria, da medicina clínica e da penalidade (*História da loucura, O nascimento da clínica, Vigiar e punir*).

Michel Foucault tenta agora, sempre dentro do mesmo projeto geral, estudar a constituição do sujeito como objeto para ele próprio: a formação dos procedimentos pelos quais o sujeito é levado a se observar, se analisar, se decifrar e se reconhecer como campo de saber possível. Trata-se, em suma, da história da "subjetividade", se entendermos essa palavra como a maneira pela qual o sujeito faz a experiência de si mesmo em um jogo de verdade, no qual ele se relaciona consigo mesmo. A questão do sexo e da sexualidade pareceu constituir para Michel Foucault não, certamente, o único exemplo possível, mas pelo menos um caso bastante privilegiado: é efetivamente a esse respeito que, através de todo o cristianismo e talvez mais além, os indivíduos foram chamados a se reconhecerem como sujeitos de prazer, de desejo, de concupiscência, de tentação e, por diversos meios (exame de si, exercícios espirituais, reconhecimento de culpa, confissão), foram solicitados a desenvolver, a respeito deles mesmos e do que constitui a parte mais secreta, mais individual de sua subjetividade, o jogo do verdadeiro e do falso.

Trata-se, em suma, nessa história da sexualidade, de constituir uma terceira parte: ela vem somar-se às análises das relações entre sujeito e verdade ou, mais precisamente, ao estudo dos modos pelos quais o sujeito pôde ser inserido como objeto nos jogos de verdade.

Tomar como fio condutor de todas essas análises a questão das relações entre sujeito e verdade implica certas escolhas de método. E, inicialmente, um ceticismo sistemático em relação a todos os universais antropológicos, o que não significa que todos eles sejam rejeitados de início, em bloco e de uma vez por todas, mas que nada dessa ordem deve ser admitido que não seja rigorosamente indispensável; tudo o que nos é proposto em nosso saber, como sendo de validade universal, quanto à natureza humana ou às categorias que se podem aplicar ao sujeito, exige ser experimentado e analisado: recusar o "universal" da loucura, da "delinquência" ou da "sexualidade" não significa que aquilo a que essas noções se referem não seja nada ou que elas não passem de fantasias inventadas pela necessidade de uma causa duvidosa; é, portanto, bem mais do que a simples constatação de que seu conteúdo varia com o tempo e as circunstâncias; é se interrogar sobre as condições que permitem, conforme as regras do dizer verdadeiro ou falso, reconhecer um sujeito como doente mental ou fazer com que um sujeito reconheça a parte mais essencial dele próprio na modalidade do seu desejo sexual. A primeira regra de método para esse tipo de trabalho é, portanto, esta: contornar tanto quanto possível, para interrogá-los em sua constituição histórica, os universais antropológicos (e também, certamente, os de um humanismo que defenderia os direitos, os privilégios e a natureza de um ser humano como verdade imediata e atemporal do sujeito). Também é preciso inverter o procedimento filosófico de remontar ao sujeito constituinte, do qual se exige dar conta do que pode ser todo objeto de conhecimento em geral; trata-se, pelo contrário, de descer ao estudo das práticas concretas pelas quais o sujeito é constituído na imanência de um campo de conhecimento. Sobre isso, é também preciso estar atento: recusar o recurso filosófico a um sujeito constituinte não significa fazer como se o sujeito não existisse e se abstrair dele em benefício de uma objetividade pura; essa recusa visa a fazer aparecer os processos próprios a uma experiência em que o sujeito e o objeto "se formam e se transformam" um em relação ao outro e em função do outro. Os discursos da doença mental, da delinquência ou da sexualidade só dizem o que é o sujeito dentro de um certo jogo muito particular de verdade; mas esses jogos não são impostos de fora para o sujeito, de acordo com uma causalidade necessária ou determinações estruturais; eles abrem um campo de experiência em que sujeito e objeto são ambos constituídos apenas em certas condições simultâneas, mas que não param de se modificar um em relação ao outro, e, portanto, de modificar esse mesmo campo de experiência.

Daí um terceiro princípio de método: dirigir-se como campo de análise às "práticas", abordar o estudo pelo viés do que "se fazia". Assim, o que se fazia com os loucos, os delinquentes e os doentes? É possível, certamente, tentar deduzir, a partir da representação que se fazia deles e dos conhecimentos que se acreditava ter sobre eles, as instituições nas quais eles eram colocados e os tratamentos aos quais eram submetidos; é também possível investigar qual era a forma das "verdadeiras" doenças mentais e as modalidades de delinquência real em uma época dada para explicar aquilo que então se pensava. Michel Foucault aborda as coisas de uma maneira totalmente diferente. Estuda, inicialmente, o conjunto das maneiras de fazer mais ou menos regradas, mais ou menos pensadas, mais ou menos acabadas através das quais se delineia simultaneamente o que constituía o real para aqueles que procuram pensá-lo e dominá-lo, e a maneira como aqueles se constituíam como sujeitos capazes de conhecer, analisar e eventualmente modificar o real. São as "práticas" concebidas ao mesmo tempo como modo de agir e de pensar que dão a chave de inteligibilidade para a constituição correlativa do sujeito e do objeto.

Ora, a partir do momento em que, através dessas práticas, estava em pauta estudar os diferentes modos de objetivação do sujeito, compreende-se a importância que deve ter a análise das relações de poder. Mas ainda é preciso, certamente, definir o que pode e o que pretende ser uma análise desse tipo. Não se trata evidentemente de interrogar o "poder" sobre sua origem, seus princípios ou seus limites legítimos, mas de estudar os procedimentos e as técnicas utilizados nos diferentes contextos institucionais, para atuar sobre o comportamento dos indivíduos tomados isoladamente ou em grupo, para formar, dirigir, modificar sua maneira de se conduzir, para impor finalidades à sua inação ou inscrevê-la nas estratégias de conjunto, consequentemente múltiplas em sua forma e em seu local de atuação; diversas da mesma forma nos procedimentos e técnicas que elas fazem funcionar: essas relações de poder caracterizam a maneira como os homens são "governados" uns pelos outros; e sua análise mostra de que modo, através de certas formas de "governo", dos loucos, dos doentes, dos criminosos etc., foi objetivado o sujeito louco, doente, delinquente. Tal análise não significa dizer que o abuso de tal ou tal poder produziu loucos, doentes ou criminosos ali onde nada havia, mas que as formas diversas e particulares de "governo" dos indivíduos foram determinantes nos diferentes modos de objetivação do sujeito.

Verifica-se como o tema de uma "história da sexualidade" pode se inscrever dentro do projeto geral de Michel Foucault: trata-se de analisar a "sexualidade" como um modo de experiência historicamente singular, no qual o sujeito é objetivado para ele próprio e para os outros, através de certos procedimentos precisos de "governo".

Maurice Florence

1984

O Cuidado com a Verdade

"O cuidado com a verdade" (entrevista com F. Ewald), *Magazine littéraire*, n° 207, maio de 1984, p. 18-23.

– A vontade de saber *anunciava para amanhã uma história da sexualidade. Seu prosseguimento apareceu oito anos depois e segundo um plano totalmente diferente do que foi anunciado.*
– Mudei de opinião. Um trabalho, quando não é ao mesmo tempo uma tentativa de modificar o que se pensa e mesmo o que se é, não é muito interessante. Comecei a escrever dois livros de acordo com meu plano primitivo; mas muito rapidamente me entediei. Isso era uma imprudência de minha parte e contrário aos meus hábitos.
– *Por que então o senhor o fez?*
– Por preguiça. Imaginei que chegaria o dia em que saberia antecipadamente o que gostaria de dizer e em que eu não teria nada mais a fazer do que dizê-lo. Isso foi um reflexo de envelhecimento. Pensei ter enfim chegado à idade em que nada mais resta a fazer senão desenrolar o que se tem na cabeça. Era ao mesmo tempo uma forma de presunção e uma reação de abandono. Ora, trabalhar é tentar pensar uma coisa diferente do que se pensava antes.
– *O leitor acreditou nisso.*
– Diante dele, tenho ao mesmo tempo um pouco de escrúpulo e possivelmente de confiança. O leitor é como o ouvinte de um curso. Sabe perfeitamente reconhecer quando se trabalhou ou quando se contentou em relatar o que se tem na cabeça. Talvez ele se decepcione, mas não pelo fato de eu não ter dito nada diferente do que já dizia.
– *Uso dos prazeres e Cuidado de si parecem de início um trabalho de um historiador positivo, uma sistematização das morais sexuais da Antiguidade. É disso mesmo que se trata?*

– É um trabalho de historiador, mas especificando que esses livros, assim como os outros, são um trabalho de história do pensamento. História do pensamento quer dizer não simplesmente história das ideias ou das representações, mas também a tentativa de responder à seguinte questão: como um saber pode se constituir? Como o pensamento, enquanto ele tem relação com a verdade, pode ter também uma história? Esta é a pergunta feita. Procuro responder a um problema preciso: nascimento de uma moral, de uma moral uma vez que ela é uma reflexão sobre a sexualidade, sobre o desejo, o prazer.

Que fique claro que não faço uma história dos costumes, dos comportamentos, uma história social da prática sexual, mas uma história da maneira com que o prazer, os desejos, os comportamentos sexuais foram problematizados, refletidos e pensados na Antiguidade em relação a uma certa arte de viver. Evidentemente, essa arte de viver só foi exercida por um pequeno grupo de pessoas. Seria ridículo pensar que aquilo que Sêneca, Epícteto ou Musonius Rufus podem dizer a respeito do comportamento sexual representava, de uma maneira ou de outra, a prática geral dos gregos e dos romanos. Mas considero que o fato de que essas coisas tenham sido ditas sobre a sexualidade, que elas tenham constituído uma tradição que se encontra transposta, metamorfoseada, profundamente remanejada no cristianismo, constitui um fato histórico. O pensamento tem igualmente uma história; o pensamento é um fato histórico, embora tenha outras dimensões além desta. Quanto a isso, esses livros são absolutamente semelhantes aos que escrevi sobre a loucura ou sobre a penalidade. Em *Vigiar e punir*, não pretendi fazer a história da instituição prisão, o que teria exigido um material totalmente diferente e um outro tipo de análise. Em troca, me perguntei como o pensamento da punição teve, no fim do século XVIII e no início do XIX, uma certa história. O que procuro fazer é a história das relações que o pensamento mantém com a verdade; a história do pensamento, uma vez que ela é pensamento sobre a verdade. Todos aqueles que dizem que para mim a verdade não existe são mentes simplistas.

– *A verdade, entretanto, assume em* Uso dos prazeres *e em* Cuidado de si *uma forma bastante diferente da que tinha nas obras precedentes: a forma dolorosa da sujeição, da objetivação.*

– A noção que unifica os estudos que realizei desde a *História da loucura* é a da *problematização*, embora eu não a tivesse ainda isolado suficientemente. Mas sempre se chega ao essencial retrocedendo; as coisas mais gerais são as que aparecem em último lugar. É o preço e a recompensa de qualquer trabalho em que as articulações teóricas são elaboradas a partir de um certo campo empírico. Em *História da loucura*, tratava-se de saber como e por que a loucura, em um dado momento, fora problematizada através de uma certa prática institucional e de um certo aparato de conhecimento. Da mesma forma, em *Vigiar e punir* tratava-se de analisar as mudanças na problematização das relações entre delinquência e castigo através das práticas penais e das instituições penitenciárias no final do século XVIII e início do XIX. Como atualmente se problematiza a atividade sexual?

Problematização não quer dizer representação de um objeto preexistente, nem tampouco a criação pelo discurso de um objeto que não existe. É o conjunto das práticas discursivas ou não discursivas que faz alguma coisa entrar no jogo do verdadeiro e do falso e o constitui como objeto para o pensamento (seja sob a forma da reflexão moral, do conhecimento científico, da análise política etc.).

– *Uso dos prazeres* e *Cuidado de si resultam, sem dúvida, da mesma problemática. Eles tampouco parecem muito diferentes das obras precedentes.*

– "Inverti" realmente a apresentação. A respeito da loucura, parti do problema de que ela podia constituir em um certo contexto social, político e epistemológico: o problema que a loucura constituía para os outros. Aqui, parti do problema que a conduta sexual podia constituir para os próprios indivíduos (ou pelo menos para os homens da Antiguidade). No primeiro caso, tratava-se enfim de saber como se "governavam" os loucos, e agora como "se governa" a si mesmo. Mas eu imediatamente acrescentaria que, no caso da loucura, tentei encontrar a partir dela a constituição da experiência de si mesmo como louco, no quadro da doença mental, da prática psiquiátrica e da instituição asilar. Gostaria de mostrar aqui como o governo de si se integra a uma prática do governo dos outros. São, em suma, duas vias de acesso inversas para uma mesma questão: como se constitui uma "experiência" em que estão ligadas a relação consigo mesmo e a relação com os outros.

– *Tenho a impressão de que o leitor vai sentir uma dupla estranheza. A primeira em relação ao senhor mesmo, ao que se espera do senhor...*
– Perfeito. Assumo inteiramente essa diferença. Faz parte do jogo.
– *A segunda estranheza recai sobre a sexualidade, sobre as relações entre o que o senhor descreve e nossa própria evidência da sexualidade.*
– Sobre a estranheza, não é preciso, contudo, exagerar. É verdade que há uma certa *doxa* a respeito da Antiguidade e da moral antiga frequentemente representada como "tolerante", liberal e agradável. Mas, no entanto, muitas pessoas sabem que na Antiguidade houve uma moral austera e rigorosa. É sabido que os estoicos eram a favor do casamento e da fidelidade conjugal. Nada digo de extraordinário ao defender essa "severidade" da moral filosófica.
– *Eu falava da estranheza em relação aos temas que nos são familiares na análise da sexualidade: os da lei e os da interdição.*
– Trata-se de um paradoxo que surpreendeu a mim mesmo, apesar de eu já desconfiar um pouco disso em *A vontade de saber*, ao propor a hipótese de que não seria simplesmente a partir dos mecanismos da repressão que se poderia analisar a constituição de um saber sobre a sexualidade. O que me surpreendeu na Antiguidade é que os pontos sobre os quais a reflexão é mais ativa a respeito do prazer sexual não são de forma alguma os que representavam as formas tradicionalmente aceitas da interdição. Pelo contrário, era ali onde a sexualidade era mais livre que os moralistas da Antiguidade se interrogaram com mais intensidade e chegaram a formular as doutrinas mais rigorosas. O exemplo mais simples: o *status* das mulheres casadas lhes proibia qualquer relação sexual fora do casamento; mas, sobre esse "monopólio", quase não se encontra reflexão filosófica, nem preocupação teórica. Em contrapartida, o amor com os rapazes era livre (dentro de certos limites), e sobre esse tema se elaborou toda uma concepção da contenção, da abstinência e da ligação não sexual. Não é, portanto, a interdição que permite dar conta das formas de problematização.
– *Parece que o senhor ia mais longe, que opunha às categorias da "lei" e do "interdito" as da "arte de viver", das "técnicas de si" e da "estilização da existência".*

– Utilizando métodos e esquemas de pensamento bastante comuns eu poderia dizer que certas interdições eram efetivamente colocadas como tais, e que outras, mais difusas, se exprimiam na forma da moral. Creio que pensar essa moral na própria forma com que os contemporâneos a haviam refletido, ou seja, na forma de uma *arte da existência*, ou melhor, de uma *técnica de vida*, está mais de acordo com os campos que eu abordava e com os documentos de que dispunha. Tratava-se de saber como governar sua própria vida para lhe dar a forma mais bela possível (aos olhos dos outros, de si mesmo e das gerações futuras, para as quais se poderá servir de exemplo). Eis o *que* tentei reconstituir: a formação e o desenvolvimento de uma prática de si que tem como objetivo constituir a si mesmo como o artesão da beleza de sua própria vida.

– *As categorias "arte de viver" e "técnicas de si" não têm como único campo de validade a experiência sexual dos gregos e dos romanos.*

– Não acredito que haja moral sem um certo número de práticas de si. É possível que essas práticas de si estejam associadas a estruturas de código numerosas, sistemáticas e coercitivas. É até possível que elas quase se apaguem em benefício desse conjunto de regras que então aparece como o essencial de uma moral. Mas também é possível que constituam o foco mais importante e mais ativo da moral e que seja em torno delas que se desenvolva a reflexão. As práticas de si assumem assim a forma de uma arte de si, relativamente independente de uma legislação moral. O cristianismo certamente reforçou bastante, na reflexão moral, o princípio da lei e a estrutura do código, embora as práticas de ascetismo tenham nele conservado uma importância muito grande.

– *Nossa experiência moderna da sexualidade começa, então, com o cristianismo.*

– O cristianismo antigo trouxe para o ascetismo antigo várias modificações importantes: intensificou a forma da lei, mas também desviou as práticas de si na direção da hermenêutica de si e do deciframento de si mesmo como sujeito de desejo. A articulação entre a lei e o desejo parece bastante característica do cristianismo.

– *As descrições das disciplinas em* Vigiar e punir *nos haviam acostumado às prescrições mais minuciosas. É curioso que, desse ponto de vista, as prescrições da moral sexual da Antiguidade nada tenham a invejar em relação a elas.*

– É preciso entrar nos detalhes. Na Antiguidade, as pessoas estavam muito atentas aos elementos da conduta e exigiam que cada um prestasse atenção neles. Mas os modos de atenção não eram os mesmos daqueles que foram conhecidos em seguida. Assim, o próprio ato sexual, sua morfologia, a maneira com que se busca e se obtém prazer, o "objeto" do desejo quase não parecem ter sido um problema teórico muito importante na Antiguidade. Em compensação, o objeto de preocupação era a intensidade da atividade sexual, seu ritmo, o momento escolhido; era também o papel ativo ou passivo que se desempenhava na relação. Serão encontrados assim mil detalhes sobre os atos sexuais em sua relação com as estações, as horas do dia, o momento de repouso e de exercício, ou ainda sobre a maneira como um rapaz deve se conduzir para ter uma boa reputação, mas nenhum desses catálogos de atos permitidos e proibidos que serão importantes na pastoral cristã.

– *As diferentes práticas que o senhor descreve em relação ao corpo, à mulher, aos rapazes parecem, cada uma delas, pensadas para elas mesmas. Sem estarem ligadas por um sistema rigoroso. Essa é uma outra diferença em relação às suas obras precedentes.*

– Aprendi, lendo um livro, que eu tinha reduzido toda a experiência da loucura na época clássica à prática da internação. Ora, a *História da loucura* é construída sobre a tese de que houve pelo menos duas experiências da loucura distintas uma da outra: uma havia sido a da internação; a outra era uma prática médica que tinha origens muito longínquas. Nada há de extraordinário na possibilidade de existirem diferentes experiências (tanto simultâneas quanto sucessivas) que tenham uma única referência.

– *A arquitetura dos seus últimos livros faz pensar um pouco no índice da* Ética a Nicômaco.[1] *O senhor examina cada prática uma após a outra. O que estabelece então a ligação entre a relação com o corpo, a relação com a casa e a mulher, a relação com o rapaz?*

– Um certo estilo de moral, que é o *domínio de si*. A atividade sexual é representada, percebida como violência e, portanto, problematizada do ponto de vista da dificuldade que se tem para controlá-la. A *hubris* é fundamental. Nessa ética, é preciso

---

1 Aristóteles, *Éthique à Nicomaque*, trad. Tricot, Paris, Vrin, 1959.

constituir para si regras de conduta graças às quais se poderá assegurar esse domínio de si, que pode por sua vez se ordenar em três princípios diferentes: 1º) A relação com o corpo e o problema da saúde. 2º) A relação com as mulheres, na verdade com a mulher e a esposa, uma vez que os cônjuges partilham a mesma casa. 3º) A relação com esses indivíduos tão particulares que são os adolescentes e que são capazes de se tornarem um dia cidadãos livres. Nesses três campos, o domínio de si vai assumir três formas diferentes; não há, como será evidente em relação à carne e à sexualidade, um campo que os unificaria a todos. Entre as grandes transformações que serão trazidas pelo cristianismo, está a de que a ética da carne vale da mesma maneira para os homens quanto para as mulheres. Na moral antiga, pelo contrário, o domínio de si só é um problema para o indivíduo que deve ser senhor de si e senhor dos outros, e não para aquele que deve obedecer aos outros. Esta é a razão pela qual essa ética diz respeito apenas aos homens e pela qual ela não tem a mesma forma quer se trate das relações com seu próprio corpo, com a esposa ou com rapazes.

– *A partir dessas obras, a questão da liberação sexual aparece destituída de sentido.*

– É possível dizer que na Antiguidade se trata de uma vontade de regra, uma vontade de forma, de uma busca de austeridade. Como ela se formou? Será que essa vontade de austeridade não passa da tradução de uma interdição fundamental? Ou, pelo contrário, não terá sido ela a matriz, da qual a seguir derivaram certas formas gerais de interdições?

– *O senhor propõe, então, uma inversão completa na maneira tradicional de considerar a questão das relações da sexualidade com a interdição?*

– Havia na Grécia interdições fundamentais. A proibição do incesto, por exemplo. Mas elas pouco chamavam a atenção dos filósofos e dos moralistas, se as compararmos à grande preocupação de manter o domínio de si. Quando Xenofonte expõe os motivos pelos quais o incesto é proibido, ele explica que casar com sua própria mãe implicaria tal diferença de idade que os filhos não poderiam ser belos nem saudáveis.

– *Sófocles, no entanto, parece ter dito outra coisa.*

– O interessante é que essa interdição, grave e importante, pode estar no cerne de uma tragédia. Não está, no entanto, no centro da reflexão moral.

– *Por que interrogar esses períodos sobre os quais alguns dirão que são muito longínquos?*
– Parto de um problema nos termos em que ele se coloca atualmente e tento fazer sua genealogia. Genealogia significa que encaminho a análise a partir de uma questão atual.
– *Qual é então a questão atual?*
– Por muito tempo, alguns imaginaram que o rigor dos códigos sexuais, na forma como os conhecemos, era indispensável às sociedades ditas "capitalistas". Ora, a supressão dos códigos e o deslocamento das interdições foram, sem dúvida, realizados com mais facilidade do que se acreditava (o que parece indicar que sua razão de ser não era aquilo que se acreditava); e se formulou novamente o problema de uma ética como forma a ser dada à sua conduta e à sua vida. Estávamos, enfim, enganados ao acreditar que toda a moral se resumia às interdições e que a supressão destas resolvia por si só a questão da ética.
– *O senhor teria escrito esses livros para os movimentos de liberação?*
– Não para, mas em função de uma situação atual.
– *A respeito de* Vigiar e punir, *o senhor disse que era seu "primeiro livro". Esta expressão não poderia ser mais oportunamente utilizada por ocasião da publicação de* Uso dos prazeres *e de* Cuidado de si?
– Escrever um livro é, de certa maneira, abolir o precedente. Percebe-se finalmente que o que se fez está – reconforto e decepção – bastante próximo do que já se escreveu.
– *O senhor fala de "se desprender de si mesmo". Por que então uma vontade tão singular?*
– O que pode ser a ética de um intelectual – reivindico o termo intelectual que, no momento atual, parece provocar náuseas em alguns – a não ser isto: tornar-se permanentemente capaz de se desprender de si mesmo (o que é o contrário da atitude de conversão)? Se eu quisesse ser exclusivamente um universitário, teria, sem dúvida, sido mais sensato escolher um campo, e um, apenas um, no qual teria desenvolvido minha atividade, aceitando uma problemática dada e tentando fazê-la funcionar, ou modificando-a em certos pontos. Eu teria então podido escrever livros como aqueles que havia pensado ao programar, em *A vontade de saber,* seis volumes de uma história da sexualidade, sabendo antecipadamente o que queria fazer e onde queria chegar. Ser ao mesmo tempo um

universitário e um intelectual é tentar fazer funcionar um tipo de saber e de análise, que é ensinado e aceito na universidade, de modo a modificar não somente o pensamento dos outros, mas também o seu próprio. Esse trabalho de modificação do seu próprio pensamento e dos outros parece ser a razão de ser dos intelectuais.

— *Sartre, por exemplo, dava antes a impressão de ser um intelectual que passou sua vida desenvolvendo uma intuição fundamental. Essa vontade de "se desprender de si mesmo" parece singularizá-lo.*

— Não saberia dizer se existe alguma coisa singular. Mas o que espero é que essa mudança não tome a forma nem de uma iluminação súbita que "abra os olhos", nem de uma permeabilidade a todos os movimentos da conjuntura; gostaria que fosse uma elaboração de si por si mesmo, uma transformação estudiosa, uma modificação lenta e árdua através da preocupação constante com a verdade.

— *As obras precedentes deram do senhor uma imagem de pensador do aprisionamento, dos sujeitos submetidos, coagidos e disciplinados.* Uso dos prazeres *e* Cuidado de si *nos oferecem a imagem completamente diferente de sujeitos livres. Parece haver ali uma importante modificação em seu próprio pensamento.*

— Seria preciso voltar ao problema das relações do saber e do poder. Acredito efetivamente que aos olhos do público eu seja aquele que disse que o saber se confundia com o poder, que ele não passava de uma tênue máscara lançada sobre as estruturas da dominação e que estas eram sempre opressão, aprisionamento etc. Sobre o primeiro ponto, responderei com uma gargalhada. Se eu tivesse dito ou desejado dizer que o saber era o poder, eu o teria dito e, dizendo-o, não teria tido mais nada para dizer, pois, identificando-os, não vejo por que me obstinaria em mostrar as diferentes relações entre eles. Dediquei-me precisamente a verificar como certas formas de poder, que eram do mesmo tipo, podiam originar saberes extremamente diferentes quanto a seu objeto e a sua estrutura. Consideremos o problema da estrutura hospitalar: ela originou a internação do tipo psiquiátrico, que correspondeu à formação de um saber psiquiátrico cuja estrutura epistemológica pode criar muito ceticismo. Mas em um outro livro, *O nascimento da clínica*, tentei mostrar como nessa mesma estrutura hospitalar se desenvolveu um saber anatomopatológico, fundador de uma medicina de uma fecundidade científica totalmente diferente. Há, portanto, estruturas de poder, formas institucionais bastante próximas: internação psiquiátrica, hospitalização médica, às quais estão ligadas formas de saber diferentes, entre as quais é possível estabelecer relações, relações de condições, e não de causa e efeito, nem *a fortiori* de identidade. Aqueles que dizem que, para mim, o saber é a máscara do poder não me parecem ter a capacidade de compreender. Quase não há resposta para eles.

– *O que o senhor acha útil fazer no momento?*
– Aquilo que considero de fato importante fazer agora.
– *Suas duas últimas obras marcam uma passagem da política à ética. Certamente nessa ocasião será esperada do senhor uma resposta para a questão: o que é preciso fazer, o que é preciso querer?*
– A função de um intelectual não é dizer aos outros o que eles devem fazer. Com que direito o faria? Lembrem-se de todas as profecias, promessas, injunções e programas que os intelectuais puderam formular durante os dois últimos séculos, cujos efeitos agora se veem. O trabalho de um intelectual não é moldar a vontade política dos outros; é, através das análises que faz nos campos que são os seus, o de interrogar novamente as evidências e os postulados, sacudir os hábitos, as maneiras de fazer e de pensar, dissipar as familiaridades aceitas, retomar a avaliação das regras e das instituições e, a partir dessa nova problematização (na qual ele desempenha seu trabalho específico de intelectual), participar da formação de uma vontade política (na qual ele tem seu papel de cidadão a desempenhar).
– *Ultimamente, os intelectuais foram muito recriminados por seu silêncio.*
– Embora a contratempo, não se deve entrar nessa controvérsia, cujo ponto de partida era uma mentira. Em compensação, a campanha em si não deixa de ter um certo interesse. É preciso se perguntar por que os socialistas e o governo a lançaram ou retomaram, arriscando-se a fazer surgir entre eles próprios e toda uma opinião de esquerda um divórcio que não servia para eles. Superficialmente, e para alguns, havia certamente um disfarce na constatação de uma imposição: "Você se cala", significando: "Já que não queremos ouvi-lo, cale-se".

Entretanto, na verdade, havia nessa crítica uma espécie de pergunta e uma queixa: "Fale-nos, portanto, um pouco sobre aquilo de que tanto necessitamos. Durante todo o período em que, com muita dificuldade, administramos nossa aliança eleitoral com os comunistas, não se tratava evidentemente de sustentar o mais insignificante discurso que não fosse o de uma ortodoxia 'socialista' aceitável para eles. Havia entre eles e nós suficientes motivos de desentendimento para não acrescentarmos mais aquele. Portanto, nesse período, você devia se calar e deixar que nós o chamássemos pelas necessidades de nossa aliança, de 'esquerdinha', 'esquerda americana' ou 'californiana'. Mas, uma vez que estávamos no governo, tínhamos necessidade de que você falasse. E nos fornecesse um discurso de dupla função: ele manifestaria a solidez de uma opinião de esquerda em torno de nós (na melhor das hipóteses, seria o da fidelidade; entretanto, nos contentaríamos com o da bajulação); mas haveria também um real a ser dito – econômico e político – que outrora mantivemos cuidadosamente afastado de nosso próprio discurso. Tínhamos necessidade de que as pessoas ao nosso lado sustentassem um discurso de racionalidade governamental que não fosse nem aquele, mentiroso, de nossa aliança, nem aquele, nu e cru, de nossos adversários de direita (os que temos hoje). Gostaríamos de introduzi-lo novamente no jogo; mas você nos largou no meio do rio e ficou sentado na margem." A isso, os intelectuais poderiam responder: "Quando os forçamos a mudar de discurso, vocês nos condenaram em nome dos seus *slogans* mais manjados. E agora que vocês mudaram de lado, pressionados por um real que vocês não foram capazes de perceber, pedem-nos para lhes fornecer não o pensamento que lhes permitiria enfrentá-lo, mas o discurso que mascararia sua mudança. O mal não está, como se disse, no fato de os intelectuais terem deixado de ser marxistas no momento em que os comunistas chegavam ao poder, mas no fato de os escrúpulos de sua aliança lhes terem impedido, em tempo útil, de fazer com os intelectuais o trabalho de pensamento que os teria tornado capazes de governar. Governar de outra maneira que não fosse com suas palavras de ordem envelhecidas nem com as técnicas mal rejuvenescidas dos outros."

– *Há uma abordagem comum nas diferentes intervenções que o senhor pôde fazer em relação à política, particularmente a respeito da Polônia?*

– Tentar propor algumas questões em termos de verdade e de erro. Quando o ministro do Exterior disse que o golpe de Jaruzelski era um assunto que só interessava à Polônia, isso era verdade? É verdade que a Europa é tão insignificante ao ponto de que sua divisão e a dominação comunista exercida para além de uma linha arbitrária não nos dissessem respeito? É verdade que a privação das liberdades sindicais elementares em um país socialista seja um assunto sem importância em um país governado por socialistas e comunistas? Se é verdade que a presença dos comunistas no governo não tem influência nas principais decisões de política exterior, o que pensar desse governo e da aliança na qual ele se fundamenta? Essas questões não definem certamente uma política; mas são questões às quais aqueles que definem a política deveriam responder.

– *O papel que o senhor se atribui em política corresponderia a esse princípio do "livre discurso", que nos dois últimos anos constituiu o tema dos seus cursos?*

– Nada é mais inconsistente do que um regime político indiferente à verdade; mas nada é mais perigoso do que um sistema político que pretende prescrever a verdade. A função do "dizer verdadeiro" não deve tomar forma de lei, como seria igualmente vão acreditar que ele consiste de pleno direito nos jogos espontâneos da comunicação. A tarefa do dizer verdadeiro é um trabalho interminável: respeitá-la em sua complexidade é uma obrigação que nenhum poder pode economizar. Exceto para impor o silêncio da escravidão.

1984

O Retorno da Moral

"O retorno da moral" (entrevista com G. Barbedette e A. Scala, em 29 de maio de 1984), *Les nouvelles littéraires*, n° 2.937, 28 de junho-5 de julho de 1984, p. 36-41.

Este título infeliz, dado como todos os títulos de artigos pela redação do jornal, lembra as condições de publicação desta última entrevista. Apesar de seu grande esgotamento, M. Foucault havia aceitado a proposta desta entrevista feita por um jovem filósofo, André Scala, amigo de Gilles Deleuze. Era discretamente um gesto de amizade para com Gilles Deleuze, que ele via pouco nesses últimos anos. Pelo fato de Gilles Barbedette e André Scala terem interrogações muito diferentes, são na verdade duas entrevistas que se entrecruzam. Quando a transcrição das fitas cassete terminou, M. Foucault já estava hospitalizado, e ele encarregou Daniel Defert de editar esta entrevista como julgasse melhor, sem que ele a revisse. A entrevista foi publicada três dias após o falecimento de M. Foucault.

– *O que surpreende na leitura de seus últimos livros é uma escrita clara, correta, polida, muito diferente do estilo ao qual estávamos habituados. Por que essa mudança?*

– Estou começando a reler os manuscritos que escrevi para essa história da moral e que se referem ao início do cristianismo (esses livros – é um motivo do seu atraso – são apresentados em uma ordem inversa daquela de sua escrita). Relendo esses manuscritos abandonados há muito tempo, percebi a mesma recusa do estilo de *As palavras e as coisas*, de *História da loucura* e de *Raymond Roussel*. Devo dizer que isso foi um problema para mim, porque essa ruptura não se produziu progressivamente. Abandonei esse estilo muito bruscamente, de 1975 a 1976, quando surgiu a ideia de fazer uma história do sujeito que não fosse a de um acontecimento que teria ocorrido certa vez e do qual seria preciso relatar a gênese e o resultado.

– *Ao desprender-se de um certo estilo, o senhor não se tornou mais filósofo do que o era anteriormente?*

– Admitindo – e eu o admito! – que realizei com *As palavras e as coisas*, a *História da loucura* e mesmo com *Vigiar e punir* um estudo filosófico essencialmente baseado em um certo uso do vocabulário, do jogo, da experiência filosófica e que me libertei totalmente do que me impossibilitava de agir, é verdade que agora tento me desprender dessa forma de filosofia. Porém é certamente para me servir dela como campo de experiência a estudar, a planejar e a organizar. De modo que esse período, que pode ser considerado por alguns como uma não filosofia radical, é, ao mesmo tempo, uma maneira de pensar mais radicalmente a experiência filosófica.

– *Será que o senhor torna explícitas coisas que apenas podiam ser lidas nas entrelinhas em seus livros precedentes?*

– Devo dizer que eu não veria as coisas dessa forma. Parece que, em *História da loucura*, em *As palavras e as coisas* e também em *Vigiar e punir*, muitas coisas que se encontravam implícitas não podiam se tornar explícitas por causa da maneira pela qual eu colocava os problemas. Tentei destacar três grandes tipos de problemas: o da verdade, o do poder e o da conduta individual. Esses três grandes domínios da experiência só podem ser entendidos uns em relação aos outros, e não podem ser compreendidos uns sem os outros. O que me incomodou nos livros precedentes foi o fato de eu ter considerado as duas primeiras experiências sem levar em conta a terceira. Fazendo aparecer esta última experiência, pensei que havia ali uma espécie de fio condutor que não tinha necessidade, para se justificar, de recorrer aos métodos ligeiramente retóricos pelos quais se esquivava de um dos três domínios fundamentais da experiência.

– *A questão do estilo implica também a da existência. Como é possível fazer do estilo de vida um grande problema filosófico?*

– É uma questão difícil. Não estou certo de poder dar uma resposta. Creio efetivamente que a questão do estilo é central na experiência antiga: estilização da relação consigo mesmo, estilo de conduta, estilização da relação com os outros. A Antiguidade não parou de colocar a questão de saber se era possível definir um estilo comum a esses diferentes domínios da conduta. Efetivamente, a descoberta desse estilo teria, sem dúvida, possibilitado chegar a uma definição do sujeito. A unidade de uma "moral de estilo" apenas começou a ser pensada

no Império Romano, nos séculos II e III, e imediatamente em termos de código e de verdade.
– *Um estilo de existência – isso é admirável. O senhor considera os gregos admiráveis?*
– Não.
– *Nem exemplares, nem admiráveis?*
– Não.
– *O que o senhor acha deles?*
– Não muito brilhantes. Muito rapidamente eles se chocaram contra tudo aquilo que acredito ser o ponto de contradição da moral antiga: entre, de um lado, essa busca obstinada de um certo estilo de vida e, de outro, o esforço para torná-lo comum a todos, estilo do qual eles se aproximaram, sem dúvida mais ou menos obscuramente, com Sêneca e Epícteto, mas que só encontrou a possibilidade de se investir no interior de um estilo religioso. Toda a Antiguidade me parece ter sido um "profundo erro".
– *O senhor não é o único a introduzir a noção de estilo em história. Peter Brown o fez em* La genèse de l'Antiquité tardive.[1]
– Tomei emprestado o uso que faço do "estilo", em grande parte, de Peter Brown. Porém o que vou dizer agora, e que não se relaciona com o que ele escreveu, não o inclui de forma alguma. Creio que essa noção de estilo é muito importante na história da moral antiga. Se há pouco falei mal dessa moral, posso tentar agora falar bem dela. Inicialmente, a moral antiga apenas se dirigia a um pequeno número de indivíduos; ela não exigia que todo mundo obedecesse ao mesmo esquema de comportamento. Ela apenas dizia respeito a uma pequena minoria de indivíduos, mesmo dentre aqueles que eram livres. Havia muitas formas de liberdade: a liberdade do chefe de Estado ou a do chefe do Exército, que nada tinha a ver com a do sábio. Mais tarde essa moral se difundiu. Na época de Sêneca, com mais forte razão do que na de Marco Aurélio, ela devia valer eventualmente para todos; porém jamais se pretendeu fazer dela uma obrigação para todos. Era um assunto de escolha dos indivíduos; cada um podia vir a partilhar dessa moral. De modo que, mesmo assim, é muito difícil saber quem par-

---

[1] Brown (P.) e Lamont (R.), *The making of late antiquity*, 1978 (*La genèse de l'Antiquité tardive*, Paris, Gallimard, 1983).

ticipava dessa moral na Antiguidade e no Império. Portanto, estava-se bem distante das adequações morais, cujo esquema os sociólogos e os historiadores elaboram dirigindo-se a uma pretensa população média. O que Peter Brown e eu tentamos fazer permite isolar, no que eles têm de singular, indivíduos que desempenharam um papel na moral antiga ou no cristianismo. Estamos no início desses estudos sobre o estilo, e seria interessante verificar qual era a difusão dessa noção, do século IV a.C. ao século I da nossa era.

– *Não se pode estudar a moral de um filósofo da Antiguidade sem levar em conta, ao mesmo tempo, toda a sua filosofia, e em particular quando se pensa nos estoicos, se diz que é justamente porque Marco Aurélio não tinha nem física nem lógica que sua moral era mais voltada para o que o senhor chama de código do que para o que o senhor chama de ética.*

– Se entendi bem, o senhor fez dessa longa evolução o resultado de uma perda. Vocês veriam em Platão, em Aristóteles, nos primeiros estoicos uma filosofia particularmente equilibrada entre as concepções da verdade, da política e da vida privada. Pouco a pouco, do século III a.C. ao século II de nossa era, as pessoas teriam abandonado as interrogações sobre a verdade e sobre o poder político, passando a se interrogar sobre as questões da moral. De fato, de Sócrates a Aristóteles, a reflexão filosófica em geral constituía a matriz de uma teoria do conhecimento, da política e da conduta individual. Depois, a teoria política entrou em decadência porque a cidade antiga desapareceu e foi substituída pelas grandes monarquias que sucederam a Alexandre. A concepção da verdade, por razões muito complicadas, mas, parece, da mesma ordem, entrou também em retrocesso. Finalmente, chegou-se ao seguinte: no século I, disseram que a filosofia não tem que se ocupar de forma alguma da verdade em geral, mas das verdades úteis, ou seja, a política e, sobretudo, a moral. Temos aqui a grande cena da filosofia antiga: Sêneca começa a fazer filosofia precisamente durante o tempo em que estava afastado da atividade política. Ele foi exilado, voltou ao poder e o exerceu, mas retornou a um meio-exílio, morrendo em um exílio total. Foi nesses períodos que o discurso filosófico tomou todo o seu sentido para ele. Este fenômeno muito importante, essencial é, se vocês quiserem, a desgraça da filosofia antiga ou, em todo caso, o ponto histórico a partir do qual ela originou uma forma de pensamento que será retomada no cristianismo.

– *Em muitas ocasiões, o senhor parece fazer da escrita uma prática de si privilegiada. A escrita está no centro da "cultura de si"?*

– É verdade que a questão de si e da escrita de si foi não central, mas sempre muito importante na formação de si mesmo. Tomemos por exemplo Platão, deixando de lado Sócrates, que apenas conhecemos através de Platão. Platão é alguém de quem o mínimo que se pode dizer é que ele não cultivou a prática de si como prática escrita, como prática de memória ou como prática de redação de si a partir de suas recordações; se ele escreveu consideravelmente a respeito de um certo número de problemas políticos, morais, metafísicos, os textos que demonstram, no debate platônico, a relação consigo mesmo parecem relativamente restritos. O mesmo ocorre com Aristóteles. Em troca, a partir do século I de nossa era, vemos escritos muito mais numerosos que obedecem a um modelo de escrita como relação consigo mesmo (recomendações, conselhos, advertências dadas aos alunos etc.). Durante o Império, ensinava-se aos jovens como se comportar durante as lições que lhes eram dadas; em seguida, mas apenas depois, se lhes ensinava a formular suas questões; mais tarde, a dar sua opinião, a formular suas opiniões em forma de lições, e finalmente em forma didática. Os textos de Sêneca, de Epícteto e de Marco Aurélio comprovam isso. Eu não estaria totalmente de acordo com a opinião de que a moral antiga foi uma moral da atenção para consigo mesmo ao longo de sua história; porém ela se transformou nisso em certo momento. O cristianismo introduziu perversões, modificações muito consideráveis quando organizou funções da penitência extremamente amplas, que implicavam que se desse conta de si, e que se o contasse a um outro, mas sem que ele tivesse escrito nada disso. Por outro lado, o cristianismo desenvolveu, na mesma época ou pouco depois, um movimento espiritual de conexão das experiências individuais – por exemplo, a prática do diário – que permitia julgar ou, em todo caso, avaliar as reações de cada um.

– *Entre as práticas de si modernas e as práticas de si gregas talvez existam enormes diferenças. Elas não têm nada a ver umas com as outras?*

– Nada a ver? Sim e não. De um ponto de vista filosófico estrito, a moral da Antiguidade grega e a moral contemporânea nada têm em comum. Em contrapartida, se tomamos o que estas morais prescrevem, impõem e aconselham, elas são extraordinariamente próximas. É preciso fazer aparecer a proximidade e a diferença e, através de seu jogo, mostrar de que modo o mesmo conselho dado pela moral antiga pode funcionar de modo diverso em um estilo contemporâneo de moral.

– *Talvez se pense que fizemos da sexualidade uma experiência muito diferente daquela que o senhor atribui aos gregos. Há lugar, tanto neles como em nós, para o delírio amoroso, para perder a cabeça? O erotismo deles se relaciona ao estranho?*

– Não posso lhe responder de modo geral. Responderei em "filosofês", ou seja, a partir do que os textos filosóficos me ensinaram. Acredito que nesses textos, que vão do século IV a.C. ao século II de nossa era, quase não há concepção do amor que tenha sido validada por ter representado as experiências às quais o senhor se refere: da loucura ou da grande paixão amorosa.

– *Nem mesmo o Fedro, de Platão?*

– Não! Creio que não! Seria preciso pesquisar mais pormenorizadamente, mas creio que no *Fedro* há pessoas que, após uma experiência amorosa, negligenciam a tradição corrente e constante de sua época, que fundamentava a erótica em uma maneira de "fazer a corte" para atingir um tipo de saber que lhes possibilitaria, por um lado, se amarem e, por outro, terem, a respeito das leis e obrigações impostas aos cidadãos, a atitude adequada. Assistimos à emergência do delírio amoroso em Ovídio, no momento em que vemos surgir a possibilidade e a abertura de uma experiência na qual o indivíduo, de alguma forma, perde a cabeça, não sabe mais quem ele é, ignora sua identidade e vive sua experiência amorosa como um perpétuo esquecimento de si. Esta é uma experiência tardia que não corresponde absolutamente à de Platão ou à de Aristóteles.

– *Estávamos até agora habituados a encontrá-lo no espaço histórico que vai da Idade Clássica ao final do século XIX, e eis que o senhor surge onde ninguém esperava: na Antiguidade! Há hoje um retorno aos gregos?*

– É preciso ser prudente. Na verdade, há um retorno a uma certa forma da experiência grega; esse retorno é um retorno à moral. É preciso não esquecer que essa moral grega tem sua origem no século V a.C., e que a filosofia grega se transformou pouco a pouco em uma moral na qual nos reconhecemos agora, e na qual esquecemos qual foi – é preciso dizê-lo – a consequência fundamental no século IV: a filosofia política, em suma, a filosofia.

– *Mas o retorno aos gregos não é o sintoma de uma crise do pensamento, como foi o caso no Renascimento, por ocasião do cisma religioso, e mais tarde após a Revolução Francesa?*

– É muito parecido. O cristianismo representou por muito tempo uma certa forma de filosofia. Houve depois, periodicamente, esforços para reencontrar na Antiguidade uma forma de pensamento que não fosse contaminada pelo cristianismo. Nesse retorno regular aos gregos, há certamente uma espécie de nostalgia, uma tentativa de recuperação de uma forma original de pensamento e um esforço para conceber o mundo grego fora dos fenômenos cristãos. No século XVI, tratava-se de encontrar, através do cristianismo, uma filosofia de qualquer forma greco-cristã. Essa tentativa assumiu, a partir de Hegel e de Schelling, a forma de uma recuperação dos gregos fora do cristianismo – refiro-me ao primeiro Hegel –, tentativa que encontramos em Nietzsche. Tentar repensar os gregos hoje consiste não em defender a moral grega como o domínio da moral por excelência, da qual se teria necessidade para pensar, mas sim fazer de modo que o pensamento europeu possa lançar-se no pensamento grego como uma experiência ocorrida certa vez e a respeito da qual é possível ser totalmente livre.

– *Os retornos de Hegel e de Nietzsche aos gregos colocavam em jogo a relação entre a história e a filosofia. Para Hegel, tratava-se de fundamentar o pensamento histórico no pensamento filosófico. Para Nietzsche e para o senhor há, pelo contrário, entre a história e a filosofia, a genealogia e uma maneira de se tornar estranho para si mesmo. Seu retorno aos gregos faz parte de uma fragilização do solo no qual pensamos e vivemos? O que o senhor quis arruinar?*

– Não quis arruinar nada! Creio que nessa "pesca" que se faz em relação aos gregos não é absolutamente necessário fixar limites, nem estabelecer previamente uma espécie de programa que permitiria dizer: aceito tal parte dos gregos e rejeito tal outra. Toda a experiência grega pode ser retomada mais ou menos da mesma maneira, levando em conta a cada vez as diferenças de contexto e indicando a parte dessa experiência que talvez se possa salvar e aquela que, pelo contrário, se pode abandonar.

– O senhor encontrou naquilo que descreve um ponto de contato entre uma experiência da liberdade e da verdade. Há pelo menos um filósofo para quem a relação entre liberdade e verdade foi o ponto de partida do pensamento ocidental: é Heidegger; a partir daí, ele funda a possibilidade de um discurso anistórico. Se Hegel e Marx estavam anteriormente em sua linha de mira, será que agora o senhor não colocou aí Heidegger?

– Certamente. Heidegger sempre foi para mim o filósofo essencial. Comecei a ler Hegel, depois Marx, e me pus a ler Heidegger em 1951 ou 1952; e em 1953 ou 1952 – não me lembro mais – li Nietzsche. Ainda tenho as notas que tomei sobre Heidegger no momento em que o lia – são toneladas! –, e elas são muito mais importantes do que aquelas que tomei sobre Hegel ou Marx. Todo o meu futuro filosófico foi determinado por minha leitura de Heidegger. Entretanto, reconheço que Nietzsche predominou. Não conheço suficientemente Heidegger, não conheço praticamente *Ser e tempo*,[2] nem as coisas recentemente editadas. Meu conhecimento de Nietzsche é bem melhor do que o de Heidegger; mas não resta dúvida de que estas são as duas experiências fundamentais que fiz. É provável que, se eu não tivesse lido Heidegger, não teria lido Nietzsche. Tentei ler Nietzsche nos anos 1950, mas Nietzsche sozinho não me dizia nada. Já Nietzsche com Heidegger foi um abalo filosófico! Jamais escrevi sobre Heidegger, e escrevi sobre Nietzsche apenas um pequeno artigo; no entanto, são os dois autores que mais li. Creio que é importante ter um pequeno número de autores com os quais se pensa, com os quais se trabalha, mas sobre os quais não se escreve. Talvez eu escreva sobre eles algum dia, mas neste momento eles apenas serão para mim instrumentos de pensamento. Finalmente, há do meu ponto de vista três categorias de filósofos: os filósofos que não conheço; os que conheço e dos quais falo; e os filósofos que conheço e dos quais não falo.

---

2 Heidegger (M.), *Sein und Zeit* (*L'être et le temps*, trad. R. Boehm e A. de Waelhens, Paris, Gallimard, 1964).

– *Isto não é precisamente a fonte dos mal-entendidos que envolvem sua obra?*

– O senhor quer dizer que meu nietzscheísmo fundamental seria a origem dos diferentes mal-entendidos? Aqui o senhor me faz uma pergunta que me embaraça, pois sou o mais mal localizado daqueles para quem esta questão deveria ser formulada! Ela se dirige àqueles que formulam, eles mesmos, as perguntas! Só posso responder a ela dizendo: sou simplesmente nietzschiano e tento, dentro do possível e sobre um certo número de pontos, verificar, com a ajuda dos textos de Nietzsche – mas também com as teses antinietzschianas (que são igualmente nietzschianas!) –, o que é possível fazer nesse ou naquele domínio. Não busco nada além disso, mas isso eu busco bem.

– *Seus livros falam de uma coisa diferente daquilo que seus títulos anunciam. O senhor não joga com o leitor o duplo jogo da surpresa e da decepção?*

– É provável que os livros que escrevi não correspondam exatamente aos títulos que lhes dei. É uma rata da minha parte, mas ao escolher um título eu o mantenho. Escrevo um livro, o refaço, encontro novas problemáticas, mas o livro permanece com o seu título. Há uma outra razão. Nos livros que escrevo, tento cernir um tipo de problema que ainda não tinha sido enfocado. Consequentemente, nessas condições, é necessário que eu consiga fazer aparecer no final do livro um certo tipo de problema que não pode ser transcrito no título. Estas são as duas razões pelas quais existe, entre o título e o livro, essa espécie de "jogo". É certo que seria preciso me dizer que esses livros não rimam de forma alguma com esses títulos e é preciso efetivamente mudá-los, ou que há uma espécie de defasagem que surge entre o título do livro e seu conteúdo; e que essa defasagem é para ser tomada como a distância que tomei de mim mesmo ao fazer esse livro.

– *Para realizar seu projeto nietzschiano das genealogias, o senhor teve que ultrapassar disciplinas e fazer emergir os saberes das instituições que os criaram. Mas será que o poder da instituição é tão perigoso assim para que o senhor tenha que dizer que faz "estudos de história e não de historiador", e que não é "helenista nem latinista"?*

– Sim, lembro isso porque de qualquer forma isso seria dito por alguém – posso até mesmo lhe dizer por quem! Não sou helenista, não sou latinista! Tenho algum conhecimento de latim e também de grego, mas não tão bom! Voltei a estudá-los nesses últimos anos com a finalidade de colocar um certo número de questões que, por um lado, podem ser reconhecidas pelos helenistas e latinistas e, por outro, tomam a forma de problemas verdadeiramente filosóficos.

– *O senhor repete: mudei, não fiz aquilo que havia anunciado. Por que o senhor o anunciou?*

– É verdade que quando escrevi o primeiro volume da *História da sexualidade*, há sete ou oito anos, tinha totalmente a intenção de escrever estudos de história sobre a sexualidade a partir do século XVI, e de analisar o futuro desse saber até o século XIX. Porém, ao fazer esse trabalho, me dei conta de que isso não funcionava; permanecia um problema importante: por que fizemos da sexualidade uma experiência moral? Então me fechei, abandonei os trabalhos que havia feito sobre o século XVII e voltei para trás: inicialmente, ao século V, para verificar os primórdios da experiência cristã; depois, ao período imediatamente precedente ao fim da Antiguidade. Finalmente terminei, há três anos, pelo estudo da sexualidade nos séculos V e IV a.C. Vocês me dirão: foi pura distração da sua parte no início, ou havia um desejo secreto que você havia escondido e que, no final, revelou? Não sei quase nada sobre isso. Confesso que nem quero saber. Minha experiência, tal como a vejo agora, é que eu apenas poderia realizar essa *História da sexualidade* de modo conveniente, retomando o que teria se passado na Antiguidade para verificar como a sexualidade foi manipulada, vivida e modificada por um certo número de atores.

– *Na introdução de* Uso dos prazeres, *o senhor expõe o problema fundamental de sua história da sexualidade: de que modo os indivíduos se constituem como sujeitos de desejo e de prazer? Essa questão do sujeito, como o senhor mesmo diz, foi o que imprimiu uma nova direção ao seu trabalho. Ora, seus livros precedentes parecem destruir a soberania do sujeito; não há aqui um retorno a uma questão que jamais poderia ser eliminada e que seria para o senhor o cadinho de um trabalho infinito?*

– Trabalho infinito, certamente; é exatamente com isso que me confrontei, e foi isso que quis fazer, já que meu problema não era definir o momento a partir do qual alguma coisa como o sujeito apareceria, mas sim o conjunto dos processos pelos quais o sujeito existe com seus diferentes problemas e obstáculos, e através de formas que estão longe de estarem concluídas. Tratava-se então de introduzir de novo o problema do sujeito que eu havia mais ou menos deixado de lado em meus primeiros estudos, e de tentar seguir os caminhos e as dificuldades através de toda a sua história. Talvez haja um pouco de obscuridade na maneira de dizer as coisas, mas de fato o que eu quis realmente fazer foi mostrar de que modo o problema do sujeito não deixou de existir ao longo dessa questão da sexualidade que, em sua diversidade, não para de reencontrá-lo e de multiplicá-lo.

– *Esse sujeito é, para o senhor, condição de possibilidade de uma experiência?*

– De forma alguma. É a experiência, que é a racionalização de um processo ele mesmo provisório, que redunda em um sujeito, ou melhor, em sujeitos. Eu chamaria de subjetivação o processo pelo qual se obtém a constituição de um sujeito, mais precisamente de uma subjetividade, que evidentemente não passa de uma das possibilidades dadas de organização de uma consciência de si.

– *Ao lê-lo, tem-se a impressão de que não havia uma teoria do sujeito nos gregos. Será que eles deram uma definição do sujeito que teria sido perdida com o cristianismo?*

– Não creio que seja necessário reconstituir uma experiência do sujeito ali onde ela não foi formulada. Estou bem mais próximo das coisas do que isso. E já que nenhum pensador grego jamais encontrou uma definição do sujeito, jamais a buscou, eu diria simplesmente que ali não há sujeito. Isso não significa que os gregos não se esforçaram para definir as condições nas quais ocorreria uma experiência que não é a do sujeito, mas a do indivíduo, uma vez que ele busca se constituir como senhor de si mesmo. Faltava à Antiguidade clássica ter problematizado a constituição de si como sujeito; inversamente, a partir do cristianismo, houve o confisco da moral pela teoria do sujeito. Ora, creio que uma experiência moral essencialmente centrada no sujeito não é mais satisfatória atualmente. E, por isso mesmo, um certo número de questões se coloca hoje para nós nos mesmos termos em que elas se colocavam na Antiguidade. A busca de estilos de vida, tão diferentes quanto possível uns dos outros, me parece um dos pontos pelos quais a busca contemporânea pôde se inaugurar antigamente em grupos singulares. A busca de uma forma de moral que seria aceitável por todo mundo – no sentido de que todo mundo deveria submeter-se a ela – me parece catastrófica.

Entretanto, seria um contrassenso querer fundamentar a moral moderna na moral antiga, fazendo recair o impasse na moral cristã. Se realizei um estudo tão longo foi precisamente para tentar destacar de que modo o que chamamos de moral cristã estava incrustada na moral europeia, não desde o início do mundo cristão, mas desde a moral antiga.

– *Já que o senhor não afirma nenhuma verdade universal, que suspende os paradoxos no pensamento, que faz da filosofia uma questão permanente, o senhor não seria um pensador cético?*

– De forma alguma. A única coisa que não aceitarei no programa cético é a tentativa dos céticos de atingir um certo número de resultados em uma ordem dada, pois o ceticismo jamais foi um ceticismo total! Ele tentou levantar os problemas em campos determinados, depois defender dentro de outros campos noções efetivamente consideradas como válidas; em segundo lugar, creio que, para os céticos, o ideal era ser otimista sabendo relativamente pouca coisa, mas sabendo-as de maneira segura e imprescritível, enquanto aquilo que eu quis fazer é um uso da filosofia que permite limitar os domínios de saber.

1984

A Ética do Cuidado de Si como Prática da Liberdade

"A ética do cuidado de si como prática da liberdade" (entrevista com H. Becker, R. Fornet-Betancourt, A. Gomez-Müller, em 20 de janeiro de 1984), *Concordia. Revista internacional de filosofia*, n. 6, julho-dezembro de 1984, p. 99-116.

– *Gostaríamos inicialmente de saber qual é atualmente o objeto do seu pensamento. Acompanhamos os seus últimos desenvolvimentos, principalmente os seus cursos no Collège de France em 1981-1982 sobre a hermenêutica do sujeito, e queríamos saber se o seu procedimento filosófico atual é sempre determinado pelo polo subjetividade e verdade.*

– Esse sempre foi, na realidade, o meu problema, embora eu tenha formulado o plano dessa reflexão de uma maneira um pouco diferente. Procurei saber como o sujeito humano entrava nos jogos de verdade, tivessem estes a forma de uma ciência ou se referissem a um modelo científico, ou fossem como os encontrados nas instituições ou nas práticas de controle. Este é o tema do meu trabalho *As palavras e as coisas*, no qual procurei verificar de que modo, nos discursos científicos, o sujeito humano vai se definir como indivíduo falante, vivo, trabalhador. Nos cursos do Collège de France enfatizei essa problemática de maneira geral.

– *Não há um salto entre a sua problemática anterior e a da subjetividade/verdade, principalmente a partir do conceito de "cuidado de si"?*

– O problema das relações entre o sujeito e os jogos de verdade havia sido até então examinado por mim a partir seja de práticas coercitivas – como no caso da psiquiatria e do sistema penitenciário –, seja nas formas de jogos teóricos ou científicos – como a análise das riquezas, da linguagem e do ser vivo. Ora, em meus cursos no Collège de France, procurei considerá-lo através do que se pode chamar de uma prática de si, que é, acredito, um fenômeno bastante importante em nossas sociedades desde a era greco-romana, embora não tenha sido muito estudado. Essas práticas de si tiveram, nas civilizações grega e romana, uma importância e, sobretudo, uma autonomia muito maiores do que tiveram a seguir, quando foram até certo ponto investidas pelas instituições religiosas, pedagógicas ou do tipo médico e psiquiátrico.

– *Há então agora uma espécie de deslocamento: esses jogos de verdade não se referem mais a uma prática coercitiva, mas a uma prática de autoformação do sujeito.*

– Isso mesmo. É o que se poderia chamar de uma prática ascética, dando ao ascetismo um sentido muito geral, ou seja, não o sentido de uma moral da renúncia, mas o de um exercício de si sobre si mesmo através do qual se procura se elaborar, se transformar e atingir um certo modo de ser. Considero assim o ascetismo em um sentido mais geral do que aquele que lhe dá, por exemplo, Max Weber; mas está, em todo caso, um pouco na mesma linha.

– *Um trabalho de si sobre si mesmo que pode ser compreendido como uma certa liberação, como um processo de liberação?*

– Sobre isso, eu seria um pouco mais prudente. Sempre desconfiei um pouco do tema geral da liberação uma vez que, se não o tratarmos com um certo número de precauções e dentro de certos limites, corre-se o risco de remeter à ideia de que existe uma natureza ou uma essência humana que, após um certo número de processos históricos, econômicos e sociais, foi mascarada, alienada ou aprisionada em mecanismos, e por mecanismos de repressão. Segundo essa hipótese, basta romper esses ferrolhos repressivos para que o homem se reconcilie consigo mesmo, reencontre sua natureza ou retome contato com sua origem e restaure uma relação plena e positiva consigo mesmo. Creio que este é um tema que não pode ser aceito dessa forma, sem exame. Não quero dizer que a liberação ou que essa ou aquela forma de liberação não existam: quando um povo colonizado procura se liberar do seu colonizador, essa é certamente uma prática de liberação, no sentido estrito. Mas é sabido, nesse caso aliás preciso, que essa prática de liberação não basta para definir as práticas de liberdade que serão em seguida necessárias para que esse povo, essa sociedade e esses indivíduos possam definir para eles mesmos formas aceitáveis e satisfatórias da sua existência ou da sociedade política. É por isso que insisto sobretudo nas práticas de liberdade, mais do que nos processos de liberação, que mais uma vez têm seu lugar, mas que não me parecem poder, por eles próprios, definir todas as formas práticas de liberdade. Trata-se então do problema com o qual me defrontei muito precisamente a respeito da sexualidade: será que isso corresponde a dizer "liberemos nossa sexualidade"? O problema não seria antes tentar definir as práticas de liberdade através das quais seria possível definir o prazer sexual, as relações eróticas, amorosas e passionais com os outros? O problema ético da definição das práticas de liberdade é, para mim, muito mais importante do que o da afirmação, um pouco repetitiva, de que é preciso liberar a sexualidade ou o desejo.

– *O exercício das práticas de liberdade não exige um certo grau de liberação?*

– Sim, certamente. É preciso introduzir nele a noção de dominação. As análises que procuro fazer incidem essencialmente sobre as relações de poder. Considero isso como alguma coisa diferente dos estados de dominação. As relações de poder têm uma extensão consideravelmente grande nas relações humanas. Ora, isso não significa que o poder político esteja em toda parte, mas que, nas relações humanas, há todo um conjunto de relações de poder que podem ser exercidas entre indivíduos, no seio de uma família, em uma relação pedagógica, no corpo político. Essa análise das relações de poder constitui um campo extremamente complexo; ela às vezes encontra o que se pode chamar de fatos, ou estados de dominação, nos quais as relações de poder, em vez de serem móveis e permitirem aos diferentes parceiros uma estratégia que os modifique, se encontram bloqueadas e cristalizadas. Quando um indivíduo ou um grupo social chega a bloquear um campo de relações de poder, a torná-las imóveis e fixas e a impedir qualquer reversibilidade do movimento – por instrumentos que tanto podem ser econômicos quanto políticos ou militares –, estamos diante do que se pode chamar de um estado de dominação. É lógico que, em tal estado, as práticas de liberdade não existem, existem apenas unilateralmente ou são extremamente restritas e limitadas. Concordo, portanto, com o senhor que a liberação é às vezes a condição política ou histórica para uma prática de liberdade. Se tomarmos o exemplo da sexualidade, é verdade que foi necessário um certo número de liberações em relação ao poder do macho, que foi preciso se liberar de uma moral opressiva relativa tanto à heterossexualidade quanto à homossexualidade; mas essa liberação não faz surgir o ser feliz e pleno de uma sexualidade na qual o sujeito tivesse atingido uma relação completa e satisfatória. A liberação abre um campo para novas relações de poder, que devem ser controladas por práticas de liberdade.

– *A própria liberação não poderia ser um modo ou uma forma de prática de liberdade?*

– Sim, em um certo número de casos. Há casos em que a liberação e a luta pela libertação são de fato indispensáveis para a prática da liberdade. Quanto à sexualidade, por exemplo – e eu o digo sem polêmica, porque não gosto de polêmicas, pois as considero na maioria das vezes infecundas –, houve um esquema reichiano, decorrente de uma certa maneira de ler Freud; ele supunha que o problema era inteiramente da ordem da liberação. Para dizer as coisas um pouco esquematicamente, haveria desejo, pulsão, interdição, repressão, interiorização e o problema seria resolvido rompendo com essas interdições, ou seja, liberando-se delas. E sobre isso acredito que se esquece totalmente – e sei que caricaturo aqui posições muito mais interessantes e sutis de numerosos autores – o problema ético que é o da prática da liberdade: como se pode praticar a liberdade? Na ordem da sexualidade, é evidente que, liberando seu desejo, se saberá como se conduzir eticamente nas relações de prazer com os outros.

– *O senhor disse que é preciso praticar a liberdade eticamente...*

– Sim, pois o que é a ética senão a prática da liberdade, a prática refletida da liberdade?

– *Isso significa que o senhor compreende a liberdade como uma realidade já ética em si mesma?*

– A liberdade é a condição ontológica da ética. Mas a ética é a forma refletida assumida pela liberdade.

– *A ética é o que se realiza na busca ou no cuidado de si?*

– O cuidado de si constituiu, no mundo greco-romano, o modo pelo qual a liberdade individual – ou a liberdade cívica, até certo ponto – foi pensada como ética. Se se considerar toda uma série de textos desde os primeiros diálogos platônicos até os grandes textos do estoicismo tardio – Epícteto, Marco Aurélio... –, ver-se-á que esse tema do cuidado de si atravessou verdadeiramente todo o pensamento moral. É interessante ver que, pelo contrário, em nossas sociedades, a partir de um certo momento – e é muito difícil saber quando isso aconteceu –, o cuidado de si se tornou alguma coisa um tanto suspeita. Ocupar-se de si foi, a partir de um certo momento, denunciado de boa vontade como uma forma de amor a si mesmo, uma forma de egoísmo ou de interesse individual em contradição com o interesse que é necessário ter em relação aos outros ou com o necessário sacrifício de si mesmo. Tudo isso ocorreu durante o cristianismo, mas não diria que foi pura e simplesmente fruto do cristianismo. A questão é muito mais complexa, pois no cristianismo buscar sua salvação é também uma maneira de cuidar de si. Mas a salvação no cristianismo é realizada através da renúncia a si mesmo. Há um paradoxo no cuidado de si no cristianismo, mas este é um outro problema. Para voltar à questão da qual o senhor falava, acredito que, nos gregos e romanos – sobretudo nos gregos –, para se conduzir bem, para praticar adequadamente a liberdade, era necessário se ocupar de si mesmo, cuidar de si, ao mesmo tempo para se conhecer – eis o aspecto familiar do *gnôthi seauton* – e para se formar, superar-se a si mesmo, para dominar em si os apetites que poderiam arrebatá-lo. Para os gregos a liberdade individual era alguma coisa muito importante – contrariamente ao que diz o lugar-comum, mais ou menos derivado de Hegel, segundo o qual a liberdade do indivíduo não teria nenhuma importância diante da bela totalidade da cidade: não ser escravo (de uma outra cidade, daqueles que o cercam, daqueles que o governam, de suas próprias paixões) era um tema absolutamente fundamental; a preocupação com a liberdade foi um problema essencial, permanente, durante os oito grandes séculos da cultura antiga. Nela temos toda uma ética que girou em torno do cuidado de si e que confere à ética antiga sua forma tão particular. Não digo que a ética seja o cuidado de si, mas que, na Antiguidade, a ética como prática racional da liberdade girou em torno desse imperativo fundamental: "cuida-te de ti mesmo".

– *Imperativo que implica a assimilação dos* logoi, *das verdades.*

– Certamente. Não é possível cuidar de si sem se conhecer. O cuidado de si é certamente o conhecimento de si – este é o lado socrático-platônico –, mas é também o conhecimento de um certo número de regras de conduta ou de princípios que são simultaneamente verdades e prescrições. Cuidar de si é se munir dessas verdades: nesse caso a ética se liga ao jogo da verdade.

– *O senhor disse que se trata de fazer dessa verdade apreendida, memorizada, progressivamente aplicada, um quase sujeito que reina soberanamente em você. Que status tem esse quase sujeito?*

– Na corrente platônica, pelo menos de acordo com o final do *Alcibíades*,[1] o problema para o sujeito ou para a alma individual é voltar os olhos para ela mesma, para se reconhecer naquilo que ela é, e, reconhecendo-se naquilo que ela é, lembrar-se das verdades com as quais tem afinidade e que ela pôde contemplar; em contrapartida, na corrente que pode ser chamada, globalmente, de estoica, o problema é aprender através do ensino de um certo número de verdades, de doutrinas, as primeiras constituindo os princípios fundamentais e as outras, regras de conduta. Trata-se de fazer com que esses princípios digam em cada situação e de qualquer forma espontaneamente como vocês devem se conduzir. Encontramos aqui uma metáfora, que não vem dos estoicos, mas de Plutarco, que diz: "É preciso que vocês tenham aprendido os princípios de uma maneira tão constante que, quando os seus desejos, apetites, temores vierem a se revelar como cães que rosnam, o *logos* falará como a voz do mestre que, com um só grito, faz calar os cães".[2] Esta é a ideia de um *logos* que funcionaria de qualquer forma sem que você nada tivesse feito; você terá se tornado o *logos* ou o *logos* terá se tornado você.

– *Gostaríamos de voltar à questão das relações entre a liberdade e a ética. Quando o senhor diz que a ética é a parte racional da liberdade, isso significa que a liberdade pode tomar consciência de si mesma como prática ética? Será ela de início e sempre liberdade por assim dizer moralizada, ou será preciso um trabalho sobre si mesmo para descobrir essa dimensão ética da liberdade?*

---

1 Platão, *Alcibiade*, 133 a-d (trad. M. Croiset), Paris, Les Belles Lettres, "Collection des Universités de France", 1925, p. 109-110.
2 Alusão ao trecho de Plutarco *De la tranquilité de l'âme*, 465c (trad. J. Dumortier e J. Defradas), in *Oeuvres morales*, Paris, Les Belles Lettres, "Collection des Universités de France", 1975, t. VII, 1ª parte, p. 99.

– Os gregos problematizavam efetivamente sua liberdade e a liberdade do indivíduo, como um problema ético. Mas ético no sentido de que os gregos podiam entendê-lo: o *êthos* era a maneira de ser e a maneira de se conduzir. Era um modo de ser do sujeito e uma certa maneira de fazer, visível para os outros. O *êthos* de alguém se traduz pelos seus hábitos, por seu porte, por sua maneira de caminhar, pela calma com que responde a todos os acontecimentos etc. Esta é para eles a forma concreta da liberdade; assim eles problematizavam sua liberdade. O homem que tem um belo *êthos*, que pode ser admirado e citado como exemplo, é alguém que pratica a liberdade de uma certa maneira. Não acredito que haja necessidade de uma conversão para que a liberdade seja pensada como *êthos*; ela é imediatamente problematizada como *êthos*. Mas, para que essa prática da liberdade tome forma em um *êthos* que seja bom, belo, honroso, respeitável, memorável e que possa servir de exemplo, é preciso todo um trabalho de si sobre si mesmo.

– *É nisso que o senhor situa a análise do poder?*

– Já que, para os gregos, liberdade significa não escravidão – o que é, de qualquer forma, uma definição de liberdade bastante diferente da nossa –, considero que o problema já é inteiramente político. Ele é político uma vez que a não escravidão em relação aos outros é uma condição: um escravo não tem ética. A liberdade é, portanto, em si mesma política. Além disso, ela também tem um modelo político, uma vez que ser livre significa não ser escravo de si mesmo nem dos seus apetites, o que implica estabelecer consigo mesmo uma certa relação de domínio, de controle, chamada de *archê* – poder, comando.

– *O cuidado de si, como o senhor disse, é de certa maneira o cuidado dos outros. Nesse sentido, o cuidado de si também é sempre ético, ético em si mesmo.*

– Para os gregos, não é por ser cuidado dos outros que ele é ético. O cuidado de si é ético em si mesmo; porém implica relações complexas com os outros, uma vez que esse *êthos* da liberdade é também uma maneira de cuidar dos outros; por isso é importante, para um homem livre que se conduz adequadamente, saber governar sua mulher, seus filhos, sua casa. Nisso também reside a arte de governar. O *êthos* também implica uma relação com os outros, já que o cuidado de si permite ocupar na cidade, na comunidade ou nas relações interindividuais o lugar conveniente – seja para exercer uma magistratura ou para manter relações de amizade. Além disso, o cuidado de si implica também a relação com um outro, uma vez que, para cuidar bem de si, é preciso ouvir as lições de um mestre. Precisa-se de um guia, de um conselheiro, de um amigo, de alguém que lhe diga a verdade. Assim, o problema das relações com os outros está presente ao longo desse desenvolvimento do cuidado de si.

– *O cuidado de si visa sempre ao bem dos outros: visa a administrar bem o espaço de poder presente em qualquer relação, ou seja, administrá-lo no sentido da não dominação. Qual pode ser, nesse contexto, o papel do filósofo, daquele que cuida do cuidado dos outros?*

– Tomemos o exemplo de Sócrates: é precisamente ele quem interpela as pessoas na rua, os jovens no ginásio, perguntando: "Tu de ocupas de ti?" O deus o encarregou disso, é sua missão, e ele não a abandonará, mesmo no momento em que for ameaçado de morte. Ele é certamente o homem que cuida do cuidado dos outros: esta é a posição particular do filósofo. Mas, digamos simplesmente, no caso do homem livre, acredito que o postulado de toda essa moral era que aquele que cuidasse adequadamente de si mesmo era, por isso mesmo, capaz de se conduzir adequadamente em relação aos outros e para os outros. Uma cidade na qual todo mundo cuidasse de si adequadamente funcionaria bem e encontraria nisso o princípio ético de sua permanência. Mas não creio que se possa dizer que o homem grego que cuida de si deva inicialmente cuidar dos outros. Esse tema só intervirá, me parece, mais tarde. Não se deve fazer passar o cuidado dos outros na frente do cuidado de si; o cuidado de si vem eticamente em primeiro lugar, na medida em que a relação consigo mesmo é ontologicamente primária.

– *Será que esse cuidado de si, que possui um sentido ético positivo, poderia ser compreendido como uma espécie de conversão do poder?*

– Uma conversão, sim. É efetivamente uma maneira de controlá-lo e limitá-lo. Pois se é verdade que a escravidão é o grande risco contra o qual se opõe a liberdade grega, há também um outro perigo que, à primeira vista, parece ser o inverso da escravidão: o abuso de poder. No abuso de poder, o exercício legítimo do seu poder é ultrapassado e se impõem aos outros sua fantasia, seus apetites, seus desejos. Encontramos aí a imagem do tirano ou simplesmente a do homem poderoso e rico, que se aproveita desse poder e de sua riqueza para abusar dos outros, para lhes impor um poder indevido. Percebemos, porém – em todo caso, é o que dizem os filósofos gregos –, que esse homem é na realidade escravo dos seus apetites. E o bom soberano é precisamente aquele que exerce seu poder adequadamente, ou seja, exercendo ao mesmo tempo seu poder sobre si mesmo. É o poder sobre si que vai regular o poder sobre os outros.

– *O cuidado de si, separado do cuidado dos outros, não corre o risco de "se absolutizar"? Essa absolutização do cuidado de si não poderia se tornar uma forma de exercício de poder sobre os outros, no sentido da dominação do outro?*

– Não, porque o risco de dominar os outros e de exercer sobre eles um poder tirânico decorre precisamente do fato de não ter cuidado de si mesmo e de ter se tornado escravo dos seus desejos. Mas se você se cuida adequadamente, ou seja, se sabe ontologicamente o que você é, se também sabe do que é capaz, se sabe o que é para você ser cidadão em uma cidade, ser o dono da casa em um *oikos*, se você sabe quais são as coisas das quais deve duvidar e aquelas das quais não deve duvidar, se sabe o que é conveniente esperar e quais são as coisas, pelo contrário, que devem ser para você completamente indiferentes, se sabe, enfim, que não deve ter medo da morte, pois bem, você não pode a partir deste momento abusar do seu poder sobre os outros. Não há, portanto, perigo. Essa ideia aparecerá muito mais tarde, quando o amor por si se tornar suspeito e for percebido como uma das possíveis origens das diferentes faltas morais. Neste novo contexto, o cuidado de si assumirá inicialmente a forma da renúncia a si mesmo. Isso se encontra de uma maneira bastante clara no *Traité de la virginité* de Gregório de Nisa, no qual se vê a noção de cuidado de si, a *epimeleia heautou*, basicamente definida como a renúncia a todas as ligações terrestres; renúncia a tudo o que pode ser amor de si, apego ao si mesmo terrestre.[3] Mas acredito que, no pensamento grego e romano, o cuidado de si não pode em si mesmo tender para esse amor exagerado a si mesmo que viria a negligenciar os outros ou, pior ainda, a abusar do poder que se pode exercer sobre eles.

---

3 Gregório de Nisa, *Traité de la virginité*, cap. XIII: "Le soin de soi-même commence avec l'affranchissement du mariage", 303c-305c (trad. M. Aubineau), Paris, Éd. du Cerf, col. "Sources Chrétiennes", n. 119, 1966, p. 423-431.

– *Trata-se, então, de um cuidado de si que, pensando em si mesmo, pensa no outro?*
– Sim, certamente. Aquele que cuida de si, a ponto de saber exatamente quais são os seus deveres como chefe da casa, como esposo ou como pai, descobrirá que mantém com sua mulher e seus filhos a relação necessária.
– *Mas a condição humana, no sentido da finitude, não desempenha quanto a isso um papel muito importante? O senhor falou da morte: se você tem medo da morte, não pode abusar do seu poder sobre os outros. Creio que esse problema da finitude é muito importante; o medo da morte, da finitude, de ser vulnerável está no cerne do cuidado de si.*
– Certamente. É aí que o cristianismo, ao introduzir a salvação como salvação depois da morte, vai desequilibrar ou, em todo caso, perturbar toda essa temática do cuidado de si. Embora, lembro mais uma vez, buscar sua salvação significa certamente cuidar de si. Porém, a condição para realizar sua salvação será precisamente a renúncia. Nos gregos e romanos, pelo contrário, a partir do fato de que se cuida de si em sua própria vida e de que a reputação que se vai deixar é o único além com o qual é possível se preocupar, o cuidado de si poderá então estar inteiramente centrado em si mesmo, naquilo que se faz, no lugar que se ocupa entre os outros; ele poderá estar totalmente centrado na aceitação da morte – o que ficará muito evidente no estoicismo tardio – e mesmo, até certo ponto, poderá se tornar quase um desejo de morte. Ele poderá ser, ao mesmo tempo, senão um cuidado dos outros, pelo menos um cuidado de si benéfico para os outros. É interessante verificar, em Sêneca, por exemplo, a importância do tema: apressamo-nos em envelhecer, precipitamo-nos para o final, que nos permitirá nos reunirmos conosco mesmos. Essa espécie de momento que precede a morte, em que nada mais pode acontecer, é diferente do desejo de morte que será novamente encontrado nos cristãos, que esperam a salvação da morte. É como um movimento para precipitar sua existência até o ponto em que só houver diante dela a possibilidade da morte.
– *Propomos agora passar para um outro tema. Em seus cursos no Collège de France, o senhor havia falado das relações entre poder e saber; agora o senhor fala das relações entre sujeito e verdade. Há uma complementaridade entre os dois pares de noções, poder/saber e sujeito/verdade?*

– Meu problema sempre foi, como dizia no início, o das relações entre sujeito e verdade: como o sujeito entra em um certo jogo de verdade. Meu primeiro problema foi: o que ocorreu, por exemplo, para que a loucura tenha sido problematizada a partir de um certo momento e após um certo número de processos, como uma doença decorrente de uma certa medicina? Como o sujeito louco foi situado nesse jogo de verdade definido por um saber ou por um modelo médico? E fazendo essa análise me dei conta de que, contrariamente ao que era um tanto habitual naquela época – por volta do início dos anos 1960 –, não se podia certamente dar conta daquele fenômeno simplesmente falando da ideologia. Havia, de fato, práticas – basicamente essa grande prática da internação desenvolvida desde o início do século XVII e que foi a condição para a inserção do sujeito louco nesse tipo de jogo de verdade – que me remetiam ao problema das instituições de poder, muito mais do que ao problema da ideologia. Assim, fui levado a colocar o problema saber/poder, que é para mim não o problema fundamental, mas um instrumento que permite analisar, da maneira que me parece mais exata, o problema das relações entre sujeito e jogos de verdade.

– *Mas o senhor sempre nos "impediu" de falar sobre o sujeito em geral.*

– Não, eu não "impedi". Talvez tenha feito formulações inadequadas. O que eu recusei foi precisamente que se fizesse previamente uma teoria do sujeito – como seria possível fazer, por exemplo, na fenomenologia ou no existencialismo –, e que, a partir desta, se colocasse a questão de saber como, por exemplo, tal forma de conhecimento era possível. Procurei mostrar como o próprio sujeito se constituía, nessa ou naquela forma determinada, como sujeito louco ou são, como sujeito delinquente ou não, através de um certo número de práticas, que eram os jogos de verdade, práticas de poder etc. Era certamente necessário que eu recusasse uma certa teoria *a priori* do sujeito para poder fazer essa análise das relações possivelmente existentes entre a constituição do sujeito ou das diferentes formas de sujeito e os jogos de verdade, as práticas de poder etc.

– *Isso significa que o sujeito não é uma substância....*

– Não é uma substância. É uma forma, e essa forma nem sempre é, sobretudo, idêntica a si mesma. Você não tem consigo próprio o mesmo tipo de relações quando você se constitui como sujeito político que vai votar ou toma a palavra em uma assembleia, ou quando você busca realizar o seu desejo em uma relação sexual. Há, indubitavelmente, relações e interferências entre essas diferentes formas do sujeito; porém, não estamos na presença do mesmo tipo de sujeito. Em cada caso, se exercem, se estabelecem consigo mesmo formas de relação diferentes. E o que me interessa é, precisamente, a constituição histórica dessas diferentes formas do sujeito, em relação aos jogos de verdade.

– *Mas um sujeito louco, doente, delinquente – talvez mesmo o sujeito sexual – era um sujeito que era objeto de um discurso teórico, um sujeito, digamos, "passivo", enquanto o sujeito de que o senhor falava nos dois últimos anos em seus cursos no Collège de France é um sujeito "ativo", politicamente ativo. O cuidado de si diz respeito a todos os problemas da prática política, do governo etc. Parece que há no senhor uma mudança não de perspectiva, mas de problemática.*

– Se é verdade, por exemplo, que a constituição do sujeito louco pode ser efetivamente considerada como a consequência de um sistema de coerção – é o sujeito passivo –, o senhor sabe muito bem que o sujeito louco não é um sujeito não livre e que, precisamente, o doente mental se constitui como sujeito louco em relação e diante daquele que o declara louco. A histeria, que foi tão importante na história da psiquiatria e no mundo asilar do século XIX, parece ser a própria ilustração da maneira pela qual o sujeito se constitui como sujeito louco. E não foi absolutamente por acaso que os grandes fenômenos da histeria foram observados precisamente onde havia um máximo de coerção para obrigar os indivíduos a se constituírem como loucos. Por outro lado, e inversamente, eu diria que, se agora me interesso de fato pela maneira com a qual o sujeito se constitui de uma maneira ativa, através das práticas de si, essas práticas não são, entretanto, alguma coisa que o próprio indivíduo invente. São esquemas que ele encontra em sua cultura e que lhe são propostos, sugeridos, impostos por sua cultura, sua sociedade e seu grupo social.

– *Parece que haveria uma espécie de deficiência em sua problemática, ou seja, a concepção de uma resistência contra o poder, e isso supõe um sujeito muito ativo, muito cuidadoso em relação a si mesmo e aos outros, portanto, política e filosoficamente capaz.*

– Isso nos leva ao problema do que entendo por poder. Quase não emprego a palavra poder, e se algumas vezes o faço é sempre para resumir a expressão que sempre utilizo: as relações de poder. Mas há esquemas prontos: quando se fala de poder, as pessoas pensam imediatamente em uma estrutura política, em um governo, em uma classe social dominante, no senhor diante do escravo etc. Não é absolutamente o que penso quando falo das relações de poder. Quero dizer que, nas relações humanas, quaisquer que sejam elas – quer se trate de comunicar verbalmente, como o fazemos agora, ou se trate de relações amorosas, institucionais ou econômicas –, o poder está sempre presente: quero dizer, a relação em que cada um procura dirigir a conduta do outro. São, portanto, relações que se podem encontrar em diferentes níveis, sob diferentes formas; essas relações de poder são móveis, ou seja, podem se modificar, não são dadas de uma vez por todas. O fato, por exemplo, de eu ser mais velho e de que no início os senhores tenham ficado intimidados, pode se inverter durante a conversa, e serei eu quem poderá ficar intimidado diante de alguém, precisamente por ser ele mais jovem. Essas relações de poder são, portanto, móveis, reversíveis e instáveis. Certamente é preciso enfatizar também que só é possível haver relações de poder quando os sujeitos forem livres. Se um dos dois estiver completamente à disposição do outro e se tornar sua coisa, um objeto sobre o qual ele possa exercer uma violência infinita e ilimitada, não haverá relações de poder. Portanto, para que se exerça uma relação de poder, é preciso que haja sempre, dos dois lados, pelo menos uma certa forma de liberdade. Mesmo quando a relação de poder é completamente desequilibrada, quando verdadeiramente se pode dizer que um tem todo poder sobre o outro, um poder só pode se exercer sobre o outro à medida que ainda reste a esse último a possibilidade de se matar, de pular pela janela ou de matar o outro. Isso significa que, nas relações de poder, há necessariamente possibilidade de resistência, pois se não houvesse possibilidade de resistência – de resistência violenta, de fuga, de subterfúgios, de estratégias que invertam a situação –, não haveria de forma alguma relações de poder. Sendo esta a forma geral, recuso-me a responder à questão que às vezes me propõem: "Ora, se o poder está por todo lado, então não há liberdade." Respondo: se há relações de poder em todo o campo social, é porque há liberdade por todo lado. Mas há efetivamente estados de dominação. Em inúmeros casos, as relações de poder estão de tal forma fixadas que são perpetuamente dessimétricas e que a margem de liberdade é extremamente limitada. Para tomar um exemplo, sem dúvida muito esquemático, na estrutura conjugal tradicional da sociedade dos séculos XVIII e XIX, não se pode dizer que só havia o poder do homem; a mulher podia fazer uma porção de coisas: enganá-lo, surrupiar-lhe o dinheiro, recusar-se sexualmente. Ela se mantinha, entretanto, em um estado de dominação, já que tudo isso não passava finalmente de um certo número de astúcias que jamais chegavam a inverter a situação. Nesse caso de dominação – econômica, social, institucional ou sexual –, o problema é de fato saber onde vai se formar a resistência. Estará, por exemplo, em uma classe operária que vai resistir à dominação política – no sindicato, no partido – e de que forma – a greve, a greve geral, a revolução, a luta parlamentar? Em tal situação de dominação, é preciso responder a todas essas questões de uma maneira específica, em função do tipo e da forma precisa de dominação. Mas a afirmação: "Vocês veem poder por todo lado; então não há lugar para a liberdade", me parece totalmente inadequada. Não é possível me atribuir a ideia de que o poder é um sistema de dominação que controla tudo e que não deixa nenhum espaço para a liberdade.

– *O senhor falava há pouco do homem livre e do filósofo como duas modalidades diferentes do cuidado de si. O cuidado de si do filósofo teria uma certa especificidade e não se confunde com o do homem livre.*

– Eu diria que se trata de dois lugares diferentes no cuidado de si, mais do que de duas formas de cuidado de si; creio que o cuidado é o mesmo em sua forma mas, em intensidade, em grau de zelo por si mesmo – e, consequentemente, de zelo também pelos outros –, o lugar do filósofo não é o de qualquer homem livre.

– *Será que a partir disso seria possível pensar uma ligação fundamental entre filosofia e política?*

– Sim, com certeza. Acredito que as relações entre filosofia e política são permanentes e fundamentais. Certamente, se considerarmos a história do cuidado de si no pensamento grego, a relação com a política é evidente. E de uma forma, aliás, muito complexa: por um lado, vê-se, por exemplo, Sócrates –

tanto em Platão, no *Alcibíades*,[4] quanto em Xenofonte, nas *Mémorables*[5] –, que interpela os jovens dizendo-lhes: "Não, mas então me diga, queres te tornar um homem político, governar a cidade, ocupar-te dos outros, mas tu não te ocupaste de ti mesmo, e, se não te ocupas de ti mesmo, serás um mau governante"; dentro dessa perspectiva, o cuidado de si aparece como uma condição pedagógica, ética e também ontológica para a constituição do bom governante. Constituir-se como sujeito que governa implica que se tenha se constituído como sujeito que cuida de si. Mas, por outro lado, vemos Sócrates dizer na *Apologia*:[6] "Eu interpelo todo mundo", pois todo mundo deve se ocupar de si mesmo; mas logo acrescenta:[7] "Fazendo isso, presto o maior serviço à cidade e, em vez de me punir, vocês deveriam me recompensar ainda mais do que vocês recompensam um vencedor dos jogos olímpicos." Há, portanto, uma articulação muito forte entre filosofia e política, que se desenvolverá a seguir, justamente quando o filósofo tiver não somente que cuidar da alma dos cidadãos, mas também daquela do príncipe. O filósofo se torna o conselheiro, o pedagogo, o diretor de consciência do príncipe.

– *Essa problemática do cuidado de si poderia ser o cerne de um novo pensamento político, de uma política diferente daquela que se conhece hoje em dia?*

– Confesso que não avancei muito nesta direção e gostaria muito de voltar justamente a problemas mais contemporâneos, para tentar verificar o que é possível fazer com tudo isso na problemática política atual. Mas tenho a impressão de que, no pensamento político do século XIX – e talvez fosse preciso retroceder mais ainda, a Rousseau e a Hobbes –, o sujeito político foi pensado essencialmente como sujeito de direito, quer em termos naturalistas, quer em termos do direito positivo. Em contrapartida, parece que a questão do sujeito ético é alguma coisa que não tem muito espaço no pensamento político contemporâneo. Enfim, não gosto de responder a questões que

---

4 Platão, *Alcibiade*, op. cit., 124b, p. 92, 127d-e, p. 99.
5 Xenofonte, *Mémorables*, livro III, cap. VII, 9 (trad. É. Chambry), Paris, Garnier, col. "Classiques Garnier", 1935, p. 412.
6 Platão, *Apologie de Socrate*, 30b (trad. M. Croiset), Paris, Les Belles Lettres, "Collection des Universités de France", 1925, p. 157.
7 *Ibid.*, 36c-d, p. 166.

não tenha examinado. Gostaria, entretanto, de poder retomar essas questões que abordei através da cultura antiga.

– *Qual seria a relação entre a via da filosofia, que leva ao conhecimento de si, e a via da espiritualidade?*

– Entendo a espiritualidade – mas não estou certo de que esta seja uma definição que possa se manter por muito tempo – como aquilo que se refere precisamente ao acesso do sujeito a um certo modo de ser e às transformações que o sujeito deve operar em si mesmo para atingir esse modo de ser. Acredito que, na espiritualidade antiga, havia identidade ou quase, entre essa espiritualidade e a filosofia. Em todo caso, a preocupação mais importante da filosofia girava em torno de si, o conhecimento do mundo vindo depois e, na maior parte do tempo, como base para esse cuidado de si. Quando se lê Descartes, é surpreendente encontrar nas *Meditações* exatamente esse mesmo cuidado espiritual, para aceder a um modo de ser no qual a dúvida não será mais permitida e no qual enfim se saberá;[8] mas, definindo dessa forma o modo de ser ao qual a filosofia dá acesso, percebe-se que esse modo de ser é inteiramente definido pelo conhecimento, e é certamente como acesso ao sujeito que conhece ou àquele que qualificará o sujeito como tal que se definirá a filosofia. Desse ponto de vista, creio que ela sobrepõe as funções da espiritualidade ao ideal de um fundamento da cientificidade.

– *Essa noção de cuidado de si, no sentido clássico, deveria ser atualizada contra esse pensamento moderno?*

– Absolutamente. De forma alguma faço isso para dizer: "Infelizmente, esquecemos o cuidado de si; pois bem, o cuidado de si é a chave de tudo." Nada é mais estranho para mim do que a ideia de que a filosofia se desviou em um dado momento e esqueceu alguma coisa e que existe em algum lugar de sua história um princípio, um fundamento que seria preciso redescobrir. Acredito que todas essas formas de análise, quer assumam uma forma radical, dizendo que, desde o seu ponto de partida, a filosofia foi esquecida, quer assumam uma forma muito mais histórica, dizendo: "Veja, em tal filosofia, alguma coisa foi esquecida", não são muito interessantes, não se pode deduzir delas muita coisa. O que, entretanto, não significa que o contato

---

8 Descartes, *Méditations sur la philosophie première* (1641), in *Oeuvres*, Paris, Gallimard, col. "Bibliothèque de la Pléiade", 1952, p. 253-334.

com esta ou aquela filosofia não possa produzir alguma coisa, mas seria preciso então enfatizar que essa coisa é nova.

– *Isso nos faz propor a questão: por que se deveria atualmente ter acesso à verdade, no sentido político, ou seja, no sentido da estratégia política contra os diversos pontos de "bloqueio" do poder no sistema relacional?*

– Este é efetivamente um problema: afinal, por que a verdade? Por que nos preocupamos com a verdade, aliás, mais do que conosco? E por que somente cuidamos de nós mesmos através da preocupação com a verdade? Penso que tocamos aí em uma questão fundamental e que é, eu diria, a questão do Ocidente: o que fez com que toda a cultura ocidental passasse a girar em torno dessa obrigação de verdade, que assumiu várias formas diferentes? Sendo as coisas como são, nada pôde mostrar até o presente que seria possível definir uma estratégia fora dela. É certamente nesse campo da obrigação de verdade que é possível se deslocar, de uma maneira ou de outra, algumas vezes contra os efeitos de dominação que podem estar ligados às estruturas de verdade ou às instituições encarregadas da verdade. Para dizer as coisas muito esquematicamente, podemos encontrar numerosos exemplos: houve todo um movimento dito "ecológico" – aliás, muito antigo, e que não remonta apenas ao século XX – que manteve em um certo sentido e frequentemente uma relação de hostilidade com uma ciência, ou em todo caso com uma tecnologia garantida em termos de verdade. Mas, de fato, essa ecologia também falava um discurso de verdade: era possível fazer a crítica em nome de um conhecimento da natureza, do equilíbrio dos processos do ser vivo. Escapava-se então de uma dominação da verdade, não jogando um jogo totalmente estranho ao jogo da verdade, mas jogando-o de outra forma ou jogando um outro jogo, uma outra partida, outros trunfos no jogo da verdade. Acredito que o mesmo aconteça na ordem da política, na qual era possível fazer a crítica do político – a partir, por exemplo, das consequências do estado de dominação dessa política inconveniente –, mas só era possível fazê-lo de outra forma jogando um certo jogo de verdade, mostrando quais são suas consequências, mostrando que há outras possibilidades racionais, ensinando às pessoas o que elas ignoram sobre sua própria situação, sobre suas condições de trabalho, sobre sua exploração.

– *O senhor não acha que, a respeito da questão dos jogos de verdade e dos jogos de poder, se pode constatar na história a presença de uma modalidade particular desses jogos de verdade, que teria um status particular em relação a todas as outras possibilidades de jogos de verdade e de poder e que se caracterizaria por sua essencial abertura, sua oposição a qualquer bloqueio do poder, ao poder, portanto, no sentido da dominação-submissão?*

– Sim, é claro. Mas, quando falo de relações de poder e de jogos de verdade, não quero de forma alguma dizer que os jogos de verdade não passem, tanto um quanto o outro, das relações de poder que quero mascarar – esta seria uma caricatura assustadora. Meu problema é, como já disse, saber como os jogos de verdade podem se situar e estar ligados a relações de poder. Pode-se mostrar, por exemplo, que a medicalização da loucura, ou seja, a organização de um saber médico em torno dos indivíduos designados como loucos, esteve ligada a toda uma série de processos sociais, de ordem econômica em um dado momento, mas também a instituições e a práticas de poder. Esse fato não abala de forma alguma a validade científica ou a eficácia terapêutica da psiquiatria: ele não a garante, mas tampouco a anula. Que a matemática, por exemplo, esteja ligada – de uma maneira aliás totalmente diferente da psiquiatria – às estruturas de poder é também verdade, não fosse a maneira como ela é ensinada, a maneira como o consenso da matemática se organiza, funciona em circuito fechado, tem seus valores, determina o que é bem (verdade) ou mal (falso) na matemática etc. Isso não significa de forma alguma que a matemática seja apenas um jogo de poder, mas que o jogo de verdade da matemática esteja de uma certa maneira ligado, e sem que isso abale de forma alguma sua validade, a jogos e a instituições de poder. É claro que, em um certo número de casos, as ligações são tais que é perfeitamente possível fazer a história da matemática sem levar isso em conta, embora essa problemática seja sempre interessante e os historiadores da matemática tenham começado a estudar a história de suas instituições. Enfim, é claro que essa relação que é possível haver entre as relações de poder e os jogos de verdade na matemática é totalmente diferente daquela que é possível haver na psiquiatria; de qualquer forma, não é possível de forma alguma dizer que os jogos de verdade não passem nada além de jogos de poder.

– *Esta questão remete ao problema do sujeito, uma vez que, nos jogos de verdade, trata-se de saber quem diz a verdade, como a diz e por que a diz. Pois, no jogo de verdade, pode-se jogar dizendo a verdade: há um jogo, joga-se à vera ou a verdade é um jogo.*
– A palavra "jogo" pode induzir a erro: quando digo "jogo", me refiro a um conjunto de regras de produção da verdade. Não um jogo no sentido de imitar ou de representar...; é um conjunto de procedimentos que conduzem a um certo resultado, que pode ser considerado, em função dos seus princípios e das suas regras de procedimento, válido ou não, ganho ou perda.
– *Há sempre o problema do "quem": trata-se de um grupo, de um conjunto?*
– Pode ser um grupo, um indivíduo. Existe aí de fato um problema. Pode-se observar, no que diz respeito a esses múltiplos jogos de verdade, que aquilo que sempre caracterizou nossa sociedade, desde a época grega, é o fato de não haver uma definição fechada e imperativa dos jogos de verdade que seriam permitidos, excluindo-se todos os outros. Sempre há possibilidade, em determinado jogo de verdade, de descobrir alguma coisa diferente e de mudar mais ou menos tal ou tal regra, e mesmo eventualmente todo o conjunto do jogo de verdade. Isso foi sem dúvida o que deu ao Ocidente, em relação às outras sociedades, possibilidades de desenvolvimento que não se encontram em outros lugares. Quem diz a verdade? Indivíduos que são livres, que organizam um certo consenso e se encontram inseridos em uma certa rede de práticas de poder e de instituições coercitivas.
– *A verdade não será então uma construção?*
– Depende: há jogos de verdade nos quais a verdade é uma construção e outros em que ela não o é. É possível haver, por exemplo, um jogo de verdade que consiste em descrever as coisas dessa ou daquela maneira: aquele que faz uma descrição antropológica de uma sociedade não faz uma construção, mas uma descrição – que tem por sua vez um certo número de regras, historicamente mutantes, de forma que é possível dizer, até certo ponto, que se trata de uma construção em relação a uma outra descrição. Isso não significa que não se está diante de nada e que tudo é fruto da cabeça de alguém. A partir do que se pode dizer, por exemplo, a respeito dessa transformação dos jogos de verdade, alguns concluem que se disse que

nada existia – acharam que eu dizia que a loucura não existia, quando o problema era totalmente inverso: tratava-se de saber como a loucura, nas diferentes definições que lhe foram dadas, em um certo momento, pôde ser integrada em um campo institucional que a constituía como doença mental, ocupando um certo lugar ao lado das outras doenças.

– *Na realidade, há também um problema de comunicação no cerne do problema da verdade, o da transparência das palavras do discurso. Aquele que tem a possibilidade de formular verdades também tem um poder, o poder de poder dizer a verdade e de expressá-la como quiser.*

– Sim. No entanto, isso não significa que o que ele diz não seja verdade, como a maior parte das pessoas acredita: quando as fazemos constatar que pode haver uma relação entre a verdade e o poder, elas dizem: "Ah, bom! Então não é a verdade!"

– *Isso faz parte do problema da comunicação, pois, em uma sociedade em que a comunicação possui um grau de transparência muito elevado, os jogos de verdade talvez sejam mais independentes das estruturas de poder.*

– O senhor tocou em um problema importante; imagino que o senhor tenha me dito isso pensando um pouco em Habermas. Tenho muito interesse no que faz Habermas, sei que ele não está absolutamente de acordo com o que digo – concordo um pouco mais com o que ele diz –, mas há contudo alguma coisa que sempre foi para mim um problema: quando ele dá às relações de comunicação esse lugar tão importante e, sobretudo, uma função que eu diria "utópica". A ideia de que poderia haver um tal estado de comunicação no qual os jogos de verdade poderiam circular sem obstáculos, sem restrições e sem efeitos coercitivos me parece da ordem da utopia. Trata-se precisamente de não ver que as relações de poder não são alguma coisa má em si mesmas, das quais seria necessário se libertar; acredito que não pode haver sociedade sem relações de poder, se elas forem entendidas como estratégias através das quais os indivíduos tentam conduzir, determinar a conduta dos outros. O problema não é, portanto, tentar dissolvê-las na utopia de uma comunicação perfeitamente transparente, mas se imporem regras de direito, técnicas de gestão e também a moral, o *êthos*, a prática de si, que permitirão, nesses jogos de poder, jogar com o mínimo possível de dominação.

– *O senhor está muito distante de Sartre, que nos dizia: "O poder é o mal."*

– Sim, e frequentemente me atribuíram essa ideia, que está muito distante do que penso. O poder não é o mal. O poder são jogos estratégicos. Sabe-se muito bem que o poder não é o mal! Considerem, por exemplo, as relações sexuais ou amorosas: exercer poder sobre o outro, em uma espécie de jogo estratégico aberto, em que as coisas poderão se inverter, não é o mal; isso faz parte do amor, da paixão, do prazer sexual. Tomemos também alguma coisa que foi objeto de críticas frequentemente justificadas: a instituição pedagógica. Não vejo onde está o mal na prática de alguém que, em um dado jogo de verdade, sabendo mais do que um outro, lhe diz o que é preciso fazer, ensina-lhe, transmite-lhe um saber, comunica-lhe técnicas; o problema é de preferência saber como será possível evitar nessas práticas – nas quais o poder não pode deixar de ser exercido e não é ruim em si mesmo – os efeitos de dominação que farão com que um garoto seja submetido à autoridade arbitrária e inútil de um professor primário; um estudante, à tutela de um professor autoritário etc. Acredito que é preciso colocar esse problema em termos de regras de direito, de técnicas racionais de governo e de *êthos*, de prática de si e de liberdade.

– *Poderíamos entender o que o senhor acaba de dizer como os critérios fundamentais do que o senhor chamou de uma nova ética? Tratar-se-ia de tentar jogar com o mínimo de dominação...*

– Acredito que este é efetivamente o ponto de articulação entre a preocupação ética e a luta política pelo respeito dos direitos, entre a reflexão crítica contra as técnicas abusivas de governo e a investigação ética que permite instituir a liberdade individual.

– *Quando Sartre fala de poder como mal supremo, parece fazer alusão à realidade do poder como dominação; provavelmente, o senhor concorda com Sartre.*

– Sim, acredito que todas essas noções tenham sido mal definidas e que não se saiba muito bem do que se fala. Eu mesmo não tenho certeza, quando comecei a me interessar por esse problema do poder, de ter falado dele muito claramente nem de ter empregado as palavras adequadas. Tenho, agora, uma visão muito mais clara de tudo isso; acho que é preciso distinguir as relações de poder como jogos estratégicos entre liberdades

– jogos estratégicos que fazem com que uns tentem determinar a conduta dos outros, ao que os outros tentam responder não deixando sua conduta ser determinada ou determinando em troca a conduta dos outros – e os estados de dominação, que são o que geralmente se chama de poder. E, entre os dois, entre os jogos de poder e os estados de dominação, temos as tecnologias governamentais, dando a esse termo um sentido muito amplo – trata-se tanto da maneira com que se governa sua mulher, seus filhos, quanto da maneira com que se dirige uma instituição. A análise dessas técnicas é necessária, porque muito frequentemente é através desse tipo de técnicas que se estabelecem e se mantêm os estados de dominação. Em minha análise do poder, há esses três níveis: as relações estratégicas, as técnicas de governo e os estados de dominação.

– *Em seu curso sobre a hermenêutica do sujeito se encontra um trecho no qual o senhor diz que o único ponto original e útil de resistência ao poder político está na relação de si consigo mesmo.*

– Não acredito que o único ponto de resistência possível ao poder político – entendido justamente como estado de dominação – esteja na relação de si consigo mesmo. Digo que a governabilidade implica a relação de si consigo mesmo, o que significa justamente que, nessa noção de governabilidade, viso ao conjunto das práticas pelas quais é possível constituir, definir, organizar, instrumentalizar as estratégias que os indivíduos, em sua liberdade, podem ter uns em relação aos outros. São indivíduos livres que tentam controlar, determinar, delimitar a liberdade dos outros e, para fazê-lo, dispõem de certos instrumentos para governar os outros. Isso se fundamenta então na liberdade, na relação de si consigo mesmo e na relação com o outro. Ao passo que, se você tenta analisar o poder não a partir da liberdade, das estratégias e da governabilidade, mas a partir da instituição política, só poderá encarar o sujeito como sujeito de direito. Temos um sujeito que era dotado de direitos ou que não o era e que, pela instituição da sociedade política, recebeu ou perdeu direitos: através disso, somos remetidos a uma concepção jurídica do sujeito. Em contrapartida, a noção de governabilidade permite, acredito, fazer valer a liberdade do sujeito e a relação com os outros, ou seja, o que constitui a própria matéria da ética.

– *O senhor pensa que a filosofia tem alguma coisa a dizer sobre o porquê dessa tendência a querer determinar a conduta do outro?*

– Essa maneira de determinar a conduta dos outros assumirá formas muito diferentes, suscitará apetites e desejos de intensidades muito variadas segundo as sociedades. Não conheço absolutamente antropologia, mas é possível imaginar que há sociedades nas quais a maneira com que se dirige a conduta dos outros é tão bem regulada antecipadamente que todos os jogos são, de qualquer forma, realizados. Em compensação, em uma sociedade como a nossa – isso é muito evidente, por exemplo, nas relações familiares, nas sexuais ou afetivas –, os jogos podem ser extremamente numerosos e, consequentemente, o desejo de determinar a conduta dos outros é muito maior. Entretanto, quanto mais as pessoas forem livres umas em relação às outras, maior será o desejo tanto de umas como de outras de determinar a conduta das outras. Quanto mais o jogo é aberto, mais ele é atraente e fascinante.

– *O senhor pensa que a tarefa da filosofia é advertir dos perigos do poder?*

Essa tarefa sempre foi uma grande função da filosofia. Em sua vertente crítica – entendo crítica no sentido amplo – a filosofia é justamente o que questiona todos os fenômenos de dominação em qualquer nível e em qualquer forma com que eles se apresentem – política, econômica, sexual, institucional. Essa função crítica da filosofia decorre, até certo ponto, do imperativo socrático: "Ocupa-te de ti mesmo", ou seja: "Constitua-te livremente, pelo domínio de ti mesmo."

1984

Uma Estética da Existência

"Uma estética da existência" (entrevista com A. Fontana), *Le monde*, 15-16 de julho de 1984, p. XI.

Esta entrevista, publicada inicialmente com o título "Alle fonti del piacere", in *Panorama*, n. 945, de 28 de maio de 1984, foi de tal forma mutilada e deformada que Alessandro Fontana teve que fazer um esclarecimento público. Ele escreveu então a M. Foucault dizendo que iria consertá-la integralmente.

– *Sete anos se passaram desde* A vontade de saber. *Sei que seus últimos livros lhe colocaram problemas e que o senhor teve dificuldades. Gostaria que o senhor falasse dessas dificuldades e de sua viagem pelo mundo greco-romano que era, senão desconhecido pelo senhor, pelo menos um pouco distante.*

– As dificuldades provinham do próprio projeto, que pretendia justamente evitá-las.

Tendo programado meu trabalho em vários volumes a partir de um plano preparado de antemão, eu me disse que havia chegado o momento em que poderia escrevê-los sem dificuldade, e desenvolver simplesmente o que tinha em mente, confirmando-o pelo trabalho de pesquisa empírica.

Morri de tédio escrevendo esses livros: eles se pareciam demais com os precedentes. Para alguns, escrever um livro sempre implica correr algum risco. Por exemplo, não conseguir escrevê-lo. Quando se sabe de antemão onde se quer chegar, falta uma dimensão da experiência, a que consiste precisamente em escrever um livro correndo o risco de não chegar ao fim. Tentei assim mudar o projeto geral: ao invés de estudar a sexualidade nos confins do saber e do poder, tentei pesquisar mais para trás como havia se constituído, para o próprio sujeito, a experiência de sua sexualidade como desejo. Para destacar essa problemática, fui levado a estudar mais pormenorizadamente textos muito antigos, latinos e gregos, que me exigiram muito preparo, muitos esforços e que me deixaram até o final com não poucas incertezas e hesitações.

– *Há sempre uma certa "intencionalidade" em seus livros que frequentemente escapa aos leitores.* A História da loucura *era, no fundo, a história da constituição desse saber que se chama psicologia;* As palavras e as coisas *era a arqueologia das ciências humanas;* Vigiar e punir, *a focalização das disciplinas do corpo e da alma. Talvez o que esteja no centro de seus últimos livros seja o que o senhor chama de "jogos de verdade".*

– Não creio que haja uma grande diferença entre esses livros e os precedentes. Quando escrevemos livros, desejamos que estes modifiquem inteiramente tudo aquilo que pensávamos e que, no final, nos percebamos inteiramente diferentes do que éramos no ponto de partida. Depois nos damos conta de que no fundo pouco nos modificamos. Talvez tenhamos mudado de perspectiva, girado em torno do problema, que é sempre o mesmo, isto é, as relações entre o sujeito, a verdade e a constituição da experiência. Procurei analisar de que modo domínios como os da loucura, da sexualidade, da delinquência podem entrar em um certo jogo da verdade e como, por outro lado, através dessa inserção da prática humana, do comportamento, no jogo da verdade, o próprio sujeito é afetado. Era este o problema da história da loucura, da sexualidade.

– *Não se trata no fundo de uma nova genealogia da moral?*

– Não fossem a solenidade do título e a marca grandiosa que Nietzsche lhe imprimiu, eu diria que sim.

– *Em um artigo publicado em* Le débat *de novembro de 1983,[1] o senhor falou, a propósito da Antiguidade, de morais voltadas para a ética e de morais voltadas para o código. Trata-se da partilha entre as morais greco-romanas e aquelas que nasceram com o cristianismo?*

– Com o cristianismo, vimos se inaugurar lentamente, progressivamente, uma mudança em relação às morais antigas, que eram essencialmente uma prática, um estilo de liberdade. Naturalmente, havia também certas normas de comportamento que regravam a conduta de cada um. Porém, na Antiguidade, a vontade de ser um sujeito moral, a busca de uma ética da

---

[1] Ver O Uso dos Prazeres e as Técnicas de Si neste volume.

existência eram principalmente um esforço para afirmar a sua liberdade e para dar à sua própria vida uma certa forma na qual era possível se reconhecer, ser reconhecido pelos outros e na qual a própria posteridade podia encontrar um exemplo. Quanto a essa elaboração de sua própria vida como uma obra de arte pessoal, creio que, embora obedecesse a cânones coletivos, ela estava no centro da experiência moral, da vontade de moral na Antiguidade, ao passo que, no cristianismo, com a religião do texto, a ideia de uma vontade de Deus, o princípio de uma obediência, a moral assumia muito mais a forma de um código de regras (apenas algumas práticas ascéticas eram mais ligadas ao exercício de uma liberdade pessoal).

Da Antiguidade ao cristianismo, passa-se de uma moral que era essencialmente a busca de uma ética pessoal para uma moral como obediência a um sistema de regras. Se me interessei pela Antiguidade foi porque, por toda uma série de razões, a ideia de uma moral como obediência a um código de regras está desaparecendo, já desapareceu. E a esta ausência de moral corresponde, deve corresponder uma busca que é aquela de uma estética da existência.

– *Todo o saber acumulado, nesses últimos anos, sobre o corpo, a sexualidade, as disciplinas, melhorou nossa relação com os outros, nosso ser no mundo?*

– Não posso me impedir de pensar que toda uma série de coisas que foram colocadas em discussão, mesmo independentemente das escolhas políticas, em torno de certas formas de existência, de regras de comportamento etc., foram profundamente benéficas: a relação com o corpo, a relação entre homem e mulher, com a sexualidade.

– *Então esses saberes nos ajudaram a viver melhor.*

– Não houve apenas uma transformação nas preocupações, mas também no discurso filosófico, teórico e crítico: de fato, na maior parte das análises feitas, não se sugeria às pessoas o que elas deveriam ser, o que deveriam fazer, no que deveriam crer e pensar. Tratava-se antes de fazer aparecer de que modo, até hoje, os mecanismos sociais tinham funcionado, como as formas de repressão e de imposição tinham atuado e, a partir disso, me parece que se permitia que as pessoas tivessem a possibilidade de se determinar, de fazer – sabendo tudo isso – a escolha de sua existência.

– *Há cinco anos, começou-se a ler, em seu seminário do Collège de France, Hayek e von Mises.*[2] *Então as pessoas pensaram: através de uma reflexão sobre o liberalismo, Foucault está preparando um livro sobre a política. O liberalismo parecia também um desvio para encontrar o indivíduo além dos mecanismos do poder. Suas críticas ao sujeito fenomenológico são conhecidas. Nesta época, começava-se a falar de um sujeito de práticas, e a releitura do liberalismo girou um pouco em torno disso. Não é mistério para ninguém que muitas vezes se disse o seguinte: não há sujeito na obra de Foucault. Os sujeitos são sempre sujeitados, eles são o ponto de aplicação de técnicas, disciplinas normativas, mas jamais são sujeitos soberanos.*

– É preciso distinguir. Em primeiro lugar, penso efetivamente que não há um sujeito soberano, fundador, uma forma universal de sujeito que poderíamos encontrar em todos os lugares. Sou muito cético e hostil em relação a essa concepção do sujeito. Penso, pelo contrário, que o sujeito se constitui através das práticas de sujeição ou, de maneira mais autônoma, através de práticas de liberação, de liberdade, como na Antiguidade – a partir, obviamente, de um certo número de regras, de estilos, de convenções que podemos encontrar no meio cultural.

– *Isso nos leva à atualidade política. Os tempos são difíceis: no plano internacional, há a chantagem de Yalta e o confronto de blocos; no plano interno, o espectro da crise. Em relação a tudo isso, parece que há apenas entre a esquerda e a direita uma diferença de estilo. Como determinar-se então, diante dessa realidade e de suas imposições, se ela não apresenta aparentemente alternativa possível?*

– Creio que sua questão é ao mesmo tempo justa e um pouco fechada. Seria preciso decompô-la em duas ordens de questões: em primeiro lugar, será preciso aceitar ou não? Em segundo lugar, se não aceitarmos, o que é possível fazer? Devemos responder à primeira questão sem nenhuma ambiguidade: é preciso não aceitar os resíduos da guerra, o prolongamento de uma certa situação estratégica na Europa, nem o fato de que a metade da Europa se tenha deixado dominar.

---

2 Trata-se do seminário de 1979-1980, dedicado a certos aspectos do pensamento liberal do século XIX.

A seguir, coloca-se outra questão: "O que é possível fazer contra um poder como o da União Soviética, em relação ao nosso próprio governo e com as pessoas que, dos dois lados da cortina de ferro, entendem que deva ser questionada a divisão, tal como ela foi estabelecida?" Em relação à União Soviética, não há muito a fazer, exceto ajudar, o mais eficazmente possível, os que lutam localmente. Quanto aos dois outros alvos, há muito a fazer, estamos com a faca e o queijo na mão.

– *Não é preciso então assumir uma atitude por assim dizer hegeliana, que consiste em aceitar a realidade tal como ela é, tal como ela nos é apresentada. Resta uma última pergunta: "Existe uma verdade na política?"*

– Acredito muito na verdade para não supor que haja diferentes verdades e diferentes maneiras de dizê-la. É claro que não se pode pedir a um governo para dizer a verdade, toda a verdade, nada mais que a verdade. Em troca, é possível exigir dos governos uma certa verdade em relação aos projetos finais, às escolhas gerais de sua tática, a um certo número de pontos particulares de seu programa: é a *parrhesia* (a livre fala) do governado que pode, que deve interpelar o governo em nome do saber, da experiência que ele tem, a partir do fato de que ele é um cidadão, sobre o que o outro faz, sobre o sentido de sua ação, sobre as decisões que ele tomou.

É preciso, no entanto, evitar uma armadilha na qual os governantes querem fazer com que os intelectuais caiam, e na qual estes frequentemente caem: "Coloquem-se em nosso lugar e digam o que vocês fariam." Esta não é uma questão à qual se tenha que responder. Tomar uma decisão em uma matéria qualquer implica um conhecimento dos documentos que nos é recusado, uma análise da situação que não se teve possibilidade de fazer. Trata-se de uma armadilha. Entretanto, não resta a menor dúvida de que, como governados, temos perfeitamente o direito de colocar as questões de verdade:[3] "O que vocês fazem quando, por exemplo, são hostis aos euromísseis ou quando, pelo contrário, vocês os defendem, quando reestruturam a siderurgia da Lorraine, quando abrem o dossiê do ensino livre?"

---

3 Alusão ao projeto de Livre blanc que M. Foucault havia proposto a um pequeno grupo de trabalho que se reunia no hospital Tarnier, grupo conhecido como "*Académie Tarnier*".

– *Nessa descida ao inferno, que é uma longa meditação, uma longa busca – uma descida na qual se vai de qualquer forma em busca da verdade –, que tipo de leitor o senhor gostaria de encontrar? É fato que, se talvez há ainda bons escritores, há cada vez menos bons leitores.*

– Eu responderia, *leitores*. E é verdade que não se é mais lido. O primeiro livro que se escreve é lido porque não somos conhecidos, porque as pessoas não sabem quem somos, e ele é lido na desordem e na confusão, o que para mim está muito bem. Não há razão para que se faça não apenas o livro, mas também a lei do livro. A única lei é: todas as leituras são possíveis. Não vejo maior inconveniente se um livro, ao ser lido, é lido de diferentes maneiras. O grave é que, à medida que se escrevem livros, já não se é mais lido e, de deformação em deformação, uns pegando carona nos outros, chega-se a dar do livro uma imagem absolutamente grotesca.

Aqui se coloca efetivamente um problema: é preciso entrar na polêmica e responder a cada uma dessas deformações e, consequentemente, estabelecer uma lei para os leitores – o que me repugna –, ou então deixar – o que igualmente me repugna – que o livro seja deformado até se tornar a caricatura dele mesmo?

Haveria uma solução: a única lei sobre a imprensa, a única lei sobre o livro que eu gostaria de ver instaurada seria a proibição de utilizar duas vezes o nome do autor, com um maior direito ao anonimato e a um pseudônimo, para que cada livro seja lido por ele mesmo. Há livros para os quais o conhecimento do autor é uma chave de inteligibilidade. Porém, exceto para alguns grandes autores, para a maior parte dos outros esse conhecimento não serve rigorosamente para nada. Ele apenas serve de tela. Para alguém como eu, que não sou um grande autor mas apenas alguém que produz livros, gostaria que eles fossem lidos por eles mesmos, com suas imperfeições e suas eventuais qualidades.

1988

Verdade, Poder e Si mesmo

"Truth, power, self" ("Verdade, poder e si"; entrevista com R. Martin, Universidade de Vermont, 25 de outubro de 1982; trad. F. Durand-Bogaert), in Hutton (P. H.), Gutman (H.) e Martin (L. H.), ed., *Technologies of the self. A seminar with Michel Foucault*, Amherst, The University of Massachusetts Press, 1988, p. 9-15.

– *Por que o senhor decidiu vir à Universidade de Vermont?*

– Para explicar mais precisamente a certas pessoas a natureza do meu trabalho, para conhecer a natureza dos trabalhos delas, e para estabelecer relações permanentes. Não sou um escritor, um filósofo nem uma grande figura da vida intelectual: sou um professor. Um fenômeno social me intriga: desde os anos 1960 certos professores tendem a se tornar homens públicos, com as mesmas obrigações. Não quero bancar o profeta e dizer: "Sentem-se, por favor, o que tenho a dizer é muito importante." Vim para discutirmos nosso trabalho comum.

– *Muito frequentemente o senhor é taxado de "filósofo", mas também de "historiador", de "estruturalista" e de "marxista". Sua cadeira no Collège de France se intitula "História dos sistemas de pensamento". O que isso significa?*

– Não considero necessário saber exatamente quem sou. O que constitui o interesse principal da vida e do trabalho é que eles lhe permitem tornar-se diferente do que você era no início. Se, ao começar a escrever um livro, você soubesse o que irá dizer no final, acredita que teria coragem de escrevê-lo? O que vale para a escrita e a relação amorosa vale também para a vida. Só vale a pena na medida em que se ignora como terminará.

Meu domínio é o da história do pensamento. O homem é um ser pensante. A maneira como ele pensa tem relação com a sociedade, com a política, com a economia e com a história; também se relaciona com categorias muito gerais, até universais, e com estruturas formais. Porém o pensamento e as relações sociais são duas coisas bem diferentes. As categorias universais da lógica não estão aptas a dar conta adequadamente da maneira como as pessoas realmente pensam. Entre a história social e as análises formais do pensamento há uma via, uma pista – talvez muito estreita –, a do historiador do pensamento.

– *Em* História da sexualidade, *o senhor se refere àquele que "perturba a lei como aquele que antecipa, por pouco que seja, a liberdade futura". O senhor vê seu trabalho dessa forma?*

– Não. Durante muito tempo, as pessoas me pediram para lhes explicar o que iria acontecer e lhes fornecer um programa para o futuro. Sabemos muito bem que, mesmo quando inspirados pelas melhores intenções, esses programas sempre se tornam uma ferramenta, um instrumento de opressão. A Revolução Francesa se serviu de Rousseau, que tanto amava a liberdade, para elaborar um modelo de opressão social. O estalinismo e o leninismo horrorizariam Marx. Meu papel – mas este é um termo muito pomposo – é mostrar às pessoas que elas são muito mais livres do que pensam, que elas tomam por verdadeiros, por evidentes certos temas fabricados em um momento particular da história, e que essa pretensa evidência pode ser criticada e destruída. O papel de um intelectual é mudar alguma coisa no pensamento das pessoas.

– *Em seus textos, o senhor parece fascinado pelos indivíduos que vivem à margem da sociedade: loucos, leprosos, criminosos, transviados, hermafroditas, assassinos, pensadores obscuros. Por quê?*

– Sou às vezes criticado por preferir pensadores marginais a basear meus exemplos nos fundamentos da história tradicional. Eu lhe daria uma resposta esnobe: é impossível considerar como obscuros personagens como Bopp ou Ricardo.

– *Mas qual é seu interesse nos rejeitados pela sociedade?*

– Analiso as figuras e os processos obscuros por duas razões: os processos políticos e sociais que permitiram a organização das sociedades da Europa Ocidental não são muito aparentes, foram esquecidos ou se tornaram habituais. Esses processos fazem parte da nossa paisagem mais familiar e não os percebemos mais. Ora, em sua maioria, eles um dia escandalizaram pessoas. Um dos meus objetivos é mostrar às pessoas que um bom número de coisas que fazem parte de sua paisagem familiar – que elas consideram universais – são o produto de certas transformações históricas bem precisas. Todas as minhas análises se contrapõem à ideia de necessidades universais na existência humana. Elas acentuam o caráter arbitrário das instituições e nos mostram de que espaço de liberdade ainda dispomos, quais são as mudanças que podem ainda se efetuar.

– *Seus textos são portadores de correntes emocionais profundas raramente encontradas nas análises científicas: a angústia, em* Vigiar e punir, *o desespero e a esperança, em* As palavras e as coisas, *a indignação e a tristeza, em* História da loucura.

– Cada um dos meus livros representa uma parte da minha história. Por uma razão ou por outra, foi-me concedido experimentar ou viver essas coisas. Tomando um exemplo simples, trabalhei em um hospital psiquiátrico durante os anos 1950. Depois de ter estudado filosofia, quis ver o que era a loucura: eu tinha sido muito louco para estudar a razão, fui bastante racional para estudar a loucura. Nesse hospital, eu tinha a liberdade de ir dos pacientes à equipe médica, pois não tinha uma função precisa. Era a época do florescimento da neurocirurgia, o início da psicofarmacologia, o reino da instituição tradicional. Em um primeiro momento, aceitei as coisas como necessárias, mas depois de três meses (tenho um pensamento lento!), comecei a me perguntar: "Mas para que essas coisas são necessárias?" Ao fim de três anos, deixei esse emprego e fui para a Suécia, com um sentimento de grande mal-estar pessoal; lá comecei a escrever uma história dessas práticas.

História da loucura era considerado o primeiro de vários volumes. Gosto de escrever os primeiros volumes, mas detesto escrever os segundos. Viram, em meus livros, uma atitude psiquiatricida, quando era uma descrição do tipo histórico. O senhor conhece a diferença entre uma verdadeira ciência e uma pseudociência? Uma verdadeira ciência reconhece e aceita sua própria história sem se sentir atacada. Quando se diz a um psiquiatra que sua instituição nasceu do leprosário, ele se enfurece.

– *Qual foi a origem de* Vigiar e punir?

– Devo confessar que não tenho nenhuma ligação direta com as prisões ou com os prisioneiros, embora tenha trabalhado como psicólogo em uma prisão francesa. Quando estava na Tunísia, vi pessoas serem presas por motivos políticos, e isso me influenciou.

– *A época clássica é uma época pivô em todos os seus escritos. O senhor sente nostalgia da clareza dessa época, ou da "visibilidade" da Renascença, quando tudo era unificado e exposto?*

– Toda essa beleza das épocas antigas é mais um efeito do que uma fonte da nostalgia. Sei perfeitamente que fomos nós que a inventamos. Mas é melhor sentir esse tipo de nostalgia, assim como é bom, quando se têm filhos, ter uma relação satisfatória com sua infância. É bom sentir nostalgia em relação a certos períodos, desde que isso seja uma maneira de manter uma relação refletida e positiva com o presente. Mas, se a nostalgia se torna um motivo para se mostrar agressivo e incompreensivo em relação ao presente, então é preciso bani-la.

– *O que o senhor lê por prazer?*

– Os livros e os autores que produzem em mim uma grande emoção: Faulkner, Thomas Mann, o romance de Malcolm Lowry, *Sous le volcan*.

– *O que, intelectualmente, influenciou seu pensamento?*

– Fiquei surpreso quando dois dos meus amigos de Berkeley escreveram, em seu livro, que eu tinha sido influenciado por Heidegger.[1] Certamente é verdade, mas ninguém na França o havia apontado. Nos anos 1950, quando eu era estudante, lia Husserl, Sartre, Merleau-Ponty. Quando uma influência se faz sentir com muita intensidade, procura-se abrir uma janela. Heidegger – e isso é bastante paradoxal – não é, para um francês, um autor muito difícil de compreender. O fato de cada palavra ser um enigma não é uma condição muito ruim para se compreender Heidegger. *Ser e tempo* é um livro difícil, mas os textos mais recentes são menos enigmáticos.

Nietzsche foi uma revelação para mim. Tive a impressão de descobrir um autor muito diferente daquele que me havia sido ensinado. Eu o li apaixonadamente e rompi com minha vida, abandonei o emprego no hospital psiquiátrico, deixei a França: tinha o sentimento de ter sido capturado. Através de Nietzsche, tinha me tornado estranho a todas essas coisas. Nem sempre estou bem integrado à vida social e intelectual francesa. Quan-

---

1 Dreyfus (H.) e Rabinow (P.), *Michel Foucault: beyond structuralism and hermeneutics*, Chicago, University of Chicago Press, 1982 (*Michel Foucault, un parcours philosophique*, trad. F. Durand-Bogaert, Paris, Gallimard, 1984).

do tiver oportunidade, deixo a França. Se eu fosse mais jovem, teria emigrado para os Estados Unidos.
– *Por quê?*
– Vislumbro oportunidades aqui. Vocês não têm uma vida intelectual e cultural homogênea. Como estrangeiro, não tenho que me integrar. Nenhuma pressão se exerce sobre mim. Há aqui muitas grandes universidades, todas com interesses diferentes. Mas, certamente, a universidade poderia me excluir da maneira mais indigna.
– *O que o leva a dizer que a universidade poderia excluí-lo?*
– Tenho muito orgulho de que certas pessoas pensem que represento um perigo para a saúde intelectual dos estudantes. Quando as pessoas começam a raciocinar nas atividades intelectuais em termos de saúde, é porque alguma coisa não vai muito bem. Para eles, sou um homem perigoso, já que sou um criptomarxista, um irracionalista, um niilista.
– *Seria possível deduzir da leitura de* As palavras e as coisas *que as iniciativas individuais de reforma são impossíveis, porque as descobertas têm todos os tipos de significações e de implicações que seus inventores não podem compreender. Em* Vigiar e punir, *por exemplo, o senhor mostra que se passou subitamente da corrente dos trabalhos forçados à viatura fechada de polícia, do espetáculo do suplício ao seu encargo pelos mecanismos disciplinares e pela instituição. Mas o senhor acentua também o fato de que essa mudança que, na época, parecia uma reforma, não passava, na verdade, da padronização dos poderes punitivos da sociedade. Como a mudança consciente é possível?*
– Como o senhor pode me atribuir a ideia de que a mudança é impossível, já que sempre relacionei os fenômenos que eu analisava à ação política? Todo o trabalho de *Vigiar e punir* é um esforço para responder a essa questão e para mostrar de que maneira um novo modo de pensamento se instaurou.

Somos todos seres que vivem e que pensam. Aquilo contra o qual reajo é a ruptura que existe entre a história social e a história das ideias. Supõe-se que os historiadores das sociedades descrevam a maneira como as pessoas agem sem pensar, e os historiadores das ideias, a maneira como as pessoas pensam sem agir. Todo mundo pensa e age ao mesmo tempo. A maneira como as pessoas agem e reagem está ligada a uma maneira de pensar, e essa maneira de pensar está, naturalmente, ligada à tradição. O fenômeno que tentei analisar é aquele, muito complexo, pelo qual, em um tempo relativamente curto, as pessoas passaram a reagir diferentemente aos crimes e aos criminosos.

Escrevi dois tipos de livros. Um, *As palavras e as coisas*, tem exclusivamente como objeto o pensamento científico; o outro, *Vigiar e punir*, tem como objeto as instituições e os princípios sociais. A história da ciência experimentou um desenvolvimento diferente daquele da sensibilidade. Para ser reconhecido como discurso científico, o pensamento deve corresponder a certos critérios. Em *Vigiar e punir*, textos, práticas e indivíduos se confrontam.

Se verdadeiramente procurei analisar as mudanças em meus livros, não foi para encontrar suas causas materiais, mas para mostrar a interação entre diferentes fatores e a maneira como os indivíduos reagem. Acredito na liberdade dos indivíduos. Diante da mesma situação, as pessoas reagem de maneira muito diferente.

– *O senhor conclui* Vigiar e punir *dizendo: "Interrompo aqui esse livro que deve servir de pano de fundo histórico para diversos estudos sobre o poder de normalização e a formação do saber na sociedade moderna." Que relação o senhor vê entre a normalização e a ideia de que o homem está no centro do saber?*

– Através dessas diferentes práticas – psicológicas, médicas, penitenciárias, educativas – formou-se uma certa ideia, um modelo de humanidade; e essa ideia do homem tornou-se atualmente normativa, evidente, e é tomada como universal. Ora, é possível que o humanismo não seja universal, mas correlativo a uma situação particular. O que chamamos de humanismo foi utilizado pelos marxistas, pelos liberais, pelos nazistas e pelos católicos. Isso não significa que devamos rejeitar o que chamamos de "direitos do homem" e de "liberdade", mas implica a impossibilidade de dizer que a liberdade ou os direitos do homem devem estar circunscritos dentro de certas fronteiras. Se, por exemplo, o senhor tivesse perguntado há 80 anos se a virtude feminina fazia parte do humanismo universal, todo mundo teria respondido que sim.

O que me assusta no humanismo é que ele apresenta uma certa forma de nossa ética como um modelo universal válido para qualquer tipo de liberdade. Penso que nosso futuro comporta mais segredos, liberdades possíveis e invenções do que o humanismo nos permite imaginar, na representação dogmática que fazem dele os diferentes componentes do espectro político: a esquerda, o centro e a direita.

– *É isso o que evocam as "técnicas de si"?*

– Sim. Na ocasião, o senhor disse que pensava que eu era imprevisível. É verdade. Mas às vezes dou a impressão de ser muito sistemático e muito rígido.

Os problemas que estudei são os três problemas tradicionais. 1) Que relações mantemos com a verdade através do saber científico, quais são nossas relações com esses "jogos de verdade" tão importantes na civilização, e nos quais somos simultaneamente sujeitos e objetos? 2) Que relações mantemos com os outros, através dessas estranhas estratégias e relações de poder? Por fim, 3) quais são as relações entre verdade, poder e si mesmo?

Gostaria de concluir a entrevista com uma pergunta: o que haveria de mais clássico do que essas questões e de mais sistemático do que passar da questão um à questão dois e à questão três para voltar à questão um? É justamente nesse ponto que me encontro.

1988

A Tecnologia Política dos Indivíduos

"The political technology of individuals" ("A tecnologia política dos indivíduos"; Universidade de Vermont, outubro de 1982; trad. P.-E. Dauzat), *in* Hutton (P. H.), Gutman (H.) e Martin (L. H.), ed., *Technologies of the self. A seminar with Michel Foucault*, Amherst, The University of Massachusetts, 1988, p. 145-162.

Uma questão surgida no final do século XVIII define o quadro geral do que chamo de "técnicas de si". Ela se tornou um dos polos da filosofia moderna. Essa questão se separa nitidamente das questões filosóficas ditas tradicionais: O que é o mundo? O que é o homem? O que foi feito da verdade? O que foi feito do conhecimento? De que modo o saber é possível? E assim por diante. A meu ver, a questão surgida no final do século XVIII é a seguinte: O que somos nesse tempo que é o nosso? Vocês encontrarão essa questão formulada em um texto de Kant. Isso não significa que seria preciso deixar de lado as questões precedentes a respeito da verdade, do conhecimento etc. Elas constituem, pelo contrário, um campo de análise tão sólido quanto consistente, ao qual eu daria de boa vontade a denominação de ontologia formal da verdade. Porém acredito que a atividade filosófica concebeu um novo polo, e que esse polo se caracteriza pela questão, permanente e perpetuamente renovada: "O que somos hoje?" Este é, a meu ver, o campo da reflexão histórica sobre nós mesmos. Kant, Fichte, Hegel, Nietzsche, Max Weber, Husserl, Heidegger e a Escola de Frankfurt tentaram responder a essa questão. Inscrevendo-me nessa tradição, meu objetivo é trazer respostas muito parciais e provisórias a essa questão através da história do pensamento ou, mais precisamente, através da análise histórica das relações entre nossas reflexões e nossas práticas na sociedade ocidental.

Precisemos resumidamente que, através do estudo da loucura e da psiquiatria, do crime e do castigo, tentei mostrar como nos constituímos indiretamente pela exclusão de alguns outros: criminosos, loucos etc. Meu atual trabalho trata, doravante, da questão: como constituímos diretamente nossa identidade por meio de certas técnicas éticas de si, que se desenvolveram desde a Antiguidade até os nossos dias? Foi esse o objeto do seminário.

Gostaria de estudar agora um outro campo de questões: a maneira pela qual, por intermédio de alguma tecnologia política dos indivíduos, fomos levados a nos reconhecermos como sociedade, como elemento de uma entidade social, como parte de uma nação ou de um Estado. Gostaria de lhes dar um resumo, não das técnicas de si, mas da tecnologia política dos indivíduos.

Certamente, temo que os materiais de que trato sejam demasiadamente técnicos e históricos para uma conferência aberta ao público. Não sou absolutamente um conferencista, e sei que esses materiais seriam mais adequados para um seminário. Porém, apesar de sua tecnicidade talvez excessiva, tenho duas boas razões para apresentá-los a vocês. Em primeiro lugar, acredito que é um pouco pretensioso expor de maneira mais ou menos profética aquilo que as pessoas devem pensar. Prefiro deixá-las tirar suas próprias conclusões ou inferir ideias gerais das interrogações que me esforço para levantar através da análise de materiais históricos bem precisos. Acho que isso é mais respeitoso em relação à liberdade de cada um e, desse modo, essa é a minha abordagem. Meu segundo motivo para lhes apresentar materiais tão técnicos é que não vejo por que o público de uma conferência seria menos inteligente, menos informado ou menos culto do que o de um curso. Ataquemos então agora o problema da tecnologia política dos indivíduos.

Em 1779, foi publicado o primeiro volume de uma obra do alemão J. P. Frank, intitulada *System einer vollständigen Medicinischen Polizey;* cinco outros tomos deveriam segui-lo. Quando o último volume saiu da gráfica, em 1790, a Revolução Francesa já havia começado.[1] Por que aproximar um evento tão célebre quanto a Revolução Francesa dessa obra obscura? A razão é simples. A obra de Frank é o primeiro grande programa sistemático de saúde pública para o Estado moderno.

---

1 Frank (J. P.), *System einer vollständigen Medicinischen Polizey*, Mannheim, C. F. Schwann, 1780-1790, 4 vol.

Ele indica, com riqueza de detalhes, o que uma administração deve fazer para garantir o abastecimento geral, uma moradia decente, a saúde pública, sem esquecer as instituições médicas necessárias à boa saúde da população, em suma, para proteger a vida dos indivíduos. Por esse livro, podemos perceber que o cuidado com a vida do indivíduo se tornou, nessa época, um dever do Estado.

Na mesma época, a Revolução Francesa anuncia as grandes guerras nacionais da nossa era, que colocam em ação os exércitos nacionais e acabam, ao atingir seu apogeu, nas imensas carnificinas coletivas. Creio que podemos observar um fenômeno semelhante durante a Segunda Guerra Mundial. Haveria dificuldade de encontrar em toda a história carnificina comparável à da Segunda Guerra Mundial e, precisamente nesse período, nessa época, foram colocados em prática os grandes programas de proteção social, de saúde pública e de assistência médica. Também nessa mesma época foi, senão concebido, pelo menos publicado o plano Beveridge. Poderíamos resumir essa coincidência pelo *slogan*: Deixem-se massacrar e nós lhes prometemos uma vida longa e agradável. A garantia da vida faz dupla com uma sentença de morte.

A coexistência, no seio das estruturas políticas, de enormes máquinas de destruição e de instituições dedicadas à proteção da vida individual é uma coisa desconcertante que merece ser investigada. É uma das antinomias centrais de nossa razão política. E é sobre essa antinomia de nossa racionalidade política que eu gostaria de me debruçar. Não porque as carnificinas coletivas sejam o efeito, o resultado ou a consequência lógica de nossa racionalidade, nem que o Estado tenha a obrigação de cuidar dos indivíduos, já que ele tem o direito de matar milhões de pessoas. Tampouco pretendo negar que as carnificinas coletivas ou a proteção social tenham suas explicações econômicas ou suas motivações afetivas.

Perdoem-me por voltar ao mesmo ponto: somos seres pensantes. Em outras palavras, quer matemos ou sejamos mortos, quer façamos a guerra ou exijamos ajuda como desempregados, quer votemos pró ou contra um governo que amputa as verbas da segurança social e aumenta as despesas militares, somos pelo menos seres pensantes e fazemos tudo isso em nome, certamente, de regras de conduta universais, mas também em virtude de uma racionalidade histórica bem precisa. É essa racionalidade, assim como o jogo da morte e da vida cujo enquadre foi por ela definido, que eu gostaria de estudar em uma perspectiva histórica. Esse tipo de racionalidade, que constitui um dos traços essenciais da racionalidade política moderna, desenvolveu-se nos séculos XVII e XVIII através da ideia geral de "razão de Estado", assim como de um conjunto bem específico de técnicas de governo chamado, na época, em um sentido bem particular, de polícia.

Comecemos pela "razão de Estado". Lembrarei sucintamente um pequeno número de definições retiradas de autores italianos e alemães. No final do século XVI, um jurista italiano, Botero, dá esta definição de razão de Estado: "Um conhecimento perfeito dos meios através dos quais os Estados se constituem, se consolidam, subsistem e se desenvolvem.[2] Um outro italiano, Palazzo, escreve no início do século XVII (*Discours du gouvernement et de la véritable raison d'État*, 1606):[3] "Uma razão de Estado é um método ou uma arte que nos permite descobrir como fazer reinar a ordem ou a paz no seio da República." E Chemnitz, autor alemão da metade do século XVII (*De ratione Status*, 1647),[4] dá, por seu lado, esta definição: "Determinada avaliação política necessária para todos os negócios públicos, conselhos e projetos, cuja única finalidade é a preservação, a expansão e a felicidade do Estado" – notem bem estas palavras: preservação do Estado, expansão do Estado e felicidade do Estado – "e com essa finalidade são empregados os meios mais rápidos e cômodos".

Detenhamo-nos em certos traços comuns a essas definições. Em primeiro lugar, a razão de Estado é considerada como uma "arte", ou seja, como uma técnica que se conforma a certas regras. Essas regras não observam simplesmente os costumes e as tradições, mas também um determinado conhecimento racional. Atualmente, a expressão "razão de Estado" evoca bem mais, como sabem, o arbítrio ou a violência. Porém, na época,

---

2 Botero (G.), *Della ragione di Stato dieci libri*, Roma, V. Pellagallo, 1590 (*Raison et gouvernement d'État en dix livres*, trad. G. Chappuys, Paris, Chaudière, 1599).
3 Palazzo (G. A.) *Discorso del governo e della ragione vera di Stato*, Veneza, de Franceschi, 1606 (*Discours du gouvernement et de la raison vraie d'État*, trad. A. de Vallières, Douay, B. Bellère, 1611).
4 Chemnitz (B. P. von), *Dissertatio de ratione Status in imperio nostro romano-germanico*, Freistadii, 1647.

ela era entendida como uma racionalidade própria à arte de governar os Estados. De onde esta arte de governar tira sua razão de ser? A resposta a essa questão provocou o escândalo do pensamento político nascente, na aurora do século XVII. E, no entanto, segundo os autores citados, ela é muito simples. A arte de governar é racional com a condição de observar a natureza daquele que é governado, ou seja, o próprio Estado.

Proferir tal evidência, tal lugar-comum era, na verdade, romper simultaneamente com duas tradições opostas: a tradição cristã e a teoria de Maquiavel. Esta pretendia que um governo, para ser fundamentalmente justo, devia respeitar todo um sistema de leis: humanas, naturais e divinas.

A esse respeito, há um texto revelador de São Tomás, no qual ele explica que o rei, no governo de seu reino, deve imitar o governo da natureza por Deus. O rei deve fundar cidades exatamente como Deus criou o mundo; ele deve conduzir o homem à sua finalidade, tal como Deus fez em relação aos seres naturais. E qual é a finalidade do homem? A saúde física? Não, responde São Tomás. Se a saúde do corpo fosse a finalidade do homem, ele necessitaria apenas de um médico, não de um rei. A riqueza? Tampouco. Um administrador bastaria. A verdade? Tampouco, responde São Tomás, pois para encontrar a verdade não há necessidade de um rei, mas apenas de um mestre. O homem precisa de alguém que seja capaz de abrir a via para a felicidade celeste, conformando-se, aqui embaixo, ao que é *honestum*. Cabe ao rei conduzir o homem ao *honestum*, sua finalidade natural e divina.

O modelo de governo racional apreciado por São Tomás não é absolutamente político, embora, nos séculos XVI e XVII, se estivesse à procura de outras denominações da razão de Estado, dos princípios capazes de guiar concretamente um governo. Não havia mais interesse pelas finalidades naturais ou divinas do homem, mas sim pelo que era o Estado.

A razão de Estado se opõe também a um outro tipo de análise. Em *O príncipe*, o problema de Maquiavel é saber como é possível proteger, contra seus adversários internos ou externos, uma província ou um território adquirido por herança ou por conquista. Toda a análise de Maquiavel tenta definir o que consolida a relação entre o príncipe e o Estado, embora o problema posto no início do século XVII pela noção de razão de Estado fosse o da própria existência e o da natureza dessa nova entidade que é o Estado. É certamente por isto que os teóricos da razão de Estado se esforçaram para se manter tão distantes quanto possível de Maquiavel: este gozava de uma péssima reputação na época, e eles não podiam reconhecer o problema dele no seu, que não era o problema do Estado, mas sim o das relações entre o príncipe – o rei – e seu território e seu povo. Apesar de todas as querelas em torno do príncipe e da obra de Maquiavel, a razão de Estado assinala um marco importante no aparecimento de um tipo de racionalidade extremamente diferente daquele próprio à concepção de Maquiavel. O propósito dessa nova arte de governar é precisamente não fortalecer o poder do príncipe. Trata-se de consolidar o próprio Estado.

Resumindo o que dissemos, a razão de Estado não remete à sabedoria de Deus, à razão, nem às estratégias do príncipe. Ela se relaciona ao Estado, à sua natureza e à sua racionalidade própria. Esta tese – a de que a finalidade de um governo é fortalecer o Estado – implica diversas ideias que considero importante abordar para acompanhar o progresso e o desenvolvimento de nossa racionalidade política moderna.

A primeira dessas ideias se refere à relação inédita estabelecida entre a política como prática e a política como saber. Ela trata da possibilidade de um saber político específico. Segundo São Tomás, bastava ao rei se mostrar virtuoso. O chefe da cidade, na república platônica, devia ser filósofo. Pela primeira vez, o homem que deve dirigir os outros no âmbito do Estado deve ser um político: ele deve poder se apoiar em uma competência e um saber políticos específicos.

O Estado é uma coisa que existe por si. É uma espécie de objeto natural, apesar de os juristas se esforçarem para saber como ele pôde se constituir de maneira legítima. O Estado é em si mesmo uma ordem das coisas, e o saber político o distingue das reflexões jurídicas. O saber político trata não dos direitos do povo nem das leis humanas ou divinas, mas da natureza do Estado que deve ser governado. O governo só é possível quando se conhece a força do Estado: é por meio desse saber que ela pode ser mantida. É necessário conhecer a capacidade do Estado e os meios para desenvolvê-lo, assim como a força e a capacidade dos outros Estados, dos Estados rivais ao meu. O Estado governado deve fazer frente aos outros. O governo não poderia se restringir unicamente à aplicação dos princípios gerais de razão, de sabedoria e de prudência. Um saber específico é necessário:

um saber concreto, preciso, mensurado, que se relaciona ao poderio do Estado. A arte de governar, característica da razão de Estado, está intimamente ligada ao desenvolvimento do que se chamou, nessa época, de aritmética política – ou seja, o conhecimento que possibilita a competência política. O outro nome dessa aritmética política – vocês o sabem perfeitamente – era a estatística, uma estatística sem nenhuma relação com a probabilidade, mas correlacionada ao conhecimento pelo Estado das forças respectivas dos diferentes Estados.

O segundo ponto importante decorrente dessa ideia de razão do Estado não é senão o surgimento de relações inéditas entre política e história. Desse ponto de vista, a verdadeira natureza do Estado não é mais concebida como um equilíbrio entre vários elementos que unicamente uma boa lei poderia manter reunidos. Ela aparece então como um conjunto de forças e de trunfos capazes de serem fortalecidos ou enfraquecidos conforme a política adotada pelos governos. Importa aumentar essas forças, uma vez que cada Estado se encontra em uma rivalidade permanente com os outros países, nações e Estados, de modo que cada Estado não tenha apenas, diante de si, um futuro perpétuo de lutas, ou pelo menos de competições com Estados semelhantes. Ao longo de toda a Idade Média, predominou a ideia de que todos os reinos da terra seriam um dia unificados em um último império, precisamente antes da volta de Cristo. Desde o início do século XVII, essa ideia anteriormente familiar passa a ser vista como um sonho, que havia sido um dos traços mais importantes do pensamento político ou do pensamento histórico-político durante a Idade Média. Esse projeto de reconstrução do Império Romano se dissipa para sempre. A partir de então, a política deve lidar com uma irredutível multiplicidade de Estados que lutam e rivalizam em uma história limitada.

A terceira ideia que podemos extrair dessa noção de razão de Estado é a seguinte: uma vez que o Estado é sua própria finalidade e que a finalidade exclusiva dos governos deve ser não apenas a conservação, mas também o fortalecimento permanente e o desenvolvimento das forças do Estado, fica claro que os governos não têm que se preocupar com os indivíduos; ou melhor, eles apenas têm que se preocupar com os indivíduos quando eles apresentam algum interesse para essa finalidade: o que eles fazem, sua vida, sua morte, sua atividade, sua conduta individual, seu trabalho, e assim por diante. Eu diria que, nesse tipo de análise das relações entre o indivíduo e o Estado, o indivíduo interessa ao Estado unicamente quando ele pode fazer alguma coisa pelo poderio do Estado. Mas ele é, desse ponto de vista, um elemento que poderíamos definir como um marginalismo político em seu gênero, já que aqui somente está em questão a sua utilidade política. Do ponto de vista do Estado, o indivíduo apenas existe quando ele promove diretamente uma mudança, mesmo que mínima, no poderio do Estado, seja esta positiva ou negativa. O Estado tem que se ocupar do indivíduo apenas quando ele pode introduzir tal mudança. E tanto o Estado lhe pede para viver, trabalhar, produzir e consumir, como lhe exige morrer.

Essas ideias são manifestamente aparentadas com um outro conjunto de ideias que podemos encontrar na filosofia grega. Na verdade, a referência às cidades gregas é muito frequente nessa literatura política do início do século XVII. Porém, creio que um pequeno número de temas semelhantes dissimula que alguma coisa bem diferente está em gestação nessa nova teoria política. Efetivamente, no Estado moderno, a integração acessória dos indivíduos à utilidade do Estado não toma a forma da comunidade ética característica da cidade grega. Nessa nova racionalidade política, ela é adquirida com a ajuda de uma técnica bem particular que se chamava, então, polícia.

Tocamos aqui no problema que eu gostaria de analisar em algum trabalho futuro. Esse problema é o seguinte: que tipos de técnicas políticas, que tecnologia de governo foram aplicadas, utilizadas e desenvolvidas no quadro geral da razão de Estado para fazer do indivíduo um elemento de peso para o Estado? Quando se analisa o papel do Estado em nossa sociedade, o mais frequente é concentrar-se nas instituições – exército, função pública, burocracia, e assim por diante –, no tipo de pessoas que as dirigem, ou se analisam as teorias ou ideologias elaboradas para justificar ou legitimar a existência do Estado.

O que pesquiso, pelo contrário, são as técnicas, as práticas que dão uma forma concreta a essa nova racionalidade política e a esse novo tipo de relação entre a entidade social e o indivíduo. De modo bastante surpreendente, encontram-se – pelo menos em países como a Alemanha e a França onde, por diferentes razões, o problema do Estado era considerado o mais importante – pessoas que reconhecem a necessidade de definir, de descrever e de organizar muito explicitamente essa nova tecnologia do poder, as novas técnicas que permitem integrar o indivíduo à entidade social. Elas valorizaram esta necessidade, e lhe deram um nome: *police*, em francês, e *Polizei*, em alemão. (Creio que *police* em inglês tem um sentido muito diferente.) Cabe a nós precisamente tentar dar melhores definições do que significavam esses vocábulos francês e alemão: *police* e *Polizei*.

O sentido deles é pelo menos desconcertante, já que, pelo menos do século XIX até hoje, eles são empregados para designar uma coisa totalmente diferente, uma instituição bastante precisa que, pelo menos na França e na Alemanha – não sei como é nos Estados Unidos –, nem sempre gozou de uma excelente reputação. Mas, do final do século XVI ao fim do século XVIII, os termos *police* e *Polizei* tiveram um sentido simultaneamente mais amplo e mais preciso. Nessa época, quando se falava de polícia, falava-se das técnicas específicas que permitiam a um governo, no âmbito do Estado, governar o povo sem perder de vista a grande utilidade dos indivíduos para o mundo.

Visando a analisar um pouco mais precisamente essa nova tecnologia de governo, creio que seria melhor tentar apreendê-la nas três principais formas que qualquer tecnologia é levada a assumir ao longo de seu desenvolvimento e de sua história: um sonho, ou melhor, uma utopia; depois, uma prática na qual regras regem verdadeiras instituições; e, finalmente, uma disciplina acadêmica.

Louis Turquet de Mayerne dá um bom exemplo, no início do século XVII, da opinião da época em face da técnica utópica ou universal de governo. Em seu livro, *La monarchie aristo-démocratique* (1611),[5] ele propôs a especialização do poder executivo e dos poderes de polícia, cuja tarefa era velar pelo respeito cívico e pela moral pública.

Turquet sugeria a criação, em cada província, de quatro conselhos de polícia encarregados da manutenção da ordem pública. Dois cuidariam das pessoas; os dois outros, dos bens. O primeiro conselho deveria cuidar dos aspectos positivos, ativos e produtivos da vida. Em outras palavras, ele se ocuparia da educação, determinaria com grande precisão os interesses e as aptidões de cada um. Testaria a aptidão das crianças des-

---

5 Turquet de Mayerne (L.), *La monarchie aristo-démocratique, ou le gouvernement composé des trois formes de légitimes républiques*, Paris, 1611.

de o começo de suas vidas: toda pessoa com mais de 25 anos deveria ser inscrita em um registro, no qual se indicariam suas aptidões e sua ocupação, os demais sendo considerados como a escória da sociedade.

O segundo conselho devia se ocupar dos aspectos negativos da vida: dos pobres, viúvos, órfãos, anciãos, que tinham necessidade de ajuda; ele também devia regulamentar o caso de pessoas destinadas a um trabalho, mas que podiam se mostrar recalcitrantes, daqueles cujas atividades exigiam uma ajuda pecuniária, e ele devia administrar um escritório de doações e de empréstimos financeiros aos indigentes. Devia também cuidar da saúde pública – doenças, epidemias – e dos acidentes, tais como incêndios e inundações, e organizar uma espécie de seguro destinado às pessoas que precisavam ser protegidas de tais acidentes.

O terceiro conselho devia se especializar em mercadorias e produtos manufaturados. Devia indicar o que era preciso produzir e como fazê-lo, assim como controlar o mercado e o comércio – o que era uma função muito tradicional da polícia. O quarto conselho cuidaria do domínio, isto é, do território e do espaço, dos bens privados e das heranças, das doações e vendas, sem esquecer dos direitos senhoriais, das estradas, dos rios, dos edifícios públicos etc.

Sob muitos pontos de vista, esse texto se aproxima das utopias políticas tão numerosas na época e mesmo após o século XVI. Porém ele também é contemporâneo dos grandes debates teóricos sobre a razão de Estado e sobre a organização administrativa das monarquias. Ele é altamente representativo do que deveria ser, na concepção da época, um Estado bem governado.

O que esse texto demonstra? Demonstra primeiramente que a "polícia" aparece como uma administração que dirige o Estado concomitantemente com a justiça, o exército e as finanças. No entanto, ela na verdade engloba todas essas outras administrações e, como explica Turquet, estende suas atividades a todas as situações, a tudo aquilo que os homens fazem ou empreendem. Seu âmbito engloba a justiça, as finanças e o exército.[6]

Assim, como vocês veem, a polícia, nessa utopia, engloba tudo, mas de um ponto de vista extremamente particular. Ho-

---

6 *Ibid.*, livro I, p. 19.

mens e coisas são aí considerados em suas relações. O que interessa à polícia é a coexistência dos homens em um território, suas relações de propriedade, o que eles produzem, o que é trocado no comércio, e assim por diante. Ela também se interessa pela maneira como eles vivem, pelas doenças e acidentes aos quais eles estão expostos. Em suma, é de um homem vivo, ativo e produtivo que a polícia cuida. Turquet emprega uma expressão extraordinária: o homem é o verdadeiro objeto da polícia, afirma ele basicamente.[7]

Ora, não tenho certamente que temer que vocês pensem que forjei essa expressão unicamente com a finalidade de encontrar um desses aforismos provocadores, aos quais – dizem – eu não conseguiria resistir, mas se trata precisamente de uma citação. Não creiam que estou tentando dizer que o homem não passa de um subproduto da polícia. O que importa nessa ideia do homem como verdadeiro objeto da polícia é uma mudança histórica das relações entre poder e indivíduo. De modo geral, eu diria que o poder feudal era constituído pelas relações entre sujeitos jurídicos, uma vez que eles estavam presos a relações jurídicas pelo fato de seu nascimento, de sua classe ou de seu engajamento pessoal, ao passo que, com esse novo Estado de polícia, o governo passa a se ocupar dos indivíduos em função de seu *status* jurídico, certamente, mas também como homens, seres que vivem, trabalham e comerciam.

Passemos agora do sonho à realidade e às práticas administrativas. Há um *compendium* francês do início do século XVIII que nos apresenta, em uma ordem sistemática, as grandes regulamentações de polícia do reino francês. Trata-se de um tipo de manual ou de enciclopédia sistemática para uso dos comissários de Estado. O autor, N. de Lamare, compôs essa enciclopédia da polícia (*Traité de la police*, 1705), em 11 capítulos.[8] O primeiro trata da religião; o segundo, da moralidade; o terceiro, da saúde; o quarto, do abastecimento; o quinto, das ruas, pontes e calçadas e dos edifícios públicos; o sexto, da segurança pública; o sétimo, das artes liberais (de maneira geral, das artes e das ciências); o oitavo, do comércio; o nono, das fábricas; o décimo, dos empregados domésticos e dos carregadores; o décimo primeiro, dos pobres. Essa era,

---

7 *Ibid.*
8 Tomo I, livro I, cap. I, p. 4.

tanto para De Lamare como para seus sucessores, a prática administrativa da França. Esse era, portanto, o âmbito da polícia, da religião dos pobres, passando pela moralidade, pela saúde, pelas artes liberais. Vocês encontrarão a mesma classificação na maioria dos tratados ou *compendiums* relativos à polícia. Como na utopia de Turquet – exceção feita ao exército, à justiça propriamente dita e às contribuições diretas –, a polícia cuidava aparentemente de tudo.

Mas como era, desse ponto de vista, a prática administrativa francesa efetiva? Qual era a lógica que operava por trás da intervenção nos ritos religiosos, nas técnicas de produção em pequena escala, na vida intelectual e na rede viária? A resposta de De Lamare parece um tanto hesitante. Às vezes ele especifica que "a polícia cuida de tudo aquilo que diz respeito à felicidade dos homens",[9] às vezes indica que a "polícia vela por tudo aquilo que regulamenta a sociedade"[10] – e ele entende sociedade como as relações sociais "que prevalecem entre os homens".[11] Às vezes, ainda, ele afirma que a polícia vela pelo vivo. É nessa definição que gostaria de me deter, porque ela é a mais original e acredito que esclarece as outras duas. Aliás, é sobre essa definição que De Lamare insiste. Eis então suas observações sobre as 11 finalidades da polícia. A polícia se ocupa da religião, não certamente do ponto de vista da verdade dogmática, mas sim daquele da qualidade moral da vida. Cuidando da saúde e do abastecimento, ela se dedica a preservar a vida; tratando do comércio, das fábricas, dos trabalhadores, dos pobres e da ordem pública, ela se ocupa das comodidades da vida. Velando pelo teatro, pela literatura, pelos espetáculos, seu objeto não é senão os prazeres da vida. Em suma, a vida é o objeto da polícia. O indispensável, o útil e o supérfluo: estes são os três tipos de coisas das quais necessitamos, ou que podemos utilizar em nossa vida. Que os homens sobrevivam, vivam, façam mais do que simplesmente sobreviver ou viver: esta é exatamente a missão da polícia.

Essa sistematização da prática administrativa francesa me parece importante por diversas razões. Em primeiro lugar – como vocês podem ver – ela se esforça para classificar as ne-

---

9 *Ibid.*, prefácio, p. II.
10 *Ibid.*, livro I, cap. I, p. 2.
11 *Ibid.*, p. 4.

cessidades, o que é, seguramente, uma antiga tradição filosófica, mas com o projeto técnico de determinar a correlação entre o grau de utilidade para os indivíduos e o grau de utilidade para o Estado. A tese do livro de De Lamare é que, no fundo, o que é supérfluo para os indivíduos pode ser indispensável para o Estado, e vice-versa. O segundo ponto importante é que De Lamare faz da felicidade humana um objetivo político. Sei muito bem que, desde a aurora da filosofia política nos países ocidentais, todo mundo sabia e dizia que o objetivo permanente dos governos devia ser a felicidade dos homens, mas a felicidade em questão aparecia então como o resultado ou o efeito de um governo verdadeiramente bom. Doravante, a felicidade não é mais somente um simples efeito. A felicidade dos indivíduos é uma necessidade para a sobrevivência e o desenvolvimento do Estado. É uma condição, um instrumento, e não simplesmente uma consequência. A felicidade dos homens se torna um elemento do poderio do Estado. Em terceiro lugar, De Lamare afirma que o Estado deve se ocupar não apenas dos homens ou de uma massa de homens vivendo juntos, mas sim da sociedade. A sociedade e os homens como seres sociais, indivíduos fortes em todas as suas relações sociais: este é, aliás, o verdadeiro objeto da polícia.

Eis que, *last but not least*, a "polícia" se torna uma disciplina. Não se tratava simplesmente de uma prática administrativa concreta ou de um sonho, mas de uma disciplina no sentido acadêmico do termo. Ela era ensinada com o nome de *Polizeiwissenschaft* nas diversas universidades alemãs, em particular em Göttingen. A Universidade de Göttingen devia ter uma importância capital para a história política da Europa, já que nela foram formados os funcionários prussianos, austríacos e russos – aqueles que deviam realizar as reformas de José II ou da Grande Catarina. E vários franceses, principalmente do círculo de Napoleão, conheciam as doutrinas da *Polizeiwissenschaft*.

O documento mais importante de que dispomos a respeito do ensino da polícia é uma espécie de manual de *Polizeiwissenschaft*. Trata-se dos *Éléments de police* de Justi.[12] Neste livro, neste manual dirigido aos estudantes, a missão da polícia permanece definida como em De Lamare – velar pelos in-

---

12 Justi (J. H. von), *Grundsätze der Polizey-Wissenschaft*, Göttingen, Van den Hoecks, 1756.

divíduos vivendo em sociedade. No entanto, Justi organiza sua obra de maneira muito diferente. Ele começa estudando o que chama de "os bens imóveis do Estado", ou seja, seu território. Ele o enfoca sob dois aspectos: como ele é povoado (cidades e campo), e, depois, quem são seus habitantes (número, crescimento demográfico, saúde, mortalidade, imigração etc.). Justi analisa a seguir os "bens e efeitos" – ou seja, as mercadorias, a fabricação de bens, assim como sua circulação, que levanta problemas relativos ao seu custo, ao crédito e à moeda. Enfim, a última parte de seu estudo é dedicada à conduta dos indivíduos: sua moralidade, suas aptidões profissionais, sua honestidade e seu respeito à lei.

Do meu ponto de vista, a obra de Justi é uma demonstração muito mais detalhada da evolução do problema da polícia do que a introdução de De Lamare em seu *compendium*. Há diversos motivos para isso. Primeiramente, von Justi estabeleceu uma importante distinção entre o que ele chama de polícia (*die Polizei*) e o que nomeia a política (*die Politik*). *Die Politik* é fundamentalmente, para ele, a tarefa negativa do Estado. Para o Estado, ela consiste na luta contra os seus inimigos internos e externos, usando a lei contra os primeiros e o exército contra os segundos. A *Polizei*, em contrapartida, tem uma missão positiva, e seus instrumentos não são mais as armas, mas sim as leis, a defesa ou a interdição. A finalidade da polícia é fazer aumentar permanentemente a produção de alguma coisa nova, considerada como podendo consolidar a vida cívica e o poderio do Estado. A polícia governa não pela lei, mas intervindo de modo específico, permanente e positivo na conduta dos indivíduos. Embora a distinção semântica entre a *Politik* – assumindo as tarefas negativas – e a *Polizei* – garantindo as tarefas positivas – tenha logo desaparecido do discurso e do vocabulário políticos, o problema da intervenção permanente do Estado na vida social, mesmo sem a forma da lei, é característico de nossa política moderna e da problemática política. O debate que prosseguiu, após o final do século XVIII, em torno do liberalismo, do *Polizeistaat*, do *Rechtsstaat*, do Estado de direito, e assim por diante, encontra sua origem nesse problema das tarefas positivas e negativas do Estado, na possibilidade de que o Estado assuma apenas tarefas negativas, excluindo qualquer tarefa positiva, sem poder de intervenção no comportamento dos homens.

Há um outro ponto importante nessa concepção de von Justi, que devia influenciar profundamente todo o corpo político e administrativo dos países europeus no final do século XVIII e no início do XIX. Um dos conceitos mais importantes do livro de von Justi é efetivamente o de população, e creio que se buscará em vão esta noção em qualquer outro tratado de polícia. Sei perfeitamente que von Justi não inventou nem a noção nem a palavra, mas vale a pena notar, a respeito do vocábulo população, que von Justi leva em conta o que os demógrafos, na mesma época, estavam descobrindo. Para ele, os elementos físicos ou econômicos do Estado, considerados em sua totalidade, constituem um meio do qual a população é tributária e que, reciprocamente, depende da população. Por certo, Turquet e os utopistas como ele falavam também dos rios, das florestas e dos campos etc., mas eles os entendiam essencialmente como elementos capazes de render impostos e lucros. Para von Justi, pelo contrário, a população e o meio mantêm permanentemente uma relação recíproca e viva, e cabe ao Estado administrar essas relações recíprocas e vivas entre esses dois tipos de seres vivos. Podemos dizer que, desde então, no fim do século XVIII a população se torna o verdadeiro objeto da polícia; ou, em outras palavras, o Estado deve antes de tudo cuidar dos homens como população. Ele exerce seu poder sobre os seres vivos como seres viventes, e sua política é, em consequência, necessariamente uma biopolítica. Sendo a população apenas aquilo de que o Estado cuida, visando, é claro, ao seu próprio benefício, o Estado pode, ao seu bel-prazer, massacrá-la. A tanatopolítica é, portanto, o avesso da biopolítica.

Sei perfeitamente que são apenas projetos esboçados e linhas diretrizes. De Botero a von Justi, do final do século XVI ao do século XVIII, podemos pelo menos conjecturar o desenvolvimento de uma racionalidade política ligada a uma tecnologia política. Da ideia de que o Estado possui sua natureza e sua finalidade próprias à ideia do homem concebido como indivíduo vivo ou elemento de uma população em relação com um meio, podemos acompanhar a intervenção crescente do Estado na vida dos indivíduos, a importância crescente dos problemas da vida para o poder político e o desenvolvimento de campos possíveis para as ciências sociais e humanas, uma vez que elas consideram esses problemas do comportamento individual no interior da população e as relações entre uma população viva e seu meio.

Permitam-me agora resumir muito sucintamente meu propósito. Inicialmente, é possível analisar a racionalidade política, tal como se pode analisar qualquer racionalidade científica. Por certo essa racionalidade política se articula a outras formas de racionalidade. Seu desenvolvimento é amplamente tributário dos processos econômicos, sociais, culturais e técnicos. Ela sempre se encarna nas instituições e nas estratégias, e tem sua especificidade própria. Sendo a racionalidade política a matriz de um grande número de postulados, de evidências de vários tipos, de instituições e de ideias que consideramos adquiridas, é duplamente importante, de um ponto de vista teórico e prático, prosseguir essa crítica histórica, essa análise histórica de nossa racionalidade política, que é um pouco diferente das discussões referentes às teorias políticas, mas também das divergências de escolhas políticas. O fracasso atual das grandes teorias políticas deve redundar não em uma maneira de pensar não política, mas em uma investigação sobre o que foi nosso modo de pensar político ao longo desse século.

Eu diria que, na racionalidade política cotidiana, o fracasso das teorias políticas não é provavelmente devido à política nem às teorias, mas sim ao tipo de racionalidade nas quais elas se originaram. Desse ponto de vista, a principal característica de nossa racionalidade moderna não é a constituição do Estado, o mais frio de todos os monstros frios, nem o desenvolvimento do individualismo burguês. Eu nem mesmo diria que é um esforço constante para integrar os indivíduos à totalidade política. A principal característica de nossa racionalidade política se relaciona, a meu ver, com este fato: essa integração dos indivíduos em uma comunidade ou em uma totalidade resulta de uma correlação permanente entre uma individualização sempre levada mais adiante e a consolidação dessa totalidade. Desse ponto de vista, podemos entender por que a antinomia direito/ordem possibilita a racionalidade política moderna.

O direito, por definição, remete sempre a um sistema jurídico, enquanto a ordem se relaciona a um sistema administrativo, a uma ordem bem precisa do Estado – o que era muito exatamente a ideia de todos esses utopistas da aurora do século XVII, mas também dos administradores muito concretos do século XVIII. Creio que o sonho de conciliação do direito e da ordem, que foi o desses homens, deve permanecer no estado de sonho. É impossível conciliar direito e ordem porque, quando se tenta apreendê-los, é unicamente sob a forma de uma integração do direito à ordem do Estado.

Minha última observação será a seguinte: não seria possível isolar – como vocês veem – o aparecimento da ciência social e o desenvolvimento dessa nova racionalidade política, nem dessa nova tecnologia política. Todos sabem que a etnologia nasceu da colonização (o que não significa que ela seja uma ciência imperialista); do mesmo modo, creio que, se o homem – nós, seres de vida, de fala e de trabalho – se tornou objeto para diversas outras ciências, é preciso buscar a razão disso, não em uma ideologia, mas sim na existência dessa tecnologia política que formamos no seio de nossas sociedades.

Índice de Obras

A religiosa (Denis Diderot), 89
A república (Platão), 166, 210
A vontade de saber (M. Foucault), 25. 26, 30, 71, 234, 237, 241, 281
Agricultura (Caton), 156
Alcibíade (Platão), 263, 272
Apologia de Sócrates (Platão), 272
As leis (Platão), 210
As palavras e as coisas (M. Foucault), 282, 289, 291, 292

Contra Julianum (Santo Agostinho), 97
Cuidado de si (M. Foucault), 141, 187

De elocutione (Demétrio de Falero), 152
De ratione status (B. P. Chemnitz), 297
Discours du gouvernement et de la véritable raison d'État (G. A. Palazzo), 297
Discours sacrés (Aristides), 161
Du traitement moral de la folie (F. Leuret), 91

Entretiens (Epícteto), 143, 147

Germinal (E. Zola), 35

História da loucura (M. Foucault), 230, 236, 282, 289
História da sexualidade (M. Foucault), 25, 28, 59, 102, 288
Hortensius (M. T. Cícero), 98

Introduction à la vie dévote (Francisco de Salles), 96

La cité de Dieu (Santo Agostinho), 97, 98
La défense sociale (A. Prins), 15, 21
Política (Platão), 64
Les aventures de Leucippé et Clitophon (Aquiles Tácio), 159
Les mémorables (Xenofantes), 272
Lettres à Lucilius (Sêneca), 143, 146, 147, 154, 165
Leviatã (T. Hobbes), 9

Meditações (R. Descartes), 273

O nascimento da clínica (M. Foucault), 230
O príncipe (Maquiável), 299

Question médico-légale de l'identité (Tardieu A.), 85, 88

Ser e tempo (Martin Heidegger), 290
System einer vollständigen Medicinischen Polizey (Frank J. P.), 295

Traité de la police (Nicolas de Lamare), 304
Traité de la virginité (Gregório de Nisa), 266

Un scandale au couvent (Oscar Panizza), 81, 88
Uso dos prazeres (M. Foucault), 141, 187

Vigiar e punir (M. Foucault), 230, 235, 282, 289, 291, 292
Vita Antonii (Santo Atanásio), 141, 143, 157

Índice Onomástico

Agostinho (Santo), 87, 98
Alcibíades, 101, 201, 263, 272
Aldrovandi (U.), 198
Alexandre, 39, 158, 249
Alexina Barbin, 84, 85
Apuleu, 200
Arendt (H.), 216, 217
Areteu, 197
Aristides (A.), 161
Aristófanes, 200, 202
Aristóteles, 39, 40, 199, 239, 249, 250, 251
Artemidoro, 97, 99, 158, 160, 161, 162, 163, 164, 165, 166, 167, 168, 169, 170, 171, 172, 173, 174, 175, 176, 177, 178, 179, 180, 181, 182, 184
Atanásio (Santo), 141, 142, 157

Barbedette (G.), 116, 246
Barbin (H.), 81, 85, 88
Basaglia (F.), 223
Basílio de Ancyre, 114
Basílio de Cesareia, 107
Beauvoir (S. de), 213
Beccaria (C. de), 11, 23
Becker (H.), 258
Bergson (A.), 43
Beveridge (W. H.), 129, 130, 296
Bono (R.), 123
Bopp (F.), 288
Botero (G.), 297, 308
Brown (P.), 95, 115, 191, 248, 249
Burckhardt, 193, 194
Cassiano (J.), 100, 102, 103, 104, 106, 107, 108, 110, 111, 112, 113, 114, 115, 142

Caton le Jeune, 156
Cavaillès (J.), 213
Céccaty (R. de), 81
Chariton de Afrodísias, 166, 167
Chemnitz (B. P. von), 297
Cícero, 98, 153
Clemente de Alexandria, 109, 196
Combe (A.), 4
Confúcio, 40
Cooper (D.), 223
Cornier (H.), 3, 6, 12

Deleuze (G.), 246
Demétrio de Falero, 152, 158, 161
Descartes (R.), 92, 273
Diderot (D.), 89
Dion de Pruse, 200
Dreyfus (H.), 191, 290
Dubarry (A.), 88
Duby (G.), 203

Ellis (W.), 4
Epícteto, 143, 147, 200, 235, 248, 250, 261
Epicuro, 147, 148, 150, 202
Ewald (F.), 228, 234

Faulkner (W.), 290
Fichte (J.-G.), 294
Fornet-Betancourt (R.), 258
Francisco de Sales, 95, 96, 198
Freud (S.), 56, 57, 58, 61, 72, 97, 261

Índice Onomástico

Gessner, 198
Gomez-Müller (A.), 258
Gregório de Nisa, 266

Habermas (J.), 93, 212, 216, 277
Hadot (P.), 191
Hasumi (S.), 70, 71, 75
Hegel (G. W. F.), 41, 252, 253
Heidegger (M.), 212, 213, 253, 290, 294
Hitler (A.), 41, 213, 215
Hobbes (T.), 9, 272
Hoffbauer, 4
Horckheimer (M.), 77
Humboldt (K.-W.), 43
Husserl (E.), 92, 290, 294

Isócrates, 199

Jay (M.), 212
José II, 306
Justi (J. H. von), 306, 307, 308

Kant (I.), 228, 294

Laing, 223
Lamare (N. de), 304, 305, 306, 307
Leuret (F.), 91, 92
Löwenthal (L.), 212
Lowry (M.), 290

Mann (T.), 290
Maquiável (N.), 298
Marco Aurélio, 40, 142, 153, 156, 157, 248, 249, 250, 261
Marcuse, 72
Maruyama (M.), 52
Marx (K.), 33, 40, 41, 253, 288
Máximo de Tiro, 158

Merleau-Ponty (M.), 213, 290
Metzger, 3, 4
Mitterrand (F.), 32

Napoleão, 306
Nemoto (C.), 25, 26, 31, 32, 33, 35
Nicocles, 199, 202
Nietzsche (F.), 40, 41, 212, 213, 252, 253, 254, 282, 290, 294
Nora (P.), 191

Palazzo (G. A.), 297
Panizza (O.), 81, 88, 89
Pinel (P.), 8, 226
Platão, 39, 64, 99, 166, 200, 201, 249, 250, 251, 263, 272
Plínio, 153, 154, 198
Plutarco, 142, 144, 145, 165, 195, 199, 263
Pohlenz (M.), 212, 213
Prins (A.), 15, 21, 22

Rabinow (P.), 191, 212, 219, 290
Ricardo, 288
Rorty (R.), 212, 222
Rousseau (J.-J.), 20, 40, 272, 288

Sartre (J.-P.), 35, 213, 242, 278, 290
Scala (A.), 246
Schelling (F. W. von), 252
Sêneca, 142, 143, 145, 146, 147, 148, 149, 150, 151, 153, 154, 155, 156, 165, 200, 235, 248, 249, 250, 267
Sennett (R.), 95
Sócrates, 101, 200, 201, 202, 249, 250, 265, 271, 272

Sófocles, 240
Solon, 39
Soranus, 197

Tardieu (A.), 85, 88, 89
Tertuliano, 113, 114
Tuke, 226
Turquet de Mayerne (L.), 302

Veyne (P.), 62, 63, 191

Watanabe (M.), 25, 26, 27, 28, 29, 30, 31, 34, 35, 55, 59, 62
Wagner (R.), 40
Weber (M.), 259, 294

Xenofonte, 201, 240, 272

Zenão, 147, 155, 165
Zola (E.), 35

Índice de Lugares

Alemanha, 88, 301, 302

Camboja, 38
Chile, 38
China, 40

Espanha, 47
Europa, 7, 16, 25, 29, 30, 33, 36, 38, 40, 52, 92, 116, 131, 203, 245, 284, 306
Extremo Oriente, 52

França, 6, 24, 26, 27, 31, 33, 36, 44, 55, 62, 81, 82, 88, 92, 123, 128, 138, 139, 216, 223, 290, 291, 301, 302, 305

Grã-Bretanha, 130
Grécia, 39, 162, 196, 201, 240

Inglaterra, 4, 130
Irã, 76, 77, 78, 79
Israel, 64
Itália, 47, 162

Japão, 25, 26, 27, 28, 30, 33, 36, 40, 46, 48, 52, 55

Mediterrâneo, 64, 69, 162

Ocidente, 37, 38, 39, 40, 41, 49, 50, 58, 59, 60, 61, 62, 66, 71, 74, 78, 81, 274, 276
Oriente, 40, 52, 69

Suécia, 47, 289

Índice de Períodos Históricos

1. Séculos

IV, 66, 195, 200, 249, 251, 252
XVI, 52, 74, 298, 302, 308
XVII, 52, 59, 73, 74, 91, 93, 127, 190, 197, 230, 255, 268, 297, 298, 300, 301, 302, 309
XVIII, 2, 5, 8, 9, 11, 13, 16, 23, 24, 28, 40, 41, 46, 52, 53, 59, 73, 83, 89, 90, 91, 93, 102, 130, 131, 189, 190, 197, 226, 230, 235, 236, 271, 294, 297, 302, 304, 307, 308, 309
XIX, 2, 7, 11, 14, 15, 28, 38, 40, 53, 83, 84, 130, 189, 199, 272, 302
XX, 14, 15, 18, 21, 37, 38, 49, 77, 83, 127, 130, 189, 274

2. Eras, períodos

Antiguidade, 39, 62, 81, 115, 120, 146, 158, 163, 175, 184, 190, 192, 194, 196, 202, 203, 210, 234, 236, 237, 238, 239, 240, 247, 248, 249, 251, 252, 255, 256, 262, 282, 283, 284, 295
Clássica (idade, época), 51, 239, 251, 290
Época helenística, 115, 226
Idade Média, 17, 28, 30, 40, 50, 51, 59, 60, 81, 82, 107, 108, 203, 300
Renascimento, 82, 194, 252
Revolução Francesa, 40, 252, 288, 295, 296

Organização da Obra
Ditos e Escritos

Volume I

1954 – Introdução (*in* Binswanger)
1957 – A Psicologia de 1850 a 1950
1961 – Prefácio (*Folie et déraison*)
       A Loucura só Existe em uma Sociedade
1962 – Introdução (*in* Rousseau)
       O "Não" do Pai
       O Ciclo das Rãs
1963 – A Água e a Loucura
1964 – A Loucura, a Ausência da Obra
1965 – Filosofia e Psicologia
1970 – Loucura, Literatura, Sociedade
       A Loucura e a Sociedade
1972 – Resposta a Derrida
       O Grande Internamento
1974 – Mesa-redonda sobre a *Expertise* Psiquiátrica
1975 – A Casa dos Loucos
       Bancar os Loucos
1976 – Bruxaria e Loucura
1977 – O Asilo Ilimitado
1981 – Lacan, o "Libertador" da Psicanálise
1984 – Entrevista com Michel Foucault

Volume II

1961 – "Alexandre Koyré: a Revolução Astronômica, Copérnico,
       Kepler, Borelli"
1964 – Informe Histórico
1966 – A Prosa do Mundo
       Michel Foucault e Gilles Deleuze Querem Devolver a
       Nietzsche sua Verdadeira Cara
       O que É um Filósofo?
1967 – Introdução Geral (às Obras Filosóficas Completas de
       Nietzsche)
       Nietzsche, Freud, Marx
       A Filosofia Estruturalista Permite Diagnosticar o que É
       "a Atualidade"

Sobre as Maneiras de Escrever a História
As Palavras e as Imagens
1968 – Sobre a Arqueologia das Ciências. Resposta ao Círculo de Epistemologia
1969 – Introdução (*in* Arnauld e Lancelot)
Ariadne Enforcou-se
Michel Foucault Explica seu Último Livro
Jean Hyppolite. 1907-1968
Linguística e Ciências Sociais
1970 – Prefácio à Edição Inglesa
(Discussão)
A Posição de Cuvier na História da Biologia
Theatrum Philosophicum
Crescer e Multiplicar
1971 – Nietzsche, a Genealogia, a História
1972 – Retornar à História
1975 – Com o que Sonham os Filósofos?
1980 – O Filósofo Mascarado
1983 – Estruturalismo e Pós-Estruturalismo
1984 – O que São as Luzes?
1985 – A Vida: a Experiência e a Ciência

Volume III

1962 – Dizer e Ver em Raymond Roussel
Um Saber tão Cruel
1963 – Prefácio à Transgressão
A Linguagem ao Infinito
Distância, Aspecto, Origem
1964 – Posfácio a Flaubert (*A Tentação de Santo Antão*)
A Prosa de Acteão
Debate sobre o Romance
Por que se Reedita a Obra de Raymond Roussel?
Um Precursor de nossa Literatura Moderna
O *Mallarmé* de J.-P. Richard
1965 – "As Damas de Companhia"
1966 – Por Trás da Fábula
O Pensamento do Exterior
Um Nadador entre duas Palavras
1968 – Isto não É um Cachimbo
1969 – O que É um Autor?
1970 – Sete Proposições sobre o Sétimo Anjo
Haverá Escândalo, Mas...

1971 – As Monstruosidades da Crítica
1974 – (Sobre D. Byzantios)
Antirretro
1975 – A Pintura Fotogênica
Sobre Marguerite Duras
Sade, Sargento do Sexo
1977 – As Manhãs Cinzentas da Tolerância
1978 – Eugène Sue que Eu Amo
1980 – Os Quatro Cavaleiros do Apocalipse e os Vermes Cotidianos
A Imaginação do Século XIX
1982 – Pierre Boulez, a Tela Atravessada
1983 – Michel Foucault/Pierre Boulez – a Música Contemporânea e o Público
1984 – Arqueologia de uma Paixão
Outros Espaços

Volume IV

1971 – (Manifesto do GIP)
(Sobre as Prisões)
Inquirição sobre as Prisões: Quebremos a Barreira
  do Silêncio
Conversação com Michel Foucault
A Prisão em toda Parte
Prefácio a *Enquête dans Vingt Prisons*
Um Problema que me Interessa Há muito Tempo
É o do Sistema Penal
1972 – Os Intelectuais e o Poder
1973 – Da Arqueologia à Dinástica
Prisões e Revoltas nas Prisões
Sobre o Internamento Penitenciário
Arrancados por Intervenções Enérgicas de nossa
  Permanência Eufórica na História, Pomos as
  "Categorias Lógicas" a Trabalhar
1974 – Da Natureza Humana: Justiça contra Poder
Sobre a Prisão de Attica
1975 – Prefácio (*in* Jackson)
A Prisão Vista por um Filósofo Francês
Entrevista sobre a Prisão: o Livro e o seu Método
1976 – Perguntas a Michel Foucault sobre Geografia

Michel Foucault: Crimes e Castigos na URSS e em outros
Lugares...
1977 – A Vida dos Homens Infames
Poder e Saber
Poderes e Estratégias
1978 – Diálogo sobre o Poder
A Sociedade Disciplinar em Crise
Precisões sobre o Poder. Resposta a Certas Críticas
A "Governamentalidade"
M. Foucault. Conversação sem Complexos com um Filósofo
que Analisa as "Estruturas do Poder"
1979 – Foucault Estuda a Razão de Estado
1980 – A Poeira e a Nuvem
Mesa-Redonda em 20 de Maio de 1978
Posfácio de *L'impossible Prison*
1981 – "*Omnes et Singulatim*": uma Crítica da Razão Política

Volume V

1978 – A Evolução do Conceito de "Indivíduo Perigoso"
na Psiquiatria Legal do Século XIX
Sexualidade e Política
A Filosofia Analítica da Política
Sexualidade e Poder
1979 – É Inútil Revoltar-se?
1980 – O Verdadeiro Sexo
1981 – Sexualidade e Solidão
1982 – O Combate da Castidade
O Triunfo Social do Prazer Sexual: uma Conversação
com Michel Foucault
1983 – Um Sistema Finito diante de um Questionamento Infinito
A Escrita de Si
Sonhar com seus Prazeres. Sobre a "Onirocrítica" de
Artemidoro
O Uso dos Prazeres e as Técnicas de Si
1984 – Política e Ética: uma Entrevista
Polêmica, Política e Problematizações
Foucault
O Cuidado com a Verdade
O Retorno da Moral
A Ética do Cuidado de Si como Prática da Liberdade
Uma Estética da Existência

1988 – Verdade, Poder e Si Mesmo
A Tecnologia Política dos Indivíduos

Volume VI

1968 – Resposta a uma Questão
1971 – O Artigo 15
Relatórios da Comissão de Informação sobre o Caso Jaubert
Eu Capto o Intolerável
1972 – Sobre a Justiça Popular. Debate com os Maoístas
Encontro Verdade-Justiça. 1.500 Grenoblenses Acusam
Um Esguicho de Sangue ou um Incêndio
Os Dois Mortos de Pompidou
1973 – Prefácio (*De la prison à la revolte*)
Por uma Crônica da Memória Operária
A Força de Fugir
O Intelectual Serve para Reunir as Ideias, mas seu Saber
É Parcial em Relação ao Saber Operário
1974 – Sobre a "*A Segunda Revolução Chinesa*"
"*A Segunda Revolução Chinesa*"
1975 – A Morte do Pai
1977 – Prefácio (*Anti-Édipo*)
O Olho do Poder
Confinamento, Psiquiatria, Prisão
O Poder, uma Besta Magnífica
Michel Foucault: a Segurança e o Estado
Carta a alguns Líderes da Esquerda
"Nós nos Sentimos como uma Espécie Suja"
1978 – Alain Peyrefitte se Explica... e Michel Foucault lhe Responde
A Grande Política Tradicional
Metodologia para o Conhecimento do Mundo: como se
Desembaraçar do Marxismo
O Exército, Quando a Terra Treme
O Xá Tem Cem Anos de Atraso
Teerã: a Fé contra o Xá
Com o que Sonham os Iranianos?
O Limão e o Leite
Uma Revolta a Mãos Nuas
A Revolta Iraniana se Propaga em Fitas Cassetes
O Chefe Mítico da Revolta do Irã
Carta de Foucault à "Unità"

1979 – O Espírito de um Mundo sem Espírito
  Um Paiol de Pólvora Chamado Islã
  Michel Foucault e o Irã
  Carta Aberta a Mehdi Bazargan
  Para uma Moral do Desconforto
  "O problema dos refugiados é um presságio da grande migração do século XXI"
1980 – Conversa com Michel Foucault
1981 – Da Amizade como Modo de Vida
  É Importante Pensar?
  Contra as Penas de Substituição
  Punir É a Coisa mais Difícil que Há
1983 – A Propósito daqueles que Fazem a História
1984 – Os Direitos do Homem em face dos Governos
  O Intelectual e os Poderes

Volume VII

1 – Estética da existência
1963 – Vigia da Noite dos Homens
  Espreitar o Dia que Chega
  Um "Novo Romance" de Terror
1964 – Debate sobre a Poesia
  A Linguagem do Espaço
  Palavras que Sangram
  Obrigação de Escrever
1969 – Maxime Defert
1973 – Foucault, o Filósofo, Está Falando. Pense
1975 – A Festa da Escritura
1976 – Sobre "História de Paul"
  O Saber como Crime
  Entrevista com Michel Foucault
  Por que o Crime de Pierre Rivière?
  Eles Disseram sobre Malraux
  O Retorno de Pierre Rivière
1977 – Apresentação
1978 – Uma Enorme Surpresa
1982 – O Pensamento, a Emoção
  Conversa com Werner Schroeter

2 – Epistemologia, genealogia
1957 – A Pesquisa Científica e a Psicologia

1966 – Michel Foucault, *As palavras e as coisas*
       Entrevista com Madeleine Chapsal
       O Homem Está Morto?
1968 – Entrevista com Michel Foucault
       Foucault Responde a Sartre
       Uma Precisão de Michel Foucault
       Carta de Michel Foucault a Jacques Proust
1970 – Apresentação
       A Armadilha de Vincennes
1971 – Entrevista com Michel Foucault
1975 – Carta
1976 – A Função Política do Intelectual
       O Discurso não Deve Ser Considerado como...
1978 – A Cena da Filosofia
1981 – A Roger Caillois
1983 – Trabalhos
1984 – O Estilo da História
       O que São as Luzes?

3 – Filosofia e história da medicina

1968 – Os Desvios Religiosos e o Saber Médico
1969 – Médicos, Juízes e Bruxos no Século XVII
       Títulos e Trabalhos
1972 – As Grandes Funções da Medicina em nossa Sociedade
1973 – O Mundo É um Grande Hospício
1975 – Hospícios. Sexualidade. Prisões
       Radioscopia de Michel Foucault
       Michel Foucault, as Respostas do Filósofo
1976 – A Política da Saúde no Século XVIII
       Crise da Medicina ou Crise da Antimedicina?
       A Extensão Social da Norma
       Bio-história e Biopolítica
1977 – O Nascimento da Medicina Social
1978 – Introdução por Michel Foucault
       Uma Erudição Estonteante
       A Incorporação do Hospital na Tecnologia Moderna
1979 – Nascimento da Biopolítica
1983 – Troca de Cartas com Michel Foucault
1984 – A Preocupação com a Verdade

Volume VIII

1972 – Armadilhar sua Própria Cultura
   Teorias e Instituições Penais
1973 – À Guisa de Conclusão
   Um Novo Jornal?
   Convocados à PJ
   Primeiras Discussões, Primeiros Balbucios: a Cidade É uma Força Produtiva ou de Antiprodução?
1974 – Loucura, uma Questão de Poder
1975 – Um Bombeiro Abre o Jogo
   A Política É a Continuação da Guerra por outros Meios
   Dos Suplícios às Celas
   Na Berlinda
   Ir a Madri
1976 – Uma Morte Inaceitável
   As Cabeças da Política
   Michel Foucault, o Ilegalismo e a Arte de Punir
   Pontos de Vista
1977 – Prefácio
   O Pôster do Inimigo Público n. 1
   A Grande Cólera dos Fatos
   A Angústia de Julgar
   Uma Mobilização Cultural
   O Suplício da Verdade
   Vão Extraditar Klaus Croissant?
   Michel Foucault: "Doravante a segurança está acima das leis"
   A Tortura É a Razão
1978 – Atenção: Perigo
   Do Bom Uso do Criminoso
   Desafio à Oposição
   As "Reportagens" de Ideias
1979 – Prefácio de Michel Foucault
   Maneiras de Justiça
   A Estratégia do Contorno
   Lutas em torno das Prisões
1980 – Prefácio
   Sempre as Prisões
   Le Nouvel Observateur e a União da Esquerda (Entrevista)
1981 – Prefácio à Segunda Edição
   O Dossiê "Pena de Morte". Eles Escreveram contra

As Malhas do Poder (Conferência)
Michel Foucault: É Preciso Repensar tudo, a Lei e a Prisão
As Respostas de PierreVidal-Naquet e de Michel Foucault
Notas sobre o que se Lê e se Ouve
1982 – O Primeiro Passo da Colonização do Ocidente
Espaço, Saber e Poder
O Terrorismo aqui e ali
Michel Foucault: "Não há neutralidade possível"
"Ao abandonar os poloneses, renunciamos a uma parte de nós mesmos"
Michel Foucault: "A experiência moral e social dos poloneses não pode mais ser apagada"
A Idade de Ouro da *Lettre de Cachet*
1983 – Isso não me Interessa
A Polônia, e Depois?
"O senhor é perigoso"
...eles declararam... sobre o pacifismo: sua natureza, seus perigos, suas ilusões
1984 – O que Chamamos Punir?